U0560603

浙江大学文科高水平学术著作出版基金项目资助

盛世滋生

清代皇权与地方治理

赖惠敏 著

浙江大学出版社
·杭州·

图书在版编目（CIP）数据

盛世滋生 : 清代皇权与地方治理 / 赖惠敏著.
杭州 : 浙江大学出版社, 2024. 11. -- ISBN 978-7-308-
25526-4

Ⅰ. D691.21
中国国家版本馆CIP数据核字第202489TY60号

盛世滋生
清代皇权与地方治理

SHENGSHI ZISHENG
QINGDAI HUANGQUAN YU DIFANG ZHILI

赖惠敏　著

策　　划	陈　洁　宋旭华
责任编辑	徐凯凯
责任校对	蔡　帆
封面设计	项梦怡
出版发行	浙江大学出版社
	（杭州市天目山路148号　邮政编码 310007）
	（网址：http://www.zjupress.com）
排　　版	云水文化
印　　刷	浙江海虹彩色印务有限公司
开　　本	710mm×1000mm 1/16
印　　张	28.75
字　　数	422千
版 印 次	2024年11月第1版　2024年11月第1次印刷
书　　号	ISBN 978-7-308-25526-4
定　　价	148.00元

版权所有　侵权必究　　印装差错　负责调换
浙江大学出版社市场运营中心联系方式：0571-88925591；http://zjdxcbs.tmall.com

目 录

第一章　寡人好货
　　　　乾隆帝与姑苏繁华 / 001

第二章　苏州的东洋货与市民生活（1736—1795）/ 045

第三章　后妃的荷包
　　　　温惠皇贵太妃及其太监们的营生 / 081

第四章　清宫窃盗案之分析 / 127

第五章　崇实黜奢
　　　　论嘉庆朝内务府财政 / 163

第六章　喜啦茶
　　　　清代浙江黄茶的朝贡与商贸 / 213

第七章　清代陕甘官茶与归化"私茶"之争议 / 261

第八章　清代库伦商卓特巴衙门与商号 / 287

第九章　清代北方版画贸易网络 / 337

第十章　从杭州满城看清代的满汉关系 / 377

结　语 / 427

图版出处 / 432

后　记 / 438

导　言

　　康熙五十年（1711）皇帝谕令："滋生人丁，永不加赋"，将田赋定额化。本书借用"滋生"一词，探讨盛清滋生的税收、疆域与资源分配，特别是浙江茶叶销往华北、蒙古，以及两湖茶叶运往蒙古、新疆等地。此运销路线并非自然形成，而是由国家来推动的。

　　过去，笔者曾撰写《乾隆皇帝的荷包》探讨内务府的重要收入：关税、盐税、地租等。除了地租，其他收入都与商业发展有关。清代关税正课缴交户部，盈余部分解交内务府。乾隆皇帝还让税关监督贩卖人参、玉石、毛皮等，增加皇室收入。然而，皇帝最大收入来自盐商。清代盐属于国家专卖，由持有盐引执照的盐商专卖。18 世纪人口大增，盐的需求量增加。盐商拓展事业的资本来自皇帝的银库，盐商借贷数百万的资金，每年利息 12％，中国农历闰年多一个月利息，大约十年时间利息就等于本金。盐商长期的借贷，累积的利息相当可观。况且，盐商还会不时捐献皇帝金银珠宝，贡献盐政衙门各种行政费用，以及负担公共建设经费等。皇帝从这些商业收入中，每年获得银一二百万两。

　　本书的第一个议题将继续讨论嘉庆年间皇室财政收支，一方面延续乾隆皇帝内务府财政收支，另一方面存在支出上的差异。在收入方面，嘉庆皇帝承继乾隆皇帝作风，派遣包衣至税关担任监督，以及到地方盐政衙门担任盐政，从税关和盐政的附加税中获得银两，缴交内务。嘉庆皇帝曾下令两淮、两浙盐政停止每年呈进万寿贡、端阳贡、年贡等"三节"贡物，似乎在走向崇俭黜奢之道。然而《清宫内务府奏销档》则记载："每次所费办理之价、玉器值银两，即按春秋二季解交内务府。其每年所办价值银两数目，着先行奏闻。至例贡仍照旧呈进。"[1] 此项银两从嘉庆九年（1804）到嘉庆二十五年（1820），应缴交 8500000 两。

道格拉斯·诺斯（Douglass C. North）曾提出，政府提供基本服务的两个目标："一是界定出形成财产权结构的竞争与合作的基本规则……，以便使统治者的租金极大化。二是在第一个目标架构中降低交易成本以使社会产出最大，从而使政府的税收增加。"使统治者的租金极大化的所有权结构，与降低交易成本和促进经济成长的有效率体制间，存在持久的冲突。诺斯也提道："垄断、重税和没收的结果是贸易和商业的衰落。"[2] 然而，嘉庆皇帝并没增加太多税收，他意识到内务府获得财富，应协拨国家财政。由档案统计，嘉庆元年（1796）至嘉庆二十年（1815）金银的收入约 30554000 两，拨给户部、战争军费，以及驻防兵饷 10000000 余两，约占内务府总收入三分之一。皇帝遵循儒家思想，节制个人物质欲望，用以挹注国家财政，加强地方治理的效益。本书利用《嘉庆朝内务府银库用项月折档》统计嘉庆朝各年的收支，该档案仅到嘉庆二十年，嘉庆二十一年（1816）以后另参考《清宫内务府奏销档》《宫中朱批奏折·财政类》补齐后五年的数字。台北故宫博物院藏《宫中档奏折》《军机处录副折件》，台湾"中研院"历史语言研究所藏《"中研院"历史语言研究所现存清代内阁大库原藏明清档案》（以下简称《明清档案》）亦可补充中国第一历史档案馆（以下简称"一档馆"）所缺的档案。[3]

在《清宫内务府奏销档》中有一些和后妃相关的档案，本书第三章"后妃的荷包"，讨论温惠皇贵太妃每年的宫分，如绸缎、毛皮、人参等。温惠皇贵太妃为人慈悲，在宫中养育皇子、皇女们，在康熙时代为妃子，到乾隆朝晋升为皇贵太妃。她在宫廷生活超过 60 年，收入堪比清代中上等家庭。[4] 身边太监们不时将她的物品拿到北京店铺售卖，他们的侄孙甚至能在北京前门开设当铺、药铺、茶铺、铁铺等。本章还讨论和敬公主将金器绸缎变价来购买房屋、田产等，可见宫廷妇女将储值性质的金银转变为房地产而从中取利，符合乾隆皇帝发商生息的作风。从和敬公主和太监们置产的地点来看，都是在北京精华地区，如前门的珠宝市、廊房三条，贩卖绸缎、金银玻璃器皿等五花八门的物品，在唱戏、杂耍等汇集的场所开色香味俱佳的各种各样的吃食店。《大清律例》对内府窃盗有专门的律文，按照《盗内府财物律》《盗大祀神御物律》处斩等，并且针对太监另有《钦定宫中现行则例》之《宫殿监处分则例》，宫廷太监犯窃盗罪仍不断增加。

第四章讨论清宫窃盗案，讨论了宫廷的三类窃贼——旗人、太监、工匠，他们在法律审判时有些差异。宫廷的官员属于内务府上三旗包衣，具有旗人身份。根据林乾研究，顺治三年（1646）《大清律》规定"旗人有犯，悉遵旧例，不许用杖"。雍正三年（1725）《大清律例》中《犯罪免发遣律》被正式确定下来。但是，旗人享有法律特权，也造成犯罪率提升，因此乾隆年间有些变化，旗人窃案或被处以发遣或开除旗档为民。研究盗窃案件的专家提出"日常活动理论"（routine activity theory），犯罪的发生必须在时空上有三项因素聚合，除了要有犯罪倾向的犯罪者与足以遏止犯罪发生者不在场，合适的犯罪标的物出现也是很重要的因素。所谓合适的标的物，即指标的物的价值、可移动性、可见性与可接近性等特性。此三项因素聚合之后，犯罪（或被害）事件随即发生。[5] 太监长年活动于宫廷，眼见着满屋的金银珠宝，不免起了贪念。太监程彬可以连续 12 年偷养心殿的器物，审改陈设档案，和他合伙的匠役在北京开商铺销赃。还有匠役郭四五从皇极殿偷数十斤的镀金铜钉等，公然经过宁寿门、皇极门，又由敛禧门出神武门、东华门等，看守宫殿的太监、兵丁们居然未发现，可见宫内守卫平日疏懒。也难怪溥仪说："我刚行过婚礼，由珍珠玉翠装嵌的皇后凤冠上的全部珍宝，竟整个被换成了赝品。"[6]

本书的第二个议题是讨论皇权对城市发展的影响。皇帝的衣食更展现全球化的成果，穿着东北、蒙古乌梁海、俄罗斯产的貂皮，雨天穿欧洲来的羽缎，头上戴着松花江等地产的东珠，朝珠上的珊瑚来自地中海地区。乾隆皇帝最爱的燕窝来自东南亚，鲟鳇鱼、人参来自东北。清朝入关后，皇室垄断东北人参开采权，人参变卖所得尽归皇室所有。专卖使其价格不断上涨，康熙时一斤人参不过银五六十两，到乾隆晚期每斤售价接近银 1000 两。官定人参价格不便宜，市面上参价更居高不下，成为官场贿赂上司的高贵礼品。有趣的是，清朝周边藩属国朝鲜、琉球、安南等以及欧洲国家每年进贡名目繁多的贡品，这些奢侈品、日用物资远远超过宫廷所需，皇帝便将多余的贡品交给崇文门税关发卖。于是有钱人家冬天用高丽纸糊窗，夏天用琉球的扇子，吃新疆的葡萄干，穿着欧洲来的羽缎、哔叽衣裳成为时尚。家里摆饰自鸣钟、日本的莳绘漆器以及西藏的铜佛像等。清朝宫廷引领时尚，带动百姓争相购买奢侈品，和皇帝崇尚节俭的政策背道而行，却也说明 18 世纪全球化对中国消费的冲击。

　　最近笔者出版的《乾隆的百宝箱：清宫宝藏与京城时尚》一书，讨论乾隆年间宫廷充斥的金银宝饰、彩缎绫罗、貂裘狐腋、珊瑚珍珠。乾隆和他身边的工艺顾问，绘制器物图式，使得"宫样""内造"成为北京的时尚指南。[7]然而，宫廷与城市的关系不仅是在北京一地而已。苏州依然有"宫廷样，苏州匠"的技术传承，织造局雕琢玉器、墨、席、金箔等宫廷所需，其原料有来自新疆的玉石、安徽的石墨、云南的金子等，凡此皆促进苏州手工业行会发展。苏州水运交通方便，吸引了边疆云贵、四川地区的官员到此采购人参、丝绸等。或有官员投资制造业；或进行长程贸易；或开设店铺。官员至苏州采办贡品的金额达数万两，足见苏州不但是专业生产区，也是精致商品的销售重镇。

　　笔者年轻时喜欢看《红楼梦》，通过清宫档案才看懂《红楼梦》的内容。如第六回刘姥姥的女婿狗儿因家中冬事未办，在家闲寻气恼，刘姥姥叫狗儿想法裁度。狗儿冷笑道："有法儿还等到这会子呢。我又没有收税的亲戚、做官的朋友，有什么法子可想的？"第 45 回凤姐儿笑道："你们别哄我，我猜着了，那里是请我作监社御史！分明是叫我作个进钱的铜商。"[8]收税和铜商都和苏州有关，因苏州织造兼浒墅关税关监督，负责丝绸生产，成做宫廷交办的器物。著名铜商范清济由日本长崎运洋铜，家产中铜局就在苏州。本书有两章讨论苏州受宫廷影响城市工商业发展，与一般学者利用方志、文集、戏曲、画报、广告等资料探讨城市民众的生活、心态、文化史的议题不尽相同。[9]罗友枝（Evelyn S. Rawski）讨论清初颁布有关发式、服饰、语言和战术的法令，以界定征服菁英之独特认同。[10]乾隆皇帝以苏州织造局为中心，成造各种刺绣、玉器、铜器等，以帝王之尊成造古玩珍宝当无可厚非。织造局还成造象征满族配饰的扳指、荷包、撒袋，强调其"国语骑射"精神。除此之外，乾隆皇帝为了拉拢蒙古、西藏，也由织造局大量制作藏传佛教的器物，并努力仿制西方的器物，可见其发展多元文化的意图。

本书第三个议题为皇权与地方治理。康熙皇帝谕令"滋生人丁，永不加赋"，然而乾隆年间疆域扩展到新疆、喀尔喀蒙古，朝廷为应付新领土的财政，开征茶税，成为本书另一个重要议题。《清史稿·茶法志》记载："明代茶法有三，曰官茶，储边易马；曰商茶，给引征课；曰贡茶，进贡宫廷使用。"[11]官茶主要营销陕甘地区。商茶如四川、湖南、湖北、江西、福建、浙江等地的茶，商人领茶引贩卖。贡茶主要来自浙江等地。茶引属于地方杂税，过去学界关注不多。然如甘肃地丁银课征280000余两不敷公用，康熙朝有茶马银充当官员养廉银，甘肃巡抚绰奇将此陋规报出抵补，名曰捐助，以此遂为正供。甘肃的茶课和陋规银收入居全国之冠，每年茶引28864道，征银140000两。咸丰七年（1857），四川盐茶道张思镗称，川省茶务每年额行边、土、腹引133450张，额征课税、羡截等项共银115215两。[12]此外，打箭炉税关征关税主要来自茶叶，每年约银一万七八千两。[13]甘肃和四川的茶税加总每年约300000两。

浙江茶课每年茶引共140000道，征茶税14000两，嘉庆年间增加70000道，共210000道，茶税为21000两。浙江茶税不高，但茶叶要从大运河运输，沿途的税关征税。根据倪玉平研究，乾隆年间运河沿途的关税有显著成长。如崇文门税关税收以茶、布为大宗，雍正十年（1732）税额不过100000两左右，至乾隆四十一年（1776）达 316089.5 两。[14] 中俄贸易增加，嘉庆时期达千万卢布。广州贸易的税关——粤海关税收于乾隆年间大幅增长，自雍正八年（1730）银 198062.09 两，至乾隆六十年（1795）增为银 1171911 两。[15] 粤海关主要的税收来自丝绸、茶叶出口。根据陈国栋研究，茶商在 1784 年以前，每年从茶叶交易上获取银 320000 两的利润；1784 年至 1800 年，每年利润约银 640000 两。1810 年以后则达银 960000 两。[16] 而英国在 19 世纪 10 年代后，所征收的茶叶税长期保持在每年 3000000 镑以上。[17] 为何产茶的中国茶税居然比英国还少？这与清朝的统治政策有关。

本书第六章讨论浙江黄茶作为宫廷贡茶的重要来源。蒙古人自元朝以来即有喝奶茶的习俗，清朝沿袭蒙古习俗，以黄茶来烹制奶茶。每当蒙古王公进京朝觐，朝廷赐茶礼仪从宫廷到八旗王公以至外藩蒙古，形成同心圆扩散。蒙古王公携带贡马到北京朝觐，康熙年间赏赐蒙古王公黄茶、茶桶等。贵族将细瓷盖碗喝奶茶的习惯带回蒙古，黄茶成为蒙古上层社会喜爱的茶品，与下层社会喝的砖茶习惯有所区别，因而促进了黄茶在内札萨克蒙古、喀尔喀蒙古地区的销售量增长。清朝擅长以多元文化统治各民族，黄茶代表以朝贡体制带动了商业的发展。

笔者 2020 年出版的《满大人的荷包：清代喀尔喀蒙古的衙门与商号》探讨在蒙古的商人以砖茶来缴交恰克图、库伦衙门的落地税、陋规，罪犯罚牲畜亦以砖茶折抵等，而衙门亦以砖茶赏给蒙古卡伦或台站兵丁、屯田官兵，砖茶成为喀尔喀蒙古地区的货币。[18] 销往蒙古的砖茶来自湖南、湖北两地，有趣的是湖北的茶税仅 230 两，湖南的为 240 两。[19] 商人运茶雇民船运至益阳，交船行负责换大民船，运至汉口，由汉口运至襄阳，溯丹江停泊龙驹寨，转陆起旱，再经商洛道直达关中，于泾阳再制。因在伏天加工，故称"茯砖"。商人将茶叶运往甘肃五茶司，为茶马贸易的来源。清初朝廷为筹集准噶尔之役的财政资金，刻意将陕甘茶引税提高，又增加商人捐助款项，这些权宜之计到战争结束都没废止，陕甘茶引税一直居高不下。

　　本书第七章讨论陕甘官茶引和归化西商的利益冲突，探讨乾隆二十年（1755）清朝平定准噶尔之后，陕甘茶商以为就此开拓新疆茶叶贸易。但中央政府却只核定增加茶引 1700 道，作为新疆官兵的官茶。而从归化到蒙古贸易的商人亦携带安化黑茶至新疆贩卖，俗称为"西商"，且他们贩卖的茶叶数量远远超过陕甘的官茶。道光时期，新疆官茶遭蒙古"私茶影射"。米华健（James A. Millward）论述了道光年间那彦成奏定新疆行茶章程，他估价 19 世纪初每年运到新疆的茶叶最少有 150000 斤到 450000 斤。[20] 而根据档案记载，由陕甘或蒙古到新疆的茶叶在 1000000 斤至 2000000 斤以上。

　　蒙古地理形势特殊，戈壁草原水源稀少，台站水源充沛且有官兵驻扎。归化商人得地利之便，得以安全运输茶叶。而且，乾隆皇帝逐渐降低北路军营的开支，并要求山西巡抚每三年从地丁银中拨 200000 两，负担喀尔喀蒙古驻防军费；驻防兵丁所需的茶叶及烟草，亦由山西巡抚委托归化商人运到蒙古台站，转送乌里雅苏台及科布多。加之，商人出境必须向理藩院领部票，绥远将军为军需理由，给商人开方便之门，或没领票，或一票用多年。商人游走蒙古及新疆各处，贩运茶叶成本比陕甘商人低廉许多，故引发归化"私茶"侵犯陕甘引地争议。

　　本书的第八章讨论清代库伦商卓特巴衙门与商号，检视清朝通过哲布尊丹巴选任控制喀尔喀佛教事务，以致于商卓特巴衙门债台高筑。艾鸿章（Johan Elverskog）借用 David Cannadine 分析大英帝国统治时所提出的"装饰主义"（Ornamentalism）理论，讨论了 18 世纪末清朝政府在蒙回地区创造当地的精英世系，转化早期蒙古对于政治权威和部族认同的概念，将"王、贝勒、贝子、公"这套新的头衔和荣誉授予蒙古各部的贵族，经由皇恩变为各旗的精英。[21] 而杨奇霖则讨论了康熙年间、雍正年间的二世哲布尊丹巴呼图克图呼毕勒罕人选认定及迁居多伦诺尔等事件，进一步讨论雍正时期清朝与喀尔喀蒙古之间的政教互动。清朝通过蒙古精英对喀尔喀佛教事务不断施加影响与控制的事实。[22] 乾隆十九年（1754），首次建立商卓特巴衙门管理二世哲布尊丹巴呼图克图的沙毕纳尔，呼图克图逐渐失去世俗的权力。接着，乾隆皇帝规定哲布尊丹巴的呼毕勒罕必须在西藏转世，此后喀尔喀蒙古王公、喇嘛至西藏迎接哲布尊丹巴的呼毕勒罕，需巨额经费。此外，历代哲布尊丹巴呼图克图修缮寺院、造佛像、刻印经书等，所费不赀。清末，国家财政困难，商卓特巴衙门屡次捐输，更为消蚀财力。18 世纪至 19 世纪初，商卓特巴衙门经管上百万只牲畜，至 19 世纪末反而向商人借贷。

　　商人往蒙古贩卖茶叶，亦携带蒙古人日用所需的物资，本书第九章讨论年画的用意在于从其产地到蒙古以及俄罗斯，销售网络随着茶叶贸易路线而形成，并无区域竞争的冲突。蒙古喇嘛懂藏文，多数人不识字，而年画超越文字的框架，表达出百姓的期待。譬如蒙古人见面礼先问候牲畜，而年画上的动物有镇宅除邪、保护一家平安的作用。例如《挂印封侯》，画面有一猴子在戳悬于松枝上的马蜂窝，取其"封（蜂）侯（猴）"吉祥谐音。《猛虎山林》则被认为具有除妖辟邪的功能。蒙古人生活习惯受汉人影响。毡包有一扇用驼毛和马鬃密缝而成的毡门，从外面挂于毡包上，在毡包里面用两块钉有合页的小木板关住。有些蒙古包的门楣上雕有花纹，门格上糊着纸；蒙古包的两边门框也同样按照汉人的习惯贴着红纸对联。从《止室笔记》插图《蒙古"司法长"车臣汗那旺那林》《蒙古妇女》中，可以看到在蒙古包中留影之人身后也有整幅的图画，足以证明蒙古包内也挂着画。年画展现了清朝统治多元族群的灵活性。

　　第十章从杭州满城看清代的满汉关系。杭州驻防始于顺治二年（1645），当时为弭平南明残余军队的势力，驻防军队曾达 5000 余人。杭州为京杭运河起点，江南粮饷运往北京的重要地区，驻军保卫江南经济动脉，而商业发达的杭州城也替驻防官兵带来额外的财富。地方支付八旗驻防的经费除了地丁银，还有地方衙门代为收取的牧厂租地银，盐政道替旗人发商生息。驻防八旗支出项目增加，如养廉银、丁粮马干银、红白事件赏银、孤寡养赡银、办差银。清朝为了八旗生计问题而让汉军出旗，却让恩养旗人的项目益广，以实质利益来保障满洲旗人。武备方面，清朝的骑射政策，以杭州的地理环境来说，养马并不容易，兵丁的训练逐渐由骑射转为演炮。顺治、康熙年间平定江南战役时，汉军炮兵营伍和红衣大炮扮演重要角色，到乾隆年间汉军出旗，由满洲和蒙古旗人来演练红衣炮来控制重要火器，意味着乾隆的满洲本位主义。近年来，学者提到族群认同的问题，由思想、意识层面进行论述。笔者认为杭州满汉族群关系是由对立逐渐转为融合，譬如满汉通婚。金梁叙述他家族是瓜尔佳氏，母亲钱太夫人、曾祖母邵太夫人，及伯母王氏，皆汉族。金梁的兄弟10人，而嫂氏汉姓者，得其七，其余亲友，多娶汉女，衣饰服用、语言习惯，皆与汉同。驻防在杭州的满人，邻近西湖，旗人登山涉水、吟诗作文，不乏以诗文传世者。至嘉庆初年设满人科举，中进士7人、举人47人，充分说明满汉文化交融。

　　1993年笔者首次去一档馆查档，先是阅读内务府奏销档，当时已编册数并依照年月捆绑成包。内容涉及有关宫廷事务如祭祀、巡幸、筵宴、进贡、修缮工程、刑案审理等。后来2014年出版的《清宫内务府奏销档》《清宫内务府奏案》，因有些档案残破，没收入出版的档案中，故本书引用《乾隆朝内务府奏销档》指原来的档册编号。《内务府题本、题稿》（北京：中国第一历史档案馆缩微档案，2002）是总管内务府大臣和盛京内务府大臣向皇帝汇报皇室经济资产管理，及办理其他各项宫廷事务的工作报告。题本是正式公文，题稿为稿本。《内务府银库用项月折档》为广储司银库每月银两收支四柱总册，由广储司呈堂，再由内务府堂具折上奏，按月包装上架。[23] 这资料是自乾隆八年（1743）到嘉庆二十年（1815）长达73年的档案，累积了上亿两的银子，足以证明清朝皇室具有"数字管理"的能力。乾嘉时期，派包衣任盐政和税关监督，《宫中朱批奏折》是很重要的档案。台湾"中研院"近代史研究所图书馆购买了缩微版，以及五本的档案目录。[24] 近年来一档馆档案上架，该馆人员在原来的档案前面加上04-01-35，譬如档案编号0347-042，在一档馆查档目录变成04-01-35-0347-042。

　　本书题目"地方治理"可能让读者联想到清朝的政治、财经问题，但本书偏向文化史的取径。譬如讨论苏州的城市与宫廷的关系，苏州作为生产宫廷器物城市出现特殊的工商行会，如承办上用飞金，而成立经匠差局公所。圆金公所、玉业公所、霓裳公所亦即戏服业的公所，这是过去研究苏州行会时较少注意的。[25] 碑刻资料中出现的"行头"与北京手工业组织一致，表示清代已建立了手工业的管理制度。在消费方面，妇女衣裙必绣锦织金，钗环必珍珠宝石，以贵美为胜。穿着银鼠披风，戴着紫貂帽，显然是受到宫廷时尚影响。清代商人从日本运洋铜，铜局设在苏州。除了洋铜，也运输铜器、锡器、漆器等，其成为苏州市民日常的器用。洋铜进口量减少后，日本海产进口使得文人菜谱中出现"海鲜"名目。

清朝承继元代蒙古人喝奶茶的习俗，以浙江黄茶来烹制奶茶，皇家的饮茶习惯影响了黄茶在华北和蒙古地区的营销。浙江茶销售量居全国之冠，不能忽视宫廷推波助澜的效果。蒙古王公每年朝觐获得皇帝赏赐的黄茶、绸缎、银两，使得北京宫廷和数千里外的喀尔喀蒙古王公在饮食品位、穿着时尚不分轩轾。[26]

注释

1 中国第一历史档案馆、故宫博物院合编：《清宫内务府奏销档》（北京：故宫博物院，2014），册173，页42。

2 道格拉斯·诺斯著，刘瑞华译：《经济史的结构与变迁》（台北：时报文化出版公司，1995），页28—29、159。

3 《嘉庆朝内务府银库用项月折档》（北京：中国第一历史档案馆发行微卷，2000）；《宫中朱批奏折·财政类》（北京：中国第一历史档案馆发行微卷，1987）；台北故宫博物院藏，《清代宫中档奏折及军机处档折件》。

4 云妍、陈志武、林展：《官绅的荷包：清代精英家庭资产结构研究》（北京：中信出版社，2019），页359。根据云妍等学者估计，185个研究对象中82%官员的资产在100000两以下，18%在100000两以上。

5 Marcus Felson, *Crime and Everyday Life: Insights and Implications for Society*（Thousand Oaks: Pine Forge Press, 1994），pp. 35—36. 巫仁恕、吴景杰：《窃盗案的历史犯罪学分析——以同治朝四川省巴县为例》，《汉学研究》，卷39期3（2021年9月），页141—186；巫仁恕、吴景杰：《犯罪与城市——清代同治朝重庆城市窃盗案件的分析》，《台大历史学报》，期67（2021年6月），页7—53。

6 溥仪：《我的前半生》（北京：群众出版社，1964），页146。

7 赖惠敏：《乾隆的百宝箱：清宫宝藏与京城时尚》（台北：八旗文化出版社，2023）。

8 曹雪芹、高鹗著，冯其庸校注：《红楼梦校注》（台北：里仁书局，1984），第6回，页111；第45回，页687。

9 李孝悌主编：《中国的城市生活》（台北：联经出版事业公司，2005）；王鸿泰：《城市图像的建构：近百年来明清城市史研究的转折与拓展》，《明代研究》，期34（2020年6月），页185—238。

10 Evelyn S. Rawski, *The Last Emperors: A Social History of Qing Imperial Institutions*（Berkeley: University of California Press, 1998）.

11 赵尔巽等撰：《清史稿》（北京：中华书局，1977），卷124，页3651。

12 《宫中朱批奏折·财政类》，档案编号0560—016，咸丰七年十二月二十八日。

13 赖惠敏：《清前期打箭炉关税对西藏寺院的赞助》，《内蒙古师范大学学报（哲学社会科学版）》，2021年第2期，页106—116。

14 《宫中朱批奏折·财政类》，档案编号0347—042，乾隆四十一年八月初九日。

15 倪玉平：《清代关税：1644—1911年》（北京：科学出版社，2017），页242。

16 陈国栋：《清代前期的粤海关与十三行》（广州：广东人民出版社，2014），页238。

17 John Crawfurd, *Chinese Monopoly Examined*（London: J. Ridgway, 1830），p. 70.

18 赖惠敏：《满大人的荷包：清代喀尔喀蒙古的衙门与商号》（北京：中华书局，2020）。

19 赵尔巽等撰：《清史稿》，卷124，页3652。

20 米华健著，贾建飞译：《嘉峪关外：1759—1864年新疆的经济、民族和清帝国》（香港：香港中文大学出版社，2017）。

21 Johan Elverskog, *Our Great Qing: The Mongols, Buddhism and the State in Late Imperial China*（Honolulu: University of Hawaii Press, 2006），pp. 63-89.

22 杨奇霖：《清朝与喀尔喀蒙古的政教互动（1723—1733）——以二世哲布尊丹巴灵童选定及其迁居多伦诺尔为中心》，《"中研院"历史语言所集刊》，第九十三本第四分（2022年12月），页879—926。

23 中国第一历史档案馆编：《中国第一历史档案馆馆藏档案全宗概述》（北京：国家图书馆出

版社，2023），页 57。

24　中国第一历史档案馆编：《中国第一历史档案馆藏朱批奏折财政类目录》（北京：中国财政
经济出版社，1990）。

25　邱澎生：《商人团体与社会变迁：清代苏州的会馆公所与商会》（台北：台湾大学历史学研
究所博士论文，1995），页 62—84。

26　本书十章中有四篇论文曾发表于《"中研院"近代史研究所集刊》：1.《寡人好货——乾隆
帝与姑苏繁华》，《"中研院"近代史研究所集刊》，期 50（2005 年 12 月），页 185—233；2.《苏
州的东洋货与市民生活（1736—1795）》，《"中研院"近代史研究所集刊》，期 63（2009 年 3 月），
页 1—48；3.《清代库伦商卓特巴衙门与商号》，《"中研院"近代史研究所集刊》，期 84（2014
年 6 月），页 1—58；4.《崇实黜奢：论嘉庆朝内务府财政》，《"中研院"近代史研究所集刊》，
期 108（2020 年 6 月），页 1—53。该期刊审查非常的严谨，校对的助理也很认真，都一一核对
征引的档案。另有两篇《后妃的荷包：温惠皇贵太妃及其太监们的营生》，《近代中国妇女史研究》，
期 38（2021 年 12 月），页 63—128。《喜啦茶：清代浙江黄茶的朝贡与商贸》，《故宫学术季刊》，
卷 40 期 2（2022 年 12 月），页 119—162。《近代中国妇女史研究》《故宫学术季刊》也是一级
期刊。《清代北方版画贸易网络》（与王中奇合著），《民俗曲艺》，期 207（2020 年 3 月），
页 111—172，以及《清宫窃盗案之分析》（与黄品欣合著），《清史研究》，2023 年第 2 期，页
29—46，分别是台湾和大陆的核心期刊。《清代陕甘官茶与归化"私茶"之争议》（与王士铭合著），
《内蒙古师范大学学报》，2022 年第 1 期，页 72—85。2008 年担任《两岸发展史研究》编辑委员，
主编赖泽涵邀稿，所以《从杭州满城看清代的满汉关系》刊登在《两岸发展史研究》，期 5（2008
年 6 月），页 37—89。本书因篇幅关系，有些图表省略档案号码、地图等，有兴趣的读者可以自
行查阅相关期刊论文。

寡人好货
——乾隆帝与姑苏繁华

　　近年来笔者利用清宫档案探讨乾隆时代的皇室财政，发现其收入每年高达一二百万两，同时，在《内务府银库用项月折档》中看到皇帝积极建造宫殿、制作艺术品等各项开支，所费不赀。本章拟探讨乾隆时期苏州织造局所成造的各种刺绣、玉器、铜器以及无数的古玩。如康无为（Harold Kahn）所说，乾隆皇帝是一位"狂热的收藏家"，有相当的鉴赏力。[1] 而且，他的个人喜好影响了当时士大夫、官员在苏州采办贡品与投资；更结合苏州工匠技术，而有《姑苏繁华图》所呈现的苏州五方商贾辐辏云集、百货充盈的繁华景象。

　　罗友枝在 *The Last Emperors: A Social History of Qing Imperial Institutions* 一书的第一部分"清朝宫廷之物质文化"中指出，清初颁布有关发式、服饰、语言和战术的法令，以界定征服菁英之独特认同；虽然满族认同的内涵随时间而有变异，却从未消失。[2] 近年来，因《养心殿造办处各作成做活计清档》的开放，可了解苏州织造局每年的器物和数量。乾隆皇帝令织造局成造象征满族配饰的扳指、荷包、火镰包、撒袋，来强调"国语骑射"精神。除此之外，乾隆皇帝为了拉拢蒙古、西藏，由织造局大量制作藏传佛教的器物，并努力仿制西方的器物，促成清朝多元文化发展。

　　大陆学者对江南城市文化的研究蔚成风气。傅崇兰认为，苏州丝绸业和
工艺美术业为该城市重要的经济事业。陈学文则提出，苏州汇聚了各地客商，
形成了密集的商业市场网络，并出现了商业资本向产业资本转化的现象。陈忠
平指出，徽商活动推动了江南市镇经济的兴起和繁荣，冲击着江南地区的封建
社会经济结构。[3] 但是，研究城市史的学者提到，中国的城市长期处于封建专
制主义中央集权国家的控制下，由各级官府完全操控管理，不可能像欧洲那样
由市民自己管理。[4] 为何商业能顺利发展，而城市则需国家制约？笔者曾从高
朴案中了解到，国家统制经济与商人自由经济存在竞争和消长。[5] 随着这样的
思考方向，笔者在阅读档案时特别留意皇帝对苏州经济发展的影响力。《内务
府银库用项月折档》《宫中朱批奏折·财政类》档案记载乾隆皇帝利用税收支
持苏州丝织生产；《活计档》则呈现出太监频繁地往来于北京、苏州两地，传
达皇帝谕旨。苏州织造局每年成办的各项活计达数百件，连藏于清宫的十余万
件戏服都来自苏州，不难想象皇帝好货，从而影响苏州经济的发展。

　　关于苏州织造局生产丝绸的问题，彭泽益于 1962 年编《中国近代手工业
史资料》，并撰写《清前期江南织造的研究》，他认为"在官局做工仍是一种
当差服役的性质，不但带有浓厚的封建劳役性，而且还是一种终身职，其身份
地位则是以'世业相传'为特征"[6]。范金民则提出不同看法，他认为机户包
揽织造局的生产，工匠各有专能，连求雇的地点也都各自分开，不相混淆。他
引用《长洲县志》记载机户招匠的方式，来反驳彭泽益封建劳役的看法。[7] 韦
庆远在《江南苏织造与清代前期的政治》一文中，分析了康熙时期的织造与皇
帝关系匪浅，尤其赋予李煦、曹寅特殊的政治任务，打听江南的官风民情等；
雍正皇帝则将注意力集中在织造的业务，不断钦派活计，提升了雍乾时期的纺
织工艺；乾隆皇帝对三织造官更为苛刻，处处摆出主子的架势，督抚还可以参
弹织造的劣迹，然三织造局为雍乾时期最重要的手工业中心，则毋庸置疑。[8]
笔者从档案中看到，苏州织造局每年编列约 65000 两以及 10000 石米粮的预算，

作为买办丝料和工匠费用。其中《乾隆朝内务府奏销档》记载乾隆十年（1745）官员的奏折长达 18 页，有详细的工匠价格，更能提供完整的资料，让我们借以了解苏州织造局生产的过程。[9]

段本洛、张圻福在《苏州手工业史》一书中认为，地方官为"采办""采买"宫廷的物资，强行征购民间丝织品和其他手工艺品，以供宫廷奢侈生活的需要。其间，地方官抑勒科派、压低价格、减课平色、勒索掠夺，严重损害手工业的扩大再生产。[10]这样的说法，笔者认为值得进一步讨论。乾隆皇帝在苏州地区所挹注资金以及对丝绸的质量管理，其实吸引了大量官员投资生产、营销、办贡，进而影响了苏州的会馆、行会组织的发展。《明清苏州工商业碑刻集》中记载，因"承办上用飞金"，而成立经匠差局公所，[11]可见当地手工业因成造宫廷器物而蓬勃发展。

消费文化为近年来学者关注的焦点，则松彰文认为，清代中期以后，江南形成"消费社会"，他从生产、流通、消费三个方面探讨江南的流行服饰。[12]则松彰文的两篇论文让笔者获益良多，故为文讨论皇帝在北京消费与苏州生产者之间的关系，及其如何从上而下地带动江南流行风尚。[13]《孟子·梁惠王》篇："王曰：'寡人有疾，寡人好货。'对曰：'王如好货，与百姓同之，于王何有。'"乾隆皇帝好货影响了江南消费文化的发展，促进了苏州的城市繁荣。

一、苏州织造局

清代前期，江南三织造局为规模最大的官营手工业中心，负责制作皇帝上用、官用、户部应用的缎匹。三织造局每年由江苏藩库编列 130000 两银的预算，其中苏州织造局约占一半，共 64500 两；此外，还供应工匠 10000 余石米粮。织造局成做缎匹送至京城，皇帝令内务府官员检验，凡颜色不够鲜明、丝道泡松，必须如数补织，不准报销经费；若产品超过 10 匹不合格，官员还得严加治罪。为成做质量优良的缎匹，苏州织造派员到杭州采办蚕丝，织造局的工匠亦凭手艺获得高低不等的月粮。

（一）来自藩库的经费

1. 造办缎匹

乾隆二十二年（1757）的奏销档记载："每年分派三处织造织办一应缎纱、绒线、布匹等项，向例定额银十三万两，每年派织钱粮约需银十万余两不等。如遇各种颜色内有用完无存，以及所存甚少，不敷应用者，例准续行添派，所需钱粮统计不逾十三万两之定额。"[14] 苏州织造局每年向藩库支领银 64500 两，作为织办等项之用，实际上用了多少银两，必须按年提报用存实数。

表 1-1　苏州织造局成造缎纱[15]

时　间	上用缎纱（匹）	官用缎纱（匹）	各色丝线（斤）	各色龙墩布（匹）	料工银（两）	户部派织缎纱（匹）	料工银（两）	匠役米粮（石）
乾隆三年（1738）	105	1748[①]			13843			
乾隆五年（1740）	530	1615	121	49820	35979.2	237	2591.1	10737.56
乾隆七年（1742）	689	2395			32347.0	105	1325	10707.31
乾隆十一年（1746）			37.9					
乾隆十二年（1747）	635	1540			34420.3	263	4269	11546.86
乾隆十三年（1748）	606	1115			36198.1	950	9574.6	14921.38
乾隆十六年（1751）	615[②]	2040			38569.7	840	8004.1	10644.77

续表

时间	上用缎纱（匹）	官用缎纱（匹）	各色丝线（斤）	各色龙墩布（匹）	料工银（两）	户部派织缎纱（匹）	料工银（两）	匠役米粮（石）
乾隆二十二年（1757）	765	1140			40475.1③	940	11497.3	10644.76
乾隆二十八年（1763）	1020	1270			43228.1	1485	11944.8	12418.9
乾隆三十六年（1771）	两项共2207							
乾隆五十二年（1787）	612	1345			31992.2	1770	13586.1	11516.8
乾隆五十六年（1791）	606	1115			36198.1	1450	11349.6	10644.8

注：①另有大蟒缎 200 匹。②另有上用百花袍装缎 15 匹，银 567.8 两。③另有展宽加长绸纱 15 匹，工料银 531.6 两。

由表 1-1 中的上用缎纱、官用缎纱、户部派织缎纱的数量来看，苏州织造局每年成做的丝绸并无定量。由藩库拨给 64500 两，剩余银两仍归苏州藩库。此外，织造局还生产龙墩布，乾隆五年（1740）制造了将近 50000 匹。又，乾隆二十四年（1759）以后，苏州织造局每年还成造"织新花样上好兼丝葛纱"。葛纱是夏布的一种，用以制作皇帝馈赠大臣的夏季朝服。[16]

《乾隆朝内务府奏销档》显示，织造局送往宫廷的织造物必须经过严格的检查，稍有瑕疵，织造局官员即受到处分。如乾隆三十五年（1770），江宁织造处解送到上用、官用缎纱等项共 1088 匹，苏州织造处解送到上用、官用缎纱等项共 980 匹，杭州织造处解送到上用、官用缎纱等项共 1636 匹，三处共 3704 匹。奉旨："库贮缎匹三处织造所织俱属粗糙，其片金一项尤属粗松，着交内务府大臣俟萨载到京时令看。"又乾隆三十六年（1771）十二月十七日奉旨，此次三处解送到缎纱，挑出织有间道跳丝、粗糙泡松以及颜色不鲜明者，江宁 8 匹、苏州 7 匹、杭州 9 匹，留为赏用，不准开销，令其如数补织。皇帝处分织造官员并无定例，譬如乾隆五十二年（1787）广储司来文挑出缎匹有泡松间道霉渍，苏州成造之官用龙缎 1 匹，奉旨：罚织官用龙缎十匹。苏州织造四德奏称："嗣后唯有督饬机匠，时时警惕加谨织办。"[17]

苏州织造局提供皇室和官员的服饰、器用，因此上用、官用缎匹品目种类繁多。上用缎匹包括袍褂、披肩、领袖、驾衣、伞盖、飘带、佛幡、经盖、被褥、补子、战甲等。还有皇宫所需的手帕、镜盖、九龙伞、芳草伞，各式花素宫绸，各式纱、缎、宋锦、春绸、锦被等。官用缎匹仅彩装各样品及官员服饰上的补子一项。[18] 由此可见，清朝所用的重要丝织品多来自苏州织造局。

2. 织造局的工匠

范金民认为织造局的生产方式是选定领机机户，发给机张执照作为领机凭证，由织造局备好丝料，责令领机机户雇募工匠应织，机户不进局织造，缎匹织成后，由机户负责缴还织造局，因而"买丝招匠"制和"领机给帖"制完全是同一回事。[19] 依照这样的说法，织造局似乎借由机户来负责生产。而机户招匠的过程，范金民引《长洲县志》记载："无主的工匠，黎明立桥以待，缎工立花桥，纱工立广化四桥，以车纺丝者约车匠，立濂溪坊。"[20] 这些民间的工匠，未必全系私人作坊内的劳动者，也有参与织造局生产的。他又引康熙六年（1667）织造局缺机 170 张、行头王斗山倡均机之议，以民机 20 张当官机 1 张，后因贿赂者多，仅以民机 9 张均当官机 1 张。换言之，织造局有 1530 张民机，分摊了官机的额数。

由《乾隆朝内务府奏销档》可见，织造局官员到各地买丝，其价格必须具体呈报，这与范金民所说织造局备丝料的情况是一样的。表 1-2 为《乾隆朝内务府奏销档》所载乾隆十年（1745）之前买丝价格和乾隆十年以后的价格。

表 1-2　三织造局采购丝的价格 [21]

项目		江宁织造局 （银两）	苏州织造局 （银两）	杭州织造局 （银两）	乾隆十年改价 （银两）
上用丝（所用之丝产自浙江南浔、双林两地）					
妆绒	经丝	每两 0.082	每两 0.089	每两 0.089	每两 0.082
	纬丝	每两 0.082	每两 0.075	每两 0.075	每两 0.077
妆绒丝			每两 0.075	每两 0.079	每两 0.075
官用丝（所用之丝产自浙江新市、塘栖两地）					
妆绒	经丝	每两 0.081	每两 0.088	每两 0.088	每两 0.0815
	纬丝	每两 0.081	每两 0.075	每两 0.075	每两 0.075
妆绒丝			每两 0.075	每两 0.079	每两 0.074
上用红圆金		每纽（14 丈）0.04	每纽（11.2 丈）0.038	每纽（11.2 丈）0.038	江宁每丈（600 条）销银 0.042，苏杭 0.0336
上用扁金（片金）		每提（600 条）0.14	每千条 0.2	每提（600 条）0.12	江宁每提销银 0.104，苏杭 0.1
上用黄圆金		每纽（14 丈）0.03	每纽（11.2 丈）0.036	每纽（11.2 丈）0.036	仍旧开销
上用淡圆金		无	无	每纽（11.2 丈）0.034	仍旧开销
上用阔扁金（片金）		每提（600 条）0.111	无	无	江宁每提（600 条）0.14
上用紫赤圆金		无	无	每纽（11.2 丈）0.036	仍旧开销
上用枯赤扁金		无	无	每提（600 条）0.1 两	仍旧开销
官用红圆金		每纽（14 丈）0.038	每纽（11.2 丈）0.036	每纽（11.2 丈）0.036	江宁每丈销银 0.035，苏杭 0.028
官用赤扁金		每提（600 条）0.096	每千条 0.16 两	每提（600 条）0.096	每提（600 条）俱销银 0.09
官用紫扁金		无	无	每提（600 条）0.09	仍旧开销
红色（每丝一两染价）	大红	0.12—0.13	0.26	0.26	江宁大红 0.12 二红、三红 0.013 苏杭大红 0.15 二红、三红 0.015

续表

项目		江宁织造局 （银两）	苏州织造局 （银两）	杭州织造局 （银两）	乾隆十年改价 （银两）
红色 （每丝 一两染 价）	二红	0.013	0.15	0.15	江宁大红 0.12 二红、三红 0.013 苏杭大红 0.15 二红、三红 0.015
	三红	0.013	0.10	0.10	

　　苏州织造局招募工匠的方式则与范金民所述有些差异，依据《乾隆朝内务府奏销档》记载，各种工匠计酬的办法不一，招募的方式也不同。

　　第一，苏州染匠的工价与材料费红花、乌梅一起计算，将染制过程外包给染匠，按件计酬。至于摇纺工，在苏州"向无摇纺匠粮，遇工雇募"，则系临时招募。此外，还有牵经工、接经工、打线工也都是招募而来，没有月粮。

　　第二，织匠、挽匠，苏州机匠每名每月给食米4斗。织办绸匹时，织挽匠3名，给银0.15两。苏州织染、总织机房，额设机700张，匠2040名，岁支米9792石。局设242名，岁支米1615.2石。还给予挑花高手不同的月粮，苏州所管高手等，月给米4、5、6、7、8斗至1石不等。[22] 管织匠的高手和门役的月米高，是因为他们有"督率匠役之责"，而且匠役人数达数百人之多。由此来看，苏州织造局的匠役是根据技术高下，给予不同的工资和米粮，并不是像范金民所说的机户到各桥头找工匠。

　　苏州碑刻资料《苏州织造府严禁织造局管事向年老告退及病故机匠子侄堪行顶补者需索陋规并隐瞒不报碑》记载："两局机户织办……加以工银，至优且渥，为机匠之总领。……所管管事高手等知悉，嗣后如有该机匠年老告退，以及病故者，限该所管于三日内即行呈报，其告退之子侄，堪以承充，即带赴衙门。本局一切经管人等，不得丝毫需索。"[23] 此处称机户为机匠总领，如乾隆朝内务府奏销档记载"督率匠役之责"，当机匠年老、由子侄顶补时，机户常恣意需索陋规，此一碑文即严禁管事需索。[24] 机户因督导机匠而获得较高的待遇，他们如何像范金民所说雇募工匠应织，又如何成为"官营织造事务的中间人，变成民间织造的包买主"，从内务府的档案中尚看不出这样的发展过程。

织造局各堂总、管事等承办的织造业务，可由乾隆二年（1737）织造局司库恕己索贿案看其详细内容。恕己因女儿出嫁，向局中的人员索要绸缎、家具、银两，留下口供资料。摇纺堂总刘文、胡俊供称："缎纱机堂总石君锡、徐廷秀取过上用缎熟经纬五十五斤十两七钱。纱机总管事王士荣，先取用官用绸缎经纬二十九斤二两，织了花缎十二匹。恕己嫌不好把缎退回。将王成公骂了一顿，又另取上用缎熟经纬三十二斤三两，并官用缎熟经纬九斤八两五钱另织。"倭缎堂书办张大裁供："上年十二月里，恕己吩咐小的在倭缎堂钱粮内办几匹素缎倭缎，小的要回明织造方敢动用，他即发怒，小的惧怕，只得照单织办。"以上口供提到在织造局取绸缎后，在局内织办各色缎匹。门子钟圣侯供："本官叫小的织带子，小的原到堂总那里取过经纬升丝二斤十五两八钱，拿到店里去织。"钟圣侯供称，带子是拿到外头的店里去织，与恕己令各书役在外购买木器、皮货、绸绫，都不是织造局内承办的事务。[25] 关于织造局成造绸缎以外的活计，将于下节详述。

（二）来自浒墅关的经费

乾隆年间，浒墅关的税关监督兼任苏州织造，其税关盈余必须支持苏州织造局承办的活计。所谓活计，是指织办缎匹以外的工作，如做扇子、玉器、戏服等。自乾隆四年（1739）以后，浒墅关的税关盈余支付苏州织造局差务使者往来路费与办差费。根据安宁奏称，乾隆三年（1738）至乾隆四年，征收额税银191151.4两，盈余银120518两，共银311669.4两。盈余银办理差使传递谕旨支银25930.5两，留存织造办差银30000两，以及浒墅关一年所需经费42654两，实在盈余银21933.5两。[26]

浒墅关的税关盈余数额不定，支付上述用银有入不敷出之虞。故乾隆二十九年（1764）后，浒墅关向户部核备，增加平银一项，由商税每两征平银0.058两，即在每两银中增加5.8%的平银。乾隆三十二年（1767）萨载奏，该年计收平银分存剩平银31821.6两，解交织造局衙门。[27] 实际上每年成做的活计数量不一，若有剩余则缴交内务府。根据《宫中朱批奏折·财政类》所载，乾隆年间浒墅关拨给织造局办差银，列于表1-3。

表1-3　浒墅关支应苏州织造局办差银两[28]

时　　间	平　银（两）		盈余办差银（两）
	办差银（两）	存剩银（两）	
乾隆六年（1741）			28403.9
乾隆七年（1742）			29000
乾隆八年（1743）			18473.04
乾隆九年（1744）			17263.5
乾隆十年（1745）			14411.2
乾隆十一年（1746）			16026.3
乾隆十二年（1747）			23789.6
乾隆十三年（1748）			20899.2
乾隆十四年（1749）			22264
乾隆十五年（1750）			21791.8
乾隆三十一年（1766）	8752.1	10810.6	
乾隆三十二年（1767）	8579.5	11121	
乾隆三十三年（1768）	8483	11143	
乾隆三十四年（1769）	8187.7	12903.3	
乾隆三十五年（1770）	8446.4	11023.8	
乾隆三十六年（1771）	8495.8	11069.5	
乾隆三十七年（1772）	8423.6	11408.8	
乾隆三十八年（1773）	8885.8	10908.4	
乾隆三十九年（1774）		10308	
乾隆四十一年（1776）	8412.7	10123.5	
乾隆四十三年（1778）	9035.6	10859.33	7840.5
乾隆四十五年（1780）	8069.7	8013	
乾隆四十六年（1781）	9168.8	10127.6	
乾隆四十七年（1782）	9243.4	10684.8	
乾隆五十年（1785）	9267.1	10612.3	
乾隆五十四年（1789）	9065.8	10032.3	

续表

时 间	平 银（两）		盈余办差银（两）
	办差银（两）	存剩银（两）	
乾隆五十五年（1790）	9085.2	10067	
乾隆五十六年（1791）	9316.5	10475.7	
乾隆五十七年（1792）	9378.7	10627.1	
乾隆五十八年（1793）	9364.2	10660.2	
乾隆五十九年（1794）	8426.7	8666.5	
乾隆六十年（1795）	8836.5	9971.1	

由表1–3可看出，浒墅关拨给织造局30000两，实际上仅用八九千两，这是因为税关监督自己拿养廉银来孝敬皇帝。浒墅关兼任苏州织造的养廉银，自乾隆十四年（1749）以后定为银16000两。[29] 养廉银支付办贡或修理苏州织造行宫，如乾隆四十五年（1780）全德织大无量寿尊佛，并大小哈达、春屏、彩胜、绣褥等件用银5107两，又修理行宫用银9000两，全德自捐养廉银共计银14107两。[30]

苏州织造局以藩库和浒墅关的经费办差，每年编列的经费约100000两。苏州织造局承办缎匹经费及工匠的工资，说明冠盖京华的王公贵族，其争奇斗艳的服饰来自专业的苏州织造局。乾隆皇帝通过太监传旨，设计各种服饰样式，以塑造君王形象。

二、从成造器物看皇帝的喜好

乾隆皇帝统治的60年间，苏州织造局成造了许许多多的器物，本节将讨论成造活计的文化意涵等内容。

（一）天子的形象

杨启樵在《揭开雍正皇帝隐秘的面纱》一书中提到，雍正皇帝本人竭力强调撙节美德，自称秉性不喜华奢，但从雍正朝活计档发现，雍正皇帝在用品上极其讲究，注重生活享受。[31] 乾隆皇帝口口声声说生活节俭朴素，而在乾隆朝活计档中看到的是用度更为奢华。乾隆皇帝在衣着、日用上绝不吝于表现天子尊贵形象，仅以苏州织造局成造的龙袍来看，就可看出皇帝的奢靡。

乾隆皇帝对于龙袍的制作十分讲究，如乾隆十年（1745）交代苏州织造："此龙袍尺寸长了，着将准尺寸发去，再来时照新发去尺寸办造。"[32] 乾隆十三年（1748），太监胡世杰传旨："着图拉照先做过绒绣五彩蟒袍尺寸花样，往细致里做一件。"[33] 制作龙袍材料要使用许多金线和银线，乾隆二十一年（1756）行文记载："传旨着交苏州织造安宁绣二色金龙褂面四件、缎地三件、直纱地一件。安宁成做二色金龙补褂四件，用金线六两、银线四两。"[34] 唐代以后，中国所产金线以杭州地区最为著名，称为"杭金"，然其质量仍不如欧洲进口的。据粤海关的报价：金线每重 1 两价格为银 1.764 两，银线每重 1 两为银 0.882 两。皇帝的 4 件补褂，共用银 14.1 两。除此之外，缎纱和工匠费用也不赀，根据《乾隆朝内务府奏销档》记载，龙缎每匹织价银 25.6 两，妆缎每匹织价银 31.1 两，蟒缎每匹织价银 33.7 两。[35]

乾隆皇帝的吃穿都有专门的"膳底档"和"穿戴档"档案记录。[36] 皇帝吃饭用填漆花膳桌，吃的食物有银葵花盒小菜、银碟小菜、燕窝肥鸡丝、鸭子馅提折包子、咸肉、燕窝、红白鸭子、三鲜汤等。乾隆皇帝喜欢燕窝、鸭子等温补的食品，几乎每餐都有这两种食物。御膳所的器皿以银制品居多，其中苏州织造局成造的器物有：银盆 1 件重 48 两、银火锅 1 件重 46 两、银火壶 1 件重 69 两、银盘 4 件重 25 两、银小碟 2 件重 5.5 两、银提梁壶 1 件重 11.8 两、银小壶 1 件重 7.8 两、银盒 2 件重 15 两、银碗盖 1 件重 2.5 两、银镀金碗盖 1 件重 1.6 两、银小罐 1 件重 2.5 两、银小叉子 1 件重 3 两、银匙 3 件重 1.9 两、银小匙 3 件重 3 两、绿玉奶茶碗 2 件。[37]

皇帝的盥洗用具有嵌玉璧紫檀木盒盛象牙耳挖、牙签、净尘、全洋漆梳 2 件（图 1-1）。旗人有佩戴"三饰"的习惯，即挖耳杓、剔牙针、小镊子（取物用）。普通旗人用银质三饰，贵胄则例用金质三饰，挂于大衣襟，这或许是

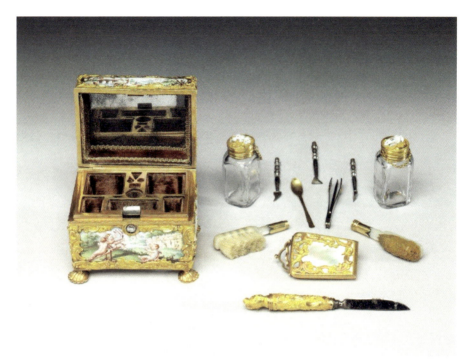

图 1-1　铜胎镀金画珐琅修妆匣，台北故宫博物院藏

受皇室的影响。[38]

　　皇帝用的茶具是用进口的紫檀木做成的。乾隆二十三年（1758），苏州
织造安宁送到紫檀木茶具 1 份、鹥鶒木茶具 1 份，持进交太监胡世杰呈览。[39]

　　皇帝的出行用具，如乘坐的马鞍，也相当考究。乾隆二十九年（1764），
交苏州作宝瓶鞍板，用珍珠 16 颗、红宝石 8 件、珊瑚 36 件、青金石 28 件、
松石 26 件、碧牙西 14 件、珊瑚顶 2 件。[40] 乾隆三十九年（1774），皇帝嫌其
銮驾轿顶绣活粗糙，交代苏州织造绣做"轿顶帏仿佛实在孔雀尾一样，往细致
里绣做"。又画得黄地绣缨络、五彩垂珠纸样一张，来年九月，舒文呈上绣孔
雀尾顶帏 2 件，计用孔雀尾 846 片，备用孔雀尾 10 片，又绣缨络垂珠 2 分。[41]
乾隆四十三年（1778），苏州织造局成造金碧辉煌的皇帝銮驾，用榆木竹瓦
等并工价共银 2386 两，又妆缎坐褥帏帘等用银 1372.4 两，轿子所用镀金金叶
226.94 两、银叶 45.3 两。乾隆五十九年（1794），苏州织造局成造大礼轿之

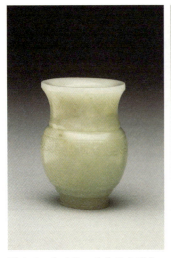

图1-2 白玉尊，台北故宫博物 　图1-3 玉簋形炉，台北故宫博物院藏
院藏

金银顶饰及撒袋、交椅等，用九成金764.11两、六成色金611.42两、头等赤
金353.33两，打造顶饰、扇叶、银摇、银圈等项用银9106.1两，办买乐器物
料银1734.8两，工匠饭食钱2248867文。[42]皇帝銮驾之金饰所用黄金、色金上
千两，银饰的原料和打造工资超过30000两银。当时乾隆皇帝已年过80岁，
垂垂老矣，仍奢华无度。

乾隆年间，宫廷每年花用一百多万两银。[43]乾隆皇帝所使用的器物都金雕
玉砌，他是18世纪消费能力最强的君主。

（二）表现"国语骑射"的精神

苏州织造局成造最多的是玉器。许多学者研究乾隆朝的玉器，得到若干
结论：第一，苏州专诸巷的碾玉工匠，技术精湛，全国首屈一指，苏州专诸巷
还为九江、凤阳、北京提供玉匠；第二，大量碾琢仿古尊彝玉器。[44]第三，造
型上有创新。[45]乾隆年间大量制作的玉器可分为以下几类。

陈设类：仿古彝器、鼎、尊（图1-2）、簋（图1-3）、觥

图1-4 雕玉香囊，台北故宫博物院藏

佩饰类：朝珠、手串、项圈、香囊（图1-4）、翎管、扳指、扇器

册宝类：玉册、玉宝

神像类：佛、菩萨、罗汉、高僧、八仙

苏州织造局成造的多数是小巧玲珑的佩饰类和册宝类玉器，乾隆皇帝还常拿宫中旧藏器物"扎了"，做成别的活计。如乾隆二十年（1755），员外郎郎正培、催总德魁传旨："着将白玉象鼻上有颜色处札下做扳指1件，其余配做宋龙盘一件、素杯一件。"[46]

乾隆皇帝大量制作器物，笔者认为其用意在强调"国语骑射"的精神。譬如扳指，原为射箭拉弦时保护手指之用，着于右手之大指，需以韧涩材质制作。乾隆年间以象牙、水晶、玉、瓷等名贵滑润材料制作扳指，为皇帝、王公大臣、八旗子弟所喜佩戴。扳指之制作很注重质料，造型则比较简单，通常为圆筒形，器壁较厚，不用纹饰，以显示其质感。[47]乾隆二十年至乾隆二十四年（1759），皇帝命苏州织造局成造扳指共有15次之多，一些描述旗人的穿戴笔记文集，最喜欢形容他们"佩带了些翡翠扳指、西洋表"[48]。

《旧京琐记》载："满官研究衣着，每解衣则零星佩饰摊满一案，汉官则否。"[49]满官的腰带绦子拴小荷包，放鼻烟壶、火镰包等，并随身携带小刀，如此打扮系通过皇帝屡次下谕旨才得以贯彻实施。乾隆皇帝曾因怡亲王弘晓不佩小刀，而引清太宗之圣训曰："今宗室子弟，食不能自割，行走不佩箭袋，有失满洲旧俗。"[50]为了维持满洲旧俗，男性佩戴小刀，刀柄上常镶有宝石。此外，鼻烟壶也是男士随身携带的物品之一，样式花色繁多。因而，皇帝常以小刀、鼻烟壶赏赐满官，提醒他们不忘本。苏州织造局成做这类活计也特别多。乾隆四十三年（1778），传旨做玻璃鼻烟壶200个、洋锦赏用火镰包200把。[51]清代旗人子弟书戏曲集描述旗人出征时，"花大爷穿毕了战裙合马褂，系上了撒带共腰刀、扳指，鼻烟壶装好了芦子槟榔合荳蔻，拴好了火镰刀子共荷包"[52]。火镰包是装火镰的袋子。现今台北故宫博物院典藏的火镰袋以瓷器做成。一件四面开光，内绘西洋风景、人物画，开光以外的器面以锥拱技法做锦地点纹，其上加饰凸起的金花；另一件不作开光，底釉涂绿，上面亦饰以金花。[53] 荷包源自满族狩猎的习俗，本是猎人出猎时系在腰带上用以储存食物的小口袋，后多用来装银两、香料、烟叶或槟榔等物品，清朝皇帝及八旗兵丁都习惯佩戴荷包。

（三）多元文化的统治

乾隆皇帝大量制作玉册，借以表征他大一统天下的丰功伟业。例如乾隆二十三年（1758），皇帝亲自撰写《御制平定准噶尔告成太学碑文》，回顾康雍两朝平定准噶尔，清廷进军伊犁、平定达瓦齐割据势力的过程及战后所采取的措施。碑立于国子监，并由苏州织造局做成青玉碑文玉册；乾隆四十三年（1778），苏州送到《御制平定两金川告成太学碑文》玉册一份；乾隆四十五年（1780），苏州送到青玉《优恤土尔扈特部众记》玉册页一份。[54] 土尔扈特部众原来居住于俄国伏尔加地区，俄国女皇叶卡捷琳娜二世向土尔扈特人民催款要畜、征兵增税，使得部落子弟死于战争者达 8000 人。于是在乾隆三十六年（1771），由渥巴锡率众至伊犁，皇帝将他们安置在尤勒都斯草原一带居住，故称为优恤土尔扈特部众。[55]

乾隆皇帝以佛教器物与蒙藏诸王进行文化交流，常以蒙文《甘珠尔》赏赐蒙古王公贵族。[56] 甘珠尔是藏文"教敕译典"之意，相当于汉文大藏经的经藏和律藏。经文为贝叶式，制作精美，并于经板上彩绘佛菩萨像，并以珍宝金花镶饰，庄严殊胜。《内务府银库用项月折档》记载，藏文《甘珠尔》由札萨克喇嘛、喇嘛等抄写金字，从乾隆三十三年（1768）八月至乾隆三十五年（1770）四月，共抄写经文 108 函，序文和目录用藏、满、蒙、汉四体文对照书写，每函经板镶嵌东珠、珊瑚、松石等珠宝 133 颗，共计珠宝 14364 颗，金欢门用八成淡金 4814.41 两，喇嘛饭食、工价和笔墨、纸张共用银 8564.81 两，飞金 4901698 张。其中飞金系取自苏州。造办处官员且奏称："经上雕朱漆填金经板，如在造办处成做，所需钱粮较费，且活计不及苏州添饰精细节省，请将经板并经帘等，俱行苏州织造处成做。"[57] 藏文《甘珠尔》每函上下各有两层护经板，内层护经板上有黄、红、蓝、绿、白五色的刺绣经帘，最底层有金欢门绘五尊护法神像；外层护经板为朱漆填金经板，经板侧面雕刻花纹以飞金粘贴。现今台北故宫博物院藏该《甘珠尔》经 36 函。乾隆三十七年（1772）为编译满文《大藏经》，成立清字经馆，由章嘉国师率领喇嘛和各部官员等 96 人，翻译满文《大藏经》共 108 函、2525 卷，共用银 591000 余两。至乾隆五十九年（1794）完成经板，前后印刷 12 套，分藏于各地藏传佛教寺院，如北京宗镜大昭之庙、雍和宫，承德殊像寺、普陀宗乘之庙等。[58] 制作满文《大藏经》所用的飞金，亦产于苏州地区。

乾隆四十四年（1779），苏州成做青白玉释迦牟尼佛 1 尊、罗汉 13 尊，用红黄飞金 66717 张。乾隆四十六年（1781），为写文殊菩萨赞五部写泥金字画龙边等用泥金 10 两，需紧急用飞金，在京办买不但价值昂贵，且颜色浅淡不堪应用。[59] 于是，次年由苏州织造办买头等飞金 100000 张送京。[60] 苏州办买飞金，几乎每年都出现在造办处档案中。

乾隆四十五年（1780），六世班禅到热河之前，皇帝令苏州织造制作许多佛教法器。如乾隆四十四年发往苏州成造玉嘎布拉鼓、铃杵 3 件（图 1-5）。铃表示警醒世人，杵表示五佛五智义，铃与杵合在一起表示阴阳合一，定慧兼备。又令苏州织造全德绣做米珠番草花边佛字莲花托喇嘛帽顶 2 片，绣缂上乐王佛、秘密佛、呀吗达嘎佛 3 轴，以及奔巴瓶瓶衣 12 件。[61] "奔巴"是藏语的"壶"，奔巴瓶用于装圣水。苏州成造这些法器都因皇帝要隆重接待六世班禅，赏给班禅用。[62]

苏州织造成造极乐世界图相当有名，乾隆十年（1745）六月，太监胡世杰传旨："着交南边照先缂做过手卷，再缂做一卷裱成送来。"于乾隆十一年

图 1-5　金刚杵，台北故宫博物院藏

（1746）三月七日，"司库白世秀将做得缂丝西方极乐世界手卷一卷并原样
一卷持"进讫[63]。此西方极乐世界图是苏州织锦中最为名贵的重锦织法，用 19
种不同颜色的彩色丝线同时织制，织造技艺高超，并采用通幅贯梭法，织绘出
佛教极乐世界的宏伟景象。[64]

（四）清宫大戏与切末

　　乾隆皇帝喜欢看戏，内廷戏班的规模因此扩大了，他让翰林院中的词臣
改编旧有剧本，编成整本大戏。每部 10 本，每本 24 出，每天演 1 本，全部演
完需时 10 天，称为"内廷大戏"。如张照的《劝善金科》《升平宝筏》，周
祥钰、邹金生的《鼎峙春秋》《忠义璇图》及王廷章的《昭带箫韶》等。[65]

　　为内廷大戏之用，苏州织造成造了无数的戏服，且制作精良。[66]如乾隆二

年（1737）六月十五日，七品首领萨木哈来说太监王常贵等交活计样 1 件。传
旨："着交与海保照此样将翠的做些送来。钦此。乾隆二十八年（1763），织
造局缴交翠凤十匣，每匣五枝。"[67] 翠羽为点翠头面上嵌翠鸟的羽毛，包括顶花、
面花、后三条。点翠、累丝、贴金都用于传统戏曲旦角头上的饰物（俗称"头
面"），为苏州地区拿手的金银制造工艺。

赵翼《檐曝杂记》载："内府戏班，子弟最多，袍笏甲胄及诸装具，皆
世所未有，余尝于热河行宫见之。"[68] 乾隆后期制作了数千件的戏服和切末，
如乾隆四十七年（1782），苏州送到蟒袍及各色马夫巾 224 顶、仙巾 120 顶、
大页巾 88 顶、白色软打仗盔 16 顶、五佛冠 48 顶、宫花 20 枝、鬼头套 24 个、
门神铠 99 件、花鸾带 100 条。五佛冠、鬼头套都是表演神佛杂剧的面具。乾
隆五十三年（1788），苏州织造送到绣五色打仗甲 40 件、五色绣金龙裙子 40 件、
云肩 80 件，进交南府。[69] 乾隆皇帝生于康熙五十年（1711），乾隆五十五年
（1790）时 80 岁，于乾隆五十四年（1789）时令苏州织造局制作大量祝寿的
戏服，各种佛、菩萨、金刚、寿星套头，各色吉祥动物纹样衣，如白象衣、仙
鹤衣、凤凰衣，各色纹样缎带，如花卉牡丹、桂花、水仙、天竺等，乃至祥云、
百寿云、水云、莲花座、观音山等，共 2380 件。唱戏的戏子也要从苏州挑选。
该年太监鄂鲁里传旨，令织造四德将大花面、老生挑选五名交南府应差。

（五）"宫廷样，苏州匠"

乾隆年间流传着"苏州样，广州匠"的谚语，[70] 意思是苏州人擅长设计，
而广东的工匠所制作的器物特别精致。实际上，苏州工匠长期成造宫廷活计，
其纸样或木样来自宫廷，称"宫廷样，苏州匠"。太监交给纸样或者器物墨样，
要求苏州工匠仿做。如乾隆二十一年（1756），太监胡世杰传旨："内庭交出
纸样一张，着传与安宁，照先做过三阳楼缂丝佛像，尺寸做法一样，成做一轴，
高宽各放一半，再成做二轴。其佛像亦放大细致。里要照先一样缂丝放粗些。"[71]
《清高宗御制诗文全集》中提道"专诸巷里工匠纷，争出新样无穷尽""专诸

巷中多妙手，琢磨无事太璞剖"。[72] 苏州的玉器加工，集中在阊门内的专诸巷、天库前吊桥一带。苏州工匠技艺超群，从以下几方面可以看出。

第一，苏州工匠依乾隆谕旨，修缮别处成造的活计。例如，乾隆四十三年（1778），太监交彩油八仙人、福禄寿仙人等，皇帝嫌"仙人脸像形式样款不好看，交与舒文另改做"。至乾隆四十四年（1779）四月，苏州送到彩油八仙人一份、见新八仙人一份进讫。乾隆皇帝批评宫中藏的缂丝不好，要苏州织造同样照做，且要做得更精致。譬如一幅"宋缂丝开泰图挂轴"，皇帝说："中间大羊身腰长了，并所有羊腿不像之处着改正，上边大松树本亦有应改之处，往好里改。"[73] 现存于故宫博物院的《九阳消寒图》或许是根据宋缂丝的原件改做的。

第二，苏州工匠擅于模仿，尤其是仿 10 世纪南唐年间的澄心堂纸。澄心堂纸纸质厚重、异常洁白、平滑如玉，有"纸中第一品"的称誉。其制作过程十分考究，必定要用寒冬腊月的冰水抄制，原料亦一定要用楮皮。乾隆皇帝十分喜爱这种纸，曾下令大量制作"乾隆仿制澄心堂纸"。乾隆三十八年（1773）苏州织造即送到大量的仿澄心堂纸。

乾隆皇帝命苏州工匠仿造宋明年间的器物，做成之后还刻上明代年款，所造赝品也表现出工匠的高超技术。如乾隆四十一年（1776），皇帝交代将明宣德年制青花白地海屋添筹大碗 1 件、填漆碗托 1 件，发往苏州，指定按碗托漆水花纹做法，照瓷碗大小样式，成做漆碗 1 件，"其碗足放大，务要配合碗托，亦要随旧意、仍刻大明宣德年制款"。[74]

苏州工匠手艺精湛，皇帝不惜工本地将活计送往苏州成造。例如，乾隆四十三年，需成造官用黄云缎毡，皇帝令造办处官员查访京绣、苏绣之费用。苏州的材料费估价较低，是因地利之便。工资亦有不同，广储司编制下绣匠每月领有俸饷，除此之外，每日给饭食费 0.028 两；苏州绣匠工资为 0.126 两。京绣和苏绣的工料比较，苏州织造的报价大约贵 2 两。皇帝最后裁决，仍交苏州织造成造，是因苏州的绣工技艺较为精致（参见表 1-4）。

表 1-4　广储司与苏州织造局成做绣品之缎料与工匠价格比较[75]

工　料	广储司	苏州织造局
官用缎	4.1 尺 ×0.167 银两 / 尺 = 0.68 两	4.10 尺 ×0.162 银两 / 尺 = 0.66 两
绣　绒	4.5 两 ×0.134 银两 / 两 = 0.60 两	2.57 两 ×0.126 银两 / 两 = 0.32 两
工　匠	35 人 ×0.028 银两 / 人 = 0.98 两	26 人 ×0.126 银两 / 人 = 3.28 两
共用银	2.226 两	4.26 两

段本洛、张圻福认为，乾隆皇帝之奢侈生活，是通过官员抑勒科派、压低价格、减课平色、勒索掠夺得来的。但在官员的奏折中发现，苏州成造的各项器物皆有价目，并无压低价格。苏州织造舒文的奏折提道："苏城市卖玉器虽多，但款式俱未能规矩，是以奴才历来均系购买玉料，自行仿照旧样，督匠成做。本年正月内，经玉匠头购买任公栈客李业玉料一块重一百九十斤，计市平色银八千二百两。当即令匠照依材料大小酌取得玉瓶洗，并陈设等料共七件，又插屏料一对。"[76] 舒文向任公栈的顾客买玉料，是以玉匠头为中介，所买玉料一斤大约 43 两，符合市场行情。[77] 再者，上述之工匠工资也约略高于市价，可见乾隆皇帝的喜好带动了苏州的经济发展。

第三，苏州工匠仿做西方的器物。乾隆皇帝批评西洋人做的贡物不好看，要求苏州工匠重做一批。如汪达洪进各式纸花十五枝，传旨："花叶不好看，着苏州织造四德、五德照样成做花 15 枝，其花叶着伊变别成做。"[78] 挑得五色洋锦 5 块、黄西番莲扁金片金 1 块，交苏州织造"照样织做五色扁金、片金各二匹，身分要比原样还好"[79]。苏州仿做的西方贡物，或在手工艺的技巧上占优势，然质料可能无法与原件相媲美。

英国在 18 世纪发明了纺织机器，使纺织工业进步，所制丝绸、天鹅绒和锦缎质量上乘，且华丽精美。乾隆皇帝也想让苏州织造局生产天鹅绒，但早期技术欠缺，无法成造。乾隆三年（1738），太监毛团传旨向织造海保要天鹅绒 1 匹。据织造海保家人六十五说，"此天鹅绒系属洋人所织，苏州各处寻觅不出，必须等秋冬之间，洋船到时方能办买"。乾隆二十八年（1763），郎中白士秀传旨交绿天鹅绒 1 匹，交萨载照样织造 1 匹；十月，苏州织造萨哈岱送到绿天鹅绒 1 匹，随原样一块持进。[80] 从乾隆三年（1738）到乾隆二十八年，苏州工匠不断研究仿制各种天鹅绒，如遍地单面起绒的天鹅绒、遍地双面起绒的双面天鹅绒。[81] 这些天鹅绒没有获得皇帝赞赏，可能其质量与西洋的天鹅绒相比仍稍显逊色。

再就速度来说，西方用机器编织花毯，可能几天即完成，中国用人力则需要更长的时间。乾隆三十五年（1770）十月皇帝下谕旨："西洋花毯两块随画样纸二张，传旨发往苏州交舒文照花毯作法，按纸样尺寸、花样，织做花毯二块。"织造局花了一年工夫，至乾隆三十六年（1771）十月才进讫。另外，乾隆皇帝对于苏州织造成造的西洋花毯不甚满意，说"斜向不周正，罚伊照样另织做二块"，又说"往好里收，嗣后成做活计如若不好看，着伊赔补"[82]。乾隆皇帝命令苏州工匠成造各项活计，希望做得比西方进口的东西好。实际上，中国占上风的只是工匠的加工技术，纺织品质量仍比不上西方用机器生产的。由内务府缎库所藏大量的洋缎、金银线、哔叽布、西洋绒布等，可知皇帝对西洋物品的喜爱。

在钟表机械方面，皇帝对于西洋进口钟的造型不满意，叫织造局的工匠改做外观，至于钟表的零件则难以仿制。如乾隆四十一年（1776），太监将一面玻璃螺钿漆钟架 1 座（万寿山）、二面玻璃螺钿漆钟架 1 座（圆明园）发往苏州。皇帝交代："将螺钿刮去，用旧胎股另漆黑漆画金花，要仿洋漆作法。"[83] 苏州工匠在乾隆年间也曾仿制钟表。钱泳《履园丛话》记载："自鸣钟表皆出于西洋，近广州、江宁、苏州工匠亦能造，然较西洋法究隔一层。"[84] 此即说明当时中国制作钟表的技术比不上西洋。

在服饰和器用材料方面，中国亦不如西方。譬如皇帝批评苏州绣做老子图不好看，说："老子像金寿字衣上金线不好看，着用洋金线绣做，如彼处无洋金线，向京内请领。"[85] 这件金寿衣原先是用杭金线做成，皇帝要工匠改用西洋金线。乾隆四十年（1775），皇帝将康熙、雍正年间制作的铜胎西洋珐琅碗、花篮、杯盘等 10 件交粤海关监督仿做，并规定"不要广珐琅要洋珐琅，亦要细致，烧乾隆年制款"。当时广州地区已研发广珐琅，皇帝却要他们用洋珐琅来仿制西方器物。[86]乾隆皇帝喜欢西方的物品，却又批评其为"淫巧奇器"。有学者认为，乾隆皇帝对欧洲制品不感兴趣，顶多喜欢机械钟而已，西方进口的制品对中国人的穿着、家庭摆饰并没有太大影响。[87]然而，造办处的档案显示，皇帝天天穿的是金线龙袍、西洋锦缎，用的是西洋手巾、洋珐琅的器皿，铺在地板上的是西洋花毯等，分明是"西洋气"十足。

黄春和评述康熙和乾隆朝的佛教造像，认为康熙时的造像造型挺拔、工艺精细，展现出佛像的内在精神气质和感人的艺术魅力；乾隆时宫廷造像规模盛大，制作造像活动频繁，参与工匠众多，制作的佛像成千上万，但是按照量度规定和既定的图像模式塑造佛像，导致乾隆时的造像生硬呆板、匠气十足，艺术水平不高。[88]乾隆皇帝喜好洋玩意，却不深究原理和技术，也就像制作许许多多缺乏内在气质的佛像一样，重表面而不重实质。

三、官员办贡与营运

清代每逢元旦、万寿节，皇帝、皇后和皇室成员出巡、出游，国外使节来华、入觐，或国内少数民族王公贵族被召入京时，均要沿途官员和商人等向皇帝纳贡。[89]董建中分析，官员进贡分为例贡与非例贡，例贡为元旦、冬至、万寿庆辰三大节，非例贡有迎銮贡、木兰贡、进京升见贡、谢恩贡、传办贡等名目。现存《宫中进单》约 43828 件，其中乾隆朝即占 52%，反映出乾隆朝进贡之盛。采办贡品的地点，以苏州、北京、广州等为主要地点。[90]乾隆喜欢器物，各地官员莫不趋之若鹜地进贡。据《大清会典事例》"礼部·风教禁止贡献"记载，乾隆皇帝一再禁止贡献珍奇之物，"地方督抚不应夸多斗靡"，然臣工仍旧"进呈贡物，以金品充饰，过滋靡费""督抚有购觅古玩充贡"。[91]"任土作贡，自古有之"，贡品理应因地而异，但官员竞相奢靡的结果是不少人遂远至苏州采办贡品。

（一）官员办贡

乾隆曾多次南巡和东巡，巡幸期间，官员向皇帝进献贡物，如乾隆四十八年（1783），皇帝驾幸热河驻跸，苏州织造四德恭进八丝缎袍料、八丝缎褂料、五丝缎袍料、五丝缎褂料、宁绸袍料、宁绸褂料、宫绸袍料、宫绸褂料、黄缎马褂料各40件；浙江布政使兼管杭州织造盛住恭进八丝缎袍料、八丝缎褂料、宁绸袍料、宁绸褂料、五丝缎袍料、五丝缎褂料、五丝宫绸袍料、五丝宫绸褂料、八丝黄缎马褂料各40件。[92]皇帝得到贡物后谕旨，归入内务府广储司，或赏赐随行的蒙古王公等。

苏州织造进贡作为地方特产的丝绸是理所当然的，而外地官员却也纷纷到苏州采办贡物，系因苏州绸缎质量高，工匠手艺精良，如两广总督李侍尧、广东巡抚德保都到苏州等地采购缂丝、刺绣龙袍暨靠垫等外地名产充贡。这是乾隆时期各地官员进贡的一个新特点。[93]

乾隆三十二年（1767），九江关监督舒善奏称："近年以来紫檀木日渐昂贵，兼之苏州与九江关相隔较远，所办贡物奴才不能亲看，难免粗糙"[94]，看起来舒善也应遣家人到苏州采办贡物。乾隆四十三年（1778）发生高朴案，其奴仆李福供称，高朴派他到苏州去办些绸缎和贡品。苏州织造舒文说："船户自带的货是要上税的，李福就将所带的绸缎等物开单送进去就过关了。"[95]高朴远在新疆任叶尔羌办事大臣，却千里迢迢到苏州办贡，可见苏州绸缎为重要贡品。

乾隆四十五年（1780），李侍尧任云贵总督，被查出他向属下索贿，案情详细始末载于《乾隆朝惩办贪污档案选编》。值得注意的是，李侍尧在乾隆四十三年曾让云南广南府经历孙允恭赴苏州代办贡品，置买玉器、瓷器。孙允恭领银23871.9两，共分三次采办。其中包括：龙袍褂9套，共用银2010两；[96]洋金龙袍褂最贵，3套计银1080两；顾绣袍褂3套，计银480两；缂丝龙袍褂3套，计银450两。[97]平均一套龙袍褂花费约银200余两。李侍尧曾因贪纵营私，被处斩监候，但他平日懂得进贡精品，皇帝不忍心处置，还说他任封疆大吏最为出色，免于死刑。后来李侍尧擢为陕甘总督、湖广总督。若李侍尧未曾尽心尽力办贡，大概也无法赢得皇帝欢心。官员进贡的贡品有多少来自苏州，笔者希望将来再查阅《宫中进单》的档案，才能做进一步研究。

（二）官员投资制造业

乾隆二十七年（1762），安宁因侵吞关税而被查抄家产。审讯中安宁供称，除了帮皇帝成做丝绸缎匹，又命机匠替自己织造缎匹。安宁盗用公款买丝斤多用银 9053 两，并短少库贮闰月银 10000 余两。安宁将织好的绸缎，派家人阿喜赛携往广东变价，缎匹共银 5350 余两，又绣对象约值银 1702 两，其他杂项器物约值银 2351 两，共银 9400 余两。[98] 阿喜赛的供词提到，他变卖苏州缎匹后，又在广东采买象牙回苏州雕刻。安宁任苏州织造约 18 年，被抄出他本人名下的家产 20000 两银，寄顿奴仆李忠名下家产 37720 两银，共 57720 两银。苏州织造兼管浒墅关监督每年的养廉银为 16000 两，安宁生活奢华，家里养着戏班，他被抄家后，光是戏服变价银就有 522 两。[99]

安宁利用苏州织造的身份，让工匠兼做自己的活计，且由家人运往广东变卖，十几年间累积达数万两银家产，可见内务府的官员颇会利用公家资源营生。

（三）官员投资商铺

苏州织业之兴盛，汇聚各省官员财富，有投资绸缎铺者，有买办绸缎、玉器者等。《乾隆朝惩办贪污档案选编》中的资料显示，有些官员于苏州开设店铺。以下举几个案例说明。

乾隆三十四年（1769），贵州按察使高积私自贩卖藩库水银之事。高积供称原寄籍苏州阊门内，经营日盛号绸缎店。[100] 乾隆三十五年（1770）查抄高积在苏州的房地家产，共变卖得银 43134.36 两，缴交内务府。[101] 高积经营的日盛号绸缎店，应颇具规模。

再有李侍尧贪污案，李侍尧向属下勒索银 50000 多两。据按察使汪圻口供，送银 5000 两给李侍尧，因而被清查家产。汪圻原籍江苏吴县，家产包括在高邮州正宜号典当一所，本银 25000 两，存玉、铜、瓷及玻璃杂物 279 件，零星书籍、字画 2330 件；并开吉祥号衣店，本银 1450 两，存各项衣服 4354 件。又有通大号钱店、发祥号铜锡器店，有铜锡器 808 件。[102] 汪圻的店铺卖各种铜、瓷、玉器、古玩字画及衣物，达数千件，可见苏州之繁华景象。

另一涉案官员方洛，其名下有文兴、和兴两个绸布店和杂货店，被抄家时，有男女新旧衣服并绸绫布匹 14798 件，在苏州、常州往来的船只载运布 7000余匹。有一刘恒利商号向它们订购布匹的金额达 65800 文，而且方洛家的伙计宋遐年带了 200 两银子到苏州采购布匹，由此看来这两个店铺应是大盘商。由汪圻、方洛两位官员的案例可知，他们经营的店铺本银达上千两，衣服和布匹的数量达万件，足见当地成衣业之发达。苏州的成衣公所创于乾隆四十五年（1780）。[103]

乾隆四十六年（1781）发生王亶望贪渎案。他供称在苏州娄门内开设绸庄，置买货物，运到北京前门永和号发卖，卖出的货银又寄回苏州置货送京。王亶望被查抄家产，在苏州查出货本 47149 两，其余本利银 162300 余两，均已买货运京。又王亶望的胞弟王季光，在北京开有大成号绸缎铺，本银 13000 两。乾隆四十八年（1783），查出王亶望名下入官绸缎铺，取出缎绸纱绫 72804 匹。[104]王亶望的经纪人蒋全迪眷属寄籍苏州，一切赀财珍重之物均在苏州。[105] 王亶望贪污银高达 2000000 两，贮藏缎绸纱绫数万匹之多。

乾隆四十六年，浙江杭嘉湖道王燧骄纵不法，与市民合开银号，查抄家产多达 200000 两。王燧说他的营运方式，"如绸缎、洋货等物，遇贱置存，价贵转售，每年获利有三五千两；又将银两借给苏州的商号，生息银二万两"。[106]《姑苏繁华图》中栉比鳞次的商铺，大概其中不少是官员投资的。

（四）官员参与长程贸易

高朴案中，涉案商人的口供曾提到，自新疆买玉石到苏州变卖，售价颇高。同样地，外地官员到苏州买卖亦能获得高利润。乾隆三十三年（1768），因苏州米价昂贵，贵州按察使高积兑银 10000 两，又女眷们凑银 1000 两，加上管家王相同等三人凑银 3000 两，合伙本银 14000 两，到重庆府买米，于乾隆三十四年（1769）四月运抵苏州，由丰桥行户杨柏舟将米卖出得银 15000 余两，随将收得米银买人参、绸缎纱匹、玉器 10 件、铜器 2 件、瓷器 4 件，运往贵州发卖。又乾隆三十三年（1768）七月，高积曾付银 14410 两，遣人往开州等地收买水银 26200 斤，照厂中时价每百斤 40 余两，交外甥魏香雪同长随王升等赴苏州发卖，每百斤得九七色银 68 两，再自苏州买回燕窝、海味、绸缎、布匹，到贵州发卖。[107]

云南布政使钱度，曾交代奴仆邵永年等在苏州采办碧霞犀、玉器、朝珠、画册、人参等，用银 6000 余两，赴滇变卖，得价银 12250 两。[108]

由于乾隆皇帝喜爱苏州成造器物，官员揣摩上意，纷纷到苏州采办贡品，甚至开起店铺和进行长程贸易等。其利润丰厚，把注资本达数十万两，可见皇帝好货，促使官员参与商业营运。然而，这方面资料受限于官员多半委托家人经营商业，而且当时官员又没有申报家产的制度，只能从一些被查抄家产的官员口供中得知。笔者曾翻阅《内务府来文·刑罚类》档案，其中有不少官员的抄家档案，拟于将来再予补充。

四、姑苏繁华

乾隆年间，苏州交通便利，千里商贾，骈肩辐辏。徐扬的《姑苏繁华图》描写出当时苏州的繁荣盛况，图中各种商铺云集。有趣的是，许多商铺的招幌写着"上用缎纱""官窑""兑发人参"。宫廷所用的服饰、器物，如何出现在苏州的街市上？依照乾隆皇帝上谕所言："侈肆越礼之人，朕非不能办，实不忍办，亦不必办也。且其事亦多有不便于民者。即以官员服色而论，绣蟒一项……自不若任期穿用之为便也。"[109]内务府不定时变卖宫廷物资，使内造物品出现在苏州市场，皇帝遂认为官员、士庶服饰僭越非分不必办。

（一）苏州织造变价官廷物资

苏州织造局不但成造缎匹、器物，还有一项任务是帮皇帝销售官廷物资。内务府广储司六库贮存的人参、绸缎、毛皮、五等玉以及各国贡物，皇帝交由织造和税关监督贩卖。从《姑苏繁华图》中各种"上用缎纱""官窑瓷器""毛皮""兑发人参"诸店铺招幌，可见苏州织造局营销的官廷物资颇为丰富。

1. 人参

《姑苏繁华图》中，药业店铺 11 家，招牌有卖参贝陈皮、川广药材、参药老行、内店人参、兑发人参、药酒等。店名用"兑发人参"者，可能是承领内务府人参的参号。根据《内务府银库进项月折档》记载，人参交两淮、长芦盐政，江宁、杭州、苏州织造局，粤海关变卖，自乾隆十五年（1751）到乾隆六十年（1795）共得银 11220806 两，乾隆二十三年（1758）至乾隆三十三年（1768）间只记录总数，未有个别衙门的报告。苏州织造局发卖共 1137515.43两，每年销售的金额有 40000 余两（见表 1-5）。

表 1-5　苏州织造变价人参银两 [110]

时　间	项　　目	收银（两）
乾隆十六年（1751）	管理苏州织造事务员外郎衔图拉文开交送变卖参斤价	47050
乾隆十八年（1753）	管理苏州织造事务佐领安宁文开交送变卖参斤价	23106
乾隆十九年（1754）	苏州织造安宁文开交送变卖参斤价	9850
乾隆二十年（1755）	苏州织造安宁文开交送变卖参斤价	14350
乾隆二十二年（1757）	苏州织造安宁文开交送变卖参斤价	18000
乾隆三十四年（1769）	苏州织造舒文文交本年江宁织造任内变卖参斤价	52838.96
乾隆三十五年（1770）	苏州织造舒文文交本年萨载任内变卖参斤价	52838.96
乾隆三十七年（1772）	苏州织造舒文文交乾隆三十七年变卖参斤价	45342.43
乾隆三十八年（1773）	苏州织造萨载文交乾隆三十八年分变卖参斤价	47540.58
乾隆三十九年（1774）	苏州织造舒文文交乾隆三十九年分参斤变价	45103.89
乾隆四十年（1775）	苏州织造舒文文交乾隆四十年分参斤变价	48121.71
乾隆四十一年（1776）	苏州织造舒文文交乾隆四十一年分参斤变价	37107.89
乾隆四十二年（1777）	原任苏州织造舒文文交乾隆四十二年分参斤变价	50653.14

续表

时　间	项　目	收银（两）
乾隆四十四年（1779）	苏州织造全德文交乾隆四十四年分参斤变价	67329.67
乾隆四十五年（1780）	苏州织造全德文交乾隆四十五年分参斤变价	64654.1
乾隆四十六年（1781）	苏州织造全德文交乾隆四十六年分参斤变价	66693.56
乾隆四十七年（1782）	苏州织造四德文交乾隆四十七年分参斤变价	49357.73
乾隆四十八年（1783）	苏州织造四德文交乾隆四十八年分参斤变价	39848.32
乾隆五十年（1785）	苏州织造四德文交乾隆五十年分参斤变价	39170.7
乾隆五十一年（1786）	苏州织造四德文交乾隆五十一年分参斤变价	40206.56
乾隆五十二年（1787）	苏州织造四德文交乾隆五十二年分参斤变价	42180.49
乾隆五十三年（1788）	苏州织造四德解交本年送到乾隆五十三年分参斤变价	32524.9
乾隆五十四年（1789）	原任苏州织造四德解交乾隆五十四年参斤变价	37563.16
乾隆五十五年（1790）	苏州织造征瑞文交乾隆五十五年分参斤变价	30815.65
乾隆五十六年（1791）	苏州织造征瑞文交乾隆五十六年分参斤变价	26747.7
乾隆五十七年（1792）	前任苏州织造征瑞文交乾隆五十七年分参斤变价	33907.46
乾隆五十八年（1793）	苏州织造五德文交乾隆五十八年分参斤变价银	27735.75
乾隆五十九年（1794）	苏州织造五德文交乾隆五十九年分参斤变价银	27031.03
乾隆六十年（1795）	苏州织造征瑞文交乾隆六十年分参斤变价银	19845.09

苏州地区的人参能卖得好价钱，除了因当地的工商人士消费，还因水陆交通便利，封疆大吏派遣家人到苏州采办人参，后至边地发卖，获利甚丰。如上述云南布政使钱度交代奴仆邵永年等在苏州采办人参等物，赚取一倍以上利润。乾隆五十一年（1786），惩处富勒浑纵容家人娄索案，其家人殷士俊买人参到广州贩卖，原本人参一斤值时价3200两，殷士俊交给冯顺，勒令洋商潘文岩等8家承买，每斤索取4700两。[1] 当时从加拿大进口的上等人参100斤不过150两，而织造局等处专卖的人参价格飙涨。因中国人有根深蒂固的观念，认为人参是起死回生的灵药。

2. 丝绸

徐扬《姑苏繁华图》中绘有14家丝绸店铺，店铺规模相当大，有2层楼房、5间门面者，最大的一家有7间门面，多数是一二间门面。丝绸店招牌写着"上用纱缎""进京贡缎""汉府（南京）八丝金银纱缎""哔叽羽毛""妆蟒大缎""宫绸蚕绸"等。范金民认为，店铺上写的"上用""内造""进贡"等词，是因当时民间以"贡品"为高级品的代名词，而将民间生产的绸缎标榜为贡品。[112] 不过，根据《内务府银库进项月折档》《乾隆朝内务府奏销档》记载，宫廷不定时变卖绸缎，或许正是店铺所标榜的"内造八丝"。乾隆二十四年（1759），内廷陆续交出缎纱等项共 11136 件：手巾 600 条，共值银 23866.7 两；缎纱共 5843 匹，按织价逐件酌增，共值银 25715.5 两；高丽布 11500 匹，高丽纸 200000 张，共估值银 17500 两，所有变价缎纱、布、纸等项，共估得价银 67082.2 两。[113] 乾隆三十年（1765）起，商人李廷荣陆续发过变价库贮缎纱、绸绫、高丽纸布、皮张等项，共计市平银 135500 余两。乾隆三十二年（1767）将内务府六库贮库的缎纱等物变价，共 275 项，银 14813.43 两。试举下列几项，说明总数量与价格。

（1）上用妆缎十二丈二尺，每尺银三钱，共银三十六两六钱。

（2）字缎四十八丈五尺七寸，每尺银一钱五分，共银七十二两八钱五分。

（3）片金二十六丈五尺一寸，每尺银二钱，共银五十三两二分。

（4）缎三百三十三丈四尺二寸，每尺银一钱三分，共银四百三十三两四钱四分。

（5）素缎三百九丈六尺一寸，每尺银一钱三分，共银四百二两四钱九分。

（6）纱八百六十六丈五尺九寸，每尺银九分，共银七百七十九两九钱三分。

（7）宁绸一百八十八丈二尺五寸，每尺银一钱，共银一百八十八两二钱五分。

（8）花春绸二百五十六丈二寸，每尺银六分，共银一百五十三两六钱一分。[114]

乾隆三十五年（1770），内务府交出缎纱、织绣衣料等共计 10709 件，商人估价单达 187 项，共银 44058.31 两。[115]

内务府变卖的绸缎可能对苏州丝织业产生了影响。首先，宫绸之式样成为苏州工匠仿造的蓝本；其次，绸缎布匹价格昂贵，苏州地区"上用""内造"绸缎店林立，百姓穿着奢侈华丽，必然形成风气。

3. 玉石、毛皮

乾隆四十三年（1778），高朴案涉及商人贩卖玉石。高朴令张銮带了 2800 斤的玉石到苏州贩卖，张銮供词说："向来苏州玉行的客人多，凡有外来的玉器到了，就出了传帖都来讲价分买。所以这宗玉石到了苏州，玉行的包万顺之外，还有沈嵩高、杜开周、戴殿候、卫全义等都来分买了些。"张銮卖玉石共得 128859 余两银，照苏州行规 94 折，实纹银约 121127 两。[116]乾隆皇帝认为玉石成本低，然"奸商辈以近市三倍高抬市值以惑人"。

高朴案发后，乾隆皇帝全面禁止了新疆玉石的买卖，各地督抚，包括新疆、陕甘、江南地区，所查抄的玉石总数约 178761 斤。这些查抄的案件见于《内务府来文·刑罚类》档案。乾隆四十五年（1780）以后，玉石以专卖的方式由内务府商人以及织造局、税关变卖，至乾隆五十七年（1792）共卖银 470392.39 两。

内务府将恰克图和唐努乌梁海的皮张交由长芦、两淮盐政，江南三织造局，粤海关等六个单位变价，变卖的总值为 635375.52 两。[117]《姑苏繁华图》中有皮货屋一间，招牌写着"皮货行，皮货发客"。龚炜《巢林笔谈》记载吴俗说："余少时，见士人仅仅穿裘，今则里巷妇孺皆裘矣；大红线顶十得一二，今则十八九矣。"[118]里巷妇孺皆穿轻裘，可见毛皮服饰在江南已经大为流行。

苏州的皮货业集中在阊门，设裘业楚宝堂，轮流办理周恤同业善举。嘉庆二十二年（1817）《硝皮业重修永宁公所碑》载，"苏州城西北隅图隆兴桥建有永宁公所，供奉关圣帝君神像。缘因头门戏台楼房塌颓，现在倩匠鸠料，择吉兴工，起造重修"。[119]

4.官窑陶瓷

《姑苏繁华图》中临河院落的墙上写有"选制官窑各款瓷器"，苏州贩卖的官窑瓷器应是来自江西景德镇。乾隆四年（1739）任用内务府员外郎充任九江道，兼任九江关监督，并兼管江西御窑厂窑务。江西御窑厂在景德镇生产的官窑瓷器，其经费源自九江关盈余所拨给的10000两。官窑生产的瓷器分上色圆琢瓷器、次色娇绿圆器、次色圆琢瓷器，产量每年两三万件，其中有半数以上为次色圆琢瓷器，由税关监督发卖，其银两解交造办处。九江关监督舒善供称："管理窑务任内，所有次色磁器例系监督自行变价交银完项。二十五年，次色磁器应变价银一千三百余两，系民人汪虚中领去售卖。其二十六、七两年次色磁器二万一千四百件，应变价银二千六百余两。"[120]

乾隆三十四年（1769），内务府总管大臣三和奏报，乾隆二年（1737）将康熙年款圆琢瓷器111763件、雍正年款圆琢瓷器69236件，变得价银15723.6两，交纳过圆明园银库。乾隆十六年（1751），将雍正年款圆琢瓷器2428件、乾隆年款圆琢瓷器18400件，变得价银2721.5两，交纳过广储司银库。乾隆二十三年（1758），将康熙年无款圆琢瓷器5523件、雍正年无款圆琢瓷器2937件，变得价银205.17两，交纳过广储司银库。以上三次共将圆琢瓷器210287件，变得价银18650.27两。[121]乾隆年间变价大量瓷器，必然影响到百姓的喜好。《姑苏繁华图》中饭馆林立，其或许使用官窑瓷器来宴客。

（二）生产宫廷物资的手工业行会

明清时期，苏州工商业行会在160个左右，见于碑刻的有90多个。主要行业有丝织、印染、踹整、造纸、印书、冶炼、铜锡、钢锯、张金、包金、金银丝、漆作、红木朽木、红木梳妆、蜡烛、钟表、刺绣、眼镜等。[122]其中生产宫廷物资的行业有以下几种。

1.丝织业

根据邱澎生的研究，乾隆年间在苏州，浙江杭州府的商人设立杭线会馆、钱江会馆，湖州府的丝、绸两业商人成立吴兴会馆。会馆公所的功能不限于"联乡谊、祀神祇、办善举"，在商业经营方面的功能也很重要。[123]浙江饶蚕桑之利，而苏州却是绸缎纱绮的集散地，故杭州绸商运输大批绸缎来苏州发卖。

《兴复武林杭线会馆碑记》所载："武林杭线会馆的历史溯自乾隆初年，由乡先达韩公简堂创立。当时绸、箔两业，亦附于内。斯时生意之盛，甲于天下。是以创始之初，规模宏大，择地于阊门内蒋家桥弄，设有照墙、头门、正殿，悉皆砖砌，制造精工。"[124]武林杭线会馆出现于乾隆初年，与乾隆喜爱缂丝织品有关，缂丝业是农民小生产者的家庭手工业，农忙下田，农闲缂丝，成为这些村庄、乡镇的小农经济。[125]据《养心殿造办处各作成做活计清档》记载，苏州织造局成造的缂丝活计相当多。

2. 碾玉

杨伯达认为，苏州织造局已有自己的玉作，为皇家琢碾玉器。[126]根据档案来看，织造局成造玉器的工匠来自民间。乾隆皇帝曾说，"苏州织造舒文承办玉器的活计，玉匠时常出入衙门。舒文的奏折提到成造玉器时，先是通过玉匠头，向玉行买玉料"；又"历来均系购买玉料，自行仿照旧样，督匠成做"[127]。新疆归属朝廷后，玉材来源渐多，琢玉的数量也增加，玉器的产地以苏州、两淮为主，杭州、长芦、淮关、江宁次之。九江、凤阳关成造的玉器限于宴盘、宴碗，这两税关接到琢玉的任务，往往"当即专差前赴苏州雇觅玉匠来关，亲自督催"，说明该衙门并无玉工，也没有正规的玉作。[128]

苏州从事玉器贩卖和琢玉手工业者有 3000 余人。从官员的奏折中能看出在苏州加工的玉石分翠玉、白玉、黄玉、新玉；至于作坊分布，则阊门内的专诸巷、天库前、玉器庙（周王庙弄）、宝林寺前、王枢密巷、石塔头、回龙阁、梵门桥弄、学士街等处均有琢玉作坊。这种作坊都是一家一户的小型商品生产者，自产自销，琢玉的沙沙声昼夜不停，比户可闻。在同行业间有开料行、打眼行、光玉行等明确的分工。苏州有两个玉业公所，以南京（江宁）玉业为主的"玉业公所"和苏州玉业组织的"珠昌玉业公所"。[129]南京地区碾玉业享有盛名，可是江宁织造却没有成造玉器，于是工匠们到苏州工作并成立玉业公所。

3. 圆金

苏州的金箔业专擅金银箔，连打纸坯，捶造金箔，用作"承办上用红黄飞金"，"以苏、申两帮，大小两行"[130]。苏州因承办上用飞金，吸引了上海地区的工匠，当地从事金箔业者遂分成苏州、上海两帮人。《庸闲斋笔记》载："苏郡有飞金之贡，先是业箔者，以所业微细，自立规约，每人须三年乃授一徒。盖以事此者多，则恐失业者众也。其时有无赖某者，以办贡为名，呈请多授学徒，用赴工作。既得批准，即广招徒，来从学者，人赍六百文，一时师之者云集。"[131]《圆金业修葺所碑》载，金叶匠头□瑞明禀称："窃身承办上用飞金，向有经匠差局公所，坐落台治北亨一下图浦林巷中，内供奉金祖先师葛大真人神像。为因年久屋宇倾颓，现在雇匠修葺。"[132]苏州《金箔铺户捐建丽泽公局碑》载，据铺户吴益元等禀称："铺等向来承办上用飞金，年额例解一度，至集公汇议，素无公局。为此，同业曾经酌议举办公局论铺，户交易之巨细，出捐资之多寡，由来十有余年，捐有成数。上年买得鲍姓住房一所，共计平屋楼房三十八间，拟名'丽泽公局'。"[133]以上记载皆提及"承办上用飞金"，可见圆金业和宫廷活计关系深远，并由造办处档案中可知，苏州每年解往京师的飞金有100000张之多。

苏州的包金业也相当有名，最先替皇帝做刀鞘，用金叶包裹在银器表面，加热磨压，使金银粘合。银饰包金用于饰物，并包镀珐琅；铜器包金专用于军装、腰刀、器械、铜顶。[134]《苏州府为银饰包金与铜器包金各归各业永禁挽夺碑》载，曾有颜荣三、戴玉廷等饰店互控争夺包金手艺业，戴玉廷等自立行头，勒令银饰包金业者入行，索扰滋讼。经讯明，"颜荣三等饰店首饰包金，与戴玉廷等专做军装铜物包金，判然两途。应仍各归各业，不准挽夺立行霸业，取结在案"[135]。此后，首饰包金和铜物包金各自为业。

4. 纸业

乾隆年间，苏州织造局成造各种名贵笺纸，促进了苏州纸业的发展。当时苏州的纸坊雇用工匠800多人，悉系江宁、镇江等地人士。当地制纸主要是对纸进行染色、拖胶、刷蜡、洒金等加工。作坊分八种工作程序：推、刷、洒、梅、插、托、表、拖。每个工作程序又分专门的匠作，如刷纸工分"刷砂绿"纸工、"刷玉板笺"纸工等。乾隆二十一年（1756），苏州印纸作坊有34家，到乾隆五十八年（1793）为33家，并成立同业会馆，名为仙翁会馆。[136]《姑苏繁华图》中有"定洒上赤金笺"店铺，所销售者即进贡的纸笺。

5. 其他

苏州是传统戏装的产地，明朝苏州的戏装和道具制作手工业从刺绣业中分离出来，成为专门的行业。清朝苏州的阊门西中市、吴趋坊一带成为生产戏装和道具的专业区。其中又分为戏衣、戏帽、戏靴、刀枪、绒球、排须和点翠等专业的作坊。[137]乾隆时代，苏州地区成造宫廷数万件的戏服，苏州的霓裳公所即戏服业的公所。[138]

（三）庶民消费

钱泳《履园丛话》里提及，他幼年时，"苏州地方风俗朴素，而五十余年后，不论富贵贫贱、在乡在城，男人俱是轻裘，女人俱是锦绣。货物愈贵，而服饰者愈多；饮食则有山珍海错、酒池肉林。士大夫在江宁之秦淮河、苏州的虎丘山塘、扬州天宁门外的平山堂，画船箫鼓，殆无虚日"。[139]此皆说明苏州的繁华景象。

1. 丝绸服饰

陈宏谋认为，"吴下风俗每事浮夸，如妇女的装扮，衣裙必绣锦织金、钗环必珍珠宝石，以贵为美、以多为胜，虽贩竖肩挑之辈，逐日营趁，生计艰难，而妻女却绸缎金珠。又江南风俗媚神信鬼，每称神诞，灯彩演戏，陈设古玩稀有之物，列桌十数张。抬神游市，炉亭旗伞备极鲜妍"。[140]苏州地区替宫廷大戏成造数万件戏服，苏州神诞演戏，演员仿效宫廷装扮，穿着名贵戏装，而陈设古玩稀有之物，所用物品则系为皇帝成造的器物的仿制品。

自明代中叶以降，江南地区嫁娶妆奁过于奢侈，以致地方官严禁厚嫁，规定"富户不得过百金，中户不过三十金，下户则听其以聘财为奁具"。[141] 地方官颁订聘礼金额、妆奁数量等，以端正社会风气。然而，势家仍不吝于帮女儿准备上好的绸缎、家具、貂皮服饰等。例如，乾隆二年（1737），织造局的司库恕己，因女出嫁，备办妆奁，私自盗用织造局的各色缎纱，又勒令书役在外购买木器、锡器、绸绫、貂皮等什物，共用银 2000 两以上。[142] 恕己令笔帖式四格向众书役索凑帮嫁银 2000 两，书役们出不起，只好躲着他。织造局的司库一年养廉银不过 400 两，恕己为嫁女儿，却花了大笔置办嫁妆费用，可见其受江南奢侈风尚的影响。

龚炜论"吴俗奢靡为天下最"，他说苏州地区的民众"家无担石之储，耻穿布素矣；团龙立龙之饰，泥金剪金之衣，编户僭之矣"[143]。妇女衣裙必绣锦织金，钗环必珍珠宝石，群以贵美为胜。

2. 穿戴佩饰

《松南志》载："往时及见里中素封之家，所服不过绢褐苎布而已。今则绸不足而纱之，纱不足而缎之，缎不足而绫之锦之。甚且袭以银鼠褐，以紫貂一帽也"，以银鼠皮为外衣，用紫貂鼠毛作帽子。英国使节团的斯当东（Sir George Staunton）《英使谒见乾隆记实》中载："使节团人员还认为苏州的妇女确实比北方妇女生得较漂亮，较会修饰一些。妇女多半喜欢在前额上戴一个黑缎小便帽，垂到眉间，上面缀着宝石。她们还戴水晶体的或金质的耳环。"[144] 苏州富庶、繁荣的景象，让使节团人了解了"上有天堂、下有苏杭"。到 18 世纪末，苏州仍为中国的"天堂"。

《姑苏繁华图》中有七家珠宝首饰商店，贩卖金珠、点翠、金银首饰等。《红楼梦》中描述道："平儿拿了一个锦盒子来，里面两个锦袱包子。打开时，一个金累丝攒珠的，那珍珠都有莲子大小；一个点翠嵌宝石的。两个都与宫中之物不离上下。一时拿去，果然拿了四百两银子来。"还有迎春的奶妈典当了她的珠宝，绣桔因说道："前儿我回姑娘，那一个攒珠累丝金凤竟不知那里去了。回了姑娘，姑娘竟不问一声儿。我说必是老奶奶拿去典了银子放头儿的。"[145] 累丝金凤钗是清代贵族妇女的首饰，制作十分精巧，纤细秀丽，必然是典当市场中的高级品。

苏州人喜欢戴表。昭梿的《啸亭杂录·续录》载："近日泰西氏所造自鸣钟表，制造奇邪，来自粤东，士大夫争购，家置一座以为玩具。纯皇帝恶其淫巧，尝禁其入贡，然至今未能尽绝也。"[146] 嘉庆二十一年（1816），元和县人唐明远呈称，于元和县内设义冢，计官田 2.94 亩。本图钟表义办粮，专葬同业。清初苏杭人能自制眼镜，遍地贩卖，人人可得，价格低廉，每副最贵不过七八分银；西洋眼镜每副则需 2 两银。

3. 古董器物

吴县的风俗志记载，"富贵之家多收藏古玩，名曰古董，或画，或字，或器皿。尺幅寸缣，贵逾拱璧；一瓶一碗，珍若连城。吴县东城之人，或贸易，或治产，大概勤于作家，吝于烦费；在西城者贸易多而治产少，好华美而羞俭啬，吴邑之富者多浮夸"。[147] 苏州玉行的卫全义卖玉如意一柄，开价 4000 两银，按照玉行交易都打七折，实价为 2800 两。乾隆皇帝很讶异，通常凭玉料的价格也不过七八百两。[148] 若非苏州人收藏古玩风气兴盛，商人怎能哄抬物价？

龚炜论吴俗，"饮馔，则席费千钱而不为丰，长夜流湎而不知醉"[149]。《姑苏繁华图》中酒店招牌林立，楼上雅座对着苏州美景；吃饭喝茶要用各色细瓷；满桌的珍馐，如海参、鱼翅、银鱼、笋尖；怪不得席费千钱。王家范等从衣食住行、婚丧、信仰方面探讨江南各种消费的层次。他认为日常食用消费仅占较小的比重，相比之下，家居器用的消费稍大。巨额的高消费用于追求雕琢、新奇的家具，或繁文缛节的婚丧之费与豪华的园林别墅。[150] 总之，皇帝在织造局生产丝绸以及官员的投资，为苏州人创造了就业机会。人们有钱过着奢华的生活，吃穿、娱乐无不大肆铺张。《姑苏繁华图》正是最真实的写照。

结　论

乾隆皇帝每年拨给苏州织造局造办绸缎的经费为 65000 两，要求输入宫廷的绸缎质地精良，稍有瑕疵即处分织造。皇帝对产品质量要求严格。又，苏州织造兼浒墅关税关监督每年花 30000 两以上的银两来办贡，还负责办理雕琢玉器、墨、席、金箔等宫廷所需。原料有来自新疆的玉石、安徽的石墨、云南的金子，凡此皆促进了苏州手工业行会的兴起。在上海兴起之前，苏州的碾玉业和圆金业吸引了南京和上海的工匠至此工作，纷纷成立行会、公所等。从"宫廷样，苏州匠"到"苏州样，广州匠"，可知苏州织造局影响了江南手工艺的发展。

苏州的制造业吸引了各地的官员到此采购贡品，或投资制造业，或进行长程贸易，或开设店铺。从官员的出身不难发现，他们生于江南富裕之家，通过捐纳取得官职，即便任官边远地区，还能从事长程贸易；而且贸易的金额之高，令人瞠目结舌。如王亶望投资商号达 200000 两，库藏的绸缎纱绫有 72804 匹；张銮替高朴贩卖玉石收益也达 120000 两以上；各地官员至苏州采办贡品的金额达数万两，苏州不但是专业生产区，也是精致商品的销售重镇。

根据《内务府广储司六库月折档》的记载，乾隆三十五年（1770）到乾隆六十年（1795），内府人参交由苏州发卖超过 1100000 两，平均每年销售的金额是 42500 两。苏州发卖的人参与两淮盐区、广州粤海关的数量相当，显示出民众生活水平相当高。此外，皇帝亦将广储司缎库、皮库贮存的绸缎、毛皮，以及新疆进贡的五等玉和各国贡物，交由织造和税关监督贩卖。从《姑苏繁华图》所描绘"上用缎纱""官窑瓷器""毛皮""兑发人参"诸店铺林立可见，苏州织造不仅成造器物，还兼营销。

过去大家都只注意扬州盐商和广州行商的奢华生活，《姑苏繁华图》则呈现出苏州的许多绸缎、玉器、砚、扇、人参药铺等店铺。苏州织造局的人参配额，与长芦、两淮盐区，粤海关相同，可见苏州的消费能力并不亚于扬州、广州两地。从《姑苏繁华图》中毛皮店铺、饭馆酒楼林立，吃饭、喝茶所使用的各色细瓷，以及"里巷妇孺皆裘"的景象，可了解苏州的奢华风尚。

本章的研究发现，过去学者说乾隆皇帝对欧洲制品不感兴趣，且认为西方生产的物品是淫巧奇器。实际上，皇帝吃的燕窝、穿的毛皮、金线织的龙袍，使用的洋珐琅等皆是舶来品。孟子说："上有好者，下必有甚焉者矣。"皇帝的喜好影响了苏州等地区，流行摆饰自鸣钟、戴手表、穿皮裘的时尚。然而苏州的奢侈风尚未普及全国，中国便已走向衰落。

注释

1 康无为：《帝王品味：乾隆朝的宏伟气象与异国奇珍》，收入氏著：《读史偶得：学术演讲三篇》（台北：台湾"中研院"近代史研究所，1993），页67。

2 Evelyn S. Rawski, *The Last Emperors: A Social History of Qing Imperial Institutions*, pp. 17-55.

3 傅崇兰：《中国运河城市发展史》（成都：四川人民出版社，1985）；陈学文：《明清时期的苏州商业——兼论封建后期商业资本的作用》，《苏州大学学报》，1988年第2期，页108—114；陈忠平：《明清徽商在江南市镇的活动》，《江淮论坛》，1988年第5期，页58—64。

4 林绍明：《明清年间江南市镇的行政管理》，《华东师范大学学报》，1987年第2期，页93—94。

5 赖惠敏：《从高朴案看乾隆朝的内务府与商人》，《新史学》，卷13期1（2002年3月），页71—131。

6 彭泽益：《中国近代手工业史资料》（北京：中华书局，1962）。

7 范金民、金文：《江南丝绸史研究》（北京：农业出版社，1993），页146—147。

8 韦庆远：《江南苏织造与清代前期的政治》，收入氏著：《明清史新析》（北京：中国社会科学出版社，1995），页389—411。关于雍正皇帝喜好器物的研究，参见杨启樵：《揭开雍正皇帝隐秘的面纱》（香港：香港商务印书馆，2000）。

9 《明清档案》；台北故宫博物院编：《宫中档乾隆朝奏折》（台北：台北故宫博物院，1982）；中国第一历史档案馆藏《乾隆朝内务府奏销档》；中国第一历史档案馆藏《内务府银库进项月折档》；《宫中朱批奏折》；《养心殿造办处各作成做活计清档》（北京：中国第一历史档案馆发行微卷，2000）。

10 段本洛、张圻福：《苏州手工业史》（南京：江苏古籍出版社，1986），页166。

11 苏州历史博物馆、江苏师范学院历史系、南京大学明清史研究室：《明清苏州工商业碑刻集》（南京：江苏人民出版社，1981），页163—164。

12 则松彰文：《清代中期江南における流行衣料について》，收入『明清時代の法と社会』编集委员会：《和田博德教授古稀记念明清時代の法と社会》（东京：汲古书院，1993），页543—564；则松彰文：《清代中期社会における奢侈・流行・消费——江南地方を中心として——》，《东洋学报》，卷80期2（1998年9月），页173—200。

13 巫仁恕研究明代平民服饰的流行风尚，认为明代江南平民服饰影响宫廷服饰。参见氏著：《明代平民服饰的流行风尚与士大夫的反应》，《新史学》，卷10期3（1999年9月），页55—109。就18世纪的毛皮服饰看来，其流行似乎呈相反趋势，系自宫廷流行至民间。参见赖惠敏：《清乾隆朝内务府皮货买卖与京城时尚》，《故宫学术季刊》，卷21期1（2003年秋季），页101—134。

14 《乾隆朝内务府奏销档》，册239，乾隆二十二年九月一日。

15 《明清档案》，登录号016904、066355、062974、047187、0310760、076467、067837、056086。

16 《乾隆朝内务府奏销档》，册408，乾隆五十三年三月二十六日。

17 台北故宫博物院编：《宫中档乾隆朝奏折》，辑66，页726—727。

18 段本洛、张圻福：《苏州手工业史》，页25、29。

19 范金民：《明清苏杭官民营丝织业关系论》，《南京大学学报》，1988年第2期，页96—104。范金民认为，清代织造局让机户领机、雇募工匠应织的办法，是受到民间丝织业发展影响的产物。

20 范金民、金文：《江南丝绸史研究》，页146—147。

21　《乾隆朝内务府奏销档》，册212，乾隆十年二月四日。

22　《乾隆朝内务府奏销档》，册212，乾隆十年二月四日。

23　《苏州织造府严禁织造局管事向年老告退及病故机匠子侄堪行顶补者需索陋规并隐瞒不报碑》，收入江苏省博物馆编：《江苏省明清以来碑刻资料选集》（北京：生活·读书·新知三联书店，1959），页7。

24　此碑文记载苏州的机匠由子侄承充，是世袭的。笔者在《内务府堂人事类》的户口册中，发现内务府人丁，当工匠的差役也有世袭现象。参见赖惠敏：《铁杆庄稼？清末内务府辛者库人的家户与生计》，《"中研院"近代史研究所集刊》，期38（2002年12月），页71—128。

25　《乾隆朝内务府奏销档》，册199，乾隆二年十一月三日。

26　《宫中朱批奏折·财政类》，档案编号0311—015，乾隆五年三月八日。

27　《宫中朱批奏折·财政类》，档案编号0338—032，乾隆三十二年五月二十四日。

28　资料来自《宫中朱批奏折·财政类》《明清档案》。

29　《宫中朱批奏折·财政类》，档案编号0328—012，乾隆十八年三月十七日。

30　《宫中朱批奏折·财政类》，档案编号0922—029，乾隆四十五年十二月四日。

31　杨启樵：《揭开雍正皇帝隐秘的面纱》，页135。

32　《养心殿造办处各作成做活计清档》，微卷第86盒，乾隆十年九月"织造处"。

33　《养心殿造办处各作成做活计清档》，微卷第89盒，乾隆十三年三月"织造处"；第114盒，乾隆二十九年十月"行文"。皇帝龙袍的尺寸单如下：前后身长4尺2寸，转身9寸2分，抬揩7寸9分，下扎1尺8寸3分，前后开气1尺5寸，旁开气6寸8分。

34　《养心殿造办处各作成做活计清档》，微卷第101盒，乾隆二十一年十月"行文"。

35　《乾隆朝内务府奏销档》，册257，乾隆二十六年六月四日、册232，乾隆二十年十二月十七日。

36　关于"膳底档"和"穿戴档"，参见中国第一历史档案馆编：《圆明园》（上海：上海古籍出版社，1991），页827—958。

37　《养心殿造办处各作成做活计清档》，微卷第117盒，乾隆三十二年十二月"金玉作"、第123盒，乾隆三十五年十二月"匣作"、第151盒，乾隆五十六年四月"记事录"。

38　北京市民族古籍整理出版规划小组办公室编：《旗族旧俗志》（北京：北京市民族古籍整理出版规划小组办公室，1986），页166。

39　奉旨："将紫檀木茶具在泽兰堂摆、其鸂鶒木茶具在培茶屋摆。"《养心殿造办处各作成做活计清档》，微卷第104盒，乾隆二十三年十月"行文"。

40　《养心殿造办处各作成做活计清档》，微卷第114盒，乾隆二十九年七月"行文"。

41　《养心殿造办处各作成做活计清档》，微卷第128盒，乾隆三十九年一月"行文"。

42　《养心殿造办处各作成做活计清档》，微卷第134盒，乾隆四十三年闰六月"记事录"、第152盒，乾隆五十八年十月"记事录"。

43　关于乾隆皇帝每年的财政收支，参见朱庆薇：《内务府广储司六库月折档》，《近代中国史研究通讯》，期34（2002年9月），页143—147。乾隆皇帝每月的开支，参见《内务府银库用项月折档》（北京：中国第一历史档案发行微卷，2002）。

44　杨伯达：《清代宫廷玉器》，《故宫博物院院刊》，1982年第1期，页49—61；杨伯达：《清乾隆玉器观初探》，《故宫博物院院刊》，1993年第4期，页60—69。

45　李久芳：《清玉琐谈》，《故宫博物院院刊》，1991年第2期，页31—43、49。

46　《养心殿造办处各作成做活计清档》，微卷第98盒，乾隆二十年七月"如意馆"。

47　高春明：《中国服饰名物考》（上海：上海文化出版社，2001），页509。

48　《长随叹》，收入首都图书馆编：《清蒙古车王府藏曲本》（北京：北京古籍出版社，1991），函303，册4。

49　夏仁虎：《旧京琐记》（北京：北京古籍出版社，1986），页39。

50　庆桂等奉敕修：《大清高宗纯皇帝实录》（北京：中华书局，1986），册4，卷202，页595。

51　《养心殿造办处各作成做活计清档》，微卷第131盒，乾隆四十一年十二月"记事录"、第133盒，乾隆四十二年八月"记事录"。鼻烟壶多为满族统治者上层所用，其内装入细致加工之粉状烟末，用手指捻烟于鼻嗅之；壶身之质地繁多，有玛瑙、翡翠、瓷、掐丝珐琅、晶石等。参见孙文良等编：《满族大辞典》（沈阳：辽宁大学出版社，1990），页829。

52　《花别妻》，《清蒙古车王府藏戏曲本》，函303，册4。

53　余佩瑾：《别有新意——以乾隆官窑的创新为例》，收入冯明珠主编：《乾隆皇帝的文化大业》（台北：台北故宫博物院，2002），页281—295，图版V28，页193。乾隆四十年，交给德魁成做炕老鹳翎刀鞘四件，其刀靶、刀头束子不必交外西洋成做，即在广东成做刀靶，随意成做。刀束上的花纹并镶嵌垫子，俱仿外洋里做法一样。《养心殿造办处各作成做活计清档》，微卷第115盒，乾隆四十年二月"行文"。

54　《养心殿造办处各作成做活计清档》，微卷第104盒，乾隆二十三年十月"如意馆"、第134盒，乾隆四十三年六月"记事录"、第137盒，乾隆四十四年十月"记事录"。有关土尔扈特的历史，参见张体先：《土尔扈特部落史》（北京：当代中国出版社，1999）。

55　乾隆五十七年苏州织造送《御制平定台湾告成热河文庙碑文》、《御制书安南始末记》玉册。《养心殿造办处各作成做活计清档》，微卷第151盒，乾隆五十六年十一月"行文"、第152盒，乾隆五十七年二月"行文"。

56　乾隆皇帝印制蒙古文《甘珠尔经》是根据康熙五十六年至康熙五十九年刊刻，共用经费43687.9两，称为康熙版蒙古文《甘珠尔》。参见李保文：《关于康熙版蒙古文〈甘珠尔〉经的刊刻》，《故宫博物院院刊》，2002年第5期，页79—87。

57　《养心殿造办处各作成做活计清档》，微卷第213盒，乾隆三十二年十一月"道经处"。

58　庄吉发：《台北故宫博物院典藏〈大藏经〉满文译本研究》，《东方宗教研究》，2期（1991年10月），页253—319；赵艳玲、于多珠：《乾隆的满族意识与清中央政权的凝聚力——从乾隆在承德的活动谈起》，《承德民族师专学报》，1994年第1期，页37—41。

59　《养心殿造办处各作成做活计清档》，微卷第137盒，乾隆四十四年三月"记事录"、第140盒，乾隆四十六年四月"记事录"。

60　《养心殿造办处各作成做活计清档》，微卷第142盒，乾隆四十七年五月"记事录"。苏州织造进呈飞金的资料相当多，大约每年都缴交100000张。第151盒，乾隆五十六年"记事录"。

61　《养心殿造办处各作成做活计清档》，微卷第138盒，乾隆四十四年十月"灯裁作"；朱诚如主编：《清史图典》（北京：紫禁城出版社，2002），册6，乾隆朝（上），页167。

62　六世班禅相关资料有：中国第一历史档案馆、中国藏学研究中心：《六世班禅朝觐档案选编》（北京：中国藏学出版社，1996）；嘉木央·久麦旺波著，许得存、卓永强译：《六世班禅洛桑巴丹益希传》（北京：西藏人民出版社，1990）。

63　《养心殿造办处各作成做活计清档》，第86盒，乾隆十年五月"织造处"，页420。

64　朱诚如：《清史图典》，册7，乾隆朝（下），页320。

65　张月中：《中国古代戏剧辞典》（哈尔滨：黑龙江人民出版社，1993），页243—244、271。

66　丁汝芹：《清代内廷演戏史话》（北京：紫禁城出版社，1999），页81—82。道光年间，查点行头切末的结果，宫内大戏的衣箱、靠箱、盔箱、杂箱共库存20406件。圆明园大戏的衣箱、靠箱、盔箱共库存23565件，这些戏服大约是乾隆年间制作。

67　《养心殿造办处各作成做活计清档》，微卷第75盒，乾隆三年十二月"织造处"、第112盒，乾隆二十八年十一月"行文"。

68　赵翼：《檐曝杂记》（北京：中华书局，1982），页 11；《养心殿造办处各作成做活计清档》，微卷第 149 盒，乾隆五十四年三月"行文"、五月"行文"。乾隆皇帝为了热河大戏，于八月又交苏州织造制作 1617 件的戏服、切末等，第 150 盒，乾隆五十四年八月"棋盘山"。

69　《养心殿造办处各作成做活计清档》，微卷第 142 盒，乾隆四十七年十一月"记事录"、第 148 盒，乾隆五十三年八月热河。

70　邓纯：《岭南丛述》（道光十年刊本，台北：台湾"中研院"历史语言研究所傅斯年图书馆），卷 33，页 10。

71　《养心殿造办处各作成做活计清档》，微卷第 101 盒，乾隆二十一年十月"行文"。

72　清高宗撰，于敏中等编：《清高宗御制诗文全集》（台北：台北故宫博物院，1976），册 9。乾隆五十年《和阗玉观泉图》、乾隆五十二年《咏和阗玉兽环方壶》。

73　《养心殿造办处各作成做活计清档》，微卷第 135 盒，乾隆四十三年七月"行文"、十月"行文"。

74　《养心殿造办处各作成做活计清档》，微卷第 132 盒，乾隆四十一年九月"行文"。

75　《养心殿造办处各作成做活计清档》，微卷第 135 盒，乾隆四十三年十月"记事录"。

76　中国第一历史档案馆编：《乾隆朝惩办贪污档案选编》（北京：中华书局，1994），册 1，页 695—696。

77　参见赖惠敏：《从高朴案看乾隆朝的内务府与商人》，《新史学》，卷 13 期 1，页 94。

78　《养心殿造办处各作成做活计清档》，微卷第 122 盒，乾隆三十五年七月"行文"。该年十二月一日进讫。

79　《养心殿造办处各作成做活计清档》，微卷第 131 盒，乾隆四十一年十一月"灯裁作"。

80　《养心殿造办处各作成做活计清档》，微卷第 76 盒，乾隆三年三月"织造处"、第 112 盒，乾隆二十八年二月"行文处"、十月"记事录"。

81　中国美术全集编辑委员会编：《中国美术五千年》（北京：文物出版社，1991），工艺美术编（上），页 257。

82　《养心殿造办处各作成做活计清档》，微卷第 122 盒，乾隆三十五年十月、十一月"行文"。

83　《养心殿造办处各作成做活计清档》，微卷第 131 盒，乾隆四十一年二月"行文"。

84　钱泳：《履园丛话》（台北：大立出版社，1982），卷 12，页 321。

85　《养心殿造办处各作成做活计清档》，微卷第 112 盒，乾隆二十八年十二月"行文"，第 130 盒，乾隆四十年十月"灯裁作""用杭金线绣做应行文织造处办送"。

86　《养心殿造办处各作成做活计清档》，微卷第 115 盒，乾隆四十年十一月"行文"。该器物于乾隆四十二年十一月进讫。

87　关于乾隆皇帝对欧洲货品的态度，参见康无为：《帝王品味：乾隆朝的宏伟气象与异国奇珍》，页 70—72；彭慕兰（Kenneth Pomeranz）著，邱澎生等译：《大分流》（台北：巨流图书公司，2004），页 212—216。

88　黄春和：《元明清北京宫廷的藏传佛教造像艺术风格及特征》，《法音》，2001 年第 1 期，页 31—36。

89　林永匡、王熹：《清代皇室与年例岁贡》，《故宫博物院院刊》，1990 年第 4 期，页 73—79。

90　董建中：《清乾隆朝王公大臣官员进贡问题初探》，《清史研究》，1996 年第 1 期，页 40—50、66。

91　昆冈等奉敕撰：《钦定大清会典事例（光绪朝）》（台北：台湾中华书局，据光绪二十五年石印本影印，1991），卷 401，页 11—13。

92　《乾隆朝内务府奏销档》，册 379，乾隆四十八年十一月十七日。

93　杨伯达：《从清宫旧藏十八世纪广东贡品管窥广东工艺的特点与地位——为"清代广东贡品

展览"而作》，收入《清代广东贡品》（香港：故宫博物院、香港中文大学文物馆，1987），页15—16。

94　台北故宫博物院编：《宫中档乾隆朝奏折》，册29，页99—100。

95　赖惠敏：《从高朴案看乾隆朝的内务府与商人》，《新史学》，卷13期1，页71—131。

96　中国第一历史档案馆：《乾隆朝惩办贪污档案选编》，册1，页569。

97　中国第一历史档案馆：《乾隆朝惩办贪污档案选编》，册1，页995、1061—1063。

98　《宫中朱批奏折·财政类》，档案编号0336—001，乾隆二十七年十月五日。

99　《宫中朱批奏折·财政类》，档案编号0336—004，乾隆二十七年十月六日。

100　中国第一历史档案馆编：《乾隆朝惩办贪污档案选编》，册1，页122。高积的父亲高安爵原籍闽省，在苏娶妾丁氏，生高积；高安爵在苏州营运所有资本及住居房屋悉付高积收掌。参见前书，页143。

101　《内务府银库进项月折档》，乾隆三十五年十月。

102　中国第一历史档案馆：《乾隆朝惩办贪污档案选编》，册1，页1028—1029。

103　江苏省博物馆：《江苏省明清以来碑刻资料集》，页664。

104　中国第一历史档案馆：《乾隆朝惩办贪污档案选编》，册2，页1291、1307—1308、2065。

105　中国第一历史档案馆：《乾隆朝惩办贪污档案选编》，册2，页1379。

106　中国第一历史档案馆：《乾隆朝惩办贪污档案选编》，册3，页2141。

107　《宫中朱批奏折·财政类》，档案编号0729—012，乾隆三十四年十二月二十一日；档案编号0729—021，乾隆三十五年一月十九日；档案编号0729—032，乾隆三十五年三月九日。

108　中国第一历史档案馆：《乾隆朝惩办贪污档案选编》，册1，页255。

109　昆冈等奉敕撰：《钦定大清会典事例（光绪朝）》，卷399，页16。

110　资料来自《内务府银库进项月折档》。

111　中国第一历史档案馆：《乾隆朝惩办贪污档案选编》，册4，页3109。

112　范金民著，岩井茂树译：《清代苏州都市文化繁荣的实写——"姑苏繁华图"——》，《都市文化研究》，号2（2003年9月），页147—176。

113　《乾隆朝内务府奏销档》，册248，乾隆二十四年十一月九日。

114　《乾隆朝内务府奏销档》，册287，乾隆三十二年一月二十日。

115　《乾隆朝内务府奏销档》，册296，乾隆三十五年四月十一日；册307，乾隆三十六年十二月二十七日。

116　中国第一历史档案馆：《乾隆朝上谕档》（北京：档案出版社，1991），册9，页372。

117　赖惠敏：《乾隆朝内务府的皮货买卖与京城时尚》，《故宫学术季刊》，卷21期1，页101—134；赖惠敏：《清乾隆朝的税关与皇室财政》，《"中研院"近代史研究所集刊》，期46（2004年12月），页53—103。

118　龚炜：《巢林笔谈》（北京：中华书局，1981），卷5，页113。

119　《硝皮业重修永宁公所碑》，收入苏州历史博物馆等：《明清苏州工商业碑刻集》，页205—206。

120　《乾隆朝内务府奏销档》，册295，乾隆三十四年七月二日。

121　《乾隆朝内务府奏销档》，册295，乾隆三十四年九月五日。

122　段本洛、张圻福：《苏州手工业史》，页128。

123　邱澎生：《商人团体与社会变迁：清代苏州的会馆公所与商会》，页62—84。

124　《兴复武林杭线会馆碑记》，收入苏州历史博物馆等：《明清苏州工商业碑刻集》，页221—222。

125　段本洛、张圻福：《苏州手工业史》，页80。

126　杨伯达：《清代宫廷玉器》，《故宫博物院院刊》，1982年第1期，页49—61。

127　中国第一历史档案馆：《乾隆朝惩办贪污档案选编》，册 1，页 569、693。

128　杨伯达：《清代宫廷玉器》，《故宫博物院院刊》，1982 年第 1 期，页 49—61。

129　江苏省博物馆：《江苏省明清以来碑刻资料选集》，页 662。

130　段本洛、张圻福：《苏州手工业史》，页 83。

131　陈其元：《庸闲斋笔记》（北京：中华书局，1987），卷 4，页 5。

132　《圆金业修葺所碑》，收入苏州历史博物馆等：《明清苏州工商业碑刻集》，页 163—164。

133　《金箔铺户捐建丽泽公局碑》，收入苏州历史博物馆等：《明清苏州工商业碑刻集》，页 164—165。

134　江苏省博物馆：《江苏省明清以来碑刻资料选集》，页 156。

135　《圆金业修葺所碑》，收入苏州历史博物馆等：《明清苏州工商业碑刻集》，页 166—167。

136　段本洛、张圻福：《苏州手工业史》，页 70—72、132。

137　段本洛、张圻福：《苏州手工业史》，页 82—83。

138　江苏省博物馆：《江苏省明清以来碑刻资料选集》，页 662。

139　钱泳：《履园丛话》，卷 7，页 192—193。

140　陈宏谋：《陈文恭公风俗条约》，收入李铭皖修，冯桂芬纂：《苏州府志》（台北：成文出版社，据光绪九年刊本，1970），卷 3，页 31—37；盘峤野人辑：《居官寡过录》载："民俗日败皆以上无教化，亦以法令不严。如衣食之僭侈，礼俗之骄奢……妇女游会诸弊。"收入官箴书集成编纂委员会：《官箴书集成》（合肥：黄山书社，1997），册 5，页 37。

141　参见林丽月：《风俗与罪愆：明代的溺女记叙及其文化意涵》，收入游鉴明：《近代中国的妇女与社会（1600—1950）》（台北：台湾"中研院"近代史研究所，2003），页 1—24。

142　《乾隆朝内务府奏销档》，册 199，乾隆二年十一月三日。

143　龚炜：《巢林笔谈》，卷 5，页 113。

144　斯当东著，叶笃义译：《英使谒见乾隆记实》（上海：上海书店出版社，1997），页 451。

145　冯其庸：《红楼梦校注》，第 72 回，页 1129、第 73 回，页 1141。

146　昭梿：《啸亭杂录·续录》（台北：弘文馆出版社，1986），卷 3，页 468。

147　叶长扬、姜顺蛟：《吴县志（乾隆）》（乾隆十年刊本，苏州图书馆藏），卷 24，页 12。

148　中国第一历史档案馆编：《乾隆朝惩办贪污档案选编》，册 1，页 678、693—695。

149　龚炜：《巢林笔谈》，卷 5，页 113。

150　王家范：《明清江南消费风气与消费架构——明清江南消费经济探测之一》，《华东师范大学学报》，1988 年第 2 期，页 32—42；《明清江南消费性质与消费效果解析——明清江南消费经济探测之二》，《上海社会科学院学术季刊》，1988 年第 2 期，页 157—167。

第二章

苏州的东洋货与市民生活（1736—1795）

近年来，笔者探讨 18 世纪的中国城市时，特别留意中外贸易对市民生活的影响。[1] 然而，阅读苏州的档案和碑刻材料，困惑的是苏州不产金银铜铁等金属，而制作飞金、铜器、洒金笺纸的行业却特别多，究竟金属来自何处？最近，笔者阅读中日贸易中有关"洋铜""铜器"的记载，对金属的来源有所了解，因此本章拟讨论苏州的东洋货与市民生活。

关于 18 世纪的中日贸易，有许多学者研究过，山胁悌二郎《长崎の唐人贸易》、任鸿章《近世日本と日中贸易》、松浦章《清代海外贸易史の研究》已做过详细的讨论。[2] 台湾学者刘序枫探讨过日本进口的洋铜，他统计自康熙二十三年（1684）清朝开放海禁后，日本铜输出至中国的数量急遽增加。康熙二十三年至康熙三十四年（1695）间，每年均有 3000000 斤—4000000 斤；康熙三十五年（1696）至康熙四十九年（1710）间，每年均有 4000000 斤—7000000 斤。康熙五十四年（1715）以后因日本产铜量减少，至乾隆七年（1742）日本将输出铜量限制在 1500000 斤，乾隆三十年（1765）为 1300000 斤，乾隆五十六年（1791）降为 1000000 斤。[3]

刘序枫认为："从海产品到日常生活用品，都可以在乍浦街上看到。又透过牙行及商人之手，再流入江南的流通与消费中心苏州。"[4]永积洋子所编《唐船输出入品数量一览：1637—1833 年》记载在 1637—1833 年中国船到日本所购买的铜器、漆器等杂货，但该书中有些年代没有清楚注明铜器和漆器的数量和款式。[5]幸而，《乾隆朝惩办贪污档案选编》记录了几位居住在苏州地区的官员，在他们被查抄家产的清单上，光铜器和洋漆器即多达数千件。[6]之后这些器物又被解运北京，至今故宫博物院及台北故宫博物院都藏有洋漆器。数年前，故宫博物院及台北故宫博物院展览日本文物，故宫博物院出版《故宫藏日本文物展览图录》、台北故宫博物院出版《清宫莳绘：院藏日本漆器特展》，两书皆收录有日本漆器图录。[7]另外，从台北故宫博物院"数字典藏计划"中也可找到洋漆器和铜器的收藏，这些皆有利于了解器物的风格。

西方学者诺贝特·埃利亚斯（Norbert Elias）提到 18 世纪法国宫廷对社会的影响，他认为："法国社会整个结构和发展，逐步使越来越多的阶层渴望效仿上流社会的模式"，不仅仅是指就餐形式，也包括思维和谈吐的方式。[8]巫仁恕研究晚明士大夫的消费文化，特别重视鉴赏的趣味，认为其具有社会区分的作用，并以"雅""俗"作为士人与庶民之间的区分。[9]本章则针对市民来讨论消费文化，因洋货不像屋宇、服饰为朝廷界定贵贱等第的范畴，仕宦与商贾皆能消费日本的洋货；再者，更大量的海产品也直接影响城市居民的饮食习惯。内容上，本章将从贸易和消费两方面来讨论。有关贸易的问题已有许多学者做过研究，本章再从《明清档案》《乾隆朝内务府奏销档》《乾隆朝惩办贪污档案选编》中找到了新的洋商的材料，作一点补充。[10]另外，本章由清代官宦的抄家档、文集和食谱来讨论苏州的市民对东洋货的消费，而在消费过程中，苏州市民文化似乎展现出对统治文化认同的趋势，因此本章亦试图就日本商品在江南的消费情形作进一步的阐述。

一、奇赢生计属洋商

《吴县志》载："西城者贸易多而治产少，好华美而羞俭啬。闾胥之间，百货丛集""南濠则川广海外之货萃焉"[11]"货集南濠上下塘，嚣声午市聚金闻"[12]。苏州市面上充斥着海外洋货，这些货物来自洋铜商与官贾之参与。

（一）苏州的洋铜商

《水窗春呓》提到，与河厅"同时奢靡者，为广东之洋商，汉口、扬州之盐商，苏州之铜商，江苏之州县，其挥霍大半与河厅相上下"[13]。苏州铜商致富的原因是康熙年间为了募集铸造铜钱之材料，鼓励商民出洋办铜。康熙六十年（1721），江苏浙江总办采购洋铜，江苏独承认五省（江苏、安徽、江西、浙江、福建）铜数，皆先发帑钱交商船出洋采买。[14]《雍正朝满文朱批奏折全译》："据雍正元年七月二十二日，会考府具奏来文内中开：铜商范毓馪等五房，每年给银十七万五千二百两，其内现催获一万一千八百两，以抵伊等亏空之项交内库外，未交银十六万五千四百两。"[15]山西商人范毓馪为重要铜商之一。

然日本正德五年（1715），实行正德新例，规定清贸易船每年限定 30 艘、铜的贸易额限定 3000000 斤。由《明清档案》记载可知，日本每年产铜不到 3000000 斤，而日本发给执照的中国船有 80 多艘，每年只有 30 艘船可以到日本采购洋铜。每艘船得铜 800 余箱，一年进铜量为两百数十万斤（见图 2-1）。福建、江西等省官员到苏州买就倭照，招商发价，但往往等上半年船只未出洋。如雍正十年（1732）福建总督郝玉麟提出，"洋船出洋回棹约需二十余月，福建有八位道府大员办理运铜斤之事，在苏州守候洋船回棹，延误公事，故而请求变通办买洋铜事宜"。[16]

《吾妻镜补》载："自康熙六十年间定例，于苏州立官民两局。重领帑银以采铜者曰官局；重以己财货物易铜而转售宝苏局，以资鼓铸者曰民局。"[17]乾隆年间由官、民商经营洋铜采办。官商领政府的帑银至日本采买铜斤；而民商则带着货物到日本换取铜斤。范毓馪于乾隆八年（1743）因欠内务府人参、木植银两共 1141250.29 两，自乾隆九年（1744）起负责采办洋铜抵补亏空，并

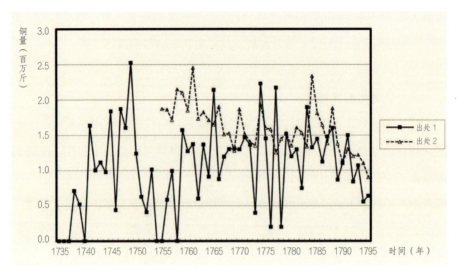

图 2-1　中国船输出日本铜数量图

分别解往各省接济鼓铸铜钱，输往直隶、陕西两地走陆路，每百斤铜以14两计算；输往江苏、江西、湖北三省走水路，每百斤铜以 13 两销算。范毓馪至日本采购洋铜1300000 斤，除交各省额数外，多余者自行售卖。[18]乾隆五年（1740）起，官定价格每百斤铜为 14.5 两银，加上原先解送北京的水脚饭食银 3 两，共 17.5 两，而苏州城的市价每百斤市铜为平色银 22 两（等于库平纹银 19.8 两）。官办洋铜给价较低，然因官商置货出洋交易，有货物利润可抵成本，不至于亏本。[19]至乾隆十一年（1746），范氏家族因洋船未能按期回棹，议减额岁办铜 800000 斤；乾隆十五年（1750）再行议减岁办铜 500000 斤，分解各局。[20]

范毓馪之子范清注、范清洪，侄子范清济相继参与洋铜运输。乾隆二十九年（1764），范清洪破产。次年，直隶总督方观承疏称："候选员外郎范清济，接办铜斤。"乾隆三十一年（1766）范清济奏称，范家有洋船 6 艘，每年由日本长崎运洋铜 505000 余斤，范氏输入的洋铜存放在乍浦和苏州的铜局。[21]乾隆四十八年（1783），范家洋铜船只屡次遭风沉溺，亏损遽增，范清济积欠内务府银两。内务府核定范清济之苏州铜局交新商王世荣办运洋铜，王世荣经营铜务，资本不敷，乾隆五十二年（1787）改由钱鸣萃办理。

除官商外，苏州还有民商采办洋铜。松浦章指出乾隆年间民商办铜有李豫来等 12 人。[22] 乾隆二十年（1755），民商 12 人为商额，每年发 12 艘船出洋置货，每船约自备铜本银 24000 余两，办铜 1500000 斤，仍照旧定官收一半之例。[23] 乾隆二十五年（1760），日本矿深出铜减少，铜价昂贵，每百斤需银 25.08 两。户部尚书官保等奏议："官买十分之六，每百斤给价银十七两五钱，民买四分，以民买之余润补官价之不敷。"[24] 民商至日本买洋铜，官方给价每百斤 17.5 两银，与市价差了 7.58 两，而洋铜只有 60% 交给政府，其余 40% 在市场销售。乾隆三十年（1765）民商购洋铜数降为 800000 斤。民商之一的杨裕和，除了办铜官买，还代替旧商赵宸瞻欠铜本银 127000 两，又代赵光谟 31000 余两等。[25] 乾隆三十七年（1772），钱鸣萃控杨裕和之子杨宏孚，构伙欺隐洋铜数逾百万余斤。

（二）官员营运之洋货

清代苏州是手工业的重镇，也是官员办贡品的重要地点，因而官员亦参与洋货贸易。《乾隆朝惩办贪污档案选编》载，高积原籍福建，随生母丁氏住苏州。高积之父高安爵在苏州以营运起家，素称富厚。高安爵去世后，高积分产得三四万两银，自做洋船生理，在曹文侯洋行交易，家业渐富。乾隆十八年（1753），其洋船失风，货物无归。高氏收取资本，遵例捐官。至乾隆二十一年（1756）由员外加捐道员，即停歇贸易，因此洋行账簿只到乾隆二十一年以前买卖交易货物。后来他由江宁驿道升任贵州按察使，仍派人至苏州经营生理。帮高积管事的戴绍文之子戴云浦说："高积在苏时，向贩洋货生理，常在伊父绸缎店内置货发洋。"另有高积的亲戚魏懋、毛学礼也做洋船生理，在乾隆三十四年（1769）以前已经歇业。[26]

乾隆三十四年苏州的米贵，高积命伙计带货本 10000 余两至四川买米，至苏州贩卖。他遣人往开州等厂收买水银 26200 斤，照厂中时价每百斤 40 余两，交外甥魏香雪同长随王升等赴苏州发卖。在苏州张姓行内，每担得价九七色银

68 两；100 担共得 6800 两。而 29 担的水银在贵州发卖，每担仅得价九七色银 51 两。[27] 可见高积由商人转为仕宦，仍然从事长程贸易营运，获利甚丰。高积家的什物寄放在闽客公建三山会馆，寄存物件有铜、锡、瓷、木各器 4237 件。[28] 高积家产共被查出银 27200 两。江浙官员养廉俸银多，他又在苏州、乍浦各处营运，累积家产。

乾隆四十六年（1781）发生浙江杭嘉湖道王燧的贪污案件。王燧于苏州投资，有 20000 两银交给当铺商人蒋余生息，又如皋县有生息银 22000 两。[29] 乾隆四十五年（1780）皇帝南巡，王燧办差，请友人王新盘在乍浦关采购洋货。王燧供称："如绸缎、洋货等物，遇贱置存，价贵转售，每年获利原有三五千金不等。上年遇着差务需用之处甚多，也有就在本地销售，也有发往别处变卖……即如现在查出之器具对象（按：如羽毛呢缎、铜、瓷、玉器等），自己原用不着，许多这都是陆续购存，未及销去的。"[30] 王燧的弟弟王炳在故乡如皋经营京货绸缎店 1 家，计房 17 间，置货本银 2000 两。[31] 从《唐船输出入品数量一览：1637—1833 年》可知，乾隆四十五年的各种漆器、纸、真鍮器物（黄铜器）、铜器物、香物数量比往年多。可见官员趁着皇帝南巡，竞相进贡。

《故宫藏日本文物展览图录》记载："清代由于皇帝的喜爱，长期购买日本漆器，故而，形成了现有遗存。"不过，从《内务府银库用项月折档》中似乎看不到购买洋漆器的数量和用银。[32] 陈慧霞讨论康熙时江宁织造李煦进奉莳绘，雍正时江宁织造隋赫德、江苏巡抚高其倬，乾隆时山东巡抚白准泰都进贡日本莳绘。[33] 据《清宫内务府造办处档案总汇》记载的乾隆年间官员进贡的满汉文档案，贡品中不乏洋漆器物。另外，在《养心殿造办处收贮清册》中亦记载了造办处每年收贮的洋漆器物，将来拟另文讨论。

此外，清宫漆器的另一来源是官员被查抄家产。如王亶望被抄家时解京的漆器 420 件，其中有洋漆洒金盒、描金黑漆炕桌、描金黑漆炕橱、炕几、金花砚匣、描金黑洋漆文具、洋漆洒金梳妆台、黑漆描金香盒等。陈辉祖被抄家解京的洋漆器有 360 件，连他家的奴仆杜泰和张诚都被查出有洋漆器皿 8 件。[34] 乾隆皇帝斥责说："陈辉祖在苏州所置房屋、当铺，不愿回籍，竟安心欲在苏州居住，即此一端。其忍弃祖父坟墓，贪恋繁华。不但欺君罔上，而且背本忘亲。"[35] 陈辉祖的祖籍在湖南祁阳县，父亲陈大受曾任军机大臣、直隶总督，他依借父亲的庇荫，当过两江总督、浙江巡抚。陈辉祖在苏州置产，享受繁华生活，而且在吴江县黎里镇开当铺，又交给商人黄学乾营运银两共本利银70000两；另由王懋修领银30000两营运生息。[36]

故宫博物院藏清代日本漆器，根据其制作工艺，分为描金漆（日本称作莳绘）、彩绘漆、螺钿漆等。其中描金漆为日本漆工艺中的最高成就。描金漆多数以黑漆为底，少数用洒金漆或红漆为底，再用金，少数加银或彩漆来描绘千变万化的花纹。饰金方法有平描、凸起、晕染等，日本将它们分为平莳绘、高莳绘、研出莳绘、肉合莳绘、锖上高莳绘等。[37]《吾妻镜补》的作者翁广平为吴江县人，成书于嘉庆十九年（1814）。该书载："嵌螺钿其花文如隆起，实则平如镜也。"[38] 此外，由日本输入的螺钿漆器也相当精巧，乾隆四十六年（1781）王亶望抄家物品中有螺钿漆器皿155件，包括螺钿炕桌、杯盘、碗筷、奶茶壶、攒盒等，[39] 可见镶嵌贝壳的螺钿漆器也是受欢迎的漆器。

《吾妻镜补》载："河波出铜""铜器尊罍彝鼎之属多仿古铸，且有奇异之形，足下有鱼网文而无款识"[40]。日本制作的仿古铜器，确有奇异形状者。日本制作的铜器，款识中喜欢用语助词，如"某年月日某人刻之也"，故要辨识日本制作的铜器似乎不难。日本仿古铜器或苏州打造的仿日铜器为官宦之家大量收藏。汪圻原籍江苏吴县，家产包括在高邮州的通大号钱店、发祥号铜锡器店，有铜锡器808件。[41]

总之，苏州的仕宦中许多人兼具商贾身份，或租船从事远洋贸易，或在苏州开铺卖洋货，以致苏州地区充斥东洋货。

二、苏州市民的日本风尚

《姑苏竹枝词》载："画船罗绮竞嬉春，鱼米家乡自遂身。闻说神仙十洲地，也传风俗似吴人。"[42] 所谓十洲地指瀛洲，即日本。之所以称其风俗与

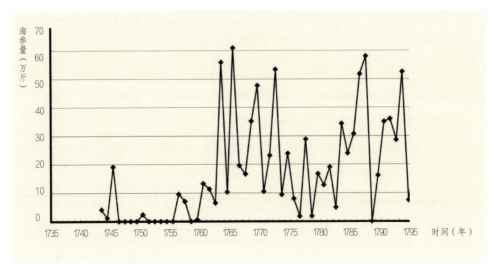

图 2-2　中国船输出日本干海参数量图

苏州略同，是因苏州人从日本进口了大量海产、器物，使苏州人的生活习惯与
日本颇为相似。

（一）食品

1. 海参、鲍鱼、鱼翅

自日本进口的海产品主要有海参、鲍鱼、鱼翅等。刘序枫认为，17 世纪
末至 18 世纪前期，日本出口的商品以铜为主；18 世纪中叶以后，日本输入中
国的海产品的比重增加。[43] 这些海产品输入数量多达数万斤，影响了苏州人的
饮食习惯（参见图 2-2、图 2-3、图 2-4）。《清稗类钞》记载，"苏州有名
的孙春阳店，铺中办事分六房，曰南货房，曰北货房，曰海货房，曰腌腊房，
曰蜜饯房，曰蜡烛房，[44] 海货房所卖为海产品"。袁枚《随园食单》中的"海
鲜单"说："古八珍并无海鲜之说，今世俗尚之，不得不吾从众，作海鲜单。""海
鲜"有燕窝、海参、鱼翅、鳆鱼（鲍鱼）、淡菜、海蝘、乌鱼蛋、江瑶柱（干
贝）、蛎黄九种。[45]

《清稗类钞》"食鱼翅之豪举"条载："鱼翅产闽粤而不多，大率来自日本。

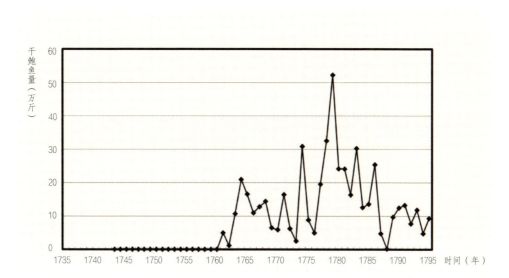

图 2-3　中国船输出日本干鲍鱼数量图

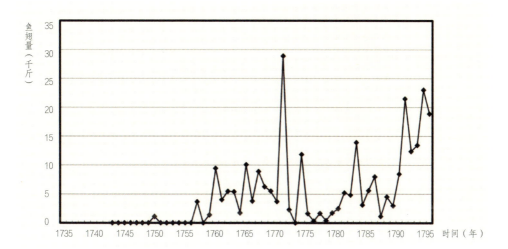

图 2-4　中国船输出日本鱼翅数量图

自明以来始为珍品，宴客无之，则客以为慢。”[46] 来自日本的鱼翅为宴客佳肴，未烹煮鱼翅则被认为怠慢。顾禄《桐桥倚棹录》载"三山馆在虎丘，居民有婚丧宴会之事，多到此宴客。其菜谱和鱼翅有关的有鱼翅蟹粉、鱼翅肉丝、清汤鱼翅、烩鱼翅、黄焖鱼翅、拌鱼翅、炒鱼翅"。[47] 朱彝尊《食宪鸿秘》记载："鱼翅，治净，煮。切不可单拆丝，须带肉为妙，亦不可太小。和头鸡鸭随用，汤宜清不宜浓，宜酒浆不宜酱油。或鱼翅拆丝，同肉、鸡丝、酒酿、酱油拌用。"[48] 乾隆年间刊行的《调鼎集》，有更繁复的烹调鱼翅的方式。鱼翅的料理是"鱼翅撕块，加酱油、酒、葱汁同蟹肉炒"。鱼翅中加入蟹肉来增加鲜味。金钩虾（虾米）"用热水发透，批片配冬笋片、磨菇、菜头、豆粉作羹。又，配闭瓮芥菜作羹同"或"对开配猪肉片煨""发透切丝，配笋干丝、酱油、麻油、醋拌"。"燕窝衬菜"则加上鸡鸭火腿、核桃仁、磨菇、香蕈丝等材料提味。[49] 总之，平淡无味的鱼翅、燕窝，通过繁复的烹饪技术和大量的配料等变成了佳肴。

袁枚对海参、燕窝的评价是"庸陋之人也，全无性情，寄人篱下"。又说："尝见某太守宴客，大往如缸臼，煮燕窝四两，丝毫无味，人争夸之。"海参、燕窝本身无味道，必须依靠其他食材来提味。袁枚提到蒋侍郎家用豆腐皮、鸡腿、蘑菇煨海参。而鱼翅则必须用好火腿、好鸡汤，如鲜笋、冰糖煨烂；或用鸡汤串细萝卜丝，拆碎鳞翅掺和其中。[50] 如果不善烹饪，导致"海参触鼻，鱼翅跳盘"，便是笑话。

关于海参类的食谱，《桐桥倚棹录》载有："烩海参、十景海参、蝴蝶海参、炒海参、拌海参。"[51]《食宪鸿秘》记载，"海参则有糟食，海参或拌酱炙肉末"[52]。宋代以来，干贝被称为"江瑶柱"。李渔《闲情偶寄》提道："读江瑶柱未获一尝，为入闽恨事。"[53]《吾妻镜补》载："江瑶柱，日本呼为甘贝，从前所产甚少，价极贵。今各岛皆产，故虽属上品，不能得价。曝以为干，每斤值银二钱左右。"[54] 上述可见到18世纪中叶以后，日本干贝产量大增，以致价格下跌。

龚炜论吴俗，"饮馔，则席费千钱而不为丰，长夜流湎而不知醉"[55]。日本输出的海鲜成为官宦富贾追逐奢靡饮食风气的来源。《姑苏繁华图》中酒店招牌林立，楼上雅座对着苏州美景；吃饭喝茶要用各色细瓷；满桌的珍馐，如海参、鱼翅、银鱼、笋尖；怪不得席费千钱。钱泳《履园丛话》提及，"苏州饮食则有山珍海错、酒池肉林。士大夫在江宁之秦淮河、苏州的虎丘山塘、扬州天宁门外的平山堂，画船箫鼓，殆无虚日"。[56]

巫仁恕认为，文人高举养生与尊生口号，批评官宦富商之家过分追求远方珍品野味，殊不知食物可能含有剧毒，对人体有害。[57] 文人的饮食态度和官宦富商有别，但是面对大量的海产品输入，民众仍抱着先吃为快的心理。松浦章认为，江户幕府输出的铜量减少，而海产品的输出量则增加。江浙地区占当时中国人口的五分之一，大部分日本海产品在江浙及其近郊地区被消费。[58] 在官员的抄家单中，也不乏海参、鱼翅的记载。如汪圻抄家单上有燕窝 4.5 匣（重20 两）、海参 4 斤、鱼翅 6 块、虾米 1 斤。汪圻之子汪师曾名下有海参 1 斤、燕窝 2 两等。[59]

有趣的是，江南市民的饮食中流行海产品，而乾隆皇帝六次下江南，御膳单不离鸡鸭鱼肉，却无海产品。如乾隆三十年（1765），总督尹继善、苏州织造普福等进膳，也不敢让皇帝吃海鲜。[60] 在目前出版的乾隆朝《清宫御膳》档案中，看不到皇室吃海鲜的记录，因满族来自关外，以食猪肉为旧俗。[61] 至光绪年间，据说皇帝喜欢吃海鲜，御膳房才开始煮海鲜。根据《内务府广储司用款档》记载，光绪二十年（1894）正月，御膳房预备海参、鱼翅、鲍鱼等项的用银共计有 8000 两。[62]

2. 海带、琼脂等

由日本输入的海带（见图 2-5）、鱿鱼、红菜、鸡脚菜、石花菜、琼脂、目鱼干、干鱼虾贝、咸鱼等，算是价格较低的海产品。不过，明代的文人认为海藻是大菜。陈其元引明代湛若水的说法："天下有贵物乃不如贱者。只如眼前海菜，以紫菜为贵。海藻次之，海藻所谓大菜也。苔为下。紫菜爽口，乃发百病，大菜病人可食。苔之好者，真胜前两菜，且无渣滓，本草谓能消食也。贵公子只是吃贵物。"[63] 在明代价格昂贵的紫菜，至清朝因输入量大增至动辄上百万斤，价格并不贵。而海参、鱼翅等仍为珍贵海产品。陈其元《庸闲斋笔记》载："按紫菜此时并不贵重，而海藻则稍贵于紫菜，亦是常物，非贵人所屑食者。今之海菜，则海参也，鱼翅也，而推燕窝为首，佳者价至三四十金一斤，较紫菜价百倍矣。"[64]

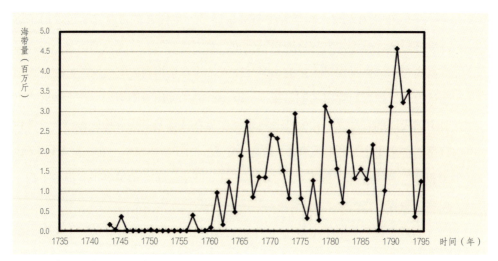

图 2-5 中国船输出日本海带数量图

　　海蜇皮也是廉价的海产品，其做法是用甜酒浸嫩海蜇，颇有风味。其他者名为白皮，作丝，酒醋同拌。[65]

　　《乍浦备志》载："局商洋货则由乍浦拨至苏州，听两局商人议价发卖。惟海带用解煤毒，酌派北路分消。若洋菜、海参、鲍鱼等物随处通消，不拘地分。"[66] 苏州食谱中很少有海带的记载，而乾隆皇帝的御膳单"乾隆四十八年（1783）正月膳底档"中常出现"炒鸡丝炖海带丝热锅一品"的菜单。[67] 海产品只见海带一味，或许皇帝相信海带可以解煤毒。

　　《广东新语》载："海菜其莓苔也，白者为琼枝，红者为草珊瑚。泡以沸汤，沃以姜椒酒醋，味甚脆美。一名石花，以作海藻酒，治瘿气。以作琥珀糖，去上焦浮热。"[68] 石花菜一名麒麟菜，浸久化成胶冻，可以做琥珀糖。《随园食单》中提到的"酱石花"，是将菜洗净入酱中，临吃时再洗。又"石花糕"的做法是将石花菜熬烂作膏，仍用刀划开，色如密蜡。苏州人喜欢吃甜食，许多食谱中提到苏式清水蜜饯有玫瑰酱、清水山楂糕、清水甘草梅皮、橙糕等，形容其为"色泽透明鲜红"。[69] 清水蜜饯加了石花菜或寒天，才能像果冻般晶莹剔透。

约翰·巴洛（Sir John Barrow）在《我看乾隆盛世》（*Travels in China*）中提到，中国人将海藻采集起来，再到淡水中浸泡，然后晾干；将少许晾干海带叶放入水中煮，能使汤熬成胶状，在其中加入少许糖、橘子汁或其他果汁，放在一旁冷却，人们便可得到味道鲜美无比的胶状高汤。[70]

3. 腌制品

自日本输入的盐渍品还有海燕、虾酱、唎黄酱，价廉，为贫家佐餐菜肴。《吾妻镜补》载："海鳗鱼暴为干或以火炙，俗名木鱼海燕。长仅一二分，味甚鲜美，以为燕所食故名。或做海腌，以盐渍故也。虾最小者渍之为酱。介属颇多，味亦寻常。最多者为唎黄，可清为酱，贫家俱制焉，以价廉也。"[71] 日本人青木正儿《中华腌菜谱》提及，春天到常熟旅行，看到卖的腌菜和故乡的糟渍一样，气味扑鼻而来。他到店家要了腌菜和酒，堂倌给他一碗切好的腌菜，上边撒满白色的东西，像富士山山顶的雪一样，说是糖。他二话不说把糖拨掉。这可见江南人所吃的腌菜可能与日本人类似，而吃法有异。"苏州稻香村所鬻，为糕饵及蜜饯花果、盐渍园蔬诸食物，盛于苏，苏人呼曰青盐店。"[72] 苏州特产的酱油、松蕈油是其他地方没有的，或许和日本饮食用味噌、椎茸相似。日本酱油的原料为黄豆和小麦，在伏天中经水煮熟发酵，然后加盐水置缸中，与中国用黑豆制酱油的原料和制法不同。[73]

总之，日本进口的椎茸、酱油、酒粕渍、味噌、石花菜等物，影响了苏州市民的生活品位。

（二）铜器

吴县的"风俗志"记载："富贵之家多收藏古玩，名曰古董，或画、或字、或器皿，尺幅寸缣，贵逾拱璧，一瓶一碗，珍若连城。"[74] 高濂《遵生八笺》"论宣铜倭铜炉瓶器皿"记载："倭人凿铜细眼罩盖熏炉，亦美。更有鏒金香盘，口面四旁坐以四兽，上用凿花透空罩盖，用烧印香，雅有幽致。又若酒铫、水罐、吸水小铜中丞、抹金铜提、盔铠、腰刀、枪剑，五供养莲花架，紫铜汤壶、小钹、小塔、罐罩盒，槟榔盒、石灰罐、刮锈铜刷、海螺鼻铜镜、铜鼓、供献盘橐碟子、凿花金钱、散花银钱、凿银细花卷段、凿金大小戒指，上嵌奇石，种种精妙，不能悉数。"[75] 明代士大夫所欣赏的日本制造器皿，大致可分为赏玩、日用、供器、武器等。

高濂《遵生八笺》载："近有潘铜打炉，名'假倭炉'"，潘铜凿嵌金银倭花样式。到清代洋铜大量进口，其中民商贸易年额 800000 斤的 40% 私自销售，每年有 300000 余斤的洋铜在苏州被用于生产铜器。陈宏谋提及："厂铜、洋铜官收居大半，每年打造铜器，需铜无算。"[76] 因而，苏州铜作在乾隆年间"西城业铜者不下数千家，精粗巨细，日用之物无不具"[77]，其中以王东文铜锡最为著名。《江南省苏州府街道开店总目》第十店有精造铜锡器皿的大盛号，[78] 可见江南文人所赏玩的尊罍彝鼎仿古铜器，很可能是仿自日本进口的铜器。

永积洋子《唐船输出入品数量一览：1637—1833 年》记载，乾隆年间日本输往中国的日用铜器，以铜盥、铜锅、铜火钵、铜风炉、铜茶道具、铜药罐居多，与明代文人描述之"倭铜"器物有别，可见清代进口的铜器皿更符合市民生活所需（见表 2-1）。[79] 这些铜器多数作为日用器皿，成为苏州人的时尚。《乾隆朝惩办贪污档案选编》所记载铜锡制作的器皿有：铜锅、铜火锅、紫铜盘、大小锡火锅等。[80] 王亶望的家产有铜器 434 件。陈辉祖被抄家查出铜器 347 件，重量 547 斤；其长随杜泰、张诚被查出铜器器皿 101 件。郭德平家中铜锡器皿共 142 件。伍拉纳被查出铜器 417 件。浦霖被查出铜器 71 件，重量 237.8 斤。[81]

表 2-1　清代日本进口的铜器 [82]

时　间	古玩器物和数量	日用器皿和数量
乾隆八年（1743）	真鍮器物 10 箱	铜药罐 2900 斤
乾隆十年（1745）		铜药罐
乾隆十四年（1749）	古铜器物 11400 斤、又 9 箱	
乾隆十五年（1750）	真鍮器物 3 箱、铜器物 15 箱、古铜器物 6 箱	铜药罐 132 个、铜风炉和铜盥共 8 个
乾隆十六年（1751）	古铜器物 8 箱、铜器物 19 箱	
乾隆二十一年（1756）	铜器物 36 箱	

续表

时　间	古玩器物和数量	日用器皿和数量
乾隆二十二年（1757）	真鍮器物小箱、铜器物 85 箱	铜药罐和铜盥共 7 箱
乾隆二十四年（1759）	铜器物	
乾隆二十五年（1760）	铜器物 6 箱、真鍮器物 4 箱	铜盥 7 箱、铜药罐 3 箱
乾隆二十六年（1761）	铜器物 10 箱	铜药罐 1 箱、铜锅 1 箱
乾隆二十七年（1762）	真鍮器物	铜盥 2 箱、铜药罐 1 箱
乾隆二十八年（1763）	真鍮器物 4 箱、 铜器物 96 斤又 19 箱	铜盥 8 箱又 4 组、铜药罐 647 个又 5 箱、铜火钵 7 个、小风炉 29 个、小锅 5 包、铜锅 5 箱 5 包 6 个又 1.5 斤
乾隆二十九年（1764）	真鍮器物若干、 铜器物 320.5 斤又 15 箱	铜药罐 20 箱、铜锅 2 箱 8 个又 2 袋、铜盥 39 个又 4 组、铜火钵 1 个、铜风炉 29 个、铜斧 1 箱又 16 个
乾隆三十年（1765）	真鍮器物 96.89 斤、铜器物 1506.39 斤又 296 个、28 箱	铜药罐 15 箱、铜锅 28 箱 5 组、铜盥 5 组、铜火烛 20 本
乾隆三十一年（1766）	铜器物 467.5 斤、11 箱	铜药罐 18 斤、铜盥、铜风炉 2 斤
乾隆三十二年（1767）	真鍮器物 1 箱又若干、铜器物 5 箱	铜药罐 29 箱、铜锅 12 箱 6 袋、铜盥 10 组 11 箱、铜火钵 2 个
乾隆三十三年（1768）	真鍮器物若干、 铜器物 20 箱又与漆器 75 斤	铜药罐 3 箱、铜锅 3 箱、铜盥 7 箱、铜茶道具 5 组
乾隆三十四年（1769）	真鍮器物若干、铜器物 126 斤	铜药罐 6 樽 26 箱又 14 组、铜锅 2 樽 14 箱又 11 组、铜盥 27 箱、铜火钵 2 箱 9 个

1. 食物器皿

在苏州，冬至前一夕俗称"冬至夜"，一家人吃团圆饭，有钱人家全鸡全鸭、青鱼蹄膀、冷盘热炒应有尽有，席上用铜火锅、紫铜盘、黄铜羹匙等。顾禄《清嘉录》记载："年夜祀先分岁，筵中皆用冰盆，或八，或十二，或十六，中央则置以铜锡之锅，杂投食物于中，炉而烹之，谓之暖锅。"[83] 苏州地区整个隆冬季节都用铜锅、铜炉，喝酒用锡壶、锡葫芦酒壶等。故，苏州有俗话说"有铜钿吃一夜，无铜钿冻一夜"。《姑苏竹枝词》有"座供唐花赴室宽，围炉轰饮不知寒"的诗句。[84]

苏州人素有品茗的风气，会用日本进口的铜风炉来煮茶。风炉状似古鼎，有三足，并饰古文或图案。风炉上放铜铫子来烧开水，泡茶的道具则用铜茶壶、铜茶匙、白铜茶托盘等。铜火钵是冬天用来取暖的烤火工具，通常还用铜火箸拨火。

皇帝御膳单上，冬天常有热锅一品。在苏州织造局成造皇帝御膳的器物有：铜火锅、银火锅、银火壶、银盖碗、银小叉子、银匙、绿玉奶茶碗等。[85] 满族的习俗，每人皆备有一副碟筷刀叉，各自分食。王亶望家的餐具也有成套螺钿饮食器具，包括螺钿盖碗 40 个、饭碗 48 个，螺钿杯盘共有 5 副，每副杯 12 个、盘 12 个；螺钿调羹连托 24 副又 2 件、螺钿茶杯 36 个。[86] 换句话说，王亶望在家大开宴席时，客人会使用成套螺钿的餐具。诺贝特·埃利亚斯提到法国宫廷贵族会和市民相互交往，宫廷社会与下层百姓之间没有截然的界限。随着各阶层富有程度和互相联系的增加，下层百姓模仿宫廷社会的现象日益增加。宫廷社会中则逐步发展为每一样食物都有特定的餐具：用于喝汤的匙，吃鱼的刀和切肉的刀一起放在盘子的一边；用于吃餐前点心的叉、用于吃肉和吃鱼的叉放在盘子另一边。盘子的前方放吃甜食的刀叉和匙；吃最后一道菜或水果的时候还会送来其他餐具。[87] 清朝官宦的物质消费方式，似乎有意效仿宫廷社会，展现出上流社会的文明。从王亶望的居家陈设来看，必然宴客时会网罗名人雅士，以仿效宫廷社会为流行时尚。

清宫里的早点还保留满族的习惯，喝奶子要兑茶，叫奶茶。皇帝进膳饮奶茶，节庆宴请文武百官时亦赏赐奶茶一盂。江南也有喝奶茶的习惯，郭忠豪研究江南食品，认为明清时代江南的乳制品分布地域在苏州府光福山，嘉兴府澉浦，湖州府乌程县、长兴县，这几地出产牛奶，制作奶酪、乳酥等。[88] 王亶望家藏有螺钿奶壶，想必是装奶茶用的。清人形容奶茶"溶之如汤，则白如饧，沃如沸雪"，饮用时配上螺钿茶杯，还有螺钿攒盒装各色糕饼、奶酪甜点等。[89]

2. 书斋中的铜器

明清文人书斋中放置器物相当讲究，书房摆设中不乏东洋器物。文震亨《长物志》提道："于日坐几上置倭台几方大者一，上置炉一；香盒大者一，置生、熟香；小者二，置沉香、香饼之类。斋中夏月宜用瓷炉，冬月用铜炉"[90]，倭

图2-6 错金银兽面纹角，明代晚期，台北故宫博物院藏

几上放置香盒。根据许雅惠的研究，晚明文人对古代的崇尚以及古物市场的兴盛，将鉴赏古铜器推向另一阶段。江南人家日常生活中的仿古铜器，最为流行者为作为香具的鼎彝，其次是作为花器的觚尊觯。[91] 铜器可插花者曰尊、罍、觚、壶，随花大小用之。古铜汉方瓶、龙泉、均州瓶，有高二三尺者，以插古梅最相称。[92] 陈辉祖的抄家单上有青绿铜百乳鼎、铜月尊、青绿铜双环尊、铜弦纹花插等，都是花瓶类。

苏州文人书房案桌上的铜器有珐琅铜四方瓶、铜三喜鼎、铜花浇。墙上放置的铜胎轿瓶，前面为直颈球腹云耳瓶，连接浮雕云头纹之座，靠墙面平，颈下方有一孔可以直接挂在墙面的钉上，故称"壁瓶"，清档中称之为"轿瓶"。此型器始见于明万历朝，在清代盛行于乾隆时期。陈辉祖的抄家单上有汉青绿铜罍、青绿铜夔凤卣、青绿铜周斝、汉青绿铜铎、铜胎轿瓶，为文人书房中的陈设器。

晚明文人的文具，《长物志》中举出倭小花尊、倭小觯。[93] 书斋中熏衣炙手，少不了袖炉，以倭制漏空罩盖漆鼓为上。[94] 台北故宫博物院收藏的晚明错金银兽面纹角（见图2-6），在东京国立博物馆、长尾美术馆藏有相似造型的商代铜角。又，台北故宫博物院所藏错金银双羊尊（见图2-7），于大英博物馆和根津美术馆亦藏有同款。《唐船输出入品数量一览：1637—1833年》中特别标出"古铜器物""铜器物""铜器"，[95] 说明18世纪日本制造的仿古铜器销往中国。

3. 妇女的妆奁

苏州文人的"嫁女词"描述道："玉满奁，珠一斛。宝钿金钗杂罗縠，席卷母家财，女心犹未足。昔人嫁女仅卖犬，今者几至田宅典。"[96] 殷实人家的女儿出嫁时，父母要准备许多陪嫁品，而若陪嫁品中有东洋货，父母得花更

图 2-7　错金银双羊尊，明末清初，　　　图 2-8　兽面纹铜炉，清代，台北故宫博物院藏
台北故宫博物院藏

多的钱，可能要典当田宅。妇女的铜器嫁妆有铜火盆、铜手炉、铜脚炉、铜盘、铜镜、珐琅铜花瓶等。[97] 铜手炉、铜脚炉、黄铜火盆系冬天保暖之用。而苏式手炉即以做工精巧、花色繁多为人们所称道（见图 2-8）；其材质有紫铜、水红铜、银白铜、白铜、黄铜等；器型有圆形、长方形、椭圆形、六角形、八角形、瓜棱形、海棠形、龟背形等；绝大部分盖上都刻有镂空的花鸟或象征吉祥如意的图案，有的还满身刻花，底下或提柄处刻有作坊及人名款。

　　清代宫廷妇女妆奁齐全，如"四阿哥福晋装箱缎绸布匹银，磁铜锡器皿"。[98] 不过清宫使用的餐具多为银器，铜器仅用于制作火盆，因此铜制的妆奁不及漆器来得多样。

　　4. 其他

　　苏州城中救火的器械，起先是竹、木制成的"木龙"，后来逐渐改用铜制的先撤筒，称为"广龙"。[99] 又，苏州历史上出现过许多名医，形成独特的吴门医派，有"吴中医学甲天下"之称。阊门外山塘街一带有规模大小不一的药材行近百家，冬令煎膏业务十分兴旺。[100] 中药铺所用铜药罐即来自日本，每年进口铜药罐量有数十箱。

（三）漆器

王家范等认为居室器用的消费稍大，巨额的高消费用于追求雕琢、新奇的家具。[101] 明代士人家中会使用倭箱、倭书柜、倭几，《长物志》即举出倭漆墨匣、倭漆小梳匣、倭漆小撞。小撞即日本提漆盒。[102] 明代的洋漆器以文人书斋中赏玩器物居多，清代的洋漆器物更为广泛，从日常生活所需的食物器皿至书斋中赏玩的洋漆盒，乃至卧室中使用的炕柜、炕桌、炕几，都可说明 18 世纪日本外销洋漆器的多样性。根据约翰·巴洛的观察："日本在所有漆器和上光器具的制作上都胜过了中国，其制品在中国也都索价昂贵。"[103] 苏州亦有漆作"有退光、明光，又剔红、剔黑，彩漆皆精。皆旌德人为之"[104]。由旌德县人成造的漆器，档案中称为"苏漆"，本章暂且不讨论这问题。洋漆器物的用途广泛，以下说明其用途。

1. 食物器皿

王燧做洋货买卖，其抄家单上有洋漆方长盘 5 个、洋漆茶盘 2 对、洋漆盖碗 10 个、洋漆香盘 5 个，盛装食品的洋漆果盒 4 个、洋漆槟榔盒 10 个、洋漆都盛盘 1 个、洋漆有屉盘 1 个。苏州地区出产各种果品，[105] 苏州人喜欢在不同节令品尝时鲜果品，使用洋漆果盒、洋漆都盛盘，在盘上放置各种果品，既美观又可品尝各种果品风味。

清宫也用都盛盘，如乾隆三十六年（1771）九江关务伊灵阿恭进八仙庆寿洋彩都盛盘一对。[106] 伊灵阿负责九江关务兼御窑监督，成造都盛盘自然是应宫廷所需。清宫御膳中常出现"攒盘"，如蒸肥鸡卤煮肉攒盘、清蒸鸭子奶酥油煠羊羔攒盘。[107] 苏州菜肴拼盘组合究竟是否受宫廷"攒盘"的影响，还需要进一步研究。

洋漆槟榔盒可以说明清代人吃槟榔逐渐成为风尚。陆以湉《冷庐杂识》云："医书槟榔治瘴，川广皆喜食之，近则他处亦皆效尤。"[108]

2. 书斋中的洋漆器

自明代以来，书斋所用洋漆器较多，至清代发展更多样化。目前我们在抄家档案中找到 7000 件物品，其中有 100 余件的洋漆和黑漆描金的器物。以书房的洋漆器来说，有洋漆金花砚匣、描金黑洋漆文具、洋漆笔筒、洒金洋漆手卷匣、洋漆书架、洋漆洒金书几、洋漆围屏、洋漆火盆架、洋漆炉熏、洋漆盆景、洋漆痰盒、洋漆玻璃灯罩等。官员随身携带的物品，如洋漆印盒、洋漆朝珠盒、洋漆槟榔盒等，种类琳琅满目。

　　清人放在书斋中的西洋钟表，是明代士大夫书斋所缺乏的物品。清宫造办处、广州粤海关和苏州织造局曾改装钟表外观，外观有紫檀、洋漆等。譬如乾隆四十一年（1776），"太监胡世杰交一面玻璃螺甸添钟架一座、万寿山二面，玻璃螺甸漆刮去用旧胎股另漆黑漆画金花，要仿洋漆做法。钦此。于十一月十九日将苏州送到钟架三座另漆见新呈进讫"。乾隆当太上皇后，也请苏州织造局制作洋漆格钟架，[109]"十二月初二日，做钟处将应行补做乾清宫陈设洋漆格钟一架烫样，呈大学士伯和御前大臣福看阅。奉谕钟穰一分着做钟处成做，其五彩珐琅表盘交粤海关监督常福照样成做，洋漆格子交苏州织造舒玺照样成做，速为赶办，该二处俱务于明七八月间交送京内造办处，以备陈设，不可迟误，特谕。于三年六月二十七日将苏州送到洋漆钟格子一座呈进交做钟处"[110]。故宫博物院藏有仿日本黑漆地描金花的楼式钟，钟盘为珐琅质，上书"乾隆年制"。

　　《吾妻镜补》载："漆器，文几、古盒、砚箱三者其最尚也，盒子唯用菊花，棱圆者不用。"[111] 坐几上放倭台几，作为放置器物的架子。明清时以三代秦汉鼎彝作为香炉，皆备赏鉴。文人书斋中的文房四宝类器物有"洋漆金花砚匣、洋漆笔筒、描金黑洋漆文具、描金洋漆文具"[112]。洋漆香盒贮藏沉香或香饼，作为鉴赏之物，亦用于焚香。清朝文人的书房还会放置洋漆都盛盘，又称"多盛盘"，用于贮放玉石、古玩，为时兴的摆设。故宫博物院主要的收藏中，有能贮放各种珍玩的物品，如多宝橱、多宝盒等（见图 2-9）。研究欧洲奇品收藏室的学者认为，中国的多宝盒的收藏品很可能来自欧洲。[113] 多宝盒到底是源自中国、日本还是欧洲，可能还需进一步研究。

　　巫仁恕认为，明代旅游风气兴盛，文士发展出一套"游具"，以提盒、提炉、

图2-9　清椿梅莳绘方形小盒，台北故宫博物院藏　　图2-10　金漆嵌螺钿长方提盒，故宫博
　　　　　　　　　　　　　　　　　　　　　　　物院藏

备具匣和酒尊四样最为重要。[114]《长物志》载有倭盒三子、五子者，即盒内嵌有三个或五个小盒放置香饼之类。有倭撞金银者，撞即提盒，有盖子分作一层、两层。[115]清代文人携带洋漆提盒、攒盒出游，成为时尚，故宫博物院及台北故宫博物院皆藏有提盒（见图2-10）。

3. 妇女妆奁中的洋漆器

巫仁恕研究晚明家具文化时说："江南城市中苏州家具业的发展居于龙头的地位，引领着家具的流行风尚。"他认为明代严嵩被抄家时，所查出的倭金彩画大屏风、倭金银片大围屏等舶来品来自日本。严嵩家还有螺钿、雕漆、彩漆之类的床等，而徽州文书上的分家单中则未见精致的螺钿、彩漆的家具。[116]

文震亨《长物志》云："台几倭人所制，种类大小不一，俱极古雅精丽，有镀金镶四角者，有嵌金银片者，有暗花者，价俱甚贵。"[117]高濂《遵生八笺》记载："漆器唯倭称最，而胎胚式制亦佳。如圆盒以三子小盒嵌内，至有五子盒，七子九子盒，而外圆寸半许，内子盒肖莲子壳，盖口描金，毫忽不苟。小盒等重三分，此何法制？方匣有四子匣，六子九子匣。箱有衣箱，文具替箱，有簪匣，有金边红漆三替撞盒，有洒金文台手箱、涂金妆彩屏风、描金粉匣、笔匣、贴金扇匣、洒金木铫角盥桶子罩盒，有罩盖箱，罩盖大小方匣。有书橱之制，妙绝人间。"[118]从高濂和文震亨的书中，可看出从日本进口的用具有洋漆盒、多宝盒、文具箱、提盒，还有放置熏笼、衣架、盥匜、箱奁、书灯之类的器物。

　　乾隆朝的苏州所见的洋漆器种类更多，最主要是妇女妆奁中的洋漆器皿增加。苏州自明代以来，豪富之家厚嫁与竞奢相为表里，"巨室大族争相效尤，有嫁一女，而田产为之荡尽者"[119]。乾隆年间，陈宏谋《风俗条约》批评苏州人嫁女时的奢侈风气，"奁赠彩帛金珠，两家罗列内外器物，既贵重又求精工"，故规定"嗣后富者聘币不得过八端，奁箱不得过六只"[120]。然而，昂贵的洋漆器皿仍为苏州女子必备的嫁妆。苏州的婚礼有所谓"送盘"，男家送盘中除聘金、礼金、钗环、纱缎外，还有羹果、茶叶之类物品。女家答盘有书墨、笔砚、靴帽、袍套外，还有糕果之类物品。因此，婚礼中必备洋漆方盒、盘、果盒、攒盒、都盛盘、提盒等盛装礼品。在新房的桌上要放一对"衣食饭碗"，饭碗里除了盛米，还要放桂圆、枣子、栗子及染成红色的花生等，这一对饭碗又叫"和合碗"。日本输出品中就有洋漆盖碗。

　　王燧经营洋货买卖，他的家产中有洋漆炕桌、洋漆几桌、洋漆香盒、洋漆盖碗、洋漆都盛盘、洋漆茶盘、洋漆香盘、洋漆面扇盒、洋漆炕柜、洋漆炕橱、洋漆衣箱、洋漆描金橱等，或许是将之卖给当地富家女子当嫁妆。苏州妇女的嫁妆与清宫后妃公主的嫁妆类似。《内务府现行则例》记载，公主下嫁外藩在京居住加添柜箱，有黑漆描金柜1对、黑漆描金大琴桌2张、黑漆描金小琴桌2张、黑漆描金椅子16张、黑漆描金皮箱桌18张、黑漆描金五屏风1个、黑漆描金简妆1个、黑漆描金梳妆1个、黑漆描金蠹灯2个、黑漆描金茶盘4个、黑漆描金痰盒4个、黑漆描金高火盆架1个、黑漆描金矮火盆架。[121]如乾隆十年（1745）和硕公主下嫁时所置办的妆奁，有黑漆描金物件以及硬木洋漆柜箱、器皿等。[122]乾隆三十五年（1770）和静固伦公主下嫁，其妆奁有：填漆大柜1对、黑漆大柜1对、黑漆书格1对、漆桌案大小34张、填漆箱8个、红漆大小皮箱72个、漆椅几22张、火盆架40件、填漆匣16个。[123]公主的嫁妆通过专门的人拉抬，浩浩荡荡，结大队而行，引人驻足而观。

　　清朝风俗有平民效官员，官员效宫廷的趋势。北京的宗室王公及达官贵人，无不讲排场者，除厨房外，家里一律摆设硬木家具，即紫檀、花梨木、螺钿等。[124]
《红楼梦》第3回提到，在炕"两边设一对梅花式洋漆小几，左边几上摆着文
王鼎，鼎旁匙箸盒，右边几上摆着汝窑美人觚，里面插着时鲜花草"。第53
回提道："榻上设一个轻巧洋漆描金小几，几上放着茶碗、漱盂、洋巾之类，
又有一个眼镜匣子。"[125] 谢明良研究清朝伊万里瓷器时说："清人著述经常
可见'倭刀''倭缎'等日本工艺品，也曾提及日本产瓷器，然似乎只有日本
漆器（'洋漆''倭漆'）才引起清宫的兴趣，甚且命造办处油漆作进行仿制，
而绝口不提日本陶瓷。"[126]

（四）其他

清人服饰中常见的"洋绉"，在东印度公司档案和 *The Chinese Commercial
Guide* 一书中没有这个名词。[127] 而《吾妻镜补》中有两段记载："丝绸有粗细二种，
总名曰洋绸。粗者如杭纺绫粗而光滑；细者而串绸不甚耐久"；"绉纱轻薄如蛛网，
制为蚊帐。围之如拳，贮竹筒中张之无团绉痕，颇耐久，价值彼处色银三四十
两"[128]。造办处的收贮清册所记载的洋倭缎，亦为日本进口的绸缎。

《吾妻镜补》载："纸俱棉料，有五色彩笺，其花文凡山水人物之类，
皆极精巧。"[129]《唐船输出入品数量一览：1637—1833年》多处记载进口和纸，
如乾隆十年（1745）南京船输入书籍用和纸1800连，[130] 内务府广储司藏各色
倭子纸10000张。[131] 造办处每年的收贮清册中亦记载有东洋纸、日本纸、西洋纸，
为江南三织造局、粤海关等衙门年例进贡。[132]

雍正年间，乍浦每年关税额征39000两，额征外报收盈余银为54000余两，
而糖及局商所带洋货占税额的20%。[133] 乍浦水路辐辏、百货交集，额征税与
盈余银将近100000两，洋货拨至苏州发卖，影响了市民生活。《姑苏竹枝词》载：
"榷算商船浒墅关，多钱关吏日常闲。袷衣折扇童担榼，合队游春上管山。"[134]
苏州人所制作的折扇，即自宋代以来由日本所输入的折扇——在汴京相国寺所
贩卖的日本的画扇。[135] 试想，有钱的税关官吏拿着日本的折扇，童仆挑着茗

绘提盒，吃着鱼翅、海参等海产，不就是"风俗近瀛洲"？

三、从东洋风看清代的文化认同

　　陈慧霞认为清宫使用莳绘的风气，并非承袭明代宫廷，而是受到晚明江南文化圈的影响。[136] 对此观点，笔者想进一步论述。日本莳绘器具是 16 世纪末江南文化圈日常生活中经常使用的器具。明人称呼日本为"倭"，文人对"倭制"的器物非常赞赏。《长物志》中提到"倭制"的器物，有"（橱）日本所制，皆奇品也"；"（佛厨、佛桌）有日本制者，俱自然古雅"；"倭箱黑漆嵌金银片，大者盈尺，其铰钉锁钥，俱奇巧绝伦"；"折迭扇，古称聚头扇，乃日本所进，彼国今尚有绝佳者"；"（铸剑）近时莫如倭奴昕铸，青光射人"[137]。《广东新语》载："有石竹，大者径三寸，质实微空最坚。老者斧斤不能入，倭刀触之立断。"[138]《遵生八笺》中亦提及各种倭漆、倭铜器。

　　然而，满族以异族统治中国，文字上忌讳"倭""寇"之类，对日本改称"日本""东洋"，如《清高宗实录》载："铜斤之产于东洋者。"[139] 乾隆皇帝积极建立满族的民族意识，如加强满洲族修族谱、编修满人祭祀典礼、汉人出旗等，企图划清八旗满族与汉族的界限。[140] 乾隆皇帝在强化满族的族群认同时，汉人逐渐习染满族文化，《姑苏竹枝词》载："闺中学作满洲装，圆领帔山帕一方。口吸筠筒香雾喷，浓妆向晚立门旁。"[141] 清初实施剃发令，强迫汉人易衣冠发饰，但仅限于男性，女性仍服汉装。清中期，苏州妇女学做满洲装，可见江南人已经认同满族统治。本节将讨论苏州织造局制作的器物以及日本输入的漆器，来了解宫廷主导的文化如何成为苏州的流行时尚。

（一）苏州织造局工匠
　　根据陈慧霞的研究，明清工匠仿制莳绘时会面临两个问题：第一是胎厚，莳绘质轻如纸，仿洋漆盒则"蠢些"；第二是洒金，莳绘用碎金入漆，颗屑圜

图 2-11　清围棋，台北故宫博物院藏

棱分明，仿洋漆用飞金片点，褊薄模糊。如雍正七年（1729）造办处仿制洋漆盒，说盒内洒金与莳绘略不像。[142]

乾隆年间，苏州漆工所做雕漆，从器皿、陈设、文具、供器到家具，品种齐全，应有尽有，[143]档案中称之为"苏漆"，与洋漆有别。[144] 通过中日贸易，从日本进口的洋漆器渐多，苏州织造局似乎未生产洋漆器物，在修理方面则有些记录。乾隆四十年（1775），"太监鄂鲁里交金洋漆长方箱一对，每件屉一层银十件。黑洋漆描金长方箱一对，每件蜡一层，铜十件。黑洋漆描金大箱一对，无屉铜十件。黑洋漆箱一件，无屉铜十件。俱内殿传旨：着将造办处现收贮百什件古玩玉器等，挑选在箱内配屉，安装并将大箱漆边有不齐金处收拾。钦此"[145]。乾隆四十六年（1781），"油木作副催长保恩接办由内交出螺甸大漆盒，内盛小雕旧漆盒九件。于承接之时失手脱落，灰头漆水脱落数块，盒身间有损裂，京中匠役不能收拾，相应奏闻将小旧漆盒三件发交苏州织造全德照旧漆颜色花样，将损坏处收拾妥协"。皇帝说："保恩不小心承接，致将漆盒伤损三件，实属荒唐糊涂"，[146] 罚他重新办理，支付所有收拾漆盒用过工料银两，并罚钱粮六个月以示惩戒。

陈慧霞认为："洋漆不仅代表从日本输入的莳绘，同时更广泛地指一种风格。"[147] 在苏州织造局成造的器物中，的确有"洋漆"风格。乾隆三十二年（1767），乾隆皇帝交代苏州织造局成造洋漆围棋篓的青白玉、玻璃围棋棋子各 180 个，象牙象棋 1 份，每方棋子各 16 个（见图 2-11）。[148]

乾隆四十八年（1783）记载："四月二十三日，将红漆金龙箱一件，内盛各式黑墨一百锭，配得糊锦屉洋漆长方箱一对。内盛圭式红墨二十锭，回氏红墨六十锭。配得糊锦屉洋漆长方箱一对，内盛百子图黑墨六十锭。配得糊锦屉黑洋漆金花抽屉箱二件，内盛各式黑墨一百锭。配得糊锦屉洋漆长方匣一件，内盛红墨四十锭。"嘉庆元年（1796），养心殿搭盖天地香亭洋漆戏台，总共约需工饭买办银 1495.93 两、红飞金 94853 张。[149] 洋漆的风格是否为漆上贴金箔，这可能还需进一步研究。嘉庆二年（1797），"做钟处将应行补做乾清宫陈设洋漆格钟一架。其五彩珐琅表盘，交粤海关监督常福照样成做，洋漆格子交苏州织造舒玺照样成做"[150]。

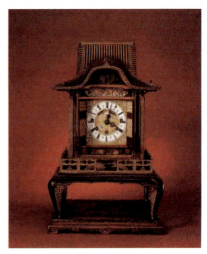

图 2-12　仿日本庙宇的钟壳，故宫博物院藏

陈慧霞认为在 18 世纪日本外销中国的莳绘中，存在一批特别精致的作品，在风格和技法上都与日本国内制品的发展一致。此与外销欧洲的莳绘出现南蛮风格、红毛风格不同。[151] 从活计档中我们看到，乾隆皇帝批评西洋的器物不好看，要求苏州工匠模仿去"西洋气"。然而，乾隆皇帝对日本的洋漆却不排斥。乾隆四十一年（1776），太监将一面玻璃螺钿漆钟架 1 座（万寿山）、二面玻璃螺钿漆钟架 1 座（圆明园）发往苏州，皇帝交代："将螺钿刮去，用旧胎股另漆黑漆画金花，要仿洋漆作法。"[152] 故宫博物院藏"黑漆描金亭式钟"为仿日本庙宇的钟壳（图 2-12），外饰髹金洋漆亦仿自日本工艺，珐琅钟盘上有"乾隆年制"。

（二）文化认同

过去有学者提及乾隆皇帝对洋货不感兴趣，且认为西方生产的物品是淫巧奇器。如康无为曾提道："18 世纪的北京在生活方式或服饰上，并未模仿外人，也没做过什么调适，不像 8 世纪长安那样，深受唐帝国外缘的突厥和波斯人的风格与货物的影响。"[153] 实际上，皇帝吃的燕窝，穿的毛皮、金线织的龙袍，用的莳绘、洋珐琅等，皆是舶来品。《孟子·滕文公上》说："上有好者，下必有甚焉者矣。"皇帝的喜好影响了苏州等地区，流行摆饰自鸣钟、戴手表、穿皮裘的时尚，都可看出苏州奢侈的风气。钱泳《履园丛话》提及："高宗皇帝六次南巡，江、浙各处名胜俱造行宫，俱列陈设，所雕象牙、紫檀、花梨屏座，并铜、磁、玉器架垫，有龙凤水云汉纹、雷纹、洋花、洋莲之奇，至每件有费千百工者，自此雕工日益盛云。"[154] 由于皇帝南巡，各地官员争相盖行宫、摆陈设，使江南的工匠技艺日益精进。

从江南官员抄家档案中能看到各种洋漆器物，包括炕柜、炕橱、炕桌、炕屏、炕围，以及炕毯、炕垫、炕坐褥、炕椅垫。清代时卧室摆设的炕几，是沿袭满族习俗。吴振臣《宁古塔纪略》载："冬间寒气侵入，视之如霜，屋内南西北接绕三炕，炕上用芦席，席上铺大红毡。炕阔六尺，每一面长二丈五六尺。夜则横卧炕上，必并头而卧，即出外亦然。橱、箱、被褥之类，俱靠西北墙安放。有南、西窗，门在南灶之旁，窗户俱从外闭，恐夜间虎来，易于撞进。靠东边间，以板壁隔断，有南北二炕，有南窗，即为内房矣。无椅杌，有炕桌，俱盘膝坐。客来俱坐南炕，内眷不避。"[155]

清宫冬天的地面下砌火道，由设在殿外廊下的灶口处添炭火，称为暖阁。满族来自寒冷的关外，传统住家都砌炕床。明代所谓的"倭几""倭橱"都变成炕几、炕橱，官员家产中后洋漆器物以"炕"命名者居半。炕在清代的官书、文集以及小说《红楼梦》《儿女英雄传》中大量出现，饮食和起居活动以炕为中心，可以说是满族文化特有的产物。满族祭神后吃祭肉就是在炕上铺榻而坐，不设桌几椅凳。[156] 很多官员到南方当官，家里仍使用炕。《广东新语》载："比年岭表甚寒，虽无雪霜，而凛冽惨凄之气，在冬末春初殊甚。北人至此，多有衣重裘坐卧火炕者，盖地气随人而转。北人今多在南，故岭表因之生寒也。"[157] 广东虽寒冬低温日数不多，而北方官员到广东仍筑炕而居。

洋漆用于宫廷建筑，以重华宫翠云馆内檐装修最为著名。传教士蒋友仁（Michel Benoist）提到，乾隆皇帝住的房间里有一处由各色细木拱架围成的

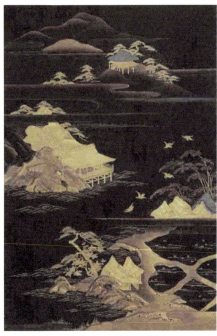

图 2-13　翠云馆描金隔扇，故宫博物院藏　　图 2-14　建福宫描金隔扇，故宫博物院藏

凹室，凹室中嵌放着上了日本罩光漆的一级级的搁板，上面摆满了珍贵器皿和各种首饰。[158] 翠云馆面阔 5 间，进深 1 间，黄琉璃瓦硬山顶，明间开门，余皆为槛窗。殿内描金漆金线如意灯笼锦隔心山水绦环板裙板隔扇黑漆描金装修，从装饰纹来看，应该是来自日本的莳绘（见图 2-13）。[159]

　　朱家溍先生认为：" '清代养心殿造办处' 档案所记载的 '洋漆'，就是指在黑漆和朱漆或其他单色漆上 '描金'（按：一名泥金画漆）、'泥金' '洒金'，以及描金加彩的器物。可能当时在工匠们的口语中和市场习惯上认为 '描金' '洒金' 之法来自东洋，所以用个 '洋' 字。" [160] 建福宫的描金漆花鸟绦环板裙板隔扇，金漆胎薄有皲裂痕迹，应该是内廷仿做。[161] 传教士晁俊秀（François Bourgeois）认为中国人非常善于模仿，但缺少一点灵气。[162] 从日本及北京工匠制作的两处描金隔扇来看，的确如此（见图 2-14）。

结　论

近年来，学者柯律格（Craig Clunas）、卜正民（Timothy Brook）、巫仁恕等讨论晚明消费文化，认为晚明是由士大夫引导流行时尚，至清代，士大夫在创造时尚方面所扮演的角色已大不如前，取而代之的是北京的宫廷引领流行趋势，尤以 18 世纪的乾隆朝为然。[163] 本章利用输入中国的东洋物资的资料来讨论 18 世纪中日贸易，发现其对苏州市民日常生活的影响约有四端，并可概括为两个层面：其一是来自日本器物本身的影响；其二则是来自清代统治阶层的影响。

第一，康雍乾时代使用铜钱的原料乃是由日本进口之洋铜，至 18 世纪中叶后，进口洋铜数量减少，而进口海产品数量增加。由清代江南的食谱记载，可以了解海产品、酱油、味噌、酒等进口东洋食品已改变了市民的饮食习惯。陈作霖《炳烛里谈》提道："道光年间，凡物之极贵重者，皆谓之洋。火锅名为洋锅，细而至于酱油之佳者亦呼洋秋油。大江南北莫不以洋为尚。"[164] 20世纪初，日人内藤湖南到苏州感觉"南音近于我之吴音"，青木正儿也说："经过了上海、苏州的我，好像从大阪回到京都一样感到安心和熟悉"[165]，显然他们都感觉到苏州生活与日本相近。

第二，明代文人喜爱的倭器，到了清代，种类、用途更为普遍。除了文人书房用具，还增添厨具和卧室中的洋漆茶几、茶盘、洋漆柜，乃至妇女的梳妆台等。清朝旗人妇女地位高，公主下嫁时有成套的漆器妆奁。陈宏谋《风俗条约》批评苏州人嫁女时的奢侈风气，"奁赠彩帛金珠，既贵重又求精工"，可见苏州流行丰厚嫁妆的风气是受到京城的影响。巫仁恕认为明清妇女史与消费文化的关系，在过去较被忽视，他曾讨论过妇女的服饰。本章由妇女的妆奁来探讨，将来或可爬梳更多资料来讨论妇女的消费问题。

第三，明代是由文人引领时尚的流行，到了清代，随着皇帝的包衣官员在苏州织造局生产器皿，皇帝数次下江南、官员揣摩上意采购贡品，工匠乃夜以继日生产陈设器物，导致皇帝的喜好影响了民间。本章尝试解释故宫博物院及台北故宫博物院所藏日本洋漆器的来源，但因一档馆目前没开放进贡单的档案，故而只能从官员的抄家档案来讨论。又因民间的洋漆家具大都无存，所以本章以清代宫廷洋漆家具典藏品为考察对象，并归纳出市民模仿上流社会的趋势。乾隆皇帝刻意叫工匠制作仿西洋的物品时"去西洋气"，来区隔"中国"和"西洋"。然而，皇帝对日本的器物却十分喜爱，连带也就促使洋漆成为日本漆器的代名词。从室内摆设的时钟、内檐装潢隔扇以及皇帝看戏的戏台都使用洋漆等，日本风格的洋漆受皇帝喜爱的程度可见一斑。

第四，清朝入关前从事的贸易活动，主要为贩卖毛皮、人参等，因东北天气寒冷，满族特别注重冬天保暖。而这样的风气日后也逐渐及于江南地区，苏州不但充斥毛皮服饰，家庭保暖设备齐全，甚至使用进口的铜火锅、铜火炉，平常个人还可使用铜手炉、铜脚炉，足以舒适地度过寒冬。

乾隆皇帝的佛装像藏于西藏、蒙古及北京的寺庙，代表他为藏传佛教世系传承中的转轮王，并借此向蒙藏民众暗示他就是人间的"佛祖"。而在汉人社会，则是借由皇帝南巡或官员办贡，将圣君形象及宫廷文化推展到民间，室内装潢、家具和碟盘器用或许正是推展宫廷礼仪的方式之一。

注释

1　赖惠敏：《乾隆的百宝箱：清宫宝藏与京城时尚》（台北：八旗文化，2023）。

2　山胁悌二郎：《长崎の唐人贸易》（东京：吉川弘文馆，1960）；任鸿章：《近世日本と日中贸易》（东京：六兴出版，1988）；松浦章：《清代海外贸易史の研究》（京都：朋友书店，2002），页159—160。

3　刘序枫：《清康熙—乾隆年间洋铜的进口与流通问题》，收入汤熙勇编：《中国海洋发展史论文集》（台北：台湾"中研院"中山人文社会科学研究所，1999），辑7，上册，页93—144。

4　刘序枫：《清日贸易の洋铜商について——乾隆—咸丰期の官商・民商を中心に——》，《九州大学东洋史论集》，号15（1986年12月），页107—152；《清代的乍浦港与中日贸易》，收入张彬村、刘石吉：《中国海洋发展史论文集》（台北：台湾"中研院"中山人文社会科学研究所，1993），辑5，页187—244；《财税与贸易：日本"锁国"期间中日商品交易之展开》，收入台湾"中研院"近代史研究所社会经济史组编：《财政与近代历史论文集》（台北：台湾"中研院"近代史研究所，1999），页275—318。

5　永积洋子编：《唐船输出入品数量一览：1637—1833年》（东京：创文社，1987）。

6　《乾隆朝内务府奏销档》；中国第一历史档案馆：《乾隆朝惩办贪污档案选编》，册1—4。

7　故宫博物院：《故宫藏日本文物展览图录》（北京：紫禁城出版社，2002）；陈慧霞：《清宫苏绘：院藏日本漆器特展》（台北：台北故宫博物院，2002）。

8　诺贝特・埃利亚斯著，王佩莉译：《文明的进程：文明的社会起源和心理起源的研究》（北京：生活・读书・新知三联书店，1998），卷1，页187—198。

9　巫仁恕：《品味奢华：晚明的消费社会与士大夫》（台北：联经出版事业公司，2007），页219。

10　《明清档案》《乾隆朝内务府奏销档》及中国第一历史档案馆编：《乾隆朝惩办贪污档案选编》，册1—4。

11　吴秀之等修：《吴县志》（台北：成文出版社，据民国二十二年铅字本影印，1970），卷52上，页86。

12　袁学澜辑：《姑苏竹枝词及续》，收入《中国风土志丛刊》（扬州：广陵书社，据清香溪草堂《适园丛稿》本影印，2003），册43，卷5，页69。

13　欧阳兆熊、金安清撰：《水窗春呓》（北京：中华书局，1984），卷下，页42。

14　清高宗敕撰：《清朝文献通考》（台北：台湾商务印书馆，据清光绪间浙江刊本缩印，1987），卷14，页4980。康熙五十四年分交各省承办。

15　中国第一历史档案馆编：《雍正朝满文朱批奏折全译》（合肥：黄山书社，1998），上册，页895—896。

16　中国第一历史档案馆编：《雍正朝汉文朱批奏折汇编》（南京：江苏古籍出版社，1989—1991），册23，页482。

17　翁广平著，王宝平编：《吾妻镜补：中国人による最初の日本通史》（京都：朋友书店，1997），卷15，页390—391。

18　《明清档案》，登录号024793-001，乾隆九年一月二十九日。

19　《明清档案》，登录号023728-001，乾隆五年四月十六日。

20　清高宗敕撰：《清朝文献通考》，卷16，页5000。

21　范清济家产中铜局，站房、住房二所值银6000余两。《乾隆朝内务府奏销档》，册281，乾隆三十一年六月六日。

22　松浦章：《清代海外贸易史の研究》，页159—160。《清朝文献通考》载："乾隆二十年为始，增给布政司印照，以为海口稽查符验。其有他商情愿办铜者，悉附十二额商名下。"清高宗敕撰：

《清朝文献通考》，卷 17，页 5011。

23　清高宗敕撰：《清朝文献通考》，卷 17，页 5010。

24　《明清档案》，登录号 026235-001，乾隆三十四年十二月四日。

25　根据刘序枫研究，赵宸瞻、赵光谟是雍正年间领官本赴日办铜的商人，因未办足额的铜数，而造成积欠。刘序枫：《清康熙—乾隆年间洋铜的进口与流通问题》，收入汤熙勇编：《中国海洋发展史论文集》，辑 7，上册，页 93—144。

26　中国第一历史档案馆编：《乾隆朝惩办贪污档案选编》，册 1，页 118—120。

27　《宫中朱批奏折·财政类》，档案编号 0729-012，乾隆三十四年十二月二十一日；档案编号 0729-021，乾隆三十五年正月十九日；档案编号 0729-032，乾隆三十五年三月九日。

28　中国第一历史档案馆编：《乾隆朝惩办贪污档案选编》，册 1，页 118。

29　中国第一历史档案馆编：《乾隆朝惩办贪污档案选编》，册 3，页 2105。

30　中国第一历史档案馆编：《乾隆朝惩办贪污档案选编》，册 3，页 2141。

31　中国第一历史档案馆编：《乾隆朝惩办贪污档案选编》，册 3，页 2121—2123。

32　中国第一历史档案馆藏，《内务府银库用项月折档》。清宫采办器物载于月折档，譬如，乾隆二十二年采办自鸣钟价银 30000 两。

33　陈慧霞：《清宫旧藏日本莳绘的若干问题——以台北故宫博物院的收藏为中心》，《故宫学术季刊》，卷 20 期 4（2003 年夏季），页 191—223。

34　中国第一历史档案馆编：《乾隆朝惩办贪污档案选编》，册 2，页 1818—1820；册 3，页 2803、2830。此外，还有浦霖家产中有洋漆等 140 件；钱受椿家产的洋漆器皿等 391 件，见册 4，页 3495、3565。

35　庆桂等奉敕修：《大清高宗纯皇帝实录》，卷 1167，页 645-1~2。

36　中国第一历史档案馆编：《乾隆朝惩办贪污档案选编》，册 3，页 2564。

37　故宫博物院编：《故宫藏日本章物展览图录》，页 120。以黑漆为地，以金漆为纹。周身饰通景山水图，平描的部分在日本称为平莳绘。凸起于平面的技法称为高莳绘。洒金地在日本称为梨子地。山石局部分别贴饰金片或银片，见页 141。

38　翁广平著，王宝平编：《吾妻镜补》，卷 16，页 325。

39　中国第一历史档案馆编：《乾隆朝惩办贪污档案选编》，册 2，页 1820—1823。

40　翁广平著，王宝平编：《吾妻镜补》，卷 16，页 303；323。

41　中国第一历史档案馆编：《乾隆朝惩办贪污档案选编》，册 1，页 1028—1029。

42　袁学澜辑：《姑苏竹枝词及续》，收入《中国风土志丛刊》，册 43，卷 4，页 54。

43　刘序枫：《财税与贸易：日本"锁国"期间中日商品交易之展开》，收入台湾"中研院"近代史研究所社会经济史组：《财政与近代历史论文集》，页 275—318。

44　徐珂编：《清稗类钞》（北京：中华书局，1984），册 5，页 2313。

45　袁枚著，王英中校点：《随园食单》（南京：江苏古籍出版社，1993），页 15。

46　徐珂编：《清稗类钞》，册 7，页 3300。

47　顾禄撰，王稼句点校：《桐桥倚棹录》，收入台湾"中研院"近代史研究所社会经济史组：《苏州文献丛钞初编》（苏州：古吴轩出版社，2005），下册，卷 10，页 658。

48　朱彝尊撰，邱庞同注释：《食宪鸿秘》（北京：中国商业出版社，1985），页 160—161。

49　佚名：《调鼎集》（北京：中国商业出版社，1986），页 160—161。

50　袁枚著，王英中校点：《随园食单》，页 15—16。

51　顾禄撰，王稼句点校：《桐桥倚棹录》，收入《苏州文献丛钞初编》，下册，卷 10，页 658。

52　朱彝尊撰，邱庞同注释：《食宪鸿秘》，页 106—108。

53　李渔著，江巨荣、卢寿荣校注：《闲情偶寄》（上海：上海古籍出版社，2000），页 286。

54　翁广平著，王宝平编：《吾妻镜补》，卷16，页315。

55　龚炜：《巢林笔谈》，卷5，页113。

56　钱泳：《履园丛话》（北京：中华书局，1979），卷7，页192—193。

57　巫仁恕：《品味奢华：晚明的消费社会与士大夫》，页291—296。

58　松浦章：《清代海外贸易史の研究》，页387。

59　中国第一历史档案馆编：《乾隆朝惩办贪污档案选编》，册1，页1150—1177。

60　中国第一历史档案馆编：《清宫御膳》（杭州：华宝斋书社，2001），册1，页255—290。

61　爱新觉罗瀛生：《老北京与满族》（北京：学苑出版社，2005），页182。爱新觉罗瀛生提到北京旗人喜欢肉类食品，他说："肉类食品分三类，一是关东货，即关外所产的野味；二是牛羊肉，靠口外供给，而且最重'西口大羊'，西口为归化城，今之呼和浩特；三是猪肉，全靠山东人开的肉铺供应。至于南方名产（金华火腿、湖南腊肉等），老北京称之为南货，人们不认它，纵偶一尝之以换口味，亦视为'谱外'之物。"

62　中国第一历史档案馆藏，《内务府广储司用款档》，册1673，光绪二十年正月。

63　陈其元：《庸闲斋笔记》，卷11，页281—282。

64　陈其元：《庸闲斋笔记》，卷11，页282。

65　袁枚著，王英中校点：《随园食单》，页76—77。

66　许河：《乍浦备志》，收入《中国地方志集成·乡镇志专辑20》（上海：上海书店，1992），卷6，页149。

67　中国第一历史档案馆编：《清代档案史料：圆明园》（上海：上海古籍出版社，1991），页927、941、945、947、950、953、957。

68　屈大均：《广东新语》（北京：中华书局，1987），卷27，页720。

69　王稼句：《姑苏食话》（苏州：苏州大学出版社，2004），页280。

70　约翰·巴洛著，李国庆、欧阳少春译：《我看乾隆盛世》（北京：北京图书馆出版社，2007），页411。

71　翁广平著，王宝平编：《吾妻镜补》，卷16，页316—317。

72　青木正儿：《中华腌菜谱》，转引自王稼句：《姑苏食话》，页159—160；徐珂编：《清稗类钞》，册4，页1879。

73　日据时期林宗祥到日本学做酱油，用小麦、黄豆发酵，店名芳泉酱油行。据林瑞星口述，日本酱油原料与中国传统用黑豆制作壶底油方式不同。赖惠敏访问："林瑞星先生口述记录"，2008年2月13日。

74　叶长扬、姜顺蛟纂：《吴县志（乾隆）》，卷24，页12。

75　高濂：《遵生八笺》（成都：巴蜀书社，1988），燕闲清赏笺上，页453。

76　陈宏谋：《申铜禁酌鼓铸疏》，收入贺长龄辑：《皇朝经世文编》（台北：文海出版社，1979），卷53，户政28，页9—10。

77　习寯：乾隆《苏州府志》，卷12，页17，转引自段本洛、张圻福：《苏州手工业史》，页104、143。

78　范金民编：《江南社会经济研究（明清卷）》（北京：中国农业出版社，2006），页1047。

79　永积洋子编：《唐船输出入品数量一览：1637—1833年》，页259。

80　中国第一历史档案馆编：《乾隆朝惩办贪污档案选编》，册1，页1144—1145。

81　中国第一历史档案馆编：《乾隆朝惩办贪污档案选编》，册2，页1821；册3，页2431、2803—2804、2830；册4，页3481—3495。

82　永积洋子编：《唐船输出入品数量一览：1637—1833年》，页258—272。

83　顾禄：《清嘉录》（上海：上海古籍出版社，1986），卷12，页180。

84　袁学澜辑：《姑苏竹枝词及续》，收入《中国风土志丛刊》，册 43，卷 5，页 93。

85　《养心殿造办处各作成做活计清档》，微卷第 117 盒，乾隆三十二年十二月"金玉作"、第 123 盒，乾隆三十五年十二月"匣作"、第 151 盒，乾隆五十六年四月"记事录"。关于皇室所使用的餐具，另见《内务府现行则例》（台北：台北故宫博物院藏抄本），掌仪司二。

86　中国第一历史档案馆编：《乾隆朝惩办贪污档案选编》，册 2，页 1820。

87　诺贝特·埃利亚斯著，王佩莉译：《文明的进程：文明的社会起源和心理起源的研究》，卷 1，页 184—188。

88　郭忠豪：《食物制作与品馔文化——万历—乾隆间江南的饮食生活》（南投：暨南国际大学历史学系硕士论文，2004），页 91—94。

89　中国第一历史档案馆编：《乾隆朝惩办贪污档案选编》，册 2，页 1820—1821。

90　文震亨著，海军、田君注释：《长物志图说》（济南：山东画报出版社，2004），卷 7，页 418。

91　许雅惠：《晚明的古铜知识与仿古铜器》，《故宫文物月刊》，期 250（2004 年 1 月），页 53—63。

92　文震亨著，海军、田君注释：《长物志图说》，卷 7，页 340。

93　文震亨著，海军、田君注释：《长物志图说》，卷 7，页 375。

94　文震亨著，海军、田君注释：《长物志图说》，卷 7，页 298。

95　永积洋子编：《唐船输出入品数量一览：1637—1833 年》，页 260—261。

96　袁学澜辑：《吴俗讽喻诗》，收入《中国风土志丛刊》，册 35，卷 6，页 14。

97　中国第一历史档案馆编：《乾隆朝惩办贪污档案选编》，册 2，页 1821。

98　《乾隆朝内务府奏销档》，册 229，乾隆十九年四月十一日。

99　蔡利民：《苏州民俗》（苏州：苏州大学出版社，2000），页 243。

100　华润龄：《吴门医派》（苏州：苏州大学出版社，2004），页 201—205。

101　王家范：《明清江南消费风气与消费架构——明清江南消费经济探测之一》，《华东师范大学学报（哲学社会科学版）》，1988 年第 2 期，页 32—42；《明清江南消费性质与消费效果解析——明清江南消费经济探测之二》，《上海社会科学院学术季刊》，1988 年第 2 期，页 157—167。

102　文震亨著，海军、田君注释：《长物志图说》，卷 7，页 375。

103　约翰·巴洛著，李国庆、欧阳少春译：《我看乾隆盛世》，页 220。

104　习寯：乾隆《苏州府志》，卷 12，页 17，转引自段本洛、张圻福：《苏州手工业史》，页 104；苏州漆作业成立性善公所，参见苏州历史博物馆、江苏师范学院历史系、南京大学明清史研究室合编：《明清苏州工商业碑刻集》，页 143—153。

105　吴秀之等修：《吴县志》，卷 50，页 849—851。如梅、海杏、樱桃、枇杷、杨梅、桃、山葡萄、林檎、柰、李、郁李、梨、木瓜、栗、榛果、枣、柿、乌桕、君迁子、银杏、石榴、橘、真柑、金柑、柚、橙、香橼、山楂、桑葚、无花果、花生、胡颓子、黄独子、芡实、莲实、藕、荸荠等。

106　《养心殿造办处各作成做活计清档》，微卷第 123 盒，乾隆三十六年三月十一日"记事录"。

107　黑漆描金山水纹扇形攒盒，参见故宫博物院编：《故宫藏日本章物展览图录》，页 137。

108　陆以湉：《冷庐杂识》（北京：中华书局，1997），卷 7，页 371。

109　中国第一历史档案馆、香港中文大学文物馆合编：《清宫内务府造办处档案总汇》（北京：人民出版社，2005），册 39，乾隆四十一年二月"行文"，页 491。

110　《养心殿造办处各作成做活计清档》，微卷第 154 盒，乾隆六十二年。

111　翁广平著，王宝平编：《吾妻镜补》，卷 16，页 330。

112　故宫博物院藏黑漆描金山水纹六方笔筒等，参见故宫博物院编：《故宫藏日本章物展览图录》，页 125。

113　赖毓芝：《从康熙的算学到奥地利安布列斯堡收藏的一些思考》，《故宫文物月刊》，期

276（2006年3月），页106—118。

114　巫仁恕：《品味奢华：晚明的消费社会与士大夫》，页205。

115　文震亨著，海军、田君注释：《长物志图说》，卷7，页293—294。

116　巫仁恕：《品味奢华：晚明的消费社会与士大夫》，页219、229—235。

117　文震亨著，海军、田君注释：《长物志图说》，卷7，页272。

118　高濂：《遵生八笺》，页486。

119　相关研究参见林丽月：《风俗与罪愆：明代的溺女记叙及其文化意涵》，收入游鉴明主编：《无声之声Ⅱ：近代中国的妇女与社会（1600—1950）》，页1—24。

120　陈宏谋：《陈文恭公风俗条约》，收入李铭皖等修、冯桂芬等纂：《苏州府志》，卷3，页149。

121　《内务府现行则例》，掌仪司二。

122　该家具制作经费用银1878.03两。《乾隆朝内务府奏销档》，册214，乾隆十年十二月二十二日；册229，乾隆十九年四月十一日。

123　《乾隆朝内务府奏销档》，册298，乾隆三十五年八月三日。

124　爱新觉罗瀛生：《老北京与满族》，页236—237。

125　曹雪芹、高鹗著，冯其庸校注：《红楼梦校注》，第3回，页50；第53回，页830。

126　谢明良：《记故宫博物院所藏的伊万里瓷器》，《故宫学术季刊》，卷14期3（1997年春季），页83—128。

127　S. Wells Williams, *The Chinese Commercial Guide, Containing Treaties, Tariffs, Regulations, Tables, etc., Useful in the Trade to China & Eastern Asia: With an Appendix of Sailing Directions for Those Seas and Coasts*（Taipei: Ch'eng-Wen Publishing, 1966），pp. 105-106.

128　翁广平著，王宝平编：《吾妻镜补》，卷16，页324。

129　翁广平著，王宝平编：《吾妻镜补》，卷16，页320。

130　永积洋子编：《唐船输出入品数量一览：1637—1833年》，页259。

131　《养心殿造办处各作成做活计清档》，微卷第103盒，乾隆二十二年十二月"杂录"。

132　《清宫内务府造办处档案总汇》，册48，页253，乾隆五十年三月"行文"。乾隆五十年"二十六日库掌大达色催长金江舒兴来说太监鄂鲁里传旨：着传与三处织造，年例呈进倭子纸，不必呈进，俟传时再进。钦此"。

133　许河：《乍浦备志》，收入《中国地方志集成·乡镇志专辑20》，卷6，页147—148。

134　袁学澜辑：《姑苏竹枝词及续》，收入《中国风土志丛刊》，册43，卷5，页76。

135　王勇：《中国史のなかの日本像》（东京：农山渔村文化协会，2000），页104—106。

136　陈慧霞：《清宫旧藏日本莳绘的若干问题——以台北故宫博物院的收藏为中心》，《故宫学术季刊》，卷20期4，页196。

137　文震亨著，海军、田君注释：《长物志图说》，卷7，页278、281、283、351、371。

138　屈大均：《广东新语》，卷27，页683。

139　庆桂等奉敕修：《大清高宗纯皇帝实录》，卷227，页942-1。

140　参见 Pamela K. Crossley, *A Translucent Mirror: History and Identity in Qing Imperial Ideology*（Berkeley: University of California Press,1999），pp. 281-336.

141　袁学澜辑：《姑苏竹枝词及续》，收入《中国风土志丛刊》，册43，卷5，页42。

142　陈慧霞：《清宫旧藏日本莳绘的若干问题——以台北故宫博物院的收藏为中心》，《故宫学术季刊》，卷20期4，页209—210。

143　参见杨伯达：《清代苏州雕漆始末——从清宫造办处档案看清代苏州雕漆》，《中国历史博物馆馆刊》，1982年第4期，页123—127、136。

144　如闽浙总督陈辉祖家产中有"苏漆炕几一对"，中国第一历史档案馆编：《乾隆朝惩办贪污档案选编》，册 3，页 2500。

145　《养心殿造办处各作成做活计清档》，微卷第 154 盒，乾隆六十一年十一月"匣表作"。

146　《清宫内务府造办处档案总汇》，册 44，页 15。

147　陈慧霞：《清宫旧藏日本莳绘的若干问题——以台北故宫博物院的收藏为中心》，《故宫学术季刊》，卷 20 期 4，页 195。

148　《养心殿造办处各作成做活计清档》，微卷第 117 盒，乾隆三十二年十月、十一月"行文"；第 118 盒，乾隆三十二年十二月"如意馆"。

149　《清宫内务府造办处档案总汇》，册 47，乾隆四十九年五月"油木作"，页 561—564。

150　《养心殿造办处各作成做活计清档》，微卷第 154 盒，乾隆六十一年十二月、乾隆六十二年。

151　陈慧霞：《清宫旧藏日本莳绘的若干问题——以台北故宫博物院的收藏为中心》，《故宫学术季刊》，卷 20 期 4，页 191—223。

152　《养心殿造办处各作成做活计清档》，微卷第 131 盒，乾隆四十一年二月"行文"。

153　康无为：《帝王品味：乾隆朝的宏伟气象与异国奇珍》，收入氏著：《读史偶得：学术演讲三篇》，页 70。

154　钱泳：《履园丛话》，页 324。

155　吴振臣：《宁古塔纪略》，收入《续修四库全书》（上海：上海古籍出版社，据北京图书馆藏清抄本影印，1997），史部，地理类，册 731，页 610。

156　关于火炕的研究，参见黄锡惠、王岸英：《满族火炕考辨》，《黑龙江民族丛刊》，2002年第 4 期，页 87—89。该文指出满洲以西为尊、南次之，北为卑。火炕以西炕为贵，祖宗板供在西墙上。但有些地方也不尽然如此，譬如《郎潜纪闻四笔》载，夕祭设幪架于北炕。陈康祺：《郎潜纪闻四笔》（北京：中华书局，1990），卷 6，页 97。

157　屈大均：《广东新语》，卷 1，页 14。

158　杜赫德（Du Halde）编，吕一民等译：《耶稣会士中国书简集：中国回忆录》（郑州：大象出版社，2005），卷 6，页 22。

159　翠云馆描金隔扇，见故宫博物院古建筑管理部编：《故宫建筑内檐装修》（北京：紫禁城出版社，2007），页 132—133。

160　朱家溍：《清代漆器概述》，收入中国漆器全集编辑委员会编，朱家溍、夏更起主编：《中国漆器全集》（福建：福建美术出版社，1993），卷 6，页 5。

161　建福乾描金隔扇，参见故宫博物院古建筑管理部编：《故宫建筑内檐装修》，页 135。

162　杜赫德编，吕一民等译：《耶稣会士中国书简集：中国回忆录》，卷 5，页 127。

163　巫仁恕：《明清消费文化研究的新取径与新问题》，《新史学》，卷 17 期 4（2006 年 12 月），页 217—254。

164　陈作霖：《炳烛里谈》，转引自来新夏：《清人笔记随录》（北京：中华书局，2005），页 460。

165　内藤湖南、青木正儿著，王青译：《两个日本汉学家的中国纪行》（北京：光明日报出版社，1999），页 89、110。

|第三章|

后妃的荷包

——温惠皇贵太妃及其太监们的营生

　　传统社会家族财产是由家族男性分配与继承，家族女性是附属角色，很少有机会看到她们的财产配置情况。一般来说，家族女性的财产是以男性长辈赠与嫁妆（礼物）或依附子孙的方式取得。平民方面，白凯（Kathryn Bernhardt）《中国的妇女与财产：960—1949》讨论了宋代至清代女儿及寡妇财产继承权的发展，女儿部分，主要变化不是在分家，而是在承祧，女儿是否有资格继承家产，取决于她的兄弟及族侄的存续；寡妇部分，清代"爱继"与"应继"同等重要，寡妇无子立嗣，若应继之人平日已有嫌隙，则可从昭穆相当亲族内选择任何一个他喜欢的族侄。[1]皇家方面，罗友枝《清代宫廷社会史》中写到，清宫后妃按等级给予"宫分"，包含年例银、绸缎、布匹、金线、纱、棉花、皮张、衣着及各种日用花销；后妃若为皇帝生儿育女会有额外赏赐，无儿无女的妃嫔则多半湮没无闻。后妃的财产名义上属于皇家，她们没有个人财产；后妃逝世之后，内务府收回遗物，其中一部分可能由皇帝赏给其他公主或女性使用。[2]

　　近年来，云妍、陈志武及林展合著的《官绅的荷包：清代精英家庭资产结构研究》中提及，过去认为土地的重要性高于其他资产，从185个案例中看，田产和房屋占家庭资产的 42.4%，金融资产占 29.5%，实物资产占 20.8%。但资产总值排行前几位的富豪，田产和房屋占家庭总资产比重不超过 10%，而金融和商业资产比重随总资产增加而增加。他们还发现，各种首饰珠宝、绸缎布匹、服饰衣类皆有与窖藏金银类似的储值功能，就是能够通过典当方式将这些资产变现。[3] 这个观点对笔者有很大的启发。

　　清朝有不少深宫宅院的后妃活到八九十岁，她们的生活是否百无聊赖呢？乾隆朝经济蓬勃发展，全国各地上贡绸缎、毛皮及人参供皇家使用。由于这些物品繁多且具有时效性，如人参放两年就开始霉烂，皇家用量有限，因此皇帝交代内务府开了当铺和帽铺等，还在崇文门变卖这些物品。后妃及公主们见皇帝变价求现，纷纷仿效，有样学样地将绸缎、布匹、皮张等变价，获得银两。她们生财有道，不仅增添了生活趣味，侍从人员亦同沾光。从《清宫内务府奏销档》及《清宫内务府奏案》可见，温惠皇贵太妃变价丝绸、貂皮及人参等项，而且温惠皇贵太妃的太监"借名"买地数千亩，在北京繁华的珠宝市、皮市开店铺及购置铺面房等。除此之外，固伦和敬公主、庄静固伦公主也都变价绸缎置产。毛立平在《金枝玉叶与收支困局——清代中后期公主经济境遇考察》中提及和敬公主入不敷出的经济状况，[4] 但没讨论和敬公主将有储值功能的资产转变为有收入的房产。

　　本章以温惠皇贵太妃（瓜尔佳氏）为个案，探讨清代后妃的生活及经济活动。温惠皇贵太妃是康熙皇帝的嫔妃，尽管正史对温惠皇贵太妃生前的记载不多，但清宫档册中留下了不少记录。如她薨逝之后，礼部祭礼和谥号的档册收藏在《明清档案》中。内务府档册中记载她的信息较多，系因她的太监们窃取物资而私自置产。如《清宫内务府奏销档》之"为详查温惠皇贵太妃宫内屡年出入钱粮数目事折""奏为详查首领太监李升等四人家产事折""奏为温惠皇贵太妃宫内屡年出入银两不清案事折"等；《清宫内务府奏案》之"奏为侵盗太妃宫内之已故太监宁进等家产入关并分别治罪事""奏为失察侵盗太妃宫内物件之总管太监潘凤等罚钱粮事""奏为侵盗太妃宫内物件一案查明首领太监李升之侄孙兄弟等家产变价事"等。[5] 在宫廷中每逢喜庆婚丧或宗教法会等活动，后妃皆须用度开支，年例银不足即变卖人参及绸缎等。人参是内务府专卖的物资，价格亦不断提升。至于绸缎，通过崇文门变价，价格也很清楚。乾隆三十三年（1768），温惠皇贵太妃去世后，太监王璧提到后妃自己有库房和账簿。皇贵太妃的"分例、表礼、换金、变参"不仅是她个人用途，还流入市场，她的资产总额超过银 100000 两，在当时算是中上等人家的规模，其经济活动不容小觑。根据云妍等学者估计，185 个研究对象中，82% 官员的资产在银 100000 两以下，18% 在银 100000 两以上。[6]

除此之外，清代文学作品和晚清太监及宫女的回忆录，可以补充及比较乾隆年间后妃的情况。曹雪芹《红楼梦》看似虚构了贾府的风花雪月，实则侧面描写了盛清时期满洲贵族家庭的兴衰。[7] 信修明，光绪二十八年（1902）进宫当太监，民国建立之后出宫。而后他将自己在宫中 24 年的经历写成《老太监的回忆》一书。[8]《宫女谈往录》记述一名随侍慈禧太后 8 年的宫女的故事，她细数了宫女和太监的生活、慈禧太后的起居及光绪皇帝的轶事。[9]

综上所述，本章首先概述温惠皇贵太妃的生平与日常生活；其次阐明后妃的阶级制度；再次探讨后妃的官分，包括银两及膳食分例，又梳理了后妃的经济活动；最后讨论太监编制、组织及太监变价物品。太监收入微薄，其所累积的家产必然来自温惠皇贵太妃的赏赐或者由库房中偷出物品变价。从他们的家产可以看出，乾隆时期北京最赚钱的行业属药材铺、钱铺及典当铺等。

一、温惠皇贵太妃的生平与日常生活

（一）温惠皇贵太妃的生平

温惠皇贵太妃是康熙皇帝的嫔妃，瓜尔佳氏三品协领祜满之女，康熙三十九年（1700）十二月封和嫔，康熙五十七年（1718）十二月晋封和妃，雍正二年（1724）六月尊封皇考贵妃，乾隆元年（1736）十一月尊封皇祖温惠贵太妃,乾隆八年(1743)尊封圣祖仁皇帝温惠皇贵太妃。[10]乾隆八年十一月二十六日,上谕:"本月二十七日,宁寿宫温惠皇贵太妃进册宝,皇后可率妃、嫔等诣宁寿宫行礼。"乾隆十七年(1752),温惠皇贵太妃七旬寿,皇帝亲诣行礼如仪,侍宴。[11]乾隆三十三年(1768),"薨,年八十六,谥曰悼怡皇贵妃"。[12]

乾隆皇帝对温惠皇贵太妃尊崇备至。雍正十三年(1735)八月,乾隆皇帝刚即位时说自己"十二岁时,天挺奇表,规度恢远",康熙皇帝看到弘历,极为喜爱,命在宫廷养育,和妃负责照顾。某年,"木兰秋狝,入永安莽喀围场,乾隆甫上马,熊突起,控辔自若"。"圣祖御枪毙之,事毕,入武帐,语温惠皇贵太妃曰:'是命贵重,福将过予。'"[13]温惠皇贵太妃曾生育一位女儿,幼殇。她养育了年幼的弘历以及皇室的子女们,康熙六十一年(1722)奉旨,被交由养恭亲王(常宁)之长女,雍正年间交养贝子索诺穆之小女、敦郡王胤䄉之长女、次女,可能是让格格们熟悉宫廷规矩。这些格格出嫁时,温惠皇贵太妃还送她们首饰等。[14]她是一位很有爱心的妃子。

乾隆皇帝感怀温惠皇贵太妃的恩泽,替她建圆寝。乾隆二年(1737),上谕:

> 朕自幼龄仰蒙皇祖慈爱抚育宫中,又命太妃皇贵妃、太妃贵妃提携看视。两太妃仰体皇祖圣心,恩勤备极周至。朕心感念不忘,意欲为两太妃千秋之后别建园寝。
>
> 令王大臣稽察旧例王大臣奏称,古有别建园寝之例,今若举行,于典礼允协。朕奏闻皇太后钦奉懿旨允行,可传谕该部于景陵附近之处敬谨相度择地营造。其规制稍加展拓,以昭朕敬礼之意。[15]

悫惠皇贵妃(佟佳氏)和悼怡皇贵妃(温惠皇贵太妃)的园寝在景陵东面,俗称"双妃园",建于乾隆四年(1739)。整个建筑规模气势宏大,堪称诸妃园寝之冠。[16]

乾隆三十三年三月十四日,温惠皇贵太妃薨。高宗纯皇帝辍朝五日,大内以下宗室以上十日，不报祭、不还愿、穿素服。十七日，温惠皇贵太妃奉移礼致祭，十八日，金棺奉移曹八里屯应照定例传行齐集。二十五日，曹八里屯暂安之温惠皇贵太妃初上坟礼。四月初五日，大上坟礼致祭应照定例传行齐集。[17]三月十五日，皇帝至吉安所温惠皇贵太妃金棺前奠酒。五月，"内阁典籍厅为本月十三日温惠皇贵太妃二满月致祭，应照定例和硕亲王以下，奉恩将军以上觉罗民公侯伯以下，佐领等官以上，固伦公主、和硕福晋以下，固山格格、镇国将军以上，觉罗民公侯伯、都统、尚书子爵之妻齐集"。礼部奏："温惠皇贵太妃薨逝，理合遵例奏请交内阁另撰谥号进呈钦定，所有制造绢册绢宝遣官致祭各事宜，臣部另行缮本具题伏候谕旨遵行"[18]，并赠谥为悼怡皇贵妃。[19]礼部奏悼怡皇贵妃金棺奉移园寝内永远奉安，所有明楼上石碑应照例，于碑额镌刻"大清"字样，碑身正中镌刻"悼怡皇贵妃园寝"字样。[20]

（二）后妃的日常生活

光绪年间太监信修明认为后宫生活乏味、冷宫清静。相对来说，乾隆年间后妃的生活则较有朝气。乾隆皇帝以孝亲闻名，每逢皇太后60岁、70岁、80岁生日时，举办万寿庆典，在北京城内大肆设典景西洋楼、镜宫等，极为奢华。[21]《国朝宫史》载，每逢"皇太后圣寿、元旦、万寿、上元、端阳、中秋、重阳、冬至、除夕为宫廷筵宴日。皇太后圣寿、元旦诸庆典，在慈宁宫举行筵宴，皇太后御筵于宝座前，加黄幂；东为皇后御筵，西南向稍后；左右为皇贵妃、贵妃、妃、嫔宴席，东西向；再后为公主、福晋以下，乡君、入八分公夫人以上宴席；殿外丹陛左右为公、侯、伯、子、男、满洲一二品大臣命妇宴席"。[22]清宫在除夕、过年、上元三节赏给皇贵妃饽饽桌——就是各种糕点，有时也称拉拉。[23]《清宫述闻》载：

公主下嫁，行初定至成婚礼，皇帝前宴席六十，乳酒、黄酒
共七十瓶，羊七九，皇太后宴席三十，乳酒、黄酒共四十瓶，羊

二九，并于皇太后、皇帝、皇后、皇贵妃、贵妃、妃、嫔各宫设常
宴桌各一张。[24]

由此可见，温惠皇贵太妃参与了和敬公主、和嘉公主的婚宴。

根据丁汝芹的研究，弘历即位不久，即命张照等编写和修改大量连台本
戏和节令、喜庆戏，为后世内廷演戏树立规范。此后，元旦、上元、燕九、端阳、
七夕、中元、中秋等节令及皇帝大婚、皇子诞辰、册封后妃、皇帝返京、皇子
定亲等各种活动，都有相应内容的剧目。[25] 这些内廷大戏，如张照的《劝善金科》
《升平宝筏》，周祥钰、邹金生的《鼎峙春秋》《忠义璇图》，及王延章的《昭
带箫韶》等。[26] 朱家溍先生说，连台本戏往往每天一本 24 出戏，连演 10 天，
演完 240 出戏。[27] 如此看来，宫廷后妃看连台本戏犹如现代的电视连续剧般，
生活不乏乐趣。

此外，崇庆皇太后笃信佛教，常到雍和宫处进香，温惠皇贵太妃亦参与。
乾隆九年（1744）十二月十八日，"皇太后、皇后等位前往雍和宫。引导、跟
随、掌关防、殿后、豹尾班侍卫等皆照例派出，明日四更时，于寿康宫后铁门
外伺候。再，总管太监、首领太监、太监人等所需鞍马、驮马，皆照本处所给
汉字单交该处备办。其中温惠皇贵太妃居住宁寿宫、景福宫首领太监用备鞍马
二匹"。[28] 除参加宫廷节庆、宗教活动之外，后妃平日大概像《红楼梦》里的
贾母一样玩玩纸牌。《宫女谈往录》载，慈宁宫里的老太妃玩纸牌，称为梭子
胡，大致和麻将的玩法相似，只是不限于四家。[29]

像温惠皇贵太妃这样长寿的妃子还有几位，如康熙皇帝的祖母博尔济特
氏享年 77 岁。康熙的妃子定妃万琉哈氏，康熙二十四年（1685）生十二皇子
胤祹，康熙五十七年（1718），康熙皇帝大封妃嫔，万琉哈氏被封为定妃，薨
年 97。雍正皇帝继位后因重用弟弟胤祹，万琉哈氏一族也被抬入镶黄旗。纯
悫皇贵妃，耿氏，雍正间封裕嫔，进裕妃，高宗时，屡加尊为裕皇贵太妃；乾
隆四十九年（1784）薨，年 96，谥曰纯悫皇贵妃，葬妃园寝，位诸妃上；子

一，弘昼。[30] 乾隆生母崇庆皇太后，享年 86 岁。"婉贵太妃，陈氏，事高宗潜邸，乾隆间，自贵人累进婉妃，嘉庆间，尊为婉贵太妃，寿康宫位居首，薨年九十二。"[31]

关雪玲指出，清代宫廷中有一批擅长按摩的太监，专门替老太妃们按摩。[32] 这些太监制作珊瑚、玛瑙、金星料的按摩器给后妃使用。[33] 按摩人最初来自江南，后来在宫廷设置按摩处，隶属鸟枪处。康熙南巡时曾有按摩人江南民人王荣、胡文学被选入宫。乾隆八年（1743）"准王荣、胡文学家口归入旗鼓佐领下当差"。[34] 康熙三十二年（1693）奉旨："剃头学习按摩太监十名，幼童八名，及教习人二名交与内务府大臣稽察学习。太监等，日间令其在外学习，晚间进内直宿，仍令内膳房给伊等饭食。"太监白天在外学习，夜间才进宫值班。康熙四十七年（1708）正月奉旨：

> 着内务府访察外间剃头人有善于按摩者，并所属佐领管领下人丁内，倘有略会剃头取耳按摩者一并详细查明具奏。闰三月，遵旨拣选得内府佐领管领下尚可学习剃头按摩之幼童十名，令其学习奏准照栢唐阿例，每月给与二两钱粮米石。除太监等另有公费外，拟定幼童等十二名，每日每人各给老米七合五勺，向掌关防内管领处领取。[35]

宫廷按摩人的来源包括太监和佐领下的幼童，一般内务府人丁 16 岁挑差才有口粮，幼童在学习期间即照栢唐阿例每月给银 2 两、每日给老米 7.5 合，算是不错的待遇。

乾隆七年（1742），"钦定太监凡例七条"载，每年自崇文门税收中取 3500 两，恩赏鸟枪处首领太监、弓箭匠处太监、按摩处太监三处共银 50 两。[36] 清朝对内务府兵丁实施恩赏比照的是一般的八旗兵丁。根据《乾隆朝内务府奏销档》记载，恩赏银两，喜事赏银 3 两、丧事赏银 6 两之各项人等：苏拉笔帖式、牛羊厨丁、按摩人、看守人、鹰手、各项匠役、学艺人、写汉字人、听差人、鞭隶、厨役、鼓手、医生、园户头目、园户、长工、园隶、道童、铡草人、喂猪人、民校尉、苏拉、扫院幼丁。[37] 按摩人与其他匠役一样，有红白事件恩赏银两。其实，太监贴近皇帝，帮他剃头、按摩，平日奖赏更多。《宫女谈往录》中提到按摩处的人是很苦的，要从八九岁就练习按摩各种穴道，十四五岁就能独立操作了。伺候太妃的人都是十四五岁的孩子，成人是不能为太妃按摩的，按摩人要聪明伶俐、眉清目秀才行。他们管按摩叫"放睡"，大概是让身体各部位放松、安然入睡的意思。有太监回忆，他还是小孩的时候，就是专给太妃们按摩的，一次按摩就一个多时辰，累得腰酸腿软，可也有好处，太妃有什么吃的都会赏给他们。[38]

宫里按摩处最主要的还是伺候老太妃们，腰酸腿痛、筋骨不舒，甚至因夜间睡觉枕头垫得不合适，俗话叫"落了枕"，都要按摩处的人来按摩。还有太监们少不了扭了骨、伤了筋，这也需按摩处来处理。可以说，按摩处是个上下离不开，接触面最广，差事很杂的地方。[39] 太监先把双手搓热乎了，然后两个手掌对合在一起，像拜佛似地双掌合十，手指和手指之间留有间隙；然后双手像剁菜似的，在头上、脸上来回地剁。捶背，又换了一种方法，不是用掌而是用拳头，把两手手指松松地卷起来，紧一阵、慢一阵、轻一阵、重一阵地捶打着；内行话叫打五花拳，是按摩术中捶背捶腿专用的拳法。[40]《遵生八笺》"延年却病笺"中提到《左洞真经按摩导引诀》。

> 高子曰：人身流畅，皆一气之所周通。气流则形和，气塞则形病。故《元道经》曰："元气难积而易散，关节易闭而难开。"人身欲得摇动，则谷气易消，血脉疏利。仙家按摩导引之术，所以行血气，利关节，辟邪外干，使恶气不得入吾身中耳。《传》曰："户枢不蠹，流水不腐。"人之形体，亦犹是也。故延年却病，以按摩导引为先。[41]

慈禧太后洗脚是为了保养，有点小病小灾的，洗脚比吃药还有效。譬如三伏天以杭菊花煮沸晾温洗脚，可以清眩明目，全身凉爽，保证不中暑气；若三九天气极冷，就用木瓜汤洗，活血暖膝，全身柔暖如春。四位宫女帮慈禧太后热敷擦澡，要准备 100 条毛巾，毛巾浸在水里，捞出用手拧干，平铺在手掌上，轻轻、缓慢地给太后擦身体。[42]

二、后妃的金册宝、仪仗及冠服

中国社会向来重视阶级贵贱等差，瞿同祖《中国法律与中国社会》一书指出，封建社会以生活方式来表现阶级，如衣饰、房舍、舆马、婚姻、丧葬等。在佩饰方面，各朝皆禁止人民使用金玉银犀。唐代，玉及金银等为品官之饰，庶人只能用铜铁。宋代，品官带鱼以玉金银及犀饰之，胥吏工商庶人许以铜铁角石黑玉为带饰。妇女的首饰和衣服都取决于夫或子的官阶，金珠翠玉一直都是命妇的专用品。[43] 清朝贵族则以金成色高低来区分阶级，以符合身份。

（一）金册宝

清宫后妃阶级等第分明，身份越低，赏用的金银器越少。代表后妃身份的金册宝以金子成色来区分贵贱，如"皇太后、皇后金宝，均用三等赤金。皇贵妃金宝，用六成金。妃金印，用五成金"[44]。金册宝仅象征后妃的地位，所有人亡故后就将之熔化另作他途。

从温惠皇贵太妃生前受赏的金册宝，可看出来她一路升级的过程。她过世几天后，总管内务府大臣清点遗物，奏"为详查温惠皇贵太妃宫内屡年出入钱粮数目事折"，由内廷交出金册 1 份计 10 页、金钱 1 个、金宝 1 颗、银宝池 1 件、银宝箱 1 件、银锁钥 1 份，遵照前例供奉体仁阁外，[45] 其他都熔化。这些金册宝经过内务府详细磨验与弹对之后登记造册，表 3-1 为温惠皇贵太妃往年等级金册宝及其成色。

表 3-1　温惠皇贵太妃的金册宝及其成色 [46]

身　份	金　册	金　钱	金　宝	金　印
温惠皇贵妃	10 页，并册袱上金钱 1 个，八成色金 144.4 两		五成色金 297 两	
温惠贵妃	10 页，并册袱上金钱 1 个，八成色金 144.4 两		七成色金 297 两	
和贵妃	10 页，八成色金 146 两	七成色金 1.5 两	五成色金 272 两	
和妃	10 页，并册袱上金钱 1 个，八五成色金 146.3 两			九成色金 288 两
和嫔	4 页，并册袱上金钱 1 个，八成色金 59.3 两			

康熙三十九年（1700）册封和嫔，只有 4 页的金册，八成色金（80％的金和 20％的银合金），共 59.3 两；康熙五十七年（1718）册封为和妃，有 10 页的金册、金钱，以八五成色金成做，共重 146.3 两，以及金宝九成色金 288 两；雍正二年（1724）尊封皇考皇贵妃，10 页的金册，八成色金 146 两，金钱七成色金 1.5 两，金宝五成色金 272 两；晋封温惠贵妃、温惠皇贵妃也都有金册、金钱、金宝；可见从嫔升为妃，赏用金册宝的变化较大。其他后妃的情况也大同小异。除了金册宝，还有镀金宝箱、宝池，并各箱架什件及镀金锁匙等。温惠皇贵太妃一生获得的金册金宝约在金 1807.23 两，以金银 1:10 比例来说，约值银 180073.3 两。但温惠皇贵太妃去世后，金册金宝被镕化再利用。

（二）仪仗

乾隆十四年（1749），大学士傅恒奏定"皇太后、皇后仪仗改名仪驾，皇贵妃、贵妃仪仗仍名仪仗，妃、嫔仪仗改名彩仗"。[47] 定例内封贵妃给仪仗金黄翟轿 1 乘、金黄缎回柄伞 1 把、拂尘 1 对、金香炉 1 个、金香盒 1 个、金盆 1 面、金唾盂 1 个、金瓶 1 对、金交椅 1 张、金马杌 1 张、金节（又称金脚踏）1 对、金黄缎宝相花伞 1 对、红缎宝相花伞 1 对、黑缎宝相花伞 1 对、红缎瑞草伞 1 对、黑缎瑞草伞 1 对、红缎雉尾扇 1 对、黑缎雉尾扇 1 对、红缎金凤旗 1 对、黑缎金凤旗 1 对、卧瓜 1 对、立瓜 1 对、吾伏 1 对、金黄八人轿 1 乘、车 1 辆。[48] 妃、嫔的彩仗大部分是银制品，如乾隆三十六年（1771）上谕："奉皇太后懿旨永贵人汪氏着晋封为嫔……所有应行典礼各该衙门照例举行。"礼部官员等议得册封嫔应照例给金册，彩仗金黄行人翟舆 1 乘、红缎曲柄伞 1 把、银香炉 1 个、银香盒 1 个、银盆 1 面、银唾盂 1 个、银瓶 1 对、金交椅 1 张、金马杌 1 张、金节 1 对等。[49] 贵妃以上才有金香炉、金香盒、金盆、金唾盂、金瓶、金交椅、金马杌、金节等，名为金八件，象征着她们的身份地位（见表 3-2）。

表 3-2 清代后妃之仪仗 [50]

皇太后	皇 后	贵 妃	妃	嫔
金黄翟轿 1 乘	金黄翟轿 1 乘	金黄翟轿 1 乘	金黄翟轿 1 乘	金黄八人轿 1 乘
金黄缎回柄伞 1 把	金黄缎回柄伞 1 把	金黄缎回柄伞 1 把	金黄缎曲柄伞 1 把	红缎曲柄伞 1 把
拂尘 1 对	拂尘 1 对	拂尘 1 对	拂尘 1 对	拂尘 1 对
金香炉 1 个	金香炉 1 个	金香炉 1 个	银香炉 1 个	银香炉 1 个
金香盒 1 个	金香盒 1 个	金香盒 1 个	银香盒 1 个	银香盒 1 个
金盆 1 面	金盆 1 面	金盆 1 面	银盆 1 面	银盆 1 面
金唾盂 1 个	金唾盂 1 个	金唾盂 1 个	银唾盂 1 个	银唾盂 1 个
金瓶 1 对	金瓶 1 对	金瓶 1 对	银瓶 1 对	银瓶 1 对
金交椅 1 张	金交椅 1 张	金交椅 1 张	金交椅 1 张	金交椅 1 张
金马杌 1 张	金马杌 1 张	金马杌 1 张	金马杌 1 张	金马杌 1 张
金节 1 对	金节 1 对	金节 1 对		金节 1 对

温惠皇贵太妃的仪仗用了多少金子并不清楚，参照乾隆十五年（1750）册立乌拉纳喇氏皇后的例子，工部文开恭造皇后仪驾内绳拂上凤头尾，并交椅、马杌上云叶，取八成色淡金 52 两，交椅、马杌等为漆金。又，皇后仪驾内添造香金提炉，并纛顶伞顶扇叶式件等，领取六成色淡金 617.31 两。乾隆十六年（1751），工部文开恭造皇后仪驾内式件等项，镀金取头等赤金 7.35 两。[51] 该年，苏州织造题报，办送册立皇后仪驾内绣金节、伞扇等活计 23 件，共动用银 454 两。[52] "乘舆仪仗做法"载，"金交椅通高 2 尺 9 寸 2 分、面阔 2 尺

图 3-1　金提炉

图 3-2　金盆

2寸、进深1尺1寸5分，周身俱楠木朱漆满扫红；金马机通高1尺5寸、见方1尺8寸，朱漆满扫红金描画金龙，机面四角锭钑花金叶，楠木成造；金节长1尺8寸6分、宽9寸5分、高3寸3分，四角锭铁镀金填青角叶4块楠木朱漆扫金成造"[53]（参见图3-1、图3-2）。

（三）冠服

皇帝册封温惠皇贵太妃后，其冠服亦与贵妃不同。乾隆八年（1743）上谕："所有贵妃朝冠、簪环、朝衣等请交广储司照皇贵妃之例改照，其朝衣交于该处另行绣造。在一应使用食物等项，俱照例得给可也。"[54] 按《皇朝礼器图式》规定，皇贵妃朝褂、朝袍比照皇太后、皇后：

> 皇后朝褂色用石青片金，缘绣文前后立龙各二，下通襞积，四层相间，上为正龙各四，下为万福万寿。领后垂明黄绦，其饰珠宝惟宜。皇贵妃、皇太子妃皆同。贵妃朝袍中无襞积（衣服折迭处），其余与皇后朝袍同。冬朝冠则与皇后不同，皇贵妃薰貂为之，上缀朱纬。顶三层，贯东珠各一，皆承以金凤，饰东珠各三，珍珠各十七，上

图 3-3　皇贵妃冬朝冠，台北故宫博物院藏

衔大珍珠一。朱纬上周缀金凤七，饰东珠各九，珍珠各二十一。后金翟一，饰猫睛石一，珍珠十六。翟尾垂珠，三行二就，共珍珠一百九十二。中间金衔青金石结一，饰东珠、珍珠各四，末缀珊瑚。冠后护领垂明黄绦二，末缀宝石，青缎为带。[55]

和皇后朝冠差异在于珍珠数量，皇后朝冠用珍珠 302 颗，皇贵妃为 192 颗（见图 3-3）。皇后和皇贵妃金约之不同，在珍珠数量亦有差异，皇后"金约镂金云十三，饰东珠各一，间以青金石，红片金里。后系金衔绿松石结，贯珠下垂，五行三就，共珍珠三百二十四，每行大珍珠一，中间金衔青金石结二，每具饰东珠、珍珠各八，末缀珊瑚"。

皇贵妃则是"金约镂金云十二，饰东珠各一，间以珊瑚红、片金里。后系金衔绿松石结，贯珠下垂，三行三就，共珍珠二百有四。中间金衔青金石结二，每具饰东珠、珍珠各六，末缀珊瑚"[56]。东珠使用的范围虽广，但是唯独皇帝和皇太后、皇后可以在朝珠上使用东珠，而且使用的数量也有定制："皇

图 3-4　金嵌东珠珊瑚领约，台北故宫博物院藏　　图 3-5　珊瑚朝珠，台北故宫博物院藏

帝朝珠，用东珠一百有八。"[57]《皇朝礼器图式》规定，"本朝定制：皇太后、皇后朝服，御朝珠三盘：东珠一、珊瑚二。"皇贵妃朝服用朝珠三盘：蜜珀一、珊瑚二。[58] 再搭配绦带的颜色，包括帝后用明黄，皇子、亲王等用金黄，以及贝勒以下用石青，皆可看出对应身份的等级。[59] 和珅拥有的珍宝令人叹为观止，但唯独缺东珠，可见东珠的珍稀和特殊，帝后身份才能享用（见图 3-4、图 3-5）。

三、后妃的宫分

清代宫廷按后妃等级给予宫分：年例银、绸缎、布匹、金线、纱、棉花、皮张等，各种日用花销和衣着。《红楼梦》中提到贾府的夫人、姑娘以及婢女都有月例银，如贾母、王夫人、邢夫人、李纨每月 20 两，王熙凤每月 5 两，姨娘们每月 2 两等，姑娘亦有添补的衣服。在膳食及赏赐方面，《红楼梦》中没有提到，也没有赏人参及貂皮的记录。以下将讨论温惠皇贵太妃的各项宫分。

（一）年例银

《国朝宫史》载，"皇太后年例金二十两、银二千两，皇后银一千两，皇贵妃银八百两，贵妃银六百两，妃银三百两，嫔银二百两，贵人银一百两，常在银五十两，答应银三十两。皇太后万寿圣节宫分金二十两、银一万两。皇后千秋恩赐金九十两、银九百两"[60]。温惠皇贵太妃在不同等级时期领取的年例银份额：康熙三十九年（1700）至康熙五十六年（1717），和嫔每年领银200两，共3600两；康熙五十七年（1718）至雍正二年（1724），和妃每年领银300两，共2800两；雍正三年（1725）至乾隆三十三年（1768）温惠皇贵太妃领银800两，共35200两。以上三个等级合计年例银约41600两。

（二）领用物品项目

1. 赏绸缎

温惠皇贵太妃的缎纱等宫分，包括绸缎、布匹、金线、皮张，详列如下：蟒缎1匹（每匹银27两，以下同）、补缎1匹（20两）、织金1匹（20两）、妆缎1匹（33两）、倭缎2匹（15两）、闪缎1匹（22两）、金字缎1匹（17两）、云缎6匹（12两）、衣素缎3匹（12两）、蓝素缎3匹（12两）、帽缎1匹（12两）、杨缎4匹（12两）、彭缎4匹（5两）、宫绸2匹（10两）、潞绸3匹（8两）、纱8匹（10两）、里纱7匹（5两）、绫7匹（3.5两）、纺丝7匹（3.5两）、杭细7匹（3.5两）、绵绸6匹（3两）、高丽布8匹（1两）、三线布3匹（0.8两）、毛青布15匹（0.8两）、深蓝布15匹（0.8两）、粗布5匹（0.8两）、金线14绺（每绺0.736两）、绒8斤、棉线6斤、木棉30斤、里貂皮30张（3两）、乌拉貂皮40张（3两）。[61]皇贵妃千秋，恩赐上用缎6匹（10两）、官用缎6匹（7两）、春绸6匹（3两）、绫6匹（3.5两）、上用果桌1张、赏用果桌8张。[62]

清宫缎纱除上好者留库备用外，其年份稍欠者准令内廷行走、王公大臣并御前乾清门侍卫等交价领用；[63]还有每年西藏喇嘛、蒙古王公等折赏，或交给崇文门变价。变价缎纱的价格如表3-3所示。

表 3-3　内廷行走、王公大臣并御前乾清门侍卫等交价领用[64]

品 目	织价银（两）	售价（两）	品 目	织价银（两）	售价（两）
龙缎	25.62	28	各色素缎	8.94	12
妆缎	31.1	33	衣素缎	8.94	12
蟒缎	23.73	27	十庹官绸	10.41	12
片金	16.83	20	九庹官绸	7.87	10
闪缎	19.51	22	宁绸	7.43	10
素倭缎	13.34	15	十庹纱	7.98	10
字缎	15.92	17	九庹纱	7.18	9
龙纱	22.96	26	官用纱	3.9	5
十庹缎	12.42	14	硬纱	3.18	3.2
九庹缎	10.65	12	绫	3.27	3.5

　　由以上缎纱变价可知，温惠皇贵太妃每年领用缎纱、皮张约值银 994 两，若包括棉线、绒、木棉等应该超过千两。温惠皇贵太妃每年官分缎、绸、纱、布约 166 匹。太监龚三德口供说，自雍正七年（1729）以后至乾隆三十三年（1768）以每年进项计，应有 5620 余匹约略相等。[65] 乾隆十六年（1751）以后账目核算计用过缎纱等项 2300 余匹，尚缺少缎绸纱 3200 余匹。龚三德变价缎每匹银 18 两，纱每匹银 16 两，若以 17 两计，尚缺 54400 两。[66] 除龚三德说他变价 17 匹之外，其他应是温惠皇贵太妃为日用而变价。龚三德存有貂皮账一本，系雍正七年至乾隆二十二年（1757）共进貂皮 2000 余张，用账自乾隆十六年以后到乾隆三十三年共 18 年使用貂皮 1070 余张，尚应存 898 张，却无账目可查。[67]

　　2. 膳食及赏人参

　　《国朝宫史》载，皇贵妃日用，猪肉 12 斤、羊肉 1 盘、鸡 1 只（或鸭 1 只）、陈粳米 1.5 升、白面 5 斤、白糖 5 两、核桃仁 1 两及黑炭（夏 30 斤，冬 60 斤）；每月六安茶叶 14 两、天池茶叶 8 两。[68] 由食品日用的官分可见后妃各自分爨，而代替皇贵妃采办食品的称内管领，额设 2 名。[69] 和敬公主每日膳食及柴米油盐费用 5.4 两，一年膳食费 1971 两，又 12 位女子每日 0.5 两，一年共银 2153.5 两。温惠皇贵太妃每年膳食费可能也接近 2000 两。[70] 此外，清宫喝奶茶的风气很盛，系以浙江贡黄茶为奶茶的材料，按《内务府现行条例》载，皇后每月给黄茶 600 包、贵妃 300 包、妃嫔 150 包。[71] 每包黄茶重 2 两，皇后分配到 75 斤的黄茶、25 斤的盐，比六安茶、天池茶还多。贵妃官分 300 包折 37.5 斤，一年额度 450 斤，每包奶茶价格 0.125 两，估计奶茶值银 450 两。

《国朝宫史》载："皇贵妃膳具，多以银、铜、锡、瓷器为之。银茶瓯盖 2、银匙 1、银镶牙箸 1 双、银茶壶 1、银铫 1、银束小刀 1、铜手炉 1、铜蜡签 6、钢剪烛罐 1 副、铜签盘 4、铜舀 1、钢簸箕 1、锡茶碗盖 2、锡茶壶 4、锡背壶 1、锡铫 3、锡火壶 2、锡坐壶 2、锡喷壶 1、锡唾盂 2、镀金铁云包角桌 1、镀金铁镊 1、白里黄瓷盘 4、各色瓷盘 40、白里黄瓷盘 4、各色瓷盘 15、白里黄瓷碗 4、各色瓷碗 50、白里黄瓷钟 2、各色瓷钟 20、瓷缸 2、漆盒 4、漆茶盘 2、羊角手把灯 2。"[72] 后来内务府所查抄温惠皇贵太妃的太监家产中也可见到许多铜锡器，或许来自温惠皇贵太妃。

乾隆初期，内务府留库备用人参数量多在 500 斤左右，最多时候达到 900 斤。此规模在乾隆十年（1745）时发生了变化。该年库存人参变价之际，内务府奏：

> 查得库内新旧五等人参三百六十二斤十一两，泡丁九十一斤八两，芦须七十八斤，参渣末二十四斤。约计正、二、三月库内备用五等人参不过七八十斤，足以需用。
>
> 况官票参斤于二三月内解到时尽可接续。但目今参价昂贵，请将现存五等人参内拣选好参八十一斤十一两存库，以备应用。[73]

乾隆前期，四等以上的人参主要为清朝皇帝及皇室成员享用，所以内务府的变价参斤主要包括五等人参、参渣末、泡丁与芦须四个部分。

温惠皇贵太妃自乾隆九年（1744）至乾隆三十三年（1768）二月领用人参，共 95.88 斤，每年约赏 4 斤，除煎药、切片噙用以及赏用共 55.13 斤外，变价人参 40 余斤。人参为清宫专卖的物资，乾隆时期人参价格大涨，从乾隆二十一年（1756）五等人参一斤 260 两，至乾隆三十六年（1771）涨为一斤 640 两。[74] 若人参每斤以银 260 两计，赏用人参折银 24928.8 两，约年例银一半以上。清朝皇帝偶尔赏给大臣人参，[75] 但多数的人参会通过税关和盐政衙门变价，成为皇室的重要收入之一。根据太监的口供，变价人参共获得银 10186.3 两，确实为昂贵物资。温惠皇贵太妃在 15 年又 2 个月中用人参 39.93 斤，每天约食用 1.15 两人参。

四、后妃的经济活动

后妃们逢年过节犒赏太监及婚丧红白事件亦多，支出费用颇为可观，除按宫廷等级制度领取宫分之外，仍须有其他收入才能应付这些开销。自努尔哈赤建政以来，满洲贵族一直保持着经商传统。如《红楼梦》影射贾府协助元妃变价宫廷物资，其中，贾母房里的买办是鸳鸯的哥哥金文翔，第 46 回王夫人向贾母要人参，贾母忙命鸳鸯取出当日所余的来，竟还有一大包，皆有手指头粗细的，遂秤 2 两与王夫人，[76] 意指金文翔帮着元妃变价人参。第 28 回凤姐命人取过笔砚纸来，向宝玉道：“大红妆缎四十匹，蟒缎四十匹，上用纱各色一百匹，金项圈四个。”宝玉道：“这算什么？又不是账，又不是礼物，怎么个写法？”凤姐儿道：“你只管写上，横竖我自己明白就罢了。”[77] 前述妆缎每匹 33 两，40 匹共银 1320 两，蟒缎每匹 27 两，40 匹共银 1080 两，上用纱每匹 16 两，100 匹共银 1600 两。贾宝玉觉得莫名其妙的一个单子，竟价值 4000 两以上。又，第 105 回贾府被抄家时，王爷说：“所抄家资内有借券，实系盘剥，究是谁行的？”贾琏连忙上前跪下，禀说：“这一箱文书既在奴才屋内抄出来的，敢说不知道么。只求王爷开恩，奴才叔叔并不知道的。”[78] 贾府只是“公”爵位，年俸不过 300 余两，如何获得一箱文书的借据？第 107 回贾母分产交贾赦 3000 两，给王熙凤 3000 两，衣服首饰给家属分去，500 两银子交给贾琏，将林丫头的棺材送回南去，又叫贾政拿金子变卖偿还，剩下这些金银约值几千两银子，这是都给贾宝玉的。[79] 乾隆六年（1741），乾隆皇帝劝谕后妃："诸太妃所有一切，俱系圣祖皇帝所赐，诸母妃所有，亦是世宗皇帝所赐，即今皇后所有，是朕所赐。各守分例，撙节用度。不可将宫中所有移给本家，其家中之物亦不许向内传送，致涉小气。嗣后本家除来往请安问好之外，一概不许妄行。"[80] 乾隆皇帝要求后妃撙节用度，自己也口口声声说生活俭朴，但是他在位 60 年花了 400000 两黄金、8000000 两银子，超过历代的帝王，可见这些话只能说是场面说法罢。

（一）物资变价

清宫有数百位买卖人办买各种物资。乾隆皇帝派官员经营 26 座当铺，皇子分府时赏给当铺、铺面房等，甚至公主出嫁，皇帝亦赏给当铺和铺房。总的来说，宫中的后妃经商亦顺理成章。萧奭《永宪录》记载宜妃（郭络罗氏，亦作郭尔罗斯氏）的太监张起用买卖生理甚多。雍正皇帝上谕："恐伊指称宜妃母之业，宜妃母居深宫之内，断无在外置产之理，令内务府大臣逐一查明入官。"复降谕："张起用与高王卿、四公主之太监王士凤、太监王大卿发往土儿番耕种。"又降谕："伊等俱系极恶，尽皆富饶。如不肯远去，即令自尽。护送人员报明所在地方官员验看烧竣，仍将骨头送至遣发之处。"[81] 雍正皇帝对太监买卖生理深恶痛绝，连其骨灰都要送到发遣的吐鲁番。雍正皇帝怕宜妃和四公主买卖生理落人口实，但从她们的用度来说，妇女置产经商在所难免。

据温惠皇贵太妃的太监说：雍正七年（1729）至乾隆三十三年（1768），40 年间温惠皇贵太妃库房账内查核旧存、分例、表礼、换金及变价人参等项，共应有银 90834.1 两，扣除后妃年例银 41600 两，其他经费应是变价人参、绸缎布匹得来的。换言之，温惠皇贵太妃每年用银约 2200 两，年例银 800 两显然不足，需变价人参、绸缎布匹。首领太监王璧说："兑换过金子二次，是卖多少就报了账的。"而且从王璧账内查出乾隆十年（1745）至乾隆十九年（1754）

卖人参共银 3100 余两，[82] 显然温惠皇贵太妃是知情且授意太监将库房的物资拿出来变价。

龚三德自乾隆三年（1738）经管温惠皇贵太妃库房银钱，买办所有日用东西、变价人参。总管内务府大臣查清历年所进银共计 93930.5 两，除用过银87764.2 两外，应存银 6166.3 两，却仅存银 2730 余两，仍亏空银 3300 余两。其中有首领王璧折内开写乾隆十年至乾隆十九年卖人参银 3100 余两，虽有进项并无用项开除，而且所有绸缎等项数目不对的甚多。龚三德供称：

> 我自乾隆三年掌管银钱买办东西以来，零星侵赚银钱数目实在记忆不清，至于缎纱，除我同马进喜陈顺偷盗过外，再并无偷盗过是实。十年起至十九年卖参银两既经从首领王璧折内查出，此数年原系我收存陆续花用，俱是我侵赚了是实。不然这些年花用的是那里来的？[83]

（二）用度开销

信修明提到，光绪朝隆裕皇后在庚子（1900）前因公费不足，年年月月以典当顶当度日，因为每年三节两寿（慈禧太后圣寿节、光绪皇帝万寿节）花费银子多，与各王府王妃、命妇之交往也需要花销。下屋女子以做针线为主要工作，买针线、绦带及锦匣等东西都得用到银子。司房的统计，对于太后、皇上，须月有月积，年有年总，按时奏报上去。[84] 宫廷的年节必须送礼，以致于隆裕皇后需典当度日。温惠皇贵太妃亦需应付公主、皇子婚嫁的送礼等。如内务府官员查太妃的数珠一项按账校对尚少 2 盘，珠坠只开有 1 副。据太监供："从前发嫁过四位格格，进过孝敬皇后，赏过三阿哥的福普俱是头面一副。即各随有珠坠一副数珠亦多有用去者，但未经记账实不能记忆确数，无可置辩等语。"[85]

温惠皇贵太妃的日常开销也与宗教信仰有关。《红楼梦》提到马道婆劝贾母供奉菩萨，"除了香烛供养外，一天多添几斤香油。比如说南安郡王府里的太妃，他许的多，愿心大，一天四十八斤油，锦田侯的诰命次一等就变成了

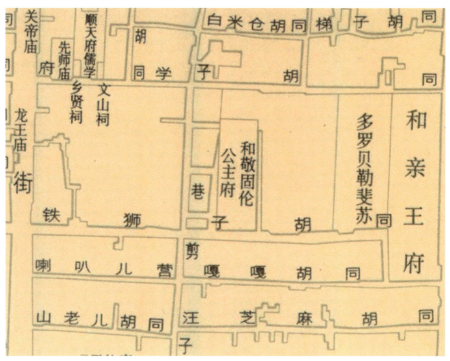

图 3-6　和敬固伦公主府位置

二十四斤油了"[86]。以当时物价，一斤灯油银 5 分，一天 48 斤灯油，一年耗费 876 两银。再有水月庵净虚常在贾府走动，贾府提供月例香供银。元妃省亲之后，小尼姑、小道姑也被迁出了大观园，被统一安置在水月庵，由贾芹负责管理她们的银钱出入，一年少说也要数百两。乾隆皇帝每年由户部支付喇嘛银 60000 余两、米粮 24000 余石，另由内务府支付藏传佛寺香供菜蔬银再数万两，以此观之，温惠皇贵太妃奉献宗教的经费也应不少。[87]

再者，可从固伦和敬公主的例子了解公主府食指浩繁的情况。[88] 固伦和敬公主是清高宗乾隆帝第三女，母孝贤纯皇后富察氏。她在乾隆十二年（1747）就下嫁达尔汗亲王满珠习礼的玄孙色布腾巴勒珠尔，[89] 本来应该嫁到蒙古，但乾隆皇帝在北京铁狮子胡同建造了公主府（图 3-6）。因额驸在乾隆四十年（1775）溘逝之故，和敬公主的收入分为乾隆十二年至乾隆三十九年（1774）、乾隆四十年（1775）至乾隆五十二年（1787）两个阶段（见表3-4）。

表3-4　和敬公主的收入⁹⁰

乾隆十二年（1747）至乾隆三十九年（1774）	每年银（两）
公主俸银	1000
马干银	300
分例折银	922
额驸俸银	5000
养廉银	600
随甲银	288
房租银	1279
庄头交租	500
共计	9889
乾隆四十年（1775）至乾隆五十二年（1787）	每年银（两）
公主俸银	1000
马干银	300
王俸银	1000
养廉银	600
格格俸银	40
房租银	1386
庄头交租	500
该府地租	3602
该府房租	21
共计	8937

内务府赏给和敬公主的铺面房共有147间，每月的月租银为109.7两，一年为1316.4两（见表3-5）。

表3-5 内务府官房赏给和敬公主的铺面房与房租银⁹¹

地　点	铺面房（间）	月租银（两）
粮食店街	10	3.5
花儿市	13	13

续表

地　　点	铺面房（间）	月租银（两）
瓜子店	4	5
小市口	7	4
喜鹊胡同	43	29.5
东布巷	8	12.1
猪市口	10	5.6
羊肉胡同	8	4
廊房二条胡同	19	8.7
东四牌楼	9	8.7
廊房头条胡同	4	4
布巷	9	7
西廊下	3	4.6
共计	铺面房 147 间，月租银 109.7 两，年租银 1316.4 两	

　　乾隆五十四年（1789），总管内务府大臣金简等奏称，"查得固伦和敬公主自乾隆十二年下嫁后，该府每年约进银九千八百余两，自是年起至乾隆四十年止，经迈拉逊清查时，该府所有历年费用并无记载。是以此乾隆二十八年用过银钱细数无凭查核。自乾隆四十年后始将用银钱数目每月呈稿，年终汇总存案。自乾隆四十年起至乾隆五十二年就现有稿案逐款详查，每年共进银八千九百余两"。此外，公主当初下嫁时皇帝赏过银 12000 两，赏三等金 50 两变价银 526 两，赏六成金 50 两变价银 339 两，缎匹、绸缎 441 匹变价银 5417 两，金器 8 件重 245.5 两，变价银 1546 两，共变价银 7828 两；乾隆二十四年（1759）皇帝赏公主银 20000 两。乾隆四十年（1775），额驸溘逝赏修坟银、立碑银共银 8000 两，管理左右翼三次赏银 3589 两，小格格出生赏银 500 两；乾隆四十八年（1783）赏银 10000 两；共赏过银 42089 两。又怡成当铺一座，原架本银 25000 两。[92] 公主屡蒙恩赏银至 86917 余两之多。怡成当铺因费用不敷，将本利银俱已经陆续抽用，已久不开设。

　　乾隆四十年以后，房地租成为和敬公主最大宗的收入，应是公主将赏银和金器、绸缎变价去置买房地产。乾隆十二年（1747）和敬公主原来的房租只有 1316.4 两；乾隆四十年（1775）以后，有房租银 1407 两及地租银 3602 两，而皇帝赏给的庄头交租仍维持 500 两；亦即首饰珠宝、绸缎布匹、服饰衣类之储值资产，转变为房地资产之实例。

　　值得注意的是，乾隆皇帝赏给皇子的田地及俸米多，但房租却与公主不相上下。例如，乾隆二十四年（1759）皇六子永瑢分封贝勒，乾隆二十八年（1763）时永瑢说他用度不足，请皇帝加赏银两。永瑢俸银 2500 两，俸米 1250 石，除留用外，余米约卖银 1200 两；房租每年得银 110 两；庄头、园头等每年额交地租银 5214 两；当铺一座计成本银 40000 两，每年得利银 3840 两，以上每年共进 12864 两。后来乾隆皇帝赏庆春当铺一座，本银 22600 两，利银 2208.27 两，共计银 24808.27 两。[93]

　　和敬公主府的支出包括祭祀、月例、生辰及护卫、管领等公费钱粮，随围盘费、收拾器物、雇觅驼只车辆、喂养马匹，以及煤炭、蜡烛、笤扫零星等项，用银 14000 余两。其中，年节供献等费用多达 3300 两，占了 23.57%，或许包括赞助寺院的月例银、香火银等（见表 3–6）。

表 3–6　和敬公主府的支出 [94]

支出项目	银（两）
年节供献上坟、添做衣服、办买绸缎荷包以及年节零星赏用等项	3300
随围二次，盘费收什器物、顾觅驼只车辆	1500
喂养马匹草豆每月用银 70 两，每年用银	840
公主的长子鄂尔哲穆尔额尔克巴拜、格格月例银 60 两，年用银	720
鄂尔哲穆尔额尔克巴拜、格格生辰用银 100 两，共用银	300
茶饭茶每月用银 220 两，每年用银	2640
煤炭、蜡烛、笤扫、茶叶等项每月 55 两，每年用银	660
护卫、管领、苏拉每月钱粮银 132.5 两，每年用银	1590
太监、女子、嬷嬷、妈妈、灯火妇每月公费钱粮银 124 两，每年用银	1488
共用	13038

和敬公主府的临时支出包括格格出聘，如乾隆二十四年（1759），和敬公主的大格格出嫁，大格格是乾隆皇帝的长孙女，其用度由内务府支出。总管内务府大臣奏称：

> 和敬公主现有赔给格格簪花、衣服、被褥、器皿等物外，应行添办衣服、被褥、帐幔、器皿等项，仍照前将初行定礼金银、缎匹、皮张使用外，其余应办衣物并工价等项共约需银三千一百六十余两，请仍向崇文门商税处领用。[95]

和敬公主的大格格的嫁妆有详细的赏朝珠、器皿、绸缎的清单。这清单中有皇贵太妃赏给大格格的缎棉袍褂衬衣 2 件，靴袜各 4 双。[96] 和敬公主的其他格格或阿哥娶亲就没有得到内务府的资助，三格格出聘用过银 3500 两，四格格出聘用过银 3000 两，娶格格用过银 1300 两；修建额驸坟茔，除官赏银 8000 两外，贴用银 5000 两，共用过银 20800 两。[97]

皇室给出嫁的公主房产和当铺似乎成为惯例。嘉庆七年（1802），总管内务府大臣奏报庄静固伦公主下嫁应行赔给妆奁饰物，"赏得正阳门外西河沿等处铺面房七所，每月共取租银一百二十一两。又布巷等处铺面房五所，共取租银一百一十六两"，一年的房租银 2844 两。嘉庆赏给庄静固伦公主的铺面房都在商贾云集的正阳门外大街上，有首饰楼、银号、绸缎铺、黄酒铺、颜料铺、烟铺等。另外，朱批圈广德当成本钱 80000 吊（大制钱 1 吊为 1000 文），获利钱 24000 吊，共钱 104000 吊。[98] 嘉庆十六年（1811），庄静固伦公主薨逝时，内务府呈报公主的财产有：公主府第 1 座、当铺 1 座、铺面房 5 处，以及陪嫁银 12000 两。陪嫁银中，公主已经用过银 6000 两，尚余 6000 两放出生息。当铺名为克勤当铺，成本为 108000 吊，每年交利钱 2957860 文，遇闰年加增一成利钱。公主庄园的地租银每年 1200 两；房租每年 1560 两；皇帝额外恩赏银两每年 1500 两；加赏银每年 1000 两。庄静固伦公主去世后，府第、当铺及恩赏银俱收回内务府。[99] 庄静固伦公主把皇帝赏的陪嫁银 6000 两发商生息，又收地租银和房租银，亦擅长理财。

五、太监变价物资与惩处

《国朝宫史》载："太妃位下首领二名俱八品侍监。每月银四两，米四斛，公费银七钱三分三厘。太监十名　每月银二两，米一斛半，公费银六钱六分六厘。"[100] 信修明表示，皇太贵妃下、皇太妃下、太妃下均设首领 1 名，系八品侍监，下辖太监 10 名。八品侍监月食银 3 两、米 3 斗，公费制钱 700 文。无官职太监称之一级月食银 3 两、米 3 斗，公费制钱 700 文；二级月食银 2.5 两、米 2.5 斗，公费制钱 600 文；三级月食银 2 两、米 1.5 斗，公费制钱 600 文。[101] 一年不过 36 两银、米 3.6 石，大制钱 8400 文。信修明的回忆录有一则"普通太监月食二两银，怎叫他阔了呢"，说食 2 两者一季卖米钱 20 余吊，均值银 2 两，一年四季得银 8 两。食 2.5 两者约倍数，一年米价 16 两。食 3 两者，增加倍数，得银 32 两，这也就是太监的顶点了。[102] 首领太监每月食银 4 两，米 4 斛，公费银 7.33 钱，但经管库房、财物，油水多，故李升的侄孙尚拥有 40000 多两银的资产。

掌管之首领太监王璧称："迨雍正七年派王璧同王进喜等管理，始立清汉字账簿。其从前库内所存钱粮确数原无根究不得知悉。"[103] 雍正七年（1729）后，内务府才设置账簿管理后妃库房旧存及每年用项。而且直至乾隆八年（1743），内务府广储司六库才出现月折档，可见宫廷账簿管理出现时间较晚。此举说明后妃的账簿则一直维持到清末。

云妍等人讨论官员金银及绸缎变价多半利用《中国古代当铺鉴定秘籍》，[104] 本章则利用《清宫内务府奏销档》记载之崇文门及其他税关、盐政衙门等变价人参、玉石及绸缎等估计价格，以符合乾隆年间的物价。温惠皇贵太妃的太监们可能通过其店铺变价物资，如参斤、金银、缎纱及貂皮等项，分析如下。

（一）参斤变价

慎刑司官员严审、刑讯太监王璧、龚三德、马进喜及陈顺臣等，审得人参一项自乾隆九年（1744）至乾隆三十三年（1768）二月，共人参95.88斤，除煎药、切片噙用及赏用共55.13斤外，其余共变参40.78斤，人参一项煎药及赏人变价俱有账目可查。自乾隆九年至乾隆十八年（1753）系龚三德自己经管，共卖过18次，得银3200余两，载在账目，而此项银两既未用出又无存库，据龚三德自认，被其侵用。又自乾隆十八年至乾隆三十三年二月，系龚三德与马进喜、陈顺同办，共卖人参14次，得银6986.3两。龚三德口供说："此银虽已入用账，而所卖价值以多报少，每次各有侵赚。"龚三德等卖人参共得银10186.3两，每斤人参约249.8两银，约略等于乾隆二十一年（1756）五等人参的价格。切片噙用一项数至39.93斤，以每日噙化数分计之，亦约略，相符。[105]

（二）金银变价

金子一项，雍正七年（1729）以前系由李升、南乔桂、王进喜、宁进掌管，并无账目。雍正七年以后系由王璧、龚三德、马进喜等陆续经管，始立有账目，逐一查算，应有金子并金叶共822两，金锭432个。皇贵太妃数十年来赏人，及兑换并打造首饰所用各数内金锭数目相符，金子尚多余6.2两。慎刑司官员严加究诘，据称："金锭按件使用，是以无余金子零散使用，是以积有余平，并无他弊。惟兑换金子时价值少报，每次俱有侵赚，但年分久远，银两花用不能记忆实数。"[106]

上述"余平"是因清朝各行政单位度量衡不一致，户部和广储司、工部制造库的砝码轻重不一，广储司平比户部库平每百两重1钱有零，而工部制造库平则较户部库平每百两轻至4两。[107]除此之外，民间的银楼也会牟取"余平"，即在份量上欠重，虚报重量，但重量差又非常小，在戥子或天平上不容易看得出来。尽管只是小小的亏欠，但银楼交易频繁，日积月累，也很可观。凭空从天平上就余下金银来了，因此称"余平"。顾客出售旧器饰时，只看谁给钱多，如果少算分量必定少给钱，顾客自然会跑到给钱多的银楼，否则得不偿失。乾隆元年（1736）《九卿议定物料价值》载："头等赤金每两银九两一钱八分，今核定银十两。二等赤金每两银八两八分五钱，今核定银9两。"[108]市面上流通的金价格往往高于官价，譬如内务府定金叶价格每1两金换银13两，至嘉庆初年1两金换17两银。[109]太监将800多两的金子拿到市面兑换就可获得暴利，多出几两金子也不算什么。

银两一项，雍正七年（1729）以前无账可考，雍正七年以后王璧等账内查核旧存银10120.6两，加之分例表礼换金变参等项，共应有银90734.1两，账内共用银87834.1两，借与高九十银15两，现存银2770两，短少银115两。龚三德供认"零星侵用是实"[110]。

除此之外，总管内务府大臣发现温惠皇贵太妃的首饰里，数珠一项按账校对少了2盘，珠坠只开有1副，情节可疑。龚三德的口供说，"但未经记账，不能记忆确数"[111]。

（三）缎纱变价

首领太监王璧等所记的账目中显示，雍正七年至乾隆十六年（1751）无账目；乾隆十六年至乾隆三十三年（1768）二月始有赏用裁用账目。按乾隆十六年以后账目核算计，用过缎纱等项2300余匹，尚缺少缎绸纱3200余匹。据王璧供称：

> 即系乾隆十六年以前至雍正七年此二十二年中，用去臣等伏思此二十二年中亦自必有用过之处，但自乾隆十六年至三十三年计十七年用过缎绸纱二千三百余匹，即以此数较算，雍正七年至乾隆十五年计二十二年纵有用数亦不过二千七八百匹，尚应有三四百匹余存。

龚三德等承认"陆续偷卖不过十七匹"，说明缎绸纱大部分是变价出售。

《宫女谈往录》提道：

> 宫廷的规矩特别严，太监出入不许携带包裹，护军有权对他们
> 搜身。只要一出顺贞门（御花园的后门，面对神武门），就是护军
> 的管辖范围了。我们会见家属是出神武门，要走好远的一段路，所
> 以太监要往外拿小包裹，定要找我们替他携带。[112]

人参体积比较小，太监请宫女携带方便；绸缎要包袱装着一大包，恐怕
难以挟带，因此太监宁可选择高价值的人参变价，也不偷窃绸缎。

韩光辉指出，清代顺治四年（1647）北京内城人口 39.5 万，外城 14.4
万，城属人口 12 万，共 65.9 万；康熙二十年（1681）内外城共 76.7 万；乾隆
四十六年（1781）内外共 98.7 万，其中内城 45 万；宣统二年（1910）外城为
82.2 万，内城约 38.8 万，共 120.5 万。[113] 北京百货齐聚，服玩之好，厌古而喜新；
争奇而夸美者，必曰官样。因此，内务府织造的绸缎必然是市民争相采购的对象。
乾隆二十三年（1758）正月，总管内务府奏准，着内庭行走、王公大臣等交价，
认领缎纱绸绫等项 4434 匹，得价银 45059.2 两。乾隆二十五年（1760）十二月，
总管内务府奏准，着内庭行走、王公大臣等交价认领缎纱绸绫高丽布等项，并
交崇文门变价缎纱绸绫高丽布等项，所得价 48040.85 两。[114] 若加上其他年份，
皇室通过变价绸缎得银 370705.77 两。清朝因每年赏赐朝觐的蒙古王公大量绸
缎等，所以变价的数量不及人参等物品。

（四）貂皮变价

龚三德等存有貂皮账一本，系雍正七年（1729）至乾隆二十二年（1757）
所进貂皮共 2000 余张，其开除用账在乾隆十五年（1750）以前并无记载。乾
隆十六年（1751）以后，用账核计使用貂皮 1070 余张，尚应存 898 张，但这
些貂皮似无剩余。既然无用账可查，难保无侵隐之弊。龚三德等俱称："当日

遗漏用账，今实无辞可辩。"[115]貂皮在清代是制作高级服饰的材料，《当谱集》载："凡看貂皮要毛细软嫩，嫩是新鲜色、好要毛厚、伶放板张要大、色道要紫。"[116]道光二十三年（1843）抄本《论皮衣粗细毛法》记载：

> 紫貂其色紫，毛厚满绒、满坐、满针，并不露板。其皮厚而柔者上也。其色微紫，而草黄色者次也。其针黑、其毛绒乌包色者，更次也。紫貂皮一张银三两，以至于五六两。[117]

貂皮毛细柔软，最高级的貂皮是紫貂。紫貂每张值银 3 两至 6 两，若以 3 两计算，898 张貂皮变价约 2694 两银。

（五）太监们的家产

云妍等人分析，官员的财产有实物资产、金融资产及商业资产，金融资产在家庭总资产中占比越高，说明一个国家或地区的金融化程度越高。实物资产，囊括田地、房产等不动产、日常生活用品、绸缎布匹、皮衣服饰、金珠首饰、玉瓷古玩及书籍字画。金融资产，涵盖货币资产（金、银、钱）、借贷资产（生息银）和典当钱业（架本、存货）。商业资产，包括商业投资（营运银、股份）及其他（盐引、铜本、存货）。[118]前述温惠皇贵太妃的财产属于实物资产，太监的家产则转为不动产、借贷、典当金融资产等。本章将太监资产按照田产、商铺及借款等分析如下（见表 3-7）。

表 3-7 太监们的家产 [119]

首领太监李升其侄孙孙耀祖家产	
商铺	育宁堂药铺 1 座，房 39 间，价银 5350 两。现存药料值银 18000 余两 永沛堂药铺 1 座，现存药料值银 2000 余两 永丰号印局 1 座本钱 3000 吊 当铺一所房 14 间，价银 450 两 中府胡同口内茶铺罩棚 1 座、凉棚 1 座，价银 55 两、住房 3 间价银 60 两

续表

首领太监李升其侄孙孙耀祖家产	
住房	珠宝市铺面房 3 间，价银 190 两 芦草园铺面房 3 间，价银 33 两 皮市住房 1 所 26 间，价银 550 两 东江米巷住房 1 所 33.5 间，价银 1000 两 取租房 41 间、灰棚 3 间，租小制钱 33300 文
土地	契买青县地 26.20 顷、瓦草房 90 间，价银 2340 两 借名契买南皮县地 20 顷、草房 103 间，价银 2100 两 借名契买交河县地 2.075 顷，价银 600 两 契典昌平州戚家庄地 2.4 顷，价银 463 两
现金	银 145.56 两 钱 96880 文
借款 或欠债	何立峰借欠贩卖药材银 900 两，内还过银 50 两 东升号酱房李全福借银 500 两 林宏德借银 350 两 礼部笔帖式永福借银 100 两 许润借银 100 两 大震号高锡楚借银 200 两 天汇号永兴客人借欠银 50 两 顾台三借永丰局银 200 两 甘肃同知周祚锦借永丰局银 1500 两内，还过银 255 两 盐山县知县博尔和借永丰局银 400 两 佐领董淳借永丰局银 200 两 家奴男女 13 名

太监龚三德家产什物单	
商铺	盒子铺十九年开设 1 座，原本钱 350 吊，外欠钱 761000 文，现存钱 1680000 文 铁铺 1 座，原本价银 600 两，现存银市平 77.4 两，现存钱 113050 文
住房	住房 8 间，价银 250 两

太监王进喜之弟王八家产什物单	
住房	住房 1 所 20 间 西单牌楼铺面房 3 间小院 1 块，价银 300 两 住房 2 间、灰房 2 间，价银 100 两 住房 2 间，价银 60 两 灰瓦房 4 间价银 60 两
土地	霸州沙城地 2.4 顷亩，土房 5 间，价银 800 两 通州郎各庄地 1 顷，土房 9.5 间，价银 300 两

太监陈顺什物单	
住房	灰房 6 间
地亩	地 67.9 亩
太监王璧	
现金	银 496 两
太监马进喜衣服什物单	
住房	灰土房 8 间，系典契

1. 田产

孙耀祖的田产中有两笔借名契买土地，一是借名契买南皮县地 20 顷、草房 103 间，价银 2100 两；二是借名契买交河县地 2.075 顷，价银 600 两。乾隆五十一年（1786）有户部官员提出：

> 本部承办各旗地亩案件，往往有契载系家奴及庄头佃户人等出典卖，及至审讯之时，又系伊主令其出名典卖，历年办过之案，似此借名者正复不少。虽经本部行咨各该旗查明，实系伊主自置之产并无假捏，而家奴代主置产向来亦无例禁，是以仍准其执契管业，但恐日久弊生，或实系家奴自置之产，一经涉讼伊主承认计图影射，或本非伊主自置之产因而挟制家奴从中霸据，种种情弊皆必所有，自不得不予防其渐。[120]

太监收入微薄，置产 2000 亩土地绝非易事，而且是借名买来的，或许与温惠皇贵太妃有关系。

这些地亩的地租银也颇为可观。以乾隆皇帝的妃子怡嫔来说，她是汉人柏士彩的女儿，乾隆六年（1741）册封贵人，乾隆七年（1742），苏州织造安宁送其家人到北京，皇帝赏给住房 61 间、地 7 顷，每年得租银 220 两，取租房 28 间，每月得租银 10 两。又陆士龙之女于乾隆十六年（1751）册封庆嫔，乾隆二十二年（1757）陆士龙到北京，赏给地735亩，每年得租银264两，正阳门外西河沿取租房10间，每月得租银12.1两。[121]

其他太监的产业，太监王进喜"尚有家私为当年侵盗之物。又从王璧等口中亦有伊等赚过大钱之语"[122]。其弟王八家中首饰衣服什物之外，房地约值银1900余两。再首领太监王璧，太监龚三德、马进喜、陈顺除衣服什物之外，龚三德现有钱铺1座、盒子铺1座，并房地银两钱文约值银2000余两，以上共约值银43000余两。"除现存之银两钱文请交广储司查收外，地亩人口应交会计司照例办理，房间交官房取租库查收入官；借欠账目交慎刑司催追，首饰衣服什物等项交崇文门照例办理。至于育宁堂、永沛堂收贮药味甚多，不能实时变价归款，孙耀祖等熟悉药行生理，况营运多年，请仍交伊等给限半年照估定价值变价还官，如逾限不能完项，即交崇文门变价归款。"[123]

2. 药铺

清宫并无专门药园供太医院或造办处制药，或作为医疗及匠作之用，须向民间药铺采办药材。如康熙四十三年（1704），山东大规模旱灾，太医院掌印左院判孙之定等奏准来文，自五月初六日至七月二十三日，医治病人42174名，在京师买厚朴等药103种，重1707.33斤，共用过银823.64两。[124]北京最大的药铺同仁堂在嘉庆二十三年（1818）的一张废合同上记载了其资本规模：股东21人，入股本银43800两，每股1200两。[125]表3-7中，孙耀祖的育宁堂药铺1座，房屋价银5350两，存药料值银18000余两。乾隆三十四年（1769）二月育宁堂药味全部变价共银19804.71两。[126]永沛堂药铺1座，存药料值银2000余两。孙耀祖存药铺和药品价值在银20000两以上，规模应该不小。

康熙年间清朝对西北用兵，至乾隆年间才结束准噶尔战事。乾隆皇帝在位60年，发动十次大规模战争，军队所需大量药物皆为造办处制造。关雪玲研究造办处制药作坊，认为成造单位并非一成不变，锭子药作、锭子作、皮作、杂活作、皮裁作及灯裁作都做过药品。造办处于雍正年间制过健步散、耐寒散、三黄宝蜡丸、黎峒丸等；[127]乾隆时期制造过锭子药、平安丸及人马平安散等更多药物。《清宫内务府造办处档案总汇》记载了乾隆皇帝大量赏赐官员及军队药品的档案。乾隆元年（1736），赏七省经略兼贵州巡抚张广泗处平安丸10000 丸、紫金锭 5000 锭，做得 6 个箱，盛装黑毡包裹，棉花塞妥持去发报讫。乾隆二年（1737），赏西北两路应需药物各色锭子药 3 大匣、平安丸 3000 丸、人马平安散 3 斤、紫金锭 9 斤；配做得杉木匣 2 件，黑缎包裹、绵花塞垫。[128] 宫廷大约在端午节前制作药品，赏赐各省督抚、驻防将军。药品的材料是由买卖人购买，如乾隆四十四年（1779），赏赐西北两路将军、都统、参赞大臣等，请再添造锭子药大匣 20 匣、中匣 11 匣，所需药料照例买办外，应用朱砂 17 斤、雄黄 15.75 斤、墨 5.46 斤、麝香 3.22 斤，库内朱砂、麝香无存，应照例买办。[129] 因此，孙耀祖的药铺规模庞大，其来有自。

3. 当铺

孙耀祖开的当铺只有房价银 450 两，没有当本的资料。乾隆九年（1744），鄂尔泰曾奏称："京城内外，官民大小当铺，共六七百座"[130]，可见当铺在北京很普遍。刘小萌指出，满洲贵族在关外时期已经开始做生意。康熙年间，旗人令奴仆代为经商，具有隐蔽性，譬如明珠的管家安尚仁替明珠贩盐致富。康熙五十二年（1713），两江总督噶礼犯案，查出其在京城内有当铺 3 座、在畿辅有当铺 7 座。[131] 由此推测，温惠皇贵太妃可能让首领太监李升领银去开当铺以贴补用度。韦庆远指出，满族高官经营的各种商铺中，当铺所占比重最高。当铺具有经营风险小、利润丰厚的特点，但日常现金流量大且多，特别是开设大当铺，需要投入雄厚资本，绝非一般旗民可以问津。在皇室贵胄作表率的情况下，满族高官多投资典当业。[132]

黄鉴辉认为，清代当铺与印局店铺规模的大小有差别，前者先是以铜钱货币放债，后来改为以银两货币放债；后者则是一直以铜钱货币放债。放款的对象是城市贫民和小商小贩，故出借款项数额很小，放款多是制钱，很少借贷银两。印局放账的方式分为两种：一种是一吊或两三吊钱，贷期一天，朝放夕收；一种是额大期长的，按日收取本利，每收一日，在契约上盖以印记，故名印子钱。[133] 孙耀祖的永丰号印局本钱 3000 吊，看似以铜钱放债，但由官员借贷的数额来说，永丰号印局亦借贷银两。顾台三借永丰号印局银 200 两、甘肃同知周祚锦借永丰号印局银 1500 两、盐山县知县博尔和借永丰号印局银 400 两、佐领董淳借永丰号印局银 200 两，如此看来，永丰号印局看起来也不只对小商小贩借款而已。孙耀祖总共借出的金额为 3400 两，属于金融资本，而他的现银 145.56 两、钱 96880 文，看来他是充分投资商业活动，家中闲置的钱少。

4. 其他铺房

龚三德的铁铺也是放债的店铺，同时放款铜钱和银两，借出银 358.92 两、借出钱 184602 文。奇特的是，铁铺还贩卖大量烟草、槟榔，有整碎叶子烟 5003 斤、蓝花烟 4 包、丝子烟 150 斤、蒲城烟 17 包、社塘烟 1400 锭、槟榔 95 斤、芦子 4 斤、香油 100 斤。崇文门税收以烟酒茶布四项为大宗，满族妇女吸烟是很常见的，谓之"十七八的姑娘叼个大烟袋"，《红楼梦》中也有对吃槟榔的描述。北京房地产贵，有很多像铁铺这样多样化经营的商铺，如按季节变化卖不同的商品，春秋卖掸子、夏天卖扇子、冬天卖版画及年画。[134]

龚三德的盒子铺设于乾隆十九年（1754），原本钱 350 吊，外欠钱 761000 文，存钱 1680000 文。盒子铺可能做盒子、匣子之类的，店铺存有圆盒 52 个。它同时卖铜锡器物：锡火锅子 51 个、锡镟子 2 个、锡汤壶 4 把、锡五供 5 件、锡盘 16 个、锡蜡阡 1 对、锡砚台 1 个、铜茶壶 2 把、缸 8 口。维微指出，传统锡器计有礼器、饮具、餐具、水具、盛具、灯烛具、烟具、熏具、文具及溺具。其中，饮具和灯烛具最常见，饮具里面又以锡壶为多。中国的城市、集镇与乡村随处都有锡铺或游走的锡器担子，锡或锡器往往也成了民谚俗语中最容易被人意会的东西。[135]

前述公主们在正阳门附近有铺面房，孙耀祖的铺面房在珠宝市。乾隆五十七年（1792）丹津班珠尔到北京，他说："前门（正阳门）绸缎街市等为主的玻璃器皿五花八门的物品市场，唱戏等杂耍场所，色香味俱佳的各种各样的吃食店，竟不知白天黑夜是怎么过的。"[136]《帝京岁时纪胜》记载，乾隆年间帝京品物，"金银宝饰，开敦华、元吉之楼；彩缎绫罗，置广信、恒丰之号。貂裘狐腋，江米街头；珊瑚珍珠，廊房巷口"[137]。道光年间《都门纪略》之"都

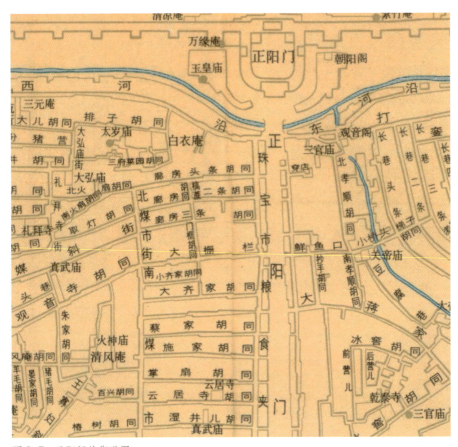

图 3-7　正阳门外街道图

门杂记"载："京师最尚繁华，市廛铺户，妆饰富甲天下。如大栅栏、珠宝市、西河沿、琉璃厂之银楼、缎号……皆雕梁画栋、金碧辉煌。"[138] 大栅栏、珠宝市、西河沿、琉璃厂为北京珠宝、绸缎贩卖区，"行人拥挤笑肩摩，处处招呼卖什么；休笑不堪珠宝市，廊房三巷更偏多"[139]，廊房巷指头条、二条、三条，以及珠宝市为北京贩卖首饰珠宝的银楼。清代中叶以后，廊房三巷售卖珠宝、首饰特别多。廊房头条有二十几家宫灯、纱灯铺；二条有 20 家专门经营珠宝玉器的店铺，有玉器街的美称；三条有 10 家珠宝玉器和银号钱庄[140]（见图 3-7）。皮市在正阳门内，聚集着售卖细毛皮、斜皮、羊皮的商铺。[141] 孙耀祖在皮市住房 1 所 26 间就值银 550 两。清末，李莲英的父亲是皮匠，在北京有一家永德堂皮货店。[142]

（六）惩处太监

《国朝宫史》载："太监等有在内犯法情罪较重，宫殿监不敢擅专者，奏明交内务府治罪。"[143] 慎刑司为审理内务府属三旗刑事案件，及处分官员、匠役、太监的机构，许多太监逃走、偷盗案件都由慎刑司官员审理，量刑以《大清律例》为依据；但偷盗皇家器物，则加重刑罚。乾隆三十三年（1768）温惠皇贵太妃逝世之后，总管内务府大臣清查遗物，发现太监龚三德、马进喜、陈顺及王璧等人长年盗卖温惠皇太妃库房的钱粮及其他物品，立即派人抓捕问罪。

龚三德自乾隆三年（1738）掌管银钱买办东西，零星侵盗银钱，又偷盗缎纱 17 匹，乾隆十年（1745）至乾隆十九年（1754）变价人参多达万两。慎刑司官员查抄龚三德衣服等物值 2000 余两，奉旨：龚三德着即行正法。马进喜自乾隆二十九年（1764）派同管库计经管 4 年，伙同龚三德、陈顺盗卖库中缎匹，与伊等伙分参价种种不法，分肥入己银 268 两，数在千两以下，情由可恶难以轻纵，应照"监守官吏侵盗仓库钱粮一千两以上例"，拟斩监候，秋后处决。陈顺以并非管库之人胆敢伙同入库肆窃，且复伙分参价不便以常人侵盗而论，仅拟军流，应请与马进喜一例照"监守官吏侵盗仓库钱粮一千两以上例"，拟斩监候，秋后处决。王璧"系管库之首领太监虽不经手钱粮，众供亦无染指，但一应账目率意登记，缺略难查。又一任太监龚三德、马进喜前后乘间偷盗侵赚，并不查察罪实难道"。查律载："钱粮互相觉察若知侵欺盗用仓库钱粮，匿而不举，及故纵者并与犯人同罪至死减一等"，"王璧应照此律拟斩减一等，杖一百、流三千里，但系太监纵容同类，酿成侵盗恶风，应请改发打牲乌喇充当苦差。马进喜、陈顺着即行绞决。王璧着发往黑龙江赏给索伦为奴，高九十着发往打牲乌拉充当苦差。李升、南乔桂、宁进、王进喜侵盗无算，身死幸脱不足蔽辜，着将伊等骨殖起刨抛弃，以申国法"。[144]

除温惠皇贵太妃的太监受到惩处之外，内务府总管太监也要负连带责任。"王常贵当到总管，又未稽核龚三德等任意侵盗，实属徇庇，例降三级调用，系总管太监无级可降，应罚钱粮三年。桂元系派往查办之人，亦未将一切侵盗情由详细查出，系瞻徇，应将桂元亦照徇庇例，例降三级调用，系总管太监无级可降，应罚钱粮三年。潘凤等身为总管，乃龚三德等侵盗多年，伊等竟自漫无觉察，均属不合，应将潘凤、马国用、张玉、王忠照失察例，各罚钱粮一年。朱批：王常贵、桂元着革去官职。"[145]《国朝宫史》载："收贮本处一切钱粮官物，有不谨慎典守，以致遗失缺少者，系首领，罚月银四个月；系太监，重责四十板。"[146]

结　论

杨启樵《揭开雍正皇帝隐秘的面纱》一书提到，雍正皇帝致力于维持圣君形象；他在宫廷中却极尽奢华，成造器物无数等。雍正皇帝把宜妃的太监发遣新疆，怕暴露居深宫的宜妃的营生活动，雍正皇帝的举措可谓欲盖弥彰。[147]乾隆皇帝不一样，其内帑由盐政发商生息、崇文门税关监督变价宫廷物资等，公然经商。宫廷的后妃、公主无不效法，北京正阳门外的店铺多是宫廷妇女、太监们的营生所在。温惠皇贵太妃入宫68年，每年领取丰厚物资，如年例银、缎匹、貂皮、人参等。缎匹等为北京富贵人家急需之商品，她或太监们便将储值型的资产变价求现，以贴补年例银之不足。

首先，清代内务府管理后妃财务的制度不够严谨，康熙以来，担任首领太监者，一切金银绸缎每年任意出入，全无账目可稽查。雍正以后，后妃的账目上新收、开除及实在项目不清，而且首领太监交接时，没有给旧管的账目，因此太监们趁机偷盗物品。从太监们被抄家的资料来看，李升侄孙孙耀祖的家产最多。李升是康熙时代担任皇贵太妃的首领太监，当时账目不清，他可以上下其手；其侄孙孙耀祖在北京的店铺值银达四五万两，又有房地产2000余亩，资产丰厚，远超过太监的收入。孙耀祖在珠宝市、皮市等地开设店铺，这些地方属于北京百货齐聚的繁华区。[148]乾隆八年（1743）以后，开始建立内务府财政体系，广储司银库每月编列进出银两数，此月折档需进呈皇帝批阅"览"字。后妃的账册制度建立后，太监们较为谨慎，不太敢明目张胆变价人参、缎匹。乾隆年间的太监们的财产较有限，龚三德衣服等物值 2000 余两银，可见宫廷财务管理制度的重要性。

其次，康雍乾时期江南三织造成造的织品最为精致，王公们购买缎匹，价格昂贵。温惠皇贵太妃的缎匹流入市场者在数千匹以上。和敬公主也将金器、绸缎变价来购买房屋、田产等。这可见宫廷妇女将储值性质的金银转变为房地产并从中获利，符合乾隆皇帝发商生息的作风。从和敬公主和太监们置产的地点来看，都是在北京的繁华地区，如前门的珠宝市、廊房三条，贩卖绸缎、金银玻璃器皿等五花八门的物品，唱戏等杂耍场所，色香味俱佳的各种各样吃食店，时人赞叹"竟不知白天黑夜是怎么过的"。《帝京岁时纪胜》记载乾隆年间制作金银宝饰的商号，有敦华楼、元吉楼等。[149] 清宫藏有商号制作的首饰，如故宫博物院藏的首饰有敦华楼、元吉楼等商号的戳记，应是宫廷向商号定做的。将来有机会，笔者拟再从后妃的档案来考察宫廷和京城商业发展的关系及其间的互动。

注释

1　白凯：《中国的妇女与财产：960—1949》（上海：上海书店出版社，2007）。

2　罗友枝著，周卫平译：《清代宫廷社会史》（北京：中国人民大学出版社，2009），页153—168。

3　云妍、陈志武、林展：《官绅的荷包：清代精英家庭资产结构研究》，页361—370。

4　毛立平：《金枝玉叶与收支困局——清代中后期公主经济境遇考察》，《历史研究》，2019年第4期，页61—76。

5　《清宫内务府奏销档》，册84，乾隆三十三年四月十二日，页190—193；乾隆三十三年四月二十日，页263—299；乾隆三十三年四月二十日，页197—258；中国第一历史档案馆、故宫博物院合编：《清宫内务府奏案》（北京：故宫出版社，2014），册160，乾隆三十三年四月十二日，页307—313；乾隆三十三年四月二十三日，页376—382；乾隆三十三年四月，页426—472。

6　云妍、陈志武、林展：《官绅的荷包：清代精英家庭资产结构研究》，页359。

7　曹雪芹、高鹗原著，冯其庸等校注：《红楼梦校注》。

8　信修明：《老太监的回忆》（北京：北京燕山出版社，1992）。

9　金易、沈义羚：《宫女谈往录》（北京：紫禁城出版社，1982）。

10　清高宗敕撰：《清朝文献通考》，卷241，页7004-2~7004-3；隆科多等奉敕纂修：《大清会典（雍正朝）》（台北：文海出版社，1994—1995），卷59，页30-2~31-1；卷60，页26-1~26-2；托津等奉敕纂修：《大清会典事例（嘉庆朝）》（台北：文海出版社，据清嘉庆年间刻本，1991），卷243，页4-1。

11　庆桂等奉敕修：《大清高宗纯皇帝实录》，卷205，页643-2，乾隆八年十一月二十七日；卷425，页561-1，乾隆十七年十月十六日。

12　赵尔巽等撰：《清史稿》，卷316，页8912。

13　庆桂等奉敕修：《大清高宗纯皇帝实录》，卷1，页139-2。

14　《清宫内务府奏案》，册160，页463。恭亲王之长女、雍正年交养贝子索诺穆之小女、敦郡王之长女次女俱陪送过头面一份，其中各随东珠一坠副。乾隆十五年赏过三阿哥的福晋头面一份，随东珠坠一副。《清宫内务府奏销档》，册84，乾隆三十三年四月二十日，页275—276。

15　蒋溥、孙嘉淦等撰：《大清会典则例（乾隆朝）》（台北：台湾商务印书馆，1983），卷80，页60—61。

16　悫惠皇贵妃，佟佳氏，孝懿皇后妹。事圣祖为贵妃。世宗尊为皇考皇贵妃。高宗尊为皇祖寿祺皇贵太妃。薨，谥曰悫惠皇贵妃。赵尔巽等撰：《清史稿》，卷316，页8912；王佩环：《清代后妃宫廷生活》（北京：故宫出版社，2014），页194—196。

17　《明清档案》，登录号21485、206983、206974，乾隆三十三年三月。

18　《明清档案》，登录号21493，乾隆三十三年五月；登录号178405，乾隆三十三年五月。

19　庆桂等奉敕修：《大清高宗纯皇帝实录》，卷806，页900-1~900-2，乾隆三十三年三月十五日；托津等奉敕纂修：《大清会典事例（嘉庆朝）》，卷385，页6-2。

20　《明清档案》，登录号230713，乾隆三十三年九月。

21　赖惠敏：《崇庆皇太后的万寿盛典》，《近代中国妇女史研究》，期28（2016年12月），页1—50。

22　鄂尔泰、张廷玉等编纂，左步青校点：《国朝宫史》（北京：北京古籍出版社，1987），卷7，页112—113。

23　饽饽中所用及面茶中所用，着内管领、尚茶正前去领取使用。做饽饽都是妇女，以黄小米和麦面制成。辽宁社会科学院历史研究所、大连市图书馆文献研究室、辽宁民族研究所历史研究室译编：《大连市图书馆藏清代内阁大库散佚满文档案选编：职司铨选·奖惩·宫廷用度·进贡》（天津：

天津古籍出版社，1991），页154。关于愡愡的解释参见刘小萌：《乾隆朝顺懿密太妃丧葬仪注考》，《满语研究》，2018年第2期，页112—122。

24　章乃炜：《清宫述闻》（北京：紫禁城出版社，2009），上册，页327—328。

25　丁汝芹：《清宫戏事：宫廷演剧二百年》（北京：中国国际广播出版社，2013），页98。丁汝芹是清宫戏剧专家，相关著作有朱家溍、丁汝芹：《清代内廷演剧始末考》（北京：中国书店，2007）；丁汝芹：《清代内廷演戏史话》。

26　张月中编：《中国古代戏剧辞典》（哈尔滨：黑龙江人民出版社，1993），页243—244、271。

27　朱家溍：《清代内廷演戏情况杂谈》，《故宫博物院院刊》，1979年第2期，页19—26。

28　赵令志等主编：《雍和宫满文档案译编》（北京：北京出版社，2016），上卷，页191。

29　金易、沈义羚：《宫女谈往录》，页99。

30　赵尔巽等：《清史稿》，卷316，页8915。

31　赵尔巽等：《清史稿》，卷316，页8919。

32　关雪玲：《清代宫廷医学与医学文物》（北京：紫禁城出版社，2010），页127。

33　万依、王树卿、陆燕贞主编：《清宫生活图典》（北京：紫禁城出版社，2007），页184。

34　中国第一历史档案馆藏：《内务府奏案》，档案编号05-0054-031，乾隆八年三月初七日。

35　裕诚等主修，文璧等纂：《钦定总管内务府现行则例》（清咸丰间刊本，台北：台湾"中研院"历史语言研究所傅斯年图书馆藏），卷4，页1-1~2-1。

36　裕诚等主修，文璧等纂：《钦定宫中现行则例》（清光绪十年武英殿刻本，台北：台湾"中研院"历史语言研究所傅斯年图书馆藏），卷4，页1-1~2-1。

37　《乾隆朝内务府奏销档》，册207，乾隆七年四月二十九日。

38　金易、沈义羚：《宫女谈往录》，页274。

39　金易、沈义羚：《宫女谈往录》，页116—117。

40　金易、沈义羚：《宫女谈往录》，页278。

41　高濂：《遵生八笺》，页429。

42　金易、沈义羚：《宫女谈往录》，页116—117。

43　瞿同祖：《中国法律与中国社会》（台北：里仁书局，1982），页183—184。

44　托津等奉敕纂修：《大清会典事例（嘉庆朝）》，卷257，页6-1。乾隆年间赤金分为三等，头等赤金的成色为97%金和3%银；二等赤金的成色为95%金和5%银；二等赤金的成色为93%金和7%银。六成金为50%金和50%银。如头等赤金内动用30两，照例加银30两，合为五成色金60两，参见《清宫内务府奏销档》，册97，乾隆三十七年七月十八日，页181—182。道光时期，金子库存减少。奉旨："交出九三金（三等赤金）一百两，抵头等赤金用。"《清宫内务府奏销档》，册199，道光四年九月三十日，页73—75。

45　"工部文开为制造温惠皇贵太妃黄绢册宝移咨造办处，派员会同办理等因前来，随回明大人准行遵此。郎中金珠准行记此。"《清宫内务府造办处档案总汇》，册31，乾隆三十二年四月二十二日"记事录"，页706。

46　中国第一历史档案馆、故宫博物院合编：《清宫内务府奏销档》，册84，乾隆三十三年四月十五日，页196—200。

47　《明清档案》，登录号101929-001，乾隆十四年九月初一日。

48　《清宫内务府造办处档案总汇》，册24，乾隆二十四年十二月初七日"记事录"，页606。

49　《清宫内务府造办处档案总汇》，册34，乾隆三十六年十月十三日"记事录"，页322。

50　《清宫内务府造办处档案总汇》，册24，"记事录"，页606—607。

51　《乾隆朝内务府银库用项月折档》，乾隆十五年正月初一日至二十九日；乾隆十六年三月初一日起至三十日。

52　《明清档案》，登录号042095-001，乾隆十六年四月十二日。

53　纂者不详：《乘舆仪仗做法》，收入《清代各部院则例》（香港：蝠池书院出版有限公司，2004），页18。

54　《清宫内务府奏案》，册34，乾隆八年九月初八日，页117—119。

55　允禄等纂，牧东点校：《皇朝礼器图式》（扬州：广陵书社，2004），卷6，页245、248、263、274。

56　允禄等纂，牧东点校：《皇朝礼器图式》，卷6，页247、265。

57　允禄等纂，牧东点校：《皇朝礼器图式》，卷1，页107

58　允禄等纂，牧东点校：《皇朝礼器图式》，卷6，页256、266。

59　参见陈慧霞：《清代朝珠研究的再省思》，《故宫学术季刊》，卷37期4（2020年9月），页173—220。

60　鄂尔泰、张廷玉等编纂，左步青校点：《国朝宫史》，卷17，页394—397；卷19，页427。皇太后万寿圣节的官分金银，参见赖惠敏：《崇庆皇太后的万寿盛典》，页1—50。

61　鄂尔泰、张廷玉等编纂，左步青校点：《国朝宫史》，卷17，页395。《清宫内务府奏销档》，册81，乾隆三十一年十二月二十七日，页491—495。载：乾隆三十一年杭州织造年遵照茶库派单解到金线250绺，内本年分照例恭进皇贵妃内庭主位福晋等官分共用过金线171绺，此项金线织造处定价每绺价银7.36钱，核计银125.86两。分例：皇太后金线20绺、温惠皇贵太妃金线14绺、皇贵妃金线14绺、贵妃金线12绺、妃六位每位金线10绺、嫔二位每位金线6绺、贵人五位每位金线3绺、福晋六位每位金线3绺、八阿哥福晋金线6绺。

62　鄂尔泰、张廷玉等编纂，左步青校点：《国朝宫史》，卷19，页427。

63　《清宫内务府奏销档》，册45，乾隆二十年十二月十七日，页468—472。

64　《清宫内务府奏销档》，册45，乾隆二十年十二月十七日，页468—472。

65　《清宫内务府奏销档》，册84，乾隆三十三年四月二十日，页263—299。

66　《清宫内务府奏销档》，册84，乾隆三十三年四月二十日，页273—275。

67　《清宫内务府奏案》，册160，页462。貂皮的数量乾隆二十二年以前皮库档案遭回禄无存。

68　鄂尔泰、张廷玉等编纂，左步青校点：《国朝宫史》，卷17，页399。

69　《清宫内务府奏案》，册56，页338—349。内管领处负责供给宫内食物及管理杂役的机构，内管领处下设内外饽饽房、酒醋房、菜库、器皿库、车库、管理苏拉车辆处。参见祁美琴：《清代包衣旗人研究》（北京：人民出版社，2019），页165。

70　《清宫内务府奏案》，册79，乾隆十八年七月初九日，页207—209。和敬公主每一年膳食费1971两，又12位女子每日0.5两，一年共银2153.5两。

71　台北故宫博物院藏，《内务府现行条例》（嘉庆朝抄本），"广储司三·茶香分例"，未编页数。宁寿宫嘉庆年间每月用黄茶930包、盐11.1斤。御茶房每月用黄茶2430包、盐30.6斤。慈宁宫茶房每月用黄茶840包、盐10.8斤。福晋所用黄茶300包、侧福晋所用黄茶150包，俱自嘉庆十六年六月二十六日起停止。绵恩阿哥自娶福晋之日起，每90日用六安茶1袋、散茶2斤、每月用黄茶200包碱3斤照数给发。

72　鄂尔泰、张廷玉等编纂，左步青校点：《国朝宫史》，卷17，页391—392。温惠皇贵太妃的金册金宝的档案和茶膳房交出的金器放在一起，有金方1件、金盘12件、金碗2件、金碟4件、金匙3件、金镶牙箸1双、金茶桶1件、金桌云4块，共共重640.45两，系八成色。又桌上金云4块，原重42两系三等金。详细磨验弹对成色均属相符。或许只是为熔化而把金器放一起，并不是温惠皇贵太妃的膳具。《清宫内务府奏案》，册160，页316—317。

73　叶志如：《从人参专采专卖看清宫廷的特供保障》，收入清代宫史研究会编：《清代宫史探微》（北京：紫禁城出版社，1991），页164—189；滕德永：《乾隆朝内务府对库存参斤的管理——以内务府的"参斤变价"为考察物件》，《故宫博物院院刊》，2011年第4期，页126—140。

74 赖惠敏：《乾隆皇帝的荷包》（台北：台湾"中研院"近代史研究所，2016），页 154。

75 譬如雍正元年，赏礼部尚书张廷玉平常人参 6 斤。《大连市图书馆藏清代内阁大库散佚满文档案选编：职司铨选·奖惩·宫廷用度·进贡》，页 279。

76 曹雪芹、高鹗原著，冯其庸等校注：《红楼梦校注》，第 77 回，页 1209—1210。买卖人负责办买库内所缺物料，买卖人黑塞供称："自雍正二年正月起，至雍正四年十月止除现买牛金叶外，从前买过牛金叶三斤二两二分，每斤官价一两六钱，时价每斤值银四钱；再买过水银五十七斤三两二分，每斤官价六钱，时价每斤值银五钱。此二项共冒领过银九两四钱七分三毫三丝是实。"《大连市图书馆藏清代内阁大库散佚满文档案选编：职司铨选·奖惩·宫廷用度·进贡》，12，页 5。

77 曹雪芹、高鹗原著，冯其庸等校注：《红楼梦校注》，第 28 回，页 438。

78 曹雪芹、高鹗原著，冯其庸等校注：《红楼梦校注》，第 105 回，页 1602。

79 曹雪芹、高鹗原著，冯其庸等校注：《红楼梦校注》，第 107 回，页 1622—1623。

80 庆桂等奉敕修：《大清高宗纯皇帝实录》，卷 156，页 1230-2，乾隆六年十二月初七日。

81 萧奭著，朱南铣校点：《永宪录》（北京：中华书局，1959），卷 1，页 63。

82 《清宫内务府奏销档》，册 84，乾隆三十三年四月二十日，页 271—273。

83 《清宫内务府奏销档》，册 84，乾隆三十三年四月二十日，页 271—273。

84 信修明：《老太监的回忆》，页 60—61。

85 《清宫内务府奏案》，册 160，页 463。

86 曹雪芹、高鹗原著，冯其庸等校注：《红楼梦校注》，页 393。

87 赖惠敏：《乾隆皇帝的荷包》，页 415—419。

88 王树卿：《清代公主》，《故宫博物院院刊》，1982 年第 3 期，页 31—38；毛立平：《金枝玉叶与收支困局——清代中后期公主经济境遇考察》，《历史研究》，2019 年第 4 期，页 61—76。

89 乾隆八年封色布腾巴勒珠尔为辅国公，十七年袭其父罗卜藏衮布亲王爵，后坐罪削。二十一年复公衔，二十三年封和硕亲王，三十七年复削，四十年以从征金川功诏复爵。刘锦藻编：《清朝续文献通考》（台北：台湾商务印书馆，1987），卷 292，页 10382-2。

90 《清宫内务府奏销档》，册 154，页 290—298。

91 《清宫内务府奏销档》，册 290，乾隆三十二年十二月二十日，页 8—14。

92 《清宫内务府奏案》，册 274，页 351—353。

93 《清宫内务府奏销档》，册 68，乾隆二十八年十月二十六日，页 237—248。

94 《清宫内务府奏销档》，册 154，页 290—298。

95 《清宫内务府奏销档》，册 61，乾隆二十六年四月二十八日，页 245—304。

96 《清宫内务府奏案》，册 143，乾隆三十年五月二十五日，页 273—281。

97 《清宫内务府奏案》，册 274，乾隆五十四年三月初七日，页 351—353。

98 《清宫内务府奏销档》，册 173，嘉庆七年六月二十八日，页 436—445。

99 赖惠敏：《但问旗民：清代的法律与社会》（北京：中华书局，2020），页 125—126。

100 鄂尔泰、张廷玉等编纂，左步青校点：《国朝宫史》，卷 21，页 469。

101 信修明：《老太监的回忆》，页 150、162。

102 信修明：《老太监的回忆》，页 80。

103 《清宫内务府奏案》，册 160，页 308。当日曾开过仁风当铺一座，页 309。

104 国家图书馆古籍文献丛刊：《中国古代当铺鉴定秘籍》（北京：全国图书馆文献缩微复制中心，2001）。

105 《清宫内务府奏案》，册 160，乾隆三十三年四月，页 457—458。

106 《清宫内务府奏案》，册 160，页 458—459。

107 《明清档案》，登录号 020833-001，乾隆三十年二月。

108　工部编：《九卿议定物料价值》（清乾隆元年刊本，台北：台湾"中研院"历史语言研究所傅斯年图书馆藏），卷1，页10-1。

109　参见赖惠敏、苏德征：《乾隆朝宫廷镀金的材料与工艺技术》，《故宫学术季刊》，卷35期3（2018年3月），页141—178。

110　《清宫内务府奏案》，册160，乾隆三十三年四月，页460—464。

111　《清宫内务府奏案》，册160，页463。

112　金易、沈义羚：《宫女谈往录》，页112。奏案有一则乾隆三年太监骆奇偷盗缎匹，他说："我开了装缎子的箱子，偷了两匹绸子，把绸子掖在两胁里夹出来。在无人地方抖了纸，迭上，拿包袱包上背出去。"《清宫内务府奏案》，册14，乾隆三年十月初八日，页218—228。骆奇偷盗同乐园收贮缎21匹、绸2匹，约值银一百五六十两，未满300两之数。以比照"监守盗银三十两、钱帛等物值银三十两以上，俱发边卫永远充均例"拟发打牲乌拉充当苦差。乾隆三年十月二十五日，页290—292。

113　韩光辉：《清代北京地区人口的区域构成》，《中国历史地理论丛》，1990年第4期，页135—142；韩光辉：《北京历史人口地理》（北京：北京大学出版社，1996），页128。

109　中国第一历史档案馆藏：《乾隆朝内务府银库进项月折档》，乾隆二十三年正月；乾隆二十五年十二月。

115　《清宫内务府奏案》，册160，乾隆三十三年四月，页458—460。

116　《当铺集·乾隆二十四年抄本》，收入国家图书馆古籍文献丛刊：《中国古代当铺鉴定秘籍》，页91—92。

117　《论皮衣粗细毛法·道光二十三年抄本》，收入国家图书馆古籍文献丛刊：《中国古代当铺鉴定秘籍》，页131。

118　云妍、陈志武、林展：《官绅的荷包：清代精英家庭资产结构研究》，页352—354。

119　中国第一历史档案馆、故宫博物院合编：《清宫内务府奏案》，册160，页430—453。

120　中国社会科学院民族研究所辽宁少数民族社会历史调查组编：《满族历史档案资料选辑》（出版地不详：出版者不详，1964），引自东北档案馆藏，乾隆部来档309-1，页141。

121　《清宫内务府奏销档》，册49，乾隆二十二年十月十四日，页357—360。

122　《清宫内务府奏销档》，册84，乾隆三十三年四月二十日，页297。

123　《清宫内务府奏案》，册160，乾隆三十三年四月，页426—429。

124　《大连市图书馆藏清代内阁大库散佚满文档案选编：职司铨选·奖惩·宫廷用度·进贡》，页245。

125　中国人民政治协商会议全国委员会、文史资料研究委员会编：《工商史料1》（北京：文史资料出版社，1980），页155—156。

126　《乾隆朝内务府银库进项月折档》，乾隆三十四年二月。

127　关雪玲：《清代宫廷医学与医学文物》（北京：紫禁城出版社，2010），页127。

128　《清宫内务府造办处档案总汇》，册7，乾隆元年三月十三日"记事录"，页194；册7，乾隆二年四月二十二日"记事录"，页781。

129　《清宫内务府造办处档案总汇》，册42，乾隆四十四年二月"灯裁作"，页756—757。

130　乾隆朝《东华录》（台北：文海书局，1963），卷20，页9。乾隆时期，内务府前后共设立26座当铺。由当铺的成本银看来，最多不过是50000余两，多数为一二万两，利润大约8%。参见赖惠敏：《乾隆皇帝的荷包》，页175—183。

131　刘小萌：《清代北京旗民关系——以商铺为中心的考察》，收入刘小萌：《清史、满族史论集》（北京：中国社会科学出版社，2020），页876—909；刘小萌：《清代北京内城居民的分布格局与变迁》，收入刘小萌：《清史、满族史论集》，页695—714。

132　韦庆远：《论清代的典当业与官僚资本》，收入韦庆远：《明清史辨析》（北京：中国社会科学出版社，1989），页 128—165。

133 黄鉴辉：《当铺、印局、账局、钱庄、票号都是货币经营资本吗？——与孔祥毅教授讨论》，《高等财经教育研究》，2016 年第 3 期，页 69—74。

134 参见赖惠敏、王中奇：《清代北方版画贸易网络》，《民俗曲艺》，期 207（2020 年 3 月），页 111—172。

135 维微：《说锡器（上）》，《收藏家》，2005 年第 5 期，页 33—38。

136 丹津班珠尔著，汤池安译，郑堆校订：《多仁班智达传：噶锡世家纪实》（北京：中国藏学出版社，1995），页 419。

137 潘荣陛：《帝京岁时纪胜》（台北：木铎出版社，1982），页 41—42。

138 杨静亭编：《都门杂记》，收入徐永年增辑，《都门纪略》（台北：文海出版社，1972），上册，页 251。

139 徐永年增辑：《都门纪略·都门杂咏》，下册，页 613。

140 北京市宣武区大栅栏街道志编审委员会编：《大栅栏街道志》（北京：机械工业出版社，1996），页 209—210。

141 徐珂编：《实用北京指南》（上海：商务印书馆，1920），第六篇，页 186。

142 罗友枝著，周卫平译：《清代宫廷社会史》，页 191。

143 鄂尔泰、张廷玉等编纂，左步青校点：《国朝宫史》，卷 20，页 445。

144 《清宫内务府奏销档》，册 84，乾隆三十三年四月二十日，页 280。

145 《清宫内务府奏案》，册 160，乾隆三十三年四月二十三日，页 376—381。

146 鄂尔泰、张廷玉等编纂，左步青校点：《国朝宫史》，卷 20，页 442。

147 杨启樵：《揭开雍正皇帝隐秘的面纱》。

148 刘小萌：《清代北京内城居民的分布格局与变迁》，收入刘小萌：《清史、满族史论集》，页 695—714；刘小萌：《清代北京旗民关系——以商铺为中心的考察》，收入《清史、满族史论集》，页 876—909。

149 潘荣陛：《帝京岁时纪胜》，页 41—42。

第四章

清宫窃盗案之分析

　　乾隆皇帝在位 60 年，大兴土木、成造器物，将北京装点成美轮美奂的都城。乾隆皇帝因扩建宫殿园林而增编内务府的人员，使之成为全国最庞大的行政机构。内务府所属机构 50 多处，官员 3000 多位，太监近 3000 人，还有三旗内管领下食钱粮、食季米人丁 4950 名，其他外雇工匠更不计其数。[1] 出入紫禁城的人员多，素质不一，故常发生窃盗案件。本书第三章探讨了温惠皇贵太妃的太监们盗卖她的人参、金银、绸缎等。温惠皇贵太妃在宫廷生活了 60 多年，身边太监有些已作古，而太监们的后辈却在北京前门开设当铺、药铺等。乾隆皇帝认为："去世的太监因侵盗无算，身死幸脱不足蔽辜，着将伊等骨殖起刨抛弃。"其他还活着的太监以"监守官吏侵盗仓库钱粮一千两以上例"即行绞决。负责管库的首领太监王璧按"钱粮互相觉察律"，发往黑龙江赏给索伦为奴。[2]《大清律例》对内府窃盗有专门的律文，如按照"盗内府财物律""盗大祀神御物律"处斩。本章拟利用中国第一历史档案馆、故宫博物院合编的《清宫内务府奏案》《清宫内务府奏销档》中盗内府财物的案件，对宫廷其他窃盗案件进行分析。[3]

　　本章将清代宫廷窃贼分成三类：旗人、太监、工匠，在审判这些人群时有若干差异。譬如宫廷的官员属于内务府上三旗包衣，具有旗人身份，享有"犯罪免遣发"的特权。根据林乾的研究，顺治三年（1646）《大清律》规定："旗人有犯，悉遵旧例，不许用杖。"雍正三年（1725），这一特权正式以"犯罪免遣发律"的形式确定下来。但是，旗人享有法律特权，也造成犯罪率升高，因此乾隆年间有些变化。如乾隆十九年（1754），始有"殴死卑幼，情节残忍者，发拉林之例"。乾隆二十七年（1762），又有寡廉鲜耻实发之例。乾隆三十五年（1770）、乾隆三十九年（1774）等，又分别有庄头、屯居发遣之例。乾隆四十七年（1782）至乾隆五十七年（1792）间，连续发生多起旗人窃案，分别被处以发遣或开除旗档为民。[4]

　　至于太监，常依照《大清律例》的"盗内府财物律""盗大祀神御物律"处斩；或按照"公取窃取皆为盗律""监守自盗仓库钱粮律"等律拟罪。如库房官员、太监或苏拉等，趁监管之便，窃取物品，引盗仓库之计赃论罪的处分。又除《大清律例》外，宫廷的太监另有《钦定宫中现行则例》之《宫殿监处分则例》："凡各宫殿等处太监等收存一切钱粮用度等官物，有不谨慎屏当，以致遗失缺少者，系首领罚四个月月银，系太监重责四十板。又注明其首领等非系本身犯罪，系该管太监犯罪者，系失于觉察，例应照本罪减等，罚一个月月银。"[5]此处出现的"失于觉察"（在档案中常写成"失察例"）处分最为频繁，主要是受牵连之处分。当然，太监犯重罪仍须按照《大清律例》拟处。[6]

　　内务府的匠役有些有旗籍，有些是外雇工匠，他们成造器物时偷斤减两，或降低金的成色，获取私利，这些罪行多依照"冒破物料律"处分。再者，偷窃物品者在城市珠宝店销赃，按照"盗贼窝主"律、"欺瞒律不分首从"或"用计欺瞒官私取财"律计赃准窃盗论，这在一般偷窃案件中较为少见。巫仁恕利用巴县档案，探讨了窃盗者的动机、身份及窃盗理论。巴县穿穴逾墙的小偷及在城市销赃的窝主，共同形成一个犯罪团体。[7]宫廷窃盗案件中也可见北京金银铺的窝家。另外，内务府库房管理问题也值得注意，譬如窃贼爬墙垣、拧锁偷银、窜改档册、偷换物品、盘点不实等。本章讨论的案件多半在杖刑以上，人犯送刑部审理、定罪，但最后还得奉皇帝谕旨行事，特别是杖毙、发遣极边的处分。

本章按照罪名，将案件分为：盗内府财物、监守自盗、积匪猾贼、窃盗窝主。本章将分别讨论上述四类清宫窃盗案。在内府窃盗案件的罪犯中，被发遣黑龙江、打牲乌拉、伊犁的案例相当多，这说明清代逐步缩小旗人的法律特权。内务府窃盗案的特色为连坐，不但惩处窃盗犯之相关人员，而且追赃的对象包括家属、同部门的职官等，这也是法律处分宫廷窃盗案件的较特殊之处。

一、盗内府财物

《大清律例》之"盗内府财物律"载："凡盗内府财物者，皆斩（杂。但盗即坐，不论多寡，不分首从，止依常人盗）。"该律附有两条例文：

> 凡盗内府财物，系乘舆服御物者，仍作真犯死罪。其余监守盗银三十两，钱帛等物值银三十两以上；常人盗银六十两，钱帛等物值银六十两以上，俱问发边卫，远充军。内员同。
>
> 凡盗内府财物，系杂犯及监守常人盗、窃盗、掏摸、抢夺等项，但三次者，不分所犯各别曾否刺字，革前革后俱得并论，比照窃盗三犯律，处绞，奏请定夺。[8]

在《清宫内务府奏销档》中，有以盗内府财物处分的案例，以程彬（造办处档案中写作程斌）案为最大宗。太监程彬管理皇帝养心殿的库房，从乾隆十一年（1746）至乾隆二十三年（1758）偷窃金银、珠宝、绸缎、玉器等。此案牵涉人员很广，有盗内府财物者被斩；有太监被发遣黑龙江等地；有被杖责者。本节首先讨论《大清律例》窃取内府财物的规定，再讨论事件始末，再分析审判结果。

程彬于乾隆十二年（1747）出现在造办处档案上，当时他担任首领太监。"首领太监专司近御随侍，收掌内库钱粮及古玩、书画、陈设，以及洒扫、御前坐更等事。"[9] 程彬常传达皇帝谕旨交办活计，譬如乾隆十二年二月二十日"首领程斌传着做镀金托挂钉六件"。又每当皇帝出巡时，带着银锞赏赐百姓，如乾隆十八年（1753）首领程斌交银1000两，传旨："着铸造一钱重银锞四千个；三钱重银锞一千个；一两重银锞三百个。"[10] 程彬因传旨，见过珠宝无数，譬如在正月初九这天，程彬拿了珊瑚、朝珠等26盘，传旨："着收什好，俱另换鹅黄缠。"[11] 造办处档案中程彬传旨的材料超过200条，可见他深得皇帝信任。

内务府慎刑司负责审理三旗刑案和民事案件，[12] 罪在杖一百以下的案件由慎刑司审理定罪。程彬的案子罪刑重大，且涉及民人，故由总管内务府大臣会同步军统领衙门审理。官员审理时发现程彬管理内库职任首领，自乾隆十一年（1746）、乾隆十二年以来，每每盗窃官物售卖图利；或将远年册档潜行删改；或将贮库之物置不登记，任意偷窃。于乾隆二十三年（1758）正月间，竟将皇上库内备用之珍珠30颗私行抵换。《清宫内务府奏案》有程彬口供（见表4-1）。

表4-1　程彬的口供[13]

时　间	偷窃物品	销赃过程
乾隆十六年（1751）、乾隆十七年（1752）	偷乌云豹皮褂1件、貂皮褂1件	程彬改做穿了
乾隆十九年（1754）端阳节放赏	纱葛布1箱，还零碎偷过绸缎锦缎一二百匹数目记不清了	给过曾璐、郑玉二人，每人20余匹；给过太监张进喜纱4匹；将各色春绸11匹、锦缎40匹交给家人五十一，二次卖银353两
乾隆十九年六月	偷出珠子500颗、珠坠子4副	叫太监曾璐、赵福寿去找素日常交活计的养心殿民匠雷老儿找买主，后雷老儿带一个珠行买卖人钟六来。将这珠子珠坠给他瞧了，讲定价银1600两，写立了合同，先给定银50两，过了几日他们又到我家来兑了银子，将东西拿了去了。程彬的合同已经烧毁
乾隆十九年（1754）	偷过官银1000两	母亲丧事上使了

续表

时　间	偷窃物品	销赃过程
乾隆十九年	人参 1 小匣	除母亲患病食用外，下剩零碎卖银多少，也记不清了
乾隆二十一年（1756）	玉扛头瓶 1 个、磁炉 1 个、玉磬 1 个、玉炉 1 个	交给懋勤殿太监赵珽，替卖银 270 两
乾隆二十二年（1757）三月	大小青白拱璧 5 件、白汉玉秋蟬 1 件、白玉兽 1 件	交给赵珽，共卖银 90 两
乾隆二十二年十二月	金凤 5 枝、金簪花 5 对	家人五十一托如意馆匠人金松茂转卖，后金松茂替说合卖给一个姓胡的，得银 540 两
	金子 100 余两	程彬与曾璐到正阳门外金铺内，卖银 800 余两
	又一次偷过金子 1 条零一点	程彬叫曾璐同赵福寿去卖银 600 余两
	用饭块珠换过双珠坠 1 副；用小珠换过大双珠坠 2 副；偷过双珠坠 1 副；偷过镀金缂丝流苏 3 对、珠子 422 颗，又一次偷过珠子 100 颗；抵换过大珠 1 颗、珠子 2 颗。还抵换过珠子几次，记不清数目了	

　　研究盗窃案件的专家提出"日常活动理论"（routine activity theory），指出犯罪的发生必须在时空上有三项因素聚合，除了"有犯罪倾向的犯罪者与足以遏止犯罪发生者不在场"，"合适的犯罪标的物出现"也是很重要的因素。所谓合适的犯罪标的物，即指标的物的价值、可移动性、可见性与可接近性等特性。此三项因素聚合之后，犯罪（或被害）事件随即发生。[14] 养心殿造办处负责成造和贮存金、玉、铜器、珐琅、玻璃器皿、画、图，以及武器盔甲等物，清朝的艺术之作大都来自造办处。古玩珍宝价值高昂，完全符合可移动性、可见性与可接近性三种特性。

　　程彬回忆，偷过金子、金凤、金簪花，大约卖了 1940 两，又偷了银子 1000 两。养心殿造办处的经费来自税关以及两淮盐政。乾隆元年（1736）到乾隆六十年

（1795）间库贮银五六百万两以上。[15] 程彬从中盗取 1000 两，不易被发现。程彬偷珠子 500 颗、珠坠子 4 副，卖了银 1600 两，玉器卖了银 360 两，其余绸缎等卖了银 353 两。程彬说偷过绸缎锦缎一二百匹，具体数目记不清了。程彬的仆人五十一的口供中记载道，程彬交给他红蓝酱色春绸共 11 匹，五十一拿到护国寺绸缎摊上，每匹卖银 3 两，共卖银 33 两；第二次程彬又给他锦缎 40 匹，五十一卖了 320 两。[16] 从程彬口供中得知，所偷窃的金银、珠宝、人参、貂皮等大约值银 5253 两。又从其他人的口供中了解到，程彬买卖过程中有其他匠役和太监协同说合，获取利润。

　　程彬交给奴仆五十一玉器、珊瑚等，是通过金松茂来卖。金松茂口供说："系浙江绍兴府人，在如意馆掐丝作当匠役。缘玉作雷老儿引进，才认识首领程彬的家人五十一。"[17] 金松茂做掐丝匠，应当也做玉器加工，他的口供中提到许多玉器的买卖价格和北京的珠宝店（见表 4-2）。

表 4-2　金松茂的口供 [18]

时　间	买卖物品	获利
乾隆二十一年（1756）七月	太监赵福寿拿了汉玉图书 1 块、白玉图书 1 块讲定价银 75 两 太监赵福寿黄桃杯 1 件，金松茂给过价银 16 两	将汉玉图书卖与王姓，得银 80 两；将白玉图书改做暖手卖与邹姓，得银 40 两当在鉴远斋了
乾隆二十一年十二月二十九日	赵福寿给了白玉带钩 1 件	替他卖给王姓，得银 10 两，给了赵福寿了
乾隆二十一年十一月—乾隆二十二年（1757）十一月	赵珲二十一年十一月内给了金松茂白玉小佩 1 件、二十二年十一月内给金松茂小拱璧 1 件，他原说寄卖没讲价银	金松茂将拱璧当在鉴远斋古董铺里，得钱 2000 文；又将白玉小佩当在天和斋，得银 3 两。现有当票 2 张
乾隆二十二年九月	太监赵福寿拿了程彬的白玉昭文带 1 条、白汉玉小拱璧 1 件、小汉玉带勒 1 件要卖，讲明价银 180 两	将这 3 件玉器托瑞古斋邹姓卖了，得价银 178 两，将银子给与赵福寿了
乾隆二十二年十月	太监赵福寿又给金松茂白玉方瓶 1 件，讲明价银 100 两	卖给熊姓，只得价银 100 两

续表

时　　间	买卖物品	获利
乾隆二十二年 （1757）十月	程彬家人五十一给了金松茂白玉桃杯 1 件、青玉方瓶 1 件、青玉斗 1 件、白玉带钣 1 件、黄玉圈 1 件、黄玉三喜杯 1 件、黄玉扛头 1 件、白玉扛头 1 件、白玉佩 1 个、青玉高足匜 1 件、白玉卮 1 件、青白玉百折炉 1 件、白玉斗 1、白玉双把手杯 1 件、青玉爵端 1 件、官窑瓷炉 1 件，讲定价银 1000 两	将这 16 件玉器卖与熊姓、殷姓，得银 1070 两，给五十一银 1000 两，金松茂赚了 70 两，又赚了瓷炉 1 件
乾隆二十二年 十二月	赵福寿给了金松茂汉玉昭文带 1 条，讲定价银 100 两，金松茂卖与南方客人栾姓，得银 115 两	给了赵福寿银 100 两，金松茂赚银 15 两
乾隆二十二年 十二月	五十一拿着金凤 5 枝、金簪 5 对，烦金松茂替卖。金松茂找见认识的童毓麟同到胡姓铺子，将金凤等物卖银 540 两，当日交兑五十一收去了	金松茂与童毓麟得了胡姓给的说合银 42 两，金松茂使了 22 两，其余是童毓麟使了 20 两
乾隆二十二年	五十一在金松茂寓处寄放了锦缎 4 匹 五十一又卖给金松茂通海缎 2 匹，给过他 12 两银子 过几日，五十一又卖给金松茂春绸 2 匹、红通海缎 1 匹、红五丝缎 1 匹，给过五十一 17 两银子	金松茂将 3 匹当银 23 两，1 匹当钱 8000 文使用。有当票 2 张 金松茂仍当了 12 两银使用，有当票 金松茂仍卖了 17 两银子，分文没赚
乾隆二十二年	五十一有珊瑚荷包豆子 3 副要卖	金松茂转寄在熊姓馆内，还未卖出
乾隆二十二年	太监赵琏给金松茂青白玉大小拱璧 5 件、白汉玉秋蟾 1 件、白玉兽 1 件，讲定价银 145 两。金松茂将那拱璧卖与殷姓 2 件，得银 30 两；卖与董姓 1 件，得银 6 两；卖与杨姓 1 件，得银 20 两；金松茂家存着 1 件。金松茂又将秋蟾 1 件卖与王姓，得银 70 两。后来熊姓要买此物，金松茂又替熊姓买出给了王姓，得银 85 两。白玉兽 1 件卖，与熊姓得银 40 两，共卖银 166 两，如数给了赵琏	金松茂赚了 21 两
乾隆二十三年 （1758）正月	五十一拿着嵌珠石金顶花 1 枝，烦金松茂送到同乐园胡姓的摊子上去卖，卖了 198 两，全数给了五十一 五月十七日，赵琏给了金松茂珠子 2 粒，让放在童毓麟家	金松茂将这珠子 2 粒交给童毓麟

续表

时　间	买卖物品	获利
乾隆二十三年（1758）二月	懋勤殿的太监赵琏要买金松茂那瓷炉，金松茂要价银 100 两。但金松茂先前借过赵琏 60 两银子，赵琏要冲了账，金松茂未允	
乾隆二十三年三月	五十一给了金松茂白玉方瓶 1 件，讲定银 70 两	金松茂卖与熊姓，得银 100 两，金松茂赚银 30 两

金松茂为外雇工匠，日薪才 154 文钱，但是他经由中介或改做玉器，赚得利润远大于匠役收入。乾隆二十一年（1756）他转卖汉玉、白玉印章获得银 45 两。金松茂还充当中介，售卖玉器分红。乾隆二十二年（1757），他又将程彬的 16 件玉器卖与熊姓、殷姓者，得银 1070 两，给五十一银 1000 两，金松茂赚了 70 两，又赚了瓷炉一件。十二月间，金松茂卖汉玉昭文带 1 条，讲定价银 100 两，金松茂卖与南方客人栾姓者，赚得银 15 两。金松茂卖青白玉等共银 166 两，赚得银 21 两。乾隆二十三年（1758），金松茂卖白玉方瓶 1 件，讲定银 70 两，金松茂赚 30 两。金松茂替说合金凤 5 枝、金簪花 5 对，卖给一位姓胡的，得银 540 两，金松茂得了 22 两。金松茂靠着介绍分红，3 年内赚到银 158 两，远比当内务府的匠役收入多。

乾隆皇帝对玉器颇为狂热，所谓"上有所好，下必甚焉"，北京的官员亦竞相效尤，以收集玉器为乐。通过金松茂口供知道，北京有鉴远斋古董铺、天和斋当铺、瑞古斋等。

雷老儿即雷永舒，系大兴县民，在养心殿任玉匠，太监曾璐、赵福寿素日来造办处交活计，因此熟识。雷永舒是造办处的工匠（旗人），程彬卖给钟六珠子，钟六给了雷永舒等牙用银 80 两，内分给了家人五十一银子 20 两，剩银 60 两，玉行的季三同雷永舒均分了。赵福寿送白玉图书 1 方（块），叫改做玉扳指，没有成功；就又送图书 1 方，做了 1 个玉扳指。这两方图书做玉扳指剩下的玉块就做了伽楠香软镯 1 副。赵福寿给了雷永舒工价银 10 两、葛布 1 匹。又一次赵福寿送乾黄玉图书 1 方做了双鸳鸯 1 对；素白玉盘 1 个，叫雷永舒起了花纹，得工价银 10 两；又做水晶瓶盖 1 个，雷永舒得工价银 8 两。[19]
雷永舒提到赵福寿交代他做"玉昭文袋二块、拱璧二块、玉剑把二块，改做镶
紫檀木如意二柄。又一次送磁炉一件，配紫檀木座盖一分。玉盘一件，配掐丝
紫檀木座盖一分。玉杯一件，去了水仙花耳子，配掐丝紫檀木盘一个。又做了
紫檀木自鸣钟架子二个，盛如意紫檀木匣二个，盛数珠雕紫檀木圆匣二个。又
一次送小磁瓶一个，配架座一件。以上木器，俱是我引进的木匠金松茂做的，
是以我没得过工价"[20]。雷永舒和金松茂都属于内务府外雇工匠，也在外头开
铺子，并接其他活计，很能赚钱。

懋勤殿太监赵琏为程彬的下属，每每程彬找他变价玉器，他会从中得利。
譬如程彬交给他的扛头瓶等，得银 270 两，赵琏自己赚得银 90 两。程彬交给
大小青白拱璧卖银 90 两，赵琏赚到银 55 两。另外，金松茂的瓷炉要价银 100 两，
因金松茂先前向赵琏借了 60 两银子，赵琏原要彼此抵了，金松茂不肯，赵琏
将这炉卖了 180 两银。赵福寿给了赵琏古铜炉，卖银 30 两，赵琏只给了赵福
寿银 20 两，赚银 10 两。赵琏在三年间，前前后后赚得 335 两，比太监的薪水
高数倍。[21]

赵福寿供："我自乾隆十五年十一月间挑在养心殿库上当差，首领程彬
待我甚好，他素日作事原不瞒我。"赵福寿看到程彬偷盗貂皮、金银、玉器、
绸缎等，都没揭发他。虽然赵福寿好像没参与偷窃活动，不过，他曾给赵琏古
铜炉一个，卖银 20 两。赵福寿将镶嵌如意二柄卖与蒋姓者，讲定价银 120 两。[22]
铜炉和如意属于皇家用品，亦属内务府财物。赵福寿与曾璐、郑玉三人，照例
拟绞立决。

刘进玉是随侍处太监，他的口供更暴露程彬大量偷盗珊瑚数珠、伽楠香
数珠、碧砠玺数珠、金星玻璃数珠、琥珀数珠等。以"盘"计量，珊瑚数珠 1
盘、伽南香数珠 1 盘，卖银 500 两，其余数珠卖银 1800 两。玉瓶卖银 350 两，
玉碗卖银 400 两，如意 3 柄卖银 700 两，玉炉顶卖银 120 两。刘进玉替程彬销
赃，共卖了 3870 两银子，刘进玉赚银 480 两，同赵德均分。[23]

太监曾璐供："我系在养心殿库上当差，因我库上当差年久，每逢开库、封库、收发东西都是我同首领程彬经手。程彬素日偷换官物原不瞒我。他也曾不时给我银子三五十两不等。还替我在猪房地方盖造住房一所十余间。所以事犯到官我一时不敢说出来。"[24] 乾隆十九年（1754）端阳节，程彬偷出纱葛布1箱，曾给过曾璐20余匹，曾璐算是间接盗内务府财物。[25] 太监张进喜供称："我从前在（营造司）熟火处当差后，于乾隆五年（1740）间拨在养心殿当差。我是小太监，一应收发东西，开库、封库俱不经手。程彬他们素日偷盗东西，我实不知道。""再十九年端阳节放赏时，程彬他曾给过我纱四匹，我接收了。彼时他给我纱，我并未斟酌就接收了。"[26]

养心殿内库的太监曾璐、郑玉、赵福寿与程彬组成了一个犯罪集团，又恃有赵德、赵琏、刘进玉辗转售卖，目无法纪。律载"凡盗内府财物者皆斩"，"相应请旨将程彬照律拟斩，即行正法，以昭炯戒"。"太监曾璐、郑玉、赵福寿等同司库务，有互相觉察之责，他们明知程彬侵盗情由，多次附和分赃，非止数次，以致程彬恃此不恐，肆行偷盗，似此朋比为奸，罪难稍道。"例载"凡盗内府财物系杂犯及监守常人盗，但三次者俱并论，比照窃盗三犯律处绞"，"应请旨将曾璐、郑玉、赵福寿三犯，照例拟绞立决"。"太监赵德、赵琏与程彬关系密切，明知偷盗情由，代为售卖赃物谋利，且在程彬事发之后，又将其所盗官物代为寄顿，蔑法营私，难以宽纵，除鉴于赵德已经逃走，俟缉获到日审明，应将赵琏发遣黑龙江充当苦差。太监刘进玉由赵德牵引遂与程彬熟识，虽无隐匿寄顿情节，而代为售卖古玩获利，应发遣打牲乌喇充当苦差。匠人金松茂联络程彬家人五十一代售玉器，转卖金凤、簪花，实属性不安分，滋生事端之徒，拟发遣黑龙江与披甲人为奴。程彬家人五十一平时售卖器物，难以悉数，事发之后，又将盗取的官物寄顿埋藏，希图掩迹，毫无畏惧。金茂松应发遣黑龙江，五十一发遣宁古塔俱与披甲人为奴。""程彬家人邓大、住儿虽未与程彬售卖官物，但随同五十一隐匿埋藏官物，亦属不合，应将邓大、住儿照'不应重律'，杖八十，各加枷号两个月，满日各责三十板。""雷老儿身为官匠，程彬托伊将珠坠等物觅售时，乃希图得利，居然转托季三觅主售卖，分得牙用，但仅止一次，获利也只有三十两，也应请将雷老儿亦照'不应重律'，杖八十，加枷号两个月，满日责三十板，仍行革役。太监张进喜没有与程彬一起偷盗，也没有代卖寄顿等情节，但曾收受程彬纱四匹；静明园总管太监杨琳在程彬事发之后，代为寄放衣服二箱、马二匹，均属不合；二人均应交与宫殿监督领侍等处理。以上各犯除程彬、曾璐、赵福寿，业经请旨正法，郑玉已伏冥诛，赵德拿获之日另结。刘进玉暂行监后，俟赵德获日质审后再行办理外，其余各犯恭候命下之时遵照办理，合将各犯共词另缮清单咨呈御览。"奉旨："所拟刘进玉罪案甚轻，俟拿获赵德之日，质审明确再行从复位拟。"皇帝认为，总管杨琳在程彬事犯之后，不应收受寄顿器物，下旨将其发往黑龙江给披甲人为奴。[27]

程彬的案子暴露出了宫廷警卫制度、太监保举及档册管理等问题。

第一，禁城之宿卫门禁。养心殿位于皇宫的核心位置。护军营是紫禁城的主要守卫军队，设统领8人，又设护军参领满族人80人、蒙古族人32人、护军校满族人681人、蒙古族人204人，掌分协营众。护军是由满族、蒙古族八旗中挑选出来的，每佐领下挑选护军17人，共15045人。三旗包衣护军营主要守卫宫门而稽其出入，守卫的宫门共有12处。[28] 散秩大臣2人，值乾清门2人、值宁寿门1人。内班侍卫40人，宿卫乾清门、宁寿门、内右门、神武门，每处侍卫10人。外班什长3人，宿卫太和门为外班，每旗派什长1人，率亲军40人入值。[29] 程彬无视警卫存在而偷窃珠宝数盘、一二百匹绸缎，神通广大。

第二，太监的保举制度。乾隆二十一年（1756）规定，养心殿各处首领太监："收贮本处一切陈设官物，有不谨慎典守，以致失误伤损者，系首领，罚月银四个月；系太监，重责四十板。"[30] 但处分则例没有规范太监犯罪呈报体系，以致宫廷发生偷窃案件时，往往上下欺瞒。乾隆二十九年（1764）才出现皇帝的训谕："迩来各处首领太监每多畏事，遇有赌钱偷窃太监什物，并不呈报总管。如见总管时，概以无事为辞，总管亦不愿闻有事。因循日久，以致偷窃官物。"总管太监循默避事，不参奏犯法案件，形成了一种不良习气。乾隆三十年（1765）皇帝又训谕，应建立保举首领太监的制度："嗣后除特旨补放首领外，其该总管等保举首领，务择其行走勤慎，为人诚实，已过三十年者，方准保举。仍一面报明总管内务府大臣查核，不得任意滥举。如有违例妄保者，内务府大臣即查参，严加治罪。"[31] 清廷后来落实了太监的保举制度，如乾隆三十九年（1774）总管内务府大臣奏为总管太监永清等保举未满 30 年的首领太监，曾引乾隆三十年的上谕，并将首领太监照"事应奏不奏律"，杖八十，罚钱粮二年不等。[32]

第三，档册管理。雍正皇帝即位后着重于宫廷物品的管理，雍正四年（1726），设立内务府御史衙门，"凡七司、三院、内务府三旗等处每月应送注销档至御史衙门，会同详查后入用印本后上奏。御史衙门官员奏报，养心殿所取对象品项均与内库钱粮相关，若不入注销档，不肖人等因此趁隙行弊，亦未可知。此后养心殿、武英殿、御书处每月所取对象、品项，应将数目咨送御史衙门，连同各处注销档核查"。[33] 太监窜改档案，即便陈设被盗，核对档案却无误。郑玉供称："我系养心殿太监在库上行走，替程彬管理账目。所有程彬偷盗库内珠宝、古玩等物，有偷改档案之处，俱系叫我替他抄写。程彬时常给过小的银子，还替我盖过房子。至他所盗的东西我都是知情的，但历年以来件数甚多，实在记不清了是实。"[34] 另一种情况是在开库时偷换器物，太监张进朝供称："我于上年正月十二日由敬事房拨到养心殿库上当差，今年正月间，高芝贵来交珠子时，我原写账来着。曾见那些珠子都是白亮圆珠，并没这黄色不圆的珠子，不像是原珠子了。再自我到养心殿库上以来，一应开库、封库，收发东西我俱不经手。"[35] 程彬移花接木，将白亮圆珠换成黄珠。至清末这种盗换器物的做法更为猖獗。溥仪《我的前半生》中记载道："我刚行过婚礼由珍珠玉翠装嵌的皇后凤冠上的全部珍宝，竟整个被换成了赝品。"[36] 宫廷管理但看太监的操守，程彬的口供中提道："从前库上原系开奇里管事，他稽查的严，我尚不敢偷盗。自开奇里不管事后，刘沧洲、杨义又皆年老，曹进孝又有外差。只我一人常常开库得以偷盗抵换。"[37]

程彬偷窃的时间较长，自乾隆十一年（1746）、乾隆十二年（1747）起偷珠宝玉器等项甚多，如入无人之境。从人事制度和器物、档案管理上可看出不少的漏洞。

二、监守自盗

秦化真探讨清代监守自盗罪刑罚的变革，《大清律例》的律文为"万世之法"，不容随意修改，其刑罚的变革主要在"例"的变化。清代大量修例，并形成定制。监守自盗增加的条例是计赃银两增加，譬如依律 40 两处斩（系杂犯死罪，实际为徒 5 年），条例则改为 1000 两处斩。[38]内务府的物品以监守自盗律判处的案例多，多半按《大清律例》计赃论罪。

清律之"监守自盗仓库钱粮律"载：

> 凡监临主守，自盗仓库钱粮等物，不分首从，并赃论罪。并赃，谓如十人节次共盗官银四十两，虽各分四两入己，通算作一处，其十人各得四十两罪，罪皆斩。若十人共盗五两，皆杖一百之类。三犯者，绞，问实犯。一两以下，杖八十；一两之上，至二两五钱，杖九十；五两，杖一百；七两五钱，杖六十、徒一年；一十两，杖七十、徒一年半；一十二两五钱，杖八十、徒二年；一十五两，杖九十、徒二年半；一十七两五钱，杖一百、徒三年；二十两，杖一百、流二千里；二十五两，杖一百、流二千五百里；三十两，杖一百、流三千里，杂犯三流总徒四年；四十两，斩，杂犯徒五年。[39]

由于侵欺 40 两处斩过于严苛，因此增订了"监守自盗仓库钱粮"第四条例文："凡侵盗仓库钱粮入己，数在一千两以上者，拟斩监候，遇赦准予援免。如数在一万两以上者，不准援免。"[40]宫廷窃盗案，以这条例文判罪的案例最多。

乾隆九年（1744），总管内务府大臣奏报养心殿内库失银330两，系太监张玉偷窃。除自他床下搜获银100两，他又供出柜内收藏银26两。此事令乾隆皇帝非常生气，上谕总管太监谢成道："明日将张玉带至瓮山，着彼处圈禁之太监观看，即行杖毙，照瓮山永不释放之太监病故掩埋例办理。"又说："张玉竟将内库锁头拧脱，将银偷去。如此胆大之人，复何事不可为？已将张玉立毙杖下，与尔等严示榜样。"[41]

这案件不只杖毙张玉，而且惩处了养心殿及库房的失职官员。"每日清晨坐五更之太监，要向首领太监寇明领取钥匙开角门入库内查验，寇明不留心查看，封条自正月二十日挪动至二月初三日，寇明并未查出，亦属溺职。总管潘凤系兼管养心殿之人，该地方管理并不严格，以致被窃，及搜查之时又未亲身前往，仅委之于首领。应将总管潘凤照"失察例"，降一级调用，加罚钱粮一年。首领李金虽在重华宫住宿，藏匿银两之地方，并未派伊往查，但身为首领，本处失事，又系本处太监偷窃，并未查出，亦属不合。"应将李金照"不行详查例"，罚钱粮六个月。奉旨："寇明着革退首领交总管，重责四十板，给与热河当差。徐文耀着革退首领，仍令在养心殿当差。潘凤着革退总管，仍令在养心殿首领当差。"[42]"内库首领王守贵、开齐礼、曹进孝俱系管库守领，库门锁钥关系甚重，理宜不时查验，乃至失事之后查验锁钥竟系松锁漫无觉，察疏忽之罪，洵属难辞。"将首领王守贵、开齐礼、曹进孝均照"疏忽例"，各罚钱粮三个月。"太监穆泰然、张德明、李有德、刘福、刘玉、王惠、刘文玉均系十九日晚坐更，太监韩世忠、东贵十九日虽未坐更，亦系本处住宿，太监张玉偷窃银两漫无知觉，应将太监穆泰然等均照'不觉被盗杖一百律'，杖一百。系太监各鞭一百，交与总管令其当差。至太监张基德、王守义系十九日晚坐更之人，张基德又与张玉同屋居住，王守义与张玉同坐五更往验封条，张玉偷银封条挪动，俱未觉察，殊属不合，均应照律各鞭一百，仍交总管令其充当苦差。"有趣的是，张玉偷窃银两后，将银借给民人李廷发 100 两，追出纹银 20 两，九三色银 36 两、钱 2300 文合银 14.37 两。又张玉在梁家钱铺寄放钱 2500 文合银 1.56 两。并查获张玉衣服 7 件、云缎半匹，及张玉住宿值房内所有衣物等项，一并交与总管办理。张玉尚应追银 102.44 两，应着落家属照追。[43]

程彬案中提到的盗换珠子，在其他案件也发现交给崇文门变价的物品被盗换。乾隆五十五年（1790），总管内务府大臣和珅奏，武备院南鞍库库守明善伙同造办处匠役张六达子，假充商人诓领什物卖钱分用，又甲库库守玉保将官领布匹私自抵换，从中得利等情。随密差番役将明善、张六达子、玉保（三人俱系旗人）拿获，解交慎刑司官员等严加审讯。据明善供：

> 去年八月，我因穷苦起意向张六达子商量，告诉武备院有发交崇文门变价什物。我要捏写领子，叫张六达子赴武备院，领些变价什物出来卖钱分用。张六达子应允。我随捏写商人谢中祥领子一张，叫张六达子假充商人，到南鞍库领得破烂狍鹿皮二千张、破鞍板五百块、秋辔靮子七斤、破布鞊八百块。我们将狍鹿皮卖钱九十七吊、破鞍板卖钱三十四吊、秋辔靮子卖钱三十五吊、破布鞊卖钱八吊，两人均分花用。本年二月崇文门招了商人沈姓赴武备院支领什物，我与张六达子央求商人，将我们预先冒领什物情由告诉明白，求他宽展日期还他钱文。我们现在仍是支吾，尚没有给他是实。[44]

沈英供称："我系宛平县民，年三十五岁。原有武备院交崇文门什物招商变价，我随充商认买。当时官项银两在崇文门全数交足，我们具领子，赴武备院衙门向库守明善陆续支领。至本年九月内我又去领什物，明善短给我鞍板子五百副、秋辔靮子七斤、狍鹿皮二千张、鞊屉八百块。我向他讨要明善说这四样东西他预先私捏商人谢中祥名字领出来，各自卖钱使了。求我宽几日还我东西，至今尚未给还。"玉保供称："我系武备院甲库库守，年五十八岁。我们衙门每年于二三月间从衣服库领出做东西的蓝布，俱是厚密的。我于五十二年起至本年止，每逢领布时，我预先买下薄疏蓝布换厚布转卖，每匹布约赚钱二三百文不等。我自五十二年至今共抵换过约一二百匹，至所赚钱文俱计不得细数了是实。"

明善等赴南鞍库领取应交崇文门变价什物，即煮鹿皮、鞍鞯等物，计赃在 80 两以上，应杖九十、徒二年半。玉保从衣服库领出官布，私将劣布抵换，从中渔利，计赃 100 两以上，应拟流罪。"但该犯等身充库守，藐法营私、情实可恶，未便照律，拟以流徒相应请旨，将明善、玉保、张六达子革去库守、匠役，俱销除旗籍，从重发往伊犁给披甲人为奴。"至于南鞍库司员、库掌"于发物之时漫无觉察，实属玩忽，应将该库员外郎库掌等俱交内务府严加议处。应将该库员外郎二格、福泰，六品库掌琦璞、僧额、常龄，委署六品库掌福舒，无品级库掌福宁阿、玉柱俱从重革职，以昭炯戒"。这案件发生后，总管内务府大臣议："嗣后如有各该处诓领什物，交崇文门派员执持印领带，同商人赴库，方准领出，以杜冒混之弊。"其明善、玉保、张六达子着枷号三个月，满日，再行发遣。至该犯等诓领什物价值钱文，于各犯家属追出给还商人，如不能足数，即着落该院堂司各官赔还。[45]

三、积匪猾贼

程彬担任养心殿库首，多次窃取各种金银珠宝，在窃盗第十三条例文："积匪猾贼危害地方，审实，不论曾否刺字，给发云、贵、两广极边烟瘴地方充军。"乾隆二十三年（1758）改发新疆，乾隆三十二年（1767）仍由新疆改发内地，面刺"改遣"二字。[46]清律对于偷窃三次以上称"积匪猾贼"，"积匪猾贼"一向以穿窬为常技，在宫廷窃盗案中也不乏实例。

乾隆三十二年，据办理宫殿工程总档房事务兼管辖番役郎中金简、伊龄阿禀称，因拆修皮库间，库南西朝房上天沟铜底瓦遗失数块，当经饬交番役等严行踩访查拿。兹据番役头目九儿等将窃犯薛常在（旗人），民人张八、安七，及收买之民人史二等拿获到案。随将该犯等逐一隔别严加究讯，缘听事人薛常在因拆修皮库后见西朝房上铜底瓦露出，即起意于六月二十四日乘空自行偷接头铜底瓦1块，由西华门拿出，卖钱花费；又商同土夫张二、张八于六月二十七日偷铜底瓦1块，令张二背藏在衣服内，由西华门拿出卖钱分使；又于七月十九日商同张八、安七偷铜底瓦2块，各背藏在衣服内，由西华门拿出，卖钱分使；又于七月二十四日商同张八偷铜底瓦1块，令张八背藏在衣服内，由神武门拿出卖钱分使；前后四次共偷过大小铜底瓦5块，重104.5斤，值银18.81两。

按照《大清律例》"凡常人盗仓库钱粮等物不分首从并赃论罪"例载，"一两以上至五两杖八十、一十五两杖一百"。又例载"常人盗仓库钱粮一百两以下，不分赃数多寡，照积匪猾贼例"，拟军从犯仍照旧例计赃治罪。又律载"若知强窃盗赃而故买者，计所买物坐赃论罪，止杖一百"，不知情误买者不坐。"薛常在系该工听事人，商同土夫张八等节次伙盗铜底瓦大小五块，重至一百余斤，卖钱分使，实属不法。且官殿工程正在兴修，若不将该犯等从重治罪，无足示惩。请将薛常在照'积匪猾贼例'，拟军改发黑龙江，赏给兵丁为奴。""张八等讯据盗卖铜斤，虽系薛常在起意，但敢于伙同盗卖分使，亦属不法。请将张八、安七均照'常人盗仓库钱粮等物，计赃一十五两，杖一百律'，各杖一百，加枷号两个月，系民照例刺字，满日折责发落，以示惩儆。"收买铜斤之民人史二、田正等不知情实，系误买，均应省释。薛常在等所得钱文应由各犯名下照追给主。至员外郎仲山"系承办修理皮库之监督，平日并未留心查办，以致遗失铜底瓦，亦属不合，应将员外郎仲山照"疏忽例"，罚俸三个月。再查各犯所盗铜底瓦讯，系皆由西华、神武等门带出，该门是日值宿官兵人等任其出入，不行搜查，玩忽之咎，亦所难辞。理合请旨，将值日该管护军统领及官兵人等，按日查取职名，交兵部照例议处"。[47]

乾隆四十年（1775），大学士舒赫德奏称，贼犯郭四五偷窃皇极殿瓦上铜钉、

宁寿门系吻铜锁等物藏匿转卖一案。据该犯等所供，七月初四日，第一次偷铜
钉 6 个、荷叶 4 件，经开设住宿工匠锅伙之史二，及同住锅伙之刘黑子说合，
卖与打鼓喝杂银之王大，得京钱 3000 文。王大用刀刮得连铜金屑 4.8 钱，转
卖与喝杂银之温老儿，得京钱 3000 文。温老儿洗得潮金 3.4 钱呈缴。其铜钉、
铜帽及荷叶打成碎块，经王大之父王四卖与收买杂铜之郭麻子，得京钱 3020 文。
十四日，第二次所偷铜钉 15 个，用破衣包裹，经该工送饭之王超引领，同携
至打磨厂开炉房之夏举家开看，只存钉 13 个，洗下潮金 3.3 钱，经夏举店伙
沈维有，将郭四五领至收买碎金之李景安铺内，卖得京钱 4100 文。夏举又将
钉上煎洗未净之金，复洗得潮金 1.8 钱，卖与李景安，得京钱 3280 文，与沈
维有共用。其抵给夏举作为煎洗工价之铜帽铜斤，夏举煎得铜 23 斤，卖与纪
俊铜铸，得京钱 5910 文。王超在逃未获，遗失铜钉 2 个，尚无着落。二十八日，
第三次所偷铜锁，该犯与素识之祁五秃子卖与收买杂铜之马稼即马公道，得京
钱 7000 文，祁五秃子分得京钱 1000 文。马稼携带铜锁自行投首。其所偷击索
铜桩 1 个，藏匿砖堆，遗失无存（见表 4–3）。

表 4–3 郭四五偷窃赃物与销赃渠道[48]

时 间	赃 物	说合人	销赃过程
七月初四	偷铜钉 6 个、荷叶 4 件	锅伙史二、刘黑子	卖与打鼓喝杂银之王大，得京钱 3000 文。王大用刀刮得连铜金屑 4.8 钱，转卖与喝杂银之温老儿，得京钱 3000 文。温老儿洗得潮金 3.4 钱。铜钉、铜帽及荷叶打成碎块，经王大之父王四，卖与收买杂铜之郭麻子，得京钱 3020 文
七月十四日	偷铜钉 15 个	王超、沈维有	王超引领同携至打磨厂开炉房之夏举家开看。只存钉 13 个洗下潮金 3.3 钱，经夏举店伙沈维有，将郭四五领至收买碎金之李景安铺内，卖得京钱 4100 文。夏举又将钉上煎洗未净之金，复洗得潮金 1.8 钱，卖与李景安，得京钱 3280 文，与沈维有公用其抵给夏举作为煎洗工价之铜帽铜斤。夏举煎得铜 23 斤，卖与纪俊铜铸，得京钱 5910 文
七月二十八日	偷铜锁	祁五秃子	郭四五与素识之祁五秃子卖与收买杂铜之马稼，得京钱 7000 文，祁五秃子分得京钱 1000 文

"郭四五潜匿禁地，肆窃拒捕，又已飞行出。内务府行文至山东巡抚，饬查该犯邻佑亲属乡地人等，将该犯历年踪迹讯明，咨覆应俟查覆到日另行奏闻办理外。"根据乾隆元年（1736）规定："管工官分饬各属，择朴实有身家者，点为夫头。各将召募之夫，取具甘结存案。其夫役每人各给火烙腰牌一面，稽查出入。"⁴⁹ 清朝规定殷实之家担任夫头，招募的工匠取具甘结，进入宫廷给腰牌以便稽查。但郭四五并无夫头作保，还有刘黑子、祁五秃子（均为民人）俱系佣趁无籍之人，因此，工头王宏业混用贼匪充夫，应照"不应重律"，杖八十，枷号一个月示众。

对收买赃物的人员进行处分，因"镀金铜钉、铜锁系宫殿饰用之物，非外间应有，众所周知。史二收藏郭四五所偷铜钉、荷叶，又同刘黑子向王大说合售卖祁五秃子，引领郭四五将铜锁卖与马稼，夏举代洗钉上镀金，或分得赃钱，或隐赚赃物，均非寻常知窃受寄、故买分赃律正计赃科罪者可比，俱当重惩示儆。史二等应均于正犯郭四五死罪上减一等，拟流改遣，将窝赃之史二、买赃之王大、洗金得赃之夏举发往伊犁。说合引领之刘黑子、祁五秃子发往乌鲁木齐，给与兵丁为奴。马稼价买铜锁，亦应一例发遣，但该犯携赃投首，稍知畏法，'应照事发自首减二等'，于遣罪上减二等，杖律九十，徒二年半。王大之父王四听从伊子转卖碎铜，夏举伙计沈维有引领郭四五卖金，应减王大夏举罪一等，拟以杖一百、徒三年。收买金屑之温老儿、李景安，收买铜块之郭麻子、纪俊虽严讯不知窃情，但不询明来历混行价买，亦有不合，均应照'不应重律'，杖八十，折责发落。领同郭四五至夏举铺内洗金之王超现在脱逃未获，应俟获日，照刘黑子、祁五秃子之例发遣。再查马公道尚有窃贼住儿偷盗解京余铜经王四接买转卖，与该犯一案正在审讯，应俟被案审明定，拟从重归结至宫禁重地致有贼匪潜藏肆窃，该工司事人员漫无稽查防范，均当从重议处。所有承办工程之主事七十一主事、杨作新应照'溺职例'革职，仍留工效力赎罪，倘此后再有办理不善情事，即行从重治罪。仍将窃去之毁失铜钉等件，着落七十一、杨作新如式赔补"。⁵⁰

　　杨作新于雍正十三年（1735）补放为员外郎。[51] 乾隆十三年（1748）十月二十日总管内务府大臣三和奏称："本月十八日申时，先蚕坛东边养蚕房二十七间之内坐更苑户，因烧炕失火烧房九间。郎中杨作新，系管理该处之员，并未督率人役详加稽查防范，亦属不合。应将郎中杨作新照'不行详查例'，罚俸六个月。"乾隆二十三年（1758），"热河塔工下肩石料稍觉压裂，该工监督三格、杨作新交内务府衙门照例严加治罪，郎中兼佐领三格，遵旨革职仍留在工行走"，杨作新因折卸损耗工料银 19756.5 两，被革职抄没家产留工效力赎罪。[52] 乾隆四十年（1775），杨作新承办雨花阁铜塔活计粗糙，殊属不合，应照"造做如不法者笞四十律"，系官罚俸六个月。[53] 从杨作新的履历来看，他被处革职也不止一次，但身为内务府官员获得优免，仍留工效力赎罪。

　　"工部郎中富勒赫等督理工程，虽系专责，但于夫匠出入并未防查，亦属不合，应将富勒、赫毓奇照'不实力稽查例'，各降一级留任。"七月初四、七月十六日、七月二十八日、七月二十九日、八月初三日等，在宁寿门上该班疏防失察之护军校福绍等 5 人，护军朱隆阿等 29 人等均照"仓库不觉被盗律"，各杖一百，留差。"护军参领宝福、副护军参领六十七、阿济尔海、护军校委署护军参领赵德，均照'仓库不觉被盗罪'，杖一百，各留职。役律各仗一百，系官各降四级留任。总管内务府大臣英廉、四格照失察罚俸一年例，加重罚俸二年。"至贼犯郭四五偷窃镀金铜钉 6 个、镀金铜护眼荷叶 4 件，系于七月初四日由敛禧门出神武门，十六日偷窃镀金铜钉 15 个，二十九日偷窃镀金铜锁 1 条，俱由敛禧门出东华门，其各该门是日该班章京等漫无知觉，亦应议处。[54]

　　郭四五偷窃的铜钉、荷叶、铜锁来自皇极殿，这里的铜器特别多。皇极殿于康熙二十八年（1689）初建时曰宁寿宫，乾隆三十七年（1772）修建时易其名曰皇极殿，宁寿门是皇极殿的门之一。乾隆三十八年（1773），英廉等奏折：遵旨，成造新建皇极殿，安设铜鹤 1 对，鼎炉 2 对。铸造鼎炉 2 对，共约用黄铜 3935 斤。收搂攒焊重檐楼子 4 座，约用红铜条 627.44 斤，工价物料银

555.84 两。铜龟 1 对，约用黄铜 3976 斤，工价物料银 755.99 两。铜鹤 1 对，约用黄铜 2084 斤，工价物料银 412.16 两。乾隆四十年（1775）二月，总管内务府英廉等奏：遵旨。宁寿宫、皇极殿前添安烧古铜缸 2 件，俱口径 5 尺，共约估用黄铜 10714 斤。又按《清宫内务府奏销档》载：乾隆四十年四月，遵旨成造宁寿宫各座安设铜烧古龟、鹤、鹿、鼎炉，计 7 对，并收拾见新。添配顶楼鼎炉 2 对、铜鹤 1 对，共用铸炉处黄铜 21286.5 斤，行取红铜条 1296.75 斤，工价物料银 4391.68 两。[55]

　　郭四五于七月初四日从皇极殿偷镀金铜钉、镀金铜护眼、荷叶，得经过宁寿门、皇极门，又由敛禧门出神武门，居然神不知鬼不觉。十六日第二次所偷铜钉 15 个，其中 13 个，除了金子少量不计，铜重 23 斤。二十九日偷窃镀金铜锁 1 把，两次俱由敛禧门出东华门。按理说，看守宫殿的首领太监应在每日散工时逐一搜查，以免小偷潜藏宫内，但平日疏懒，导致被盗。

四、窃盗窝主

　　"盗贼窝主律"载："若知强窃盗赃而故买者，计所买物坐赃论；知而寄藏者，减（故买）一等各罪止杖一百。其不知情误买及受发者俱不坐。"[56]

　　乾隆三十五年（1770），总管内务府大臣奏，为审明治罪事缘，织染局司库塞钦等将织造备赏屯绢所用丝斤盗卖，被番役拿获一案。织染局以往织造备赏屯绢，皆系局内官匠织造，交送缎库。若遇局内有要紧活计，无暇织造，按每匹用丝 1.61 斤之数，发交司匠等在民机织办交纳。该年因局内有赶办活计，不暇织造，是以司库塞钦告知办理织染局事务之员外郎天德，将广储司行取此项屯绢 100 匹，照每匹应用丝 1.61 斤之例，共发丝 161.25 斤，交司匠福格、喜德二人，给付钤印执照，令其持往六里屯，交铺户民机织办。福格、喜德转请塞钦在城内寻觅铺户，令其织造 50 匹。再将丝斤售卖一半，由各屯绢铺购买 50 匹，一来可以快速完成任务，二来卖丝买绢又可以稍获余利，大家分用。

福格等听从其言，随托库使玉格在城中寻觅铺户，许其谢银五六两。玉格在鼓楼前义合号民人陆天成绒线铺内，问明织办屯绢或鬻卖丝斤两项俱可后，回告福格等。三月十八日，塞钦、玉格携带白丝1把，同到陆天成铺内看准丝样，议定给丝17两代织屯绢1匹，每卖丝1斤给价银1.6两。塞钦领出白丝161.25斤，言明令陆天成代办屯绢50匹，留给丝61.25斤，其余丝100斤卖与陆天成，得价银160两，办屯绢50匹，需用80.5斤的丝，塞钦另给陆天成106.1两。

　　再陆天成"见丝每把俱有石门县印记，并采样字样，已知其为官物，因恐载运出城有人盘诘。随向塞钦等索取凭据，塞钦等即将从前发给福格等赴六里屯织办屯绢一百匹之印照一纸，交陆天成收执。此案除失察此案之该管大臣和尔经额、员外郎天德臣等，另行议罪具奏"。塞钦、福格、喜德均照"监守自盗仓库钱粮不分首从计赃四十两斩，杂犯，准徒五年律"，准徒五年，系旗人各折枷号五十日（按：旗人依然享有换刑特权），满日各鞭一百。玉格系该局库使，虽织办此项屯绢非伊专司，受贿托代觅铺户说合，将官物盗卖，实属枉法，若仅照"枉法赃一两至五两杖八十律"，杖八十，尤足示戒，应加枷号一个月，满日鞭八十。民人陆天成明知官丝，认买希图获利，若照律枷号一个月，满日杖一百亦不足以蔽辜，应再枷号一个月，枷号两个月，满日重责四十板。匠役王九流虽系听从该管头目等指使拉运，并无许分赃物情事，亦属不应。应将王九流照"不应重律"，杖八十，系旗人鞭八十。[57]

　　同治年间，崇淇在库值宿，因贫起意抵换金器，遂乘开库之便，窃出金大碟6件，每件原重二两平七成半金8.48两，携至东四牌楼，在伙摆首饰摊之郝景幅、张得受、高得蓂摊上商量，撤金另行打造。讲定每件给崇淇银10两。郝景幅等商量欺瞒崇淇，意图多赚，遂将原碟剪碎撤金掺银，化得四成半金锭6个，交万宝首饰局如式打造金碟6件，每件重6两上下，随交崇淇收回库内。并向崇淇诈言每件仅撤出金5钱，所掺成色及分两多寡，崇淇并不知情。[58]崇淇偷窃的金大碟为七成五的色金（即75%的金、25%的银），换算纯金约38.16两（8.48两×6×0.75=38.16两），若按照北京金价1两等于13两银，[59]

可换到银 496.08 两。

又，正月二十日至三月十一日，崇淇又乘值宿之便，四次共窃出金二号盘6 件、金大碟 6 件，金盘每件原重二两平八成金 15.5 两，金碟与前相同，仍交郝景幅等撤金另打，讲定金盘每件给崇淇银 20 两，金碟给银如前。郝景幅等照旧欺瞒崇淇，将金盘碟剪碎撤金掺银，化得大小金锭各 6 个，大锭内有七成金 3 个、五成金 2 个、五成半金 1 个，小锭均系六成金。另交九华局之刘得海打造，刘得海亦图赚金，复行镕化，按原金锭分两，每锭又撤出金二成，打得五成金盘 3 件、三成金盘 2 件、三成半金盘 1 件，每件约重 10 两，并打得四成金碟 6 件，每件仍约重 6 两。均经郝景幅等陆续交付崇淇收回库内。并又向崇淇诈言，金盘每件仅撤出金 1 两，金碟撤出金如前。崇淇仍不知所掺成色及分两多寡情事。金盘每件原重二两平八成金 15.5 两（15.5 两 × 6 × 0.8=74.4 两），再加上金大碟 38.16 两，共 112.56 两，换算为银共 1688.4 两。这次给崇淇银20 两，12 件共 240 两。至于九华局打各成色的金盘，换算成纯金共 37.36 两，折银 555.6 两，1 两纯金为银 14.87 两，郝景幅等得银 892.8 两。[60]

同治九年（1870）四月初十日，经该处奏明将赃犯崇淇交司审办。即据管理番役各员及番役等，访闻伙摆首饰摊之郝景幅等有毁化金器另行打造情事，先将各铺户获案。因要犯郝景幅等闻风逃逸，复经臣等严饬官役购觅眼线，悬赏侦缉。[61]

据崇淇供称，每次窃出之时，系他本人值宿，或逢开库请印，或乘出入之便，当时无人知觉。其每次开库应换封条亦系由他标写封锁，委系独自偷窃，实无知情分赃之人。当将委署库掌文惠传案详讯，据供"与崇淇轮班值宿，崇淇偷窃金盘、金碟，他与柏唐阿祥超实不知情，复将抵换盘碟 18 件调出，并提原存金器校对。饬传验匠磨勘成色分两，核计应追足金 150 两"。兹据番役起获张得受等镕化原金 5 锭，又将郝景幅等卖给广升银号金锭，饬令该铺赔缴，共追足金 66 两。并验掺换盘碟成色，自三成以上至五成不等，核得足金 56 两，仍亏短金 27 两，除刘得海赚用 19 两外，余系郝景幅等卖与不识姓名之人，无从着追，案无遁饰，应即拟结。

总管内务府大臣称，衙门并无办过似此成案，当经查刑部去后旋据覆称：崇淇究竟应判处"内务财务系乘舆服御物者，俱作实犯死罪"，或"监守盗仓库钱粮入已数在一千两"以上者拟斩监候？刑部官员又查律载，"用计欺瞒官私以取财物者计赃准窃盗论，免刺"。[62] 刑部官员判定：崇淇派管银器库先后偷窃金盘碟 18 件，撤金抵换共得京钱 2700 吊。"崇淇所窃金器系在景运门外膳房库内收存，虽与乘舆服物有间，究属内府财务，该承应掌派管银器库，在内值宿，即有监守之责，辄敢偷窃金器抵换得赃，实属'监守自盗例，应并职论罪按制钱一千，合银一两计赃在一千两以上'，崇淇应革去钱粮，销除本身旗档照，拟斩监候。该犯锁送刑部监禁先刺'盗官物'三字，入于朝审办理。该处值班园丁德恒、苏拉珠隆阿、匠役成恩、值宿柏唐阿长吉、听差人恩广，于本处殿内金佛被窃毫无知觉，实属疏懈。德恒、珠隆阿、成恩、长吉、恩广均合依'仓库不觉被盗罪止杖一百律'，各杖一百，鞭责革役。失察被窃之苑丞广裕等，应由奉宸苑自行查明惩办。"

民人郝景幅、张得受、高得犇伙摆首饰摊谋生，于崇淇窃出金器嘱为撤金另行打造，该犯等贪获重利，商同欺瞒崇淇，任意掺撤毁化，并向崇淇诈言成色分两，先后赚剩余足金 60 余两，实非寻常知情销赃可比，自应按"欺瞒律不分首从"定拟。铺民刘得海给郝景幅等打造金器，辄将原交金锭另行镕化，复撤二成赚金 19.85 两，虽由已化锭内撤出，不知偷窃官物情事，仍属欺瞒取财，且该犯所赚之金花尽，无力完缴，亦应一律问拟。查黄金 1 两作白银 10 两赃数，俱已逾贯。[63] 应将郝景幅、张得受、高得犇、刘得海均合依"用计欺瞒官私取财律"计赃准窃盗论，免刺。"窃盗赃 120 两以上，罪止杖一百、流三千里。各拟杖一百、流三千里，送顺天府定地发配，到配折责安置。""诈欺官私取财律"载："凡用计诈伪欺瞒官私以取财物者，并计诈欺之赃，准窃盗论。"[64]

乾嘉之际，银楼皆浙东商人（宁波、绍兴人居多）集股开设者。四恒号皆设于东四牌楼左右，恒和号在牌楼北路西，恒兴号居其北、隆福胡同东口，恒利号在路东，恒源号在牌楼东路北。[65] 陈志高的《中国银楼与银器》一书中提到北京银楼，其中九华楼在东四北牌楼处，开业于 1780 年前。[66]

五、从窃盗案看宫廷事务的管理

多年前，秦国经讨论清代宫廷的警卫制度、紫禁城门卫制度、以及内廷各馆供事、书吏、苏拉、皂隶、茶役、厨役、匠役等，皆由内务府给予火烙腰牌。[67] 祁美琴也提到，内三旗包衣骁骑营设骁骑参领、参领各 15 人，披甲 5000 多人，负责紫禁城内武英殿等 31 处的值宿和守卫。内三旗包衣护军营设护军统领 3 人，护军参领、副参领、委署参领各 15 人，护军校、蓝翎长 100 多人，护军 1200 人，主要负责顺贞门等 12 处宫门的守卫和扈从、执灯导引等。[68] 清宫守护制度非常严密，但笔者在看档案时，发现有很多的漏洞存在，如用手拧断锁钥、圆明园门守卫纠集外人居住等。以下分节讨论。

（一）器物的档案管理

《清宫内务府奏销档》记载，总管内务府大臣奏报盘查广储司六库的物品，核对品目和数量。如雍正三年（1725）大臣奏："依雍正元年奏过黄册内，实存东珠珍珠宝石等项数目，并二年正月初一日起至三年八月二十九日止按出入档案查算除用以外，库内应有东珠、宝石、铜锡器等"，共清查 1900 余项。[69] 但是，各宫殿庋藏的物品太多，像程彬案件中审改档册者也不乏其人。

乾隆二十九年（1764）七月十四日，户部侍郎安泰查办汤泉新任总管六达塞呈报，旧任总管常泰所交行宫库存什物短少数百件、钱粮银短少 300 余两未交一案。慎刑司官员严讯常泰："你是汤泉等处行宫总管，所有库存什物俱有档案，你如何私自将什物盗去？又将档册偷改？"据常泰供称："我因家道贫穷，见行宫库存什物多有损破糙旧，俱是收存不用的。是以生心要拿些家去当卖费用，随陆续将绸纱旧帐，并铜瓷木器拿了几百件去是实。"常泰因偷拿了好些什物，恐怕日后档案不对，向和尔经额谎说要营造司的册子与行官的册子查对。常泰向营造司要出册子，将他私拿去的什物删除，另造了五本册子，仍交还营造司，营造司也就收了，随将营造司的原册烧了。官员还发现常泰在造假册子上边用的小戳记，常泰供："和大人查点陈设的档册是和大人自己带去的，小戳子系查对二字，每件上俱印一个。我改换了册子，向琉璃厂照式也买了一个，在册子上印用是实。"据和尔经额称："于乾隆二十八年十月内前往热河汤泉查办陈设岁修时节，即着营造司委署主事延强、笔帖式富勒赫等，将每年呈报营造司陈设岁修印册带往逐处查点，按件押记查对印子。至所有更换移挪陈设等项，按照彼处档册照对，亦用查对印记。查完回京奏闻之后，将所有印记档册，令延强等俱交营造司收贮。后于二十九年二月内，员外郎常泰向我说：'现在各处底册俱有拘抹不清之处，恐怕舛错，要将营造司收贮的印册撤出照对，誊清报堂。是以我叫营造司官员给他照对，完时即便交回是实。'"[70]

　　问据跟随和尔经额前往查点陈设之委署主事延强笔帖式富勒赫同称："于乾隆二十八年十月内，随和大人前往热河、汤泉等处去查行官的时候，遵和大人谕，将营造司收贮二十二年至二十七年呈报岁修陈设印册俱领出带往，所有行官现设并库贮陈设等件俱照原报印册按件查点。册上逐件钤用查对二字印子，至有更换移挪之件，按年推算照依彼处册上，钤用查对印子。查毕奏准后，将所有钤用查对二字印册俱交营造司收讫是实。"慎刑司官员查例载"凡侵盗仓库钱粮入己，数在一千两以下者仍照本律拟斩，杂犯准徒五年"，"一千两以上者拟斩监候"。常泰侵用官兵钱粮，及粮价岁修核减等银 300 余两，又侵盗官物 982 件。"虽尚未查明作价，损坏旧物统计未必及一千两之数，但该犯身为总管敢于躬行侵盗而审讯之下，又复诡辞支饬情由可恶自应'加等治罪，以示惩创'，请照'侵盗官钱粮一千两以上拟斩监候例'，拟斩监候，秋后处决，其侵盗什物另行查明作价，与侵用银两一并由该犯名下追缴。管理行官大臣傅己汤泉一带行官，系其所辖，乃常泰侵盗钱粮官物如许之多，傅己全无觉察，咎实难辞，应照'失察例'，罚俸一年。千总邱良玉、何泮虽无通同分肥，但明知册籍不符，听从钤押图记应照'徇情例'，降二级。苑丞五雅图、苑副长新、沈标、穆克登布俱系管理行宫之员，乃常泰任意侵盗，该苑丞等默无一言，殊属畏懦，应照'不应重律'，杖八十。昌平州知州黄元㞎于常泰改换之册不行详查，即行用印，实属疏忽，应请交该部查议。工房书办林从正，听从常泰禀官用印，虽无伙同分肥情事，究属不应，均应照'不应重律'，杖八十，折责发落。副都统和尔经额虽不知常泰偷盗官物、改换册籍情由，但当常泰禀取营造司原册之时，不行详查，遽准领去，实属疏忽已极，若照'失察例'罚俸一年不足示警，应加罚俸一年，共罚俸二年。"[71]

武备院铁匠四达子于乾隆三十三年（1768）三月至八月陆续六次偷得武备院堂上册档 50 本、毡子 1 块、木板 2 块，南鞍库铜壶 1 把、茶碗 25 个，北鞍库铁锅 1 口、铁盆 1 个，卖钱花费，乾隆三十四年（1769）此案经慎刑司衙门咨送刑部办理。刑部咨称，审明"四达子系包衣汉军正身，屡次偷窃武备院器物已属积猾，胆敢将公署收存册档屡次偷卖，实属藐法"。四达子应照"积匪猾贼例"，销去旗档，面上刺字，发往伊犁，给与兵丁为奴。其偷卖档册已经转售，改作纸张，无从追起。例载："文武官员衙署被窃失事之员，即行申报，若不申报，别经发觉者，将不行申报之员，降一级留任。窃犯限一年缉拿，限内拿获，准其开复。限满不获，降一级调用。""查堂主事法保等均系武备院办事之员，该院档册什物等项屡次被窃，即应随时申报，乃一味颟顸并未申报理，应照例议处。但主事法保等既能留心，严饬该匠役等值更稽查，将窃犯四达子拿获送部治罪，与一年限内自行拿获免其治罪之例相符。应将堂主事法保委署主事明谦、兼堂行走南鞍库员外郎三格、兼堂行走北鞍库员外郎兴敏，均照例免其议处外，其库掌王彦、观音保于衙署被窃，既未随时申报，又未限内拿获，实属不合。应将六品库掌王彦、九品库掌观音保均照例各降一级调用。"[72]

（二）人事管理

太监偷窃，其直属的总管太监、首领太监都连带受处分。如前文所述，不仅有张玉偷窃养心殿库银，另有张凤盗毁金册，皆因总管太监潘凤未严行稽查，"以致首领及太监多人在外赌钱"。太监赌博欠钱，铤而走险，虽然总管太监潘凤等照"失查例"，被罚钱粮，但未能匡正太监不良习气。[73] 乾隆二十年（1755）以后，将太监偷窃处以"即行杖毙"。如乾隆二十一年（1756）六月，太监李连栋放火偷窃。遵旨："立即正法示众。伊父李仁德、母李氏，弟黑子、三儿、老儿五名，发往黑龙江给与披甲为奴。"乾隆二十一年，"九月初五日署理内总管事务吉庆奏报审理盗窃耳坠之太监王进朝一折内。奉旨：知道了。诚若伊自盗属实，办理此种盗窃之人，前有成例，将王进朝即行杖毙。钦此。"[74] 其后以致光绪朝有"近御太监杖毙甚多"之说，日后笔者将对此议题进行更深入的研究。

圆明园有匠役系刺字窃犯，可以看出用人的疏忽。乾隆十六年（1751），总管内务府大臣奏步军统领衙门拿获偷盗勤政殿玉器等物贼犯酆四，酆四供称："系于四月初三日夜二更时，由六郎庄河沿拔了小柳树，由西铁门东边竖杆扒入偷窃玉器等物，于五更时分扒出墙来。"[75] "酆四系刺字窃犯，被放入圆明园当割草人。总管内务府大臣认为酆四系刺字窃犯，本易识认，得以入内当差，可见总管太监等平日并不留心稽查。应将总管太监李裕、陈九卿革职留任，总管太监胡国泰、庞贵各罚钱粮一年。"[76]

（三）库房锁头、钥匙的质量

雍正四年（1726）八月奏准，凡遇六库开库，着库官 1 员、司库 1 员、无品级司库 1 员、库使 3 名，共 6 人。开库送钥匙之后，夜间如有开库事务，值宿司库将六库值宿库使等聚齐，值宿之内务府总管带领开库。再六库钥匙原系值宿库使 2 人每晚收攒一处，交乾清门侍卫，次日仍着库使 2 人领取散给六库。嗣后着广储司六库每日令库官一员值宿，其取送钥匙，令值宿司库带领库使 2 人取送。每晚封库之后交值宿护军校等看守，次早该库接验封条。乾隆二年（1737）九月呈准外六库大门停其封锁，将六库封皮即交看库章京、兵丁看守，令各该库值宿司库、库使等仍不时稽察。[77] 按则例上的规定，库房应固若金汤，实际上盗贼拧了锁就开了库房。

康熙八年（1669），办买乾清宫周围房屋柜子上锁，大小锁头钥匙 187 个，此项银 36.71 两。[78] 一副锁头、钥匙不足银 2 钱，只防君子不防小人，因而钥匙常被拧断。如康熙二十一年（1682），四执事太监王封远醉酒后扯开自鸣钟银柜封皮，拧弯钥匙逃跑，着交内务府总管加紧追捕。[79] 制作锁头、钥匙由武备院办理，似乎技术平常。如乾隆九年（1744），副司库瑞保为京内圆明园活计库 2 座门上锁钥，俱经日久糟坏。请武备院随锁钥匙成造的尺寸长铁锁 5 把、七寸长铁锁 2 把，以备封锁库门使用。[80]

嘉庆二十一年（1816），东暖殿太监孙奎供称："系大兴县，民年四十岁，父母俱故，并无弟兄。曾经娶妻包氏，剃头生理。因我贫苦不能度日，将妻休了，于十二年十一月二十一日在东安门外澡堂内，用剃头刀自行净身。于十三年四月二十一日拨进，投在打扫处。是年月月拨到景和门当差，后又拨到东暖殿当差。"孙奎自称素好吃嘴，因钱不敷用，起意偷窃。他从前在打扫处当差，抬运银两，到过敬事房库房，所以道路甚熟。库上锁头都留心看明，于二十年十一月初四日夜间生更，是夜大风起意偷窃。孙奎走至永祥门里边台阶，脚踏栏杆爬墙，由群墙往北，从绛雪轩爬上大墙，由墙上爬至铁门跳下，往东走，由敬事房放煤小耳房下去即是库房。孙奎带有素日买的小铁钥匙二把，将库上锁头开了。孙奎将门下锁头拧落，摸着木柜上有银一口袋，银至六百五十余两。孙奎仍照旧当差，请将银子陆续拿出换钱使用，置买住房五间，除借给众人各铺户，置买被褥衣服什物零星花用。孙奎过去在钟表铺偷得布夹袄一件，当钱花用。从前俱是夜间偷窃，上房爬墙是会的。总管太监等派人分头前往各处查核所使数目，与该库所失银数不甚悬殊。复将借钱之人传到质对，亦俱承认，其为该犯一人偷窃，别无同伙之人似非捏饰。

北京的茶叶铺、锡铺、肉铺、面铺、古玩铺等提供存钱的功能，存钱的数量顶多 10 余吊，不如存在钱铺的 170 吊多。

　　孙奎在穿戴方面花销很大，皮袄钱花了 13 吊，还买衣帽、靴履等（见表
4-4）。还债天锡纸马铺钱 2200 文；还洪顺茶叶铺钱 32 吊；赎当用钱 7 吊；
给王五、魏二钱 18 吊；给王五之子王定得银钱合计钱 43 吊；给太监王喜寿之
母钱 2 吊；给锅上妇人苏头目二次钱共 6 吊；给剃头赵三钱 12 吊文 800 文；
零星使用钱 46 吊又 700 文；存钱票四张共钱 4 吊又 900 文，存银 70 两。太监
孙奎供出借给太监等钱文数目单：祭神房太监李忠二次借钱 14 吊；太监张玉
借钱 7 吊；太监刘德借钱 4 吊又 800 文；东暖殿太监李四喜借钱 3 吊又 600 文；
太监王全玉借钱 3 吊。[81]

表 4-4　太监孙奎供出用过银钱数目单[82]

储蓄型的钱文	数　量
东安门洪顺茶叶铺存钱	10 吊
东华门景家钱铺存钱	170 吊
西华门天锡纸马铺存钱	7 吊
西华门卖羊肉王回子存钱	2 吊又 600 文
东安门金华盒子铺存钱	19 吊
泰山斋面铺存钱	13 吊
大有轩存钱	10 吊又 400 文
东华门卖羊肉沙回子借钱	100 吊
东华门洪顺茶叶铺周大借钱	50 吊
锅上妇人杨张氏二次借钱	14 吊
买房用钱	466 吊
做被褥用钱	32 吊
买棉褂子用钱	7 吊
买靴子用钱	7 吊
买裆裤用钱	700 文
买茧绸布衫 2 件用钱	5 吊
买桌子用钱	3 吊
买皮帽钱	4 吊又 800 文
买单毯被子钱	10 吊

买靴子鞋 3 双钱	5 吊
买蜡钱	1 吊又 400 文
买帘子钱	2 吊
买夹袄钱	3 吊
买被单钱	2 吊又 500 文
做皮袄钱	13 吊

结　论

　　溥仪在《我的前半生》中说："紫禁城在表面上一片平静，内里的秩序却是糟乱一团。从我懂事的时候起，就时常听说公里发生盗案、火警，以及行凶案件。"[83] 从《清宫内务府奏案》《清宫内务府奏销档》可以发现，此一现象在乾隆朝已经出现。乾隆朝造办处作坊数量增加了许多，遍及紫禁城、圆明园、两淮盐政、长芦盐政、三织造、淮安关、凤阳关、九江关、粤海关等。制造、监督、查核、收藏环节都设有管理的官员，并于乾隆十三年（1748）成立督催所和查核房，但每个环节都可以发生偷窃的事情。乾隆二十九年（1764），针对总管太监不举报太监犯案，乾隆皇帝颁布上谕，矫正不良习气。又于乾隆三十年（1765），皇帝谕令建立保举首领太监制度。但有些太监不识字、眼皮子浅，无法抗拒宫廷琳琅满目的珠宝的诱惑。再如，养心殿首领太监程彬所形成的窃盗集团，从窃取物品、擅改档案到销赃，有完整的体系。他们找北京的铺子，将宫廷器物改做其他物品。譬如，金松茂将白玉图书改做暖手；或崇淇窃出金盘、金碟 6 件，交给九华局之刘得海镕化，另打造器物。如此一来，追赃益加困难。

　　清初《大清律例》有旗人免发遣的律文，但后来在"窃盗"第十八条例文："凡旗人及旗下家奴肆行偷窃，犯罪至发遣以上者，将失察旗人为窃之该管官及失察家奴为窃之家主，俱照旗人为盗例交部分别议处。若能于事未发觉之前，自行查出送部治罪者免议。"[84] 旗下正身，审系积匪猾贼，销去旗档，均照民人例于面上刺字，发乌鲁木齐等处给与兵丁为奴。在京由刑部开具所犯事由，按月汇奏。在外令该省定拟报部，刑部核实亦按月汇奏。[85] 清代旗人可经由荐举、议叙、世袭、恩荫、翻译科举等取得入仕机会。任职文武官员或兵丁的人数也多于汉人，故取消旗籍对旗人来说是很大的处罚。

在刑法方面，偷窃宫廷器物的处分较一般盗窃案件重。除了按《大清律例》法律条文处分外，皇帝对于窃盗行为多加重处分，尤其是太监偷窃案件，有的杖毙示众，有犯发遣极边充当苦差。因失窃而株连失察的官员以及管门禁的官兵，这在其他地方的窃盗案中较少见。至于工匠则设有夫头制度，即择朴实有身家者，点为夫头，各将召募之夫，取具甘结存案。如果工头一时不察，混用贼匪充夫，应照不应重律杖八十，枷号一个月示众。从宫廷失窃案件中可看到清朝为防范此类案件，会从上谕、处分条例等订立更周延的律法。

总之，清宫窃盗案件数量多，有不同的犯案人群，且具备特殊的法律审判形式，值得日后进一步探讨。

注释

1　参见祁美琴：《清代包衣旗人研究》，页 145—201。

2　赖惠敏：《后妃的荷包：温惠皇贵太妃及其太监们的营生》，《近代中国妇女史研究》，期 38（2021 年 12 月），页 117。

3　《清宫内务府奏案》《清宫内务府奏销档》及赵令志等主编：《雍和宫满文档案译编》。

4　林乾：《清代旗民法律关系的调整——以"犯罪免发遣律"为核心》，《清史研究》，2004 年第 1 期，页 39—50。笔者曾撰文探讨乾隆二十七年新定例文："嗣后满洲有犯军流等罪，如情节稍重者，即削去户籍，依律发遣。"凡有卖身、不孝等寡廉鲜耻行为，实发遣黑龙江等地。参见赖惠敏：《从法律看清朝的旗籍政策》，《清史研究》，2011 年第 1 期，页 39—52。

5　裕诚等主修，文璧等纂：《钦定宫中现行则例》，卷 4，页 2-1~4-2。

6　研究宫廷窃盗着重太监偷窃，如余林：《清代太监惩罚制度述论》，《黔南民族师范学院学报》，2006 年第 5 期，页 34—38。

7　巫仁恕、吴景杰：《窃盗案的历史犯罪学分析——以同治朝四川省巴县为例》，《汉学研究》，卷 39 期 3，页 141—186；巫仁恕、吴景杰：《犯罪与城市——清代同治朝重庆城市窃盗案件的分析》，《台大历史学报》，期 67，页 7—53。

8　沈之奇撰，怀效锋、李俊点校：《大清律辑注》（北京：法律出版社，1998），下册，卷 18，页 557。

9　鄂尔泰、张廷玉等编纂，左步青校点：《国朝宫史》，卷 21，页 457。

10　《清宫内务府造办处档案总汇》，册 19，乾隆十八年正月初九日"镀金作"，页 595，于三月二十日催总李元将铸得银锞持进交讫。

11　《清宫内务府造办处档案总汇》，册 19，乾隆十八年正月初九日"玉作"，页 616，于五月初四日员外郎白世秀达子将交全换得翳缎子新结子持进，交首领程斌呈进讫。

12　祁美琴：《清代内务府》（北京：中国人民大学出版社，1988），页 91。慎刑司负责定拟府属文武官员犯罪；处理太监犯罪案件；管理犯人监禁、发遣等事；收犯人赃款及赎金交广储司银库。设有郎中 2 人（正五品），职员外郎 8 人（从五品）、主事 2 人（正六品）、委署主事 2 人（从六品）、笔帖式 19 人。

13　《清宫内务府奏案》，册 105，页 235—241。

14　Marcus Felson, *Crime and Everyday Life: Insights and Implications for Society* (Thousand Oaks: Pine Forge Press, 1994), pp. 35-36；巫仁恕、吴景杰：《窃盗案的历史犯罪学分析——以同治朝四川省巴县为例》，《汉学研究》，卷 39 期 3，页 158。

15　赖惠敏：《乾隆皇帝的荷包》，页 17。乾隆年间造办处银库有 24 个年份缺资料，其余年份的进项总收入为 5489331 两。支出银两有 21 个年份缺资料，其余年份总支出为 6514140 两。

16　《清宫内务府奏案》，册 105，乾隆二十三年六月初二日，页 250—253。五十一协助寄顿，于四月二十一日日落以前，五十一在下处有太监赵福寿来说现在里头查问东西。程彬叫将家中的玉器等项该装箱子的装上些；该埋藏的埋藏些，有人来取给他拿去。所以五十一将玉器、珠宝，并铜瓷器皿、绸缎等项装了 6 皮箱。又将衣服 20 余件、貂皮 10 张，还有帘子帐刷等项装了一皮箱零一包袱。至二十二日早太监赵德先来了一次说要取东西，五十一叫人将 6 箱什物送往赵德家去。又迟了四五日有总管杨琳叫太监马朝凤将一箱并一包袱衣服取去，还将马 2 匹也拉了去了。家内余剩的碎小玉器、数珠、什物埋藏了些。如今都已据实供出，所埋的东西也都起出来了。

17　《清宫内务府奏案》，册 105，乾隆二十三年六月初二日，页 270—275。

18　《清宫内务府奏案》，册 105，页 270—275。

19　《清宫内务府奏案》，册 105，乾隆二十三年六月初二日，页 246—249。

20　《清宫内务府奏销档》，册 51，乾隆二十三年六月初二日，页 3。

21　《清宫内务府奏案》，册105，乾隆二十三年六月初二日，页265—267。

22　《清宫内务府奏案》，册105，乾隆二十三年六月初二日，页257—262。

23　《清宫内务府奏案》，册105，乾隆二十三年六月初二日，页243—244。玉带钏、玉钟子、玉炉、玉觥、瓷盆、连瓷炉、白瓷盘青花白地瓷梅瓶，因没人买照旧交给赵德给回程彬去了。

24　《清宫内务府奏销档》，册51，乾隆二十三年六月初二日，页3—5。

25　《清宫内务府奏销档》，册51，乾隆二十三年六月初二日，页3—5。

26　《清宫内务府奏销档》，册51，乾隆二十三年六月初二日，页3—5。

27　《清宫内务府奏销档》，册51，乾隆二十三年六月初二日，页44—53。

28　秦国经：《清代宫廷的警卫制度》，清代宫史研究会编：《清代宫史探微》(北京：紫禁城出版社，1991)，页308—325。

29　昆冈等奉敕纂修：《大清会典事例（光绪朝）》，卷82，页9-2。

30　鄂尔泰、张廷玉等编纂，左步青校点：《国朝宫史》，卷20，页443。

31　庆桂等编纂，左步青校点：《国朝宫史续编》，卷1，页3。

32　《清宫内务府奏案》，册208，乾隆三十九年十二月二十六日，页320—327。

33　《清宫内务府奏销档》，册6，雍正十年十二月十九日，页375—387。

34　《清宫内务府奏案》，册105，乾隆二十三年六月初二日，页242。

35　《清宫内务府奏案》，册105，乾隆二十三年六月初二日，页255。

36　溥仪：《我的前半生》，页146。

37　《清宫内务府奏销档》，册51，乾隆二十三年六月初二日，页41—42。

38　秦化真：《清代监守自盗罪刑罚体系研究》，《刑事法评论》，2014年第1期，页613—635。

39　《大清律辑注》，下册，卷18，页563—564。

40　吴坛著，马建石、杨育裳主编：《大清律例通考校注》(北京：中国政法大学出版社，1992)，页671。

41　鄂尔泰、张廷玉等编纂，左步青校点，《国朝宫史》，卷4，页48。

42　《清宫内务府奏销档》，册30，乾隆九年二月二十四日，页157—162。

43　《清宫内务府奏销档》，册30，乾隆九年二月二十四日，页157—162。

44　《清宫内务府奏销档》，册158，乾隆五十五年十月二十七日，页305—313。

45　《清宫内务府奏销档》，册158，乾隆五十五年十月二十七日，页305—313。

46　吴坛著，马建石、杨育裳主编：《大清律例通考校注》，卷24，页717。

47　《清宫内务府奏案》，册156，乾隆三十二年七月二十一日，页57—64。

48　《清宫内务府奏销档》，册110，乾隆四十年八月二十五日，页374—385。

49　昆冈等奉敕纂修：《大清会典事例（光绪朝）》，册10，卷952，页881-2。

50　《清宫内务府奏销档》，册110，乾隆四十年八月二十五日，页374—385。

51　《清宫内务府奏案》，册11，雍正十三年十一月三十日，页122。

52　大连市图书馆文献研究室、辽宁社会科学院历史研究所编：《清代内阁大库散佚档案选编：奖惩·宫廷用度·外藩进贡》(天津：天津古籍出版社，1991)，页92—93、104—105。

53　《清宫内务府奏案》，册209，乾隆四十年二月二十八日，页238—244。

54　《清宫内务府奏销档》，册110，乾隆四十年八月二十五日，页374—385。

55　《乾隆朝内务府奏销档》，册319，乾隆三十八年四月十七日，页96—108；章乃炜：《清宫述闻》(北京：紫禁城出版社，2009)，下册，页679、687、691。

56　吴坛著，马建石、杨育裳主编：《大清律例通考校注》，卷2，页760—761。

57　《清宫内务府奏销档》，册87，乾隆三十五年三月三十日，页104—117。

58　《清宫内务府奏销档》，册254，同治九年五月二十三日，页113—124。二两平重一两一钱五分等于库法平重一两一钱，参见《养心殿造办处各作成做活计清档》，内务府簿册胶片编号1，嘉庆十一年五月初八日，页248。

59　圆明园、万寿山、内庭例叶子金每两价银13两。姜亚沙等主编：《清代宫苑则例汇编》（北京：全国图书馆文献缩微复制中心，2011），册5，页138—139。

60　《清宫内务府奏销档》，册254，同治九年五月二十三日，页113—124。

61　《清宫内务府奏销档》，册254，同治九年六月初七日，页83—86。崇淇系内务府镶黄旗禄增管领下人，年32岁，于同治四年挑补御膳房顶戴承应掌，同治八年七月间派管银器库。

62　《清宫内务府奏销档》，册254，同治九年五月二十三日，页113—124。

63　1两黄金作白银10两是官方订的兑换数字，据乾隆元年《九卿议定物料价值》载，头等赤金每两银9.15两，今核定银10两。参见迈柱等纂：《九卿议定物料价值》（香港：蝠池书院出版有限公司，2004），卷1，页5。

64　沈之奇撰，怀效锋、李俊点校：《大清律辑注》，下册，卷18，页612。

65　北京市档案馆编：《纳吉里日记（1890—1925）》（北京：新华出版社，2006），页134。

66　陈志高：《中国银楼与银器・华北、东北》（北京：清华大学出版社，2015），页61。

67　秦国经：《清代宫廷的警卫制度》，清代宫史研究会编：《清代宫史探微》，页308—325。

68　祁美琴：《清代内务府》，页96。

69　《清宫内务府奏销档》，册1，雍正三年十二月十日，页427—516。

70　《清宫内务府奏案》，册138，乾隆二十九年七月十五日，页494—506。

71　《清宫内务府奏案》，册138，乾隆二十九年七月十五日，页494—506。

72　《清宫内务府奏案》，册168，乾隆三十四年三月初三日，页33—39。王彦有加一级，观音保有加五级，应各销去加一级抵现降一级，均免其降调。

73　《清宫内务府奏案》，册145，乾隆三十年九月初五日，页132—136。

74　《清宫内务府奏案》，册93，乾隆二十一年六月初二日，页234—238；中国第一历史档案馆编：《乾隆朝满文寄信档译编》（长沙：岳麓书社，2011），册2，页549。

75　《清宫内务府奏案》，册68，乾隆十六年闰五月二十七日，页517—528。

76　《清宫内务府奏案》，册68，乾隆十六年闰五月二十七日，页517—528。

77　佚名：《总管内务府现行则例（广储司）》，卷1，页38。

78　大连市图书馆文献研究室、辽宁社会科学院历史研究所编：《清代内阁大库散佚档案选编：职司铨选・奖惩・宫廷用度・宫苑・进贡》（天津：天津古籍出版社，1992），页135。十二日，准强古中等来文，奉旨：着制做。钦此。以焊西洋钥匙送去银四六焊药1.6钱，此项银9.6分。页217。

79　大连市图书馆文献研究室、辽宁社会科学院历史研究所编：《清代内阁大库散佚档案选编：职司铨选・奖惩・宫廷用度・宫苑・进贡》，页42。

80　《清宫内务府造办处档案总汇》，册13，乾隆九年十一月初五日，页26。

81　《清宫内务府奏销档》，册179，嘉庆二十一年三月初四日，页563—571。给太监王福买锡壶2把，用钱2吊又400文；买交泰殿太监李大鼻烟壶1个，用钱4吊；买西暖殿太监徐忠茶瓶，用钱800文；买基化门太监张顺黄钱布帖，用钱15吊。

82　《清宫内务府奏销档》，册179，嘉庆二十一年三月初四日，页563—571。

83　溥仪：《我的前半生》，页146。

84　马建石、杨育裳主编：《大清律例通考校注》，卷24，页719。

85　马建石、杨育裳主编：《大清律例通考校注》，卷24，页720。

第五章

崇实黜奢

——论嘉庆朝内务府财政

过去清史研究着重于 17 世纪、18 世纪及鸦片战争以后的历史。20 多年来，19 世纪初期的历史也开始为学者所关注。关文发的《嘉庆帝》一书，讨论了嘉庆皇帝统治初期，打着"咸与维新"旗号，广开言路、除弊惩贪、纠错平冤、黜奢崇俭、整顿吏治，嘉庆初年出现新的气象。然而，嘉庆皇帝许多匡正时弊的措施都因他优柔寡断的态度没能彻底执行，导致清朝国势进入无法扭转的衰退局势。[1] 张玉芬《论嘉庆初年的"咸与维新"》一文亦探讨了嘉庆皇帝亲政后想遏止清朝走向衰败的趋势，但维新政策首鼠两端、三心二意，导致维新失败。刘绍春讨论了嘉庆皇帝在财经领域的治理和整顿，譬如清理漕务积弊、办理仓库亏空、矿业政策等，皇帝过分强调政局的稳定，无可奈何地采取保守妥协的政策，仅求"节流"，不愿"开源"，不能根本解决财政困难。其结论是，嘉庆皇帝在财政、经济领域的治理整顿是失败的。[2]

近年来，西方学界讨论嘉庆皇帝的著作也在增加，Daniel McMahon 的 *Rethinking the Decline of China's Qing Dynasty: Imperial Activism and Borderland Management at the Turn of the Nineteenth Century* 一书，探讨了嘉庆时代的严如熤参与平定白莲教，肯定了地方菁英对国家贡献。[3] 罗威廉（William T.

Rowe）几年前对东西方学者讨论嘉庆皇帝的论著做
了一番梳理，他认为嘉庆时重印了以前被查禁的书
籍；汉族士大夫出版边疆史料而不用担心触犯忌讳，
在这之前，边疆知识仅为满族和蒙古族行政人员的
专属。[4] 王文生则赞扬了嘉庆朝守成的概念，使清朝
再次进入一个"可持续性的政治发展"。而且，嘉
庆皇帝及其朝廷多方面的积极行动，对清帝国的历
史确实有长远的影响。[5] 2018 年罗威廉的 *Speaking of
Profit: Bao Shichen and Reform in Nineteenth-Century
China* 一书出版。此书以包世臣为核心，关注嘉庆皇
帝在变革中所做的努力，肯定了嘉庆革新并非象征朝

图 5-1 《嘉庆帝朝服像》轴

廷衰落，而是延长盛世。[6] 按理说，嘉庆皇帝若企图维新，为何有见地的洪亮吉、
包世臣都不受重用？洪亮吉还因直言敢谏而被流放伊犁，那"维新"的内容究
竟是什么？此为本章拟探讨的问题之一。

　　历史上对嘉庆皇帝有颇多正面评价，如昭梿《啸亭杂录》载："亲政之始，
政治维新，一时督抚罔非正人。"[7] 朝鲜使臣说他度量豁达，相貌奇伟。乾隆
六十年（1795），《朝鲜王朝实录》载："皇子时存四人，而第八子永璇性行
乖戾，屡失上意；第十一子永瑆柔而无断；第十五子永琰度量豁达，相貌奇伟，
皇上以类己最爱，中外属望焉；第十七子永璘轻佻无威仪。"[8] 乾隆选择永琰
为继承人，不无原因（图 5-1）。

　　除了称赞嘉庆皇帝，也有人说他平庸、没有作为。这样的印象，可能来
自传闻"和珅跌倒，嘉庆吃饱"，将嘉庆皇帝查抄和珅家产说成是他解决了所
有的财政问题。随着和珅家产传说不断扩大，有说银 2 亿两，有说银 4 亿两，
又有说银 8 亿两。[9] 过去，冯佐哲探讨了和珅的财产，认为其和上述的数字差
距甚多，大体呈现了较真实的财产数字。[10] 但他对和珅家产的去处没交代清楚，
本章以新发现的档案做补充。2019 年，云妍、陈志武、林展合著的《官绅的
荷包：清代精英家庭资产结构研究》出版，第九章讨论了和珅的家产，估计其

家产为 4854792.17 两，还不到 5000000 两。[11] 这些研究让我们了解到，和珅的家产不像传言说的那么多。既然嘉庆皇帝不完全仰赖和珅家产，那么他如何让内务府的收入维持在每年银 1000000 两至 2000000 两？难道他的"咸与维新"确实进行了财政改革？

道格拉斯·诺斯曾提出，政府提供基本服务的两个目标："一是界定出形成财产权结构的竞争与合作的基本规则……以便使统治者的租金极大化。二是在第一个目标架构中降低交易成本以使社会产出最大，从而使政府的税收增加。"使统治者的租金极大化的所有权结构，与降低交易成本和促进经济成长的有效率体制间，存在持久的冲突。诺斯也提道："垄断、重税和没收的结果是贸易和商业的衰落。"[12] 从统治者的立场来看，成长会带来难以接受的经济与政治支出。

过去笔者研究乾隆皇帝的财政出现的问题，如皇室取财于各种行政陋规、银钱比价让盐商长期亏损等，这些问题延续至嘉庆朝。嘉庆皇帝标榜"咸与维新"，但仍以统治者获得有利的财产权为优先，阻碍经济的发展。既然勤俭爱民的皇帝不爱珠玉、不收贡礼，为何嘉庆十三年（1808）以后两淮盐政每年给内务府玉贡银 500000 两呢？嘉庆皇帝并把人参价格提高到一两人参达银三四百两，命令盐商和洋商购买，形成一种摊派；加上各种抑商措施，让商人消乏，至道光朝，陶澍不得不进行盐政改革。

清代皇室的财政来源有房产地租、关税、盐税等，因"不增租夺佃"政策，内务府地租变化不大，故财政收入主要从后两项得来。乾隆时期内务府收入来自关税盈余和税关监督变价内务府的人参、珠玉、皮张等，一年有银 600000 两至 800000 两。[13] 倪玉平《清朝嘉道关税研究》一书讨论了嘉庆、道光年间的关税，着眼于国家财政。尽管他提到了税关盈余解交内务府，仍有些可议之处：一，关于税关盈余解交内务府，只讨论了崇文门、淮安关、浒墅关、凤阳关等，未讨论天津关、张家口、粤海关解交内务府的银两，探讨得不够全面。二，从书中搜集的内务府资料来看，嘉庆朝维持了乾隆时期的关税定额，但倪玉平没有探讨经济制度层面的问题。譬如张家口在嘉庆时期因中俄贸易兴盛，贸易额已经超过 10000000 卢布，税收和盈余都维持在 60000 两左右，究竟何故。三，诸税关中，粤海关在内务府的财政角色中日趋重要，书中却没讨论。[14] 滕德永研究前期有贡参赏买制度和御赏贡参制度，至嘉庆十一年（1806）又有两淮盐政、粤海关变价的措施。[15] 但该文并未区分宫廷食用与盐政、税关变价人参的价差。

本章亦讨论部分嘉庆皇帝的支出。自嘉庆元年（1796）爆发白莲教之乱，户部的银库存银大幅减少。日本学者岸本美绪曾探讨了户部银库，认为嘉庆朝的白莲教起义，导致户部的积蓄被用光，黄册所载资料也证明了这点。此后户部银库的积蓄保持在两三千万两的水平上。[16] 史志宏讨论了嘉庆初期的收支，认为因动乱影响，嘉庆元年户部收入不足 6000000 两。支出方面，因白莲教起义爆发，银库存银从乾隆六十年（1795）的 69390000 两陡然下降到嘉庆元年的 56580000 两，减少了 12810000 两；嘉庆二年（1797）又降到 27920000 两，缩减了 28660000 两；嘉庆三年（1798）再减 8730000 两，降到 19190000 两；嘉庆六年（1801）为 16930000 两，又比嘉庆三年少了 2260000 两。如此趋势之下，几乎耗尽了乾隆留下来的巨额库存，对以后的清朝财政产生了不利影响。[17] 陈锋的《清代军费研究》一书讨论了白莲教之役的军费，学界有两种代表性说法，《清史稿》中认为耗银 2 亿两，《圣武记》中认为耗银 1 亿两以上，陈锋估计军费额在 1.5 亿两左右。[18] 戴莹琮（Yingcong Dai）估计白莲教之役的军费花费在 1.2 亿两，也提到内务府拨款 1900000 两作为战争经费。[19] 在朝廷庞大的军事支出中，虽然内务府银两的挹注仅是杯水车薪，但其实嘉庆皇帝已努力撙节开支、共体时艰。

针对以上讨论，首先，本章利用一档馆藏《内务府广储司六库月折档》《嘉庆朝内务府银库月折档》，统计嘉庆朝各年的收支。这档案仅记录到嘉庆二十年（1815），嘉庆二十一年（1816）以后参考《清宫内务府奏销档》《宫中朱批奏折·财政类》，补齐了后五年的数字。其次，台北故宫博物院藏《宫中档奏折·嘉庆朝》《军机录副折件》，《明清档案》亦可补充一档馆所缺的档案。[20] 本章考察嘉庆朝的进项，发现嘉庆皇帝盘剥盐商和洋商的能力并不逊于其父，以至于商人纷纷欠税；道光皇帝即位后，内务府财政更为困窘。在支出方面，嘉庆皇帝撙节日用，将内帑拨给户部及用于白莲教战争，以及修筑永定河等，让他赢得了"仁宗"的庙号。但是，平定白莲教之乱后，他不忘修缮戏台、编造戏曲，让商人捐输祝寿、修建陵寝等。黄仁宇《万历十五年》一书中讨论明代首辅申时行时说，申时行把人们口头上公认的理想称为"阳"，而把人们不能告人的私欲称为"阴"，他期望的是"不肖者犹知忌惮，而贤者有所依归"，明代整个社会都认为做官是一个发财的机会。[21] 本章认为嘉庆皇帝也存有阴阳两面，所谓的"咸与维新"仅能指他崇俭黜奢、守成祖业，但他对吏治、财政诸问题并无改革决心，想要再现盛世，恐怕十分困难。

一、和珅跌倒，嘉庆吃饱？

历史上，和珅贪污的恶名，几乎众所皆知。对于他的财产数额有各种不同传闻，如徐珂《清稗类钞》提到，和珅于乾隆朝柄政 20 年，嘉庆己未（嘉庆四年，1799）正月，高宗崩，仁宗赐之死，籍没家产，所得凡值 800 兆有奇，悉以输入内府。时人为之语曰："和珅跌倒，嘉庆吃饱。"[22] 这样的轶闻，亦非毫无根据。

先是嘉庆皇帝数落和珅的罪状：第十七条，和珅家内银两及衣物等件数逾千万；第十八条，夹墙藏金 26000 余两、私库藏金 6000 余两、地窖内并有埋藏银 2000000 余两；第十九条，附京通州、蓟州地方均有当铺钱店，查记赀本又有 100000 余两；第二十条，和珅家人刘全查抄赀产竟至 200000 余两，并有大珠、珍珠手串等。[23] 实际上，嘉庆皇帝说这事是在元月十五日，到元月二十九日广储司才奏报查抄和珅家产的银两数目，所以嘉庆皇帝说和珅家产累积千万只是推测。

后来和珅庞大家产的传说蔓延到民间，遂有"和珅犯罪全案"簿册，载查抄和珅家产共银 223895160 两。近年出版了《清宫恭王府档案总汇：和珅秘档》，收录了名为"和珅犯罪全案"的线装簿册，里面有类似抄家清单的内容，一档馆对这簿册没编档号，仅注记"杂册"。[24] 冯佐哲曾考证这份"和珅犯罪全案"簿册的可信度，认为其是传抄民间轶事的杂录。[25] 此外，冯佐哲也利用故宫博物院出版的《史料旬刊》和一档馆藏档案，探讨了和珅的财产，其著作《贪污之王：和珅秘史》已对传闻和真实情况做了翔实考证。[26] 本章补充了冯佐哲探讨和珅家产去向的问题，并认为嘉庆皇帝对和珅家产的处置为拨补户部及用于白莲教军费等，与乾隆皇帝查抄官员家产放到私人荷包的作风不同。

根据嘉庆四年（1799）正月二十二日肃亲王永锡等奏，遵旨前往海甸查抄和珅、福长安花园，和珅花园房1003间，游廊楼亭共房357间。皇帝谕旨："花园二座、金银器皿、银钱、房间，并内监十名照例交内务府入官办理；玉器衣服什物交崇文门分别拣选进呈变价。"正月二十九日总管内务府大臣奏，提督衙门交到查抄和珅家产内二两平纹银960000两、杂色元宝银680000两、色银1374095.33两，以上共银3014095.33两。理合奏明，请归入月折收贮。[27] 又，三月二十八日绵恩等奏查抄和珅及家人刘全等家产，查出和珅二两平金33551两，已交广储司收讫。续查出和珅借出本银钱所开当铺12座，及家人刘全、刘印、刘陔、胡六自开伙当铺共8座。和珅契置取租房计1001.5间、取租地1266.35顷，通计价银203300两、价钱6125吊。和珅借出应追本利银26315两，并自拴大车80辆，每辆120两，共发出车价银9600两。已在各户名下追出二两平银3960两，尚未经交出银5640两[28]（见表5-1）。

表5-1　查抄和珅家产清单[29]

项　目	数　量	价银（两）	价钱（吊）	取租银（两）	取租钱
二两平金	33551两	—	—	—	—
银两	3014095.33两	—	—	—	—
自拴大车	80辆	每辆120	车价9600	已追出二两平银3960两，尚未交出银5640两	—
京城内外取租房	共房1001.5间	49486	2325	1268.3	4492吊又240文

续表

项　目	数　量	价银（两）	价钱（吊）	取租银（两）	取租钱
安肃县等处地	766.71 顷	118065.1	3800	2546	26916 吊又 728 文
蓟州地	117.63 顷	28922.4	—	—	3519 吊
古北口地处地	382 顷	6850	—	952.4	—
以上共地亩	1266.35 顷	153837.5	3800000	3498.4	30435 吊又 728 文

　　和珅借给家人和亲戚的银两，分为有利息和无利息，家人则会在工食（薪水）内坐扣（见表5-2）。

表 5-2　和珅家出借之银两[30]

姓　名	利　息	借银（两）	除扣过银（两）	尚欠银（两）	欠房租（两）
陈偏儿	和珅取房租家人，所借银两并无利，此项银两于每月工食内坐扣	2000	22	1978	528
傅明	和珅已故家人，其子花沙布所借银两，每月八厘起息	本银 1000 利银 200		1200	
兴儿	和珅家人，所借银两每月一分起息，此项本利银于每月工食内坐扣	1000	235	1159	—
明保	和珅母舅，所借银两每月一分起息	本银 15000 利银 6450	—	21450	
共银	—	本银 19506 利银 6809	—	26315	

　　嘉庆上谕中提到和珅的家人刘全的家产有银 200000 余两，不过在刘全的家产清单中现银大概只有 30000 两，其余则用于开钱铺、药铺和投资账局。和珅的家人刘全等七家之被抄家的家产（见表5-3），包括刘全的长子刘印，次子刘陜，存儿、王平、都隆阿、呼什图，共计金 109.8 两、银 64116.7 两，钱文 16165 串。

表 5-3   和珅家人刘全等被抄家清单[31]

姓　名	刘　全	刘　印	刘　陡	存　儿	王　平	都隆阿	呼什图
金	109.8 两	—	—	—	—	—	—
银	15924 两	50 两	—	—	35 两	7833.7 两	1500 两
大制钱	90 串	7500 文	—	7 串又 500 文	75 串	110 串	
借出银	12774 两	—	—	700 两	1290 两		
借出大制钱	950 串	300 串	10000 串	3750 串	250 串	625 串	
自开恒义号钱铺	本银 6000 两						
坐落通州	—	—	—	—	—	—	
自开恒泽号钱铺	本银 6000 两						
坐落通州	—	—	—	—	—	—	
入本伙开同仁堂药铺	本银 4000 两						
坐落正阳门外	—	—	—	—	—	—	
入本伙开永义账局	本银 10000 两						
坐落厂桥	—	—	—	—	—	—	

　　嘉庆四年（1799）查出的和珅及刘全等粮石，除大城、容城、新城、天津、静海、青县、交河等七县米麦杂粮 11060 余石，此项粮食赏给或借给了因水灾陷于饥荒的文安县和大城县的百姓，以之作为口粮和籽种。此外，三河、通州、蓟州、宛平、昌平、顺义、密云等处，尚查出粮石 10000 余石。当时一石小麦低价约值 1.5 两，高价约值 2 两，估计和珅的地租约在 38500 两。[32]乾隆年间内务府官庄的地租收入在 1770 年以前大都在 150000 两以下，乾隆三十五年（1770）以后增加到 150000 两至 200000 两，则嘉庆年间添增和珅抄家的田产，内务府官庄的地租应该可以超过 200000 两。[33]

　　嘉庆四年（1799）五月十六日，定亲王绵恩等把续查出的和珅和家人刘全的现金，扣除搬运费等开销后，将所余现金 77725 吊又 334 文，易成二两平银 39462.96 两，交给广储司银库。1970 文钱，约等于二两平银 1 两。五月

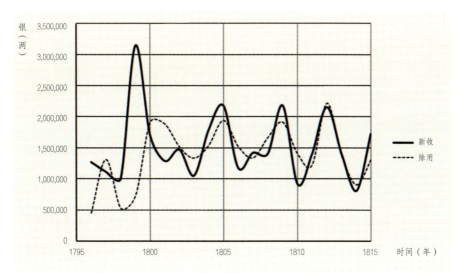

图 5-2　嘉庆元年（1796）至嘉庆二十年（1815）内务府银库银两的收支图

二十九日，将和珅的入官地亩赏给太监等，京师附近地两处共 674 亩。西直门外白塔庵 632 亩"着为赏用"：赏给魏姓 40 亩、南府地 147 亩、景山地 98 亩。官内圆明园等处地 120 亩、又 109 亩，南府景山地 29 亩、南府景山总管首领太监地 60 亩。[34] 查出三河等州县和兴等当铺现存银钱及存铺架货计 200000 余两。[35] 嘉庆四年三月谕旨："和珅及伊家人名下各座当铺内着将永庆当赏给永璇、庆余当赏给永璘、恒兴当赏给绵亿、恒聚当赏给绵勲、合兴当赏给奕纯、恒庆当着交怡亲王永琅，其余当铺着交内务府照旧管理。"[36] 云妍估计和珅家产的总价值为银 4854792.17 两，其中变价的物品预估价格不太确定。[37] 故由表 5-1、表 5-2、表 5-3 抄家档案来看，金银约 3500000 两。

肃亲王永锡等奏称："理合奏明，请归入月折收贮。"奇怪的是，《嘉庆朝内务府银库进项月折档》中嘉庆四年一月至五月的档案却不见了。四柱清册载，嘉庆三年（1798）十二月的实在银为 1453260 两，嘉庆四年五月旧存为 1861675.12 两，而查抄和珅家产是在一月至三月，在此姑且将 3000000 两放在嘉庆四年的进项中。

图 5-2 为《内务府广储司银库月折档》记载的嘉庆元年（1796）至嘉庆

二十年（1815）金银的收入，约 30554000 两，平均每年收入约 1527700 两。查抄和珅等人家产 3000000 余两，大约是内务府两年的财政收入，所谓"和珅跌倒，嘉庆吃饱"的传言，并非真实。嘉庆朝财政的大宗来源为关税和盐务。

以上讨论的只是广储司银库金银的庋藏情况，内务府还有圆明园银库、造办处银库，可惜这些地方的资料都不太齐全。目前找到道光四年（1824）圆明园银库的实存银两数目，参见表 5-4。圆明园银库每年进项约 200000 两，比广储司银库的银两少得多。

表 5-4　嘉庆二十三年（1818）至道光四年（1824）圆明园银库实存银两数目[38]

圆明园银库四柱清册	银（两）	大制钱（串）
嘉庆二十三年十一月底旧管原存	92343.93	2668.59
自嘉庆二十三年十二月初一日起至道光三年（1823）十一月底共新收	1004806.76	5866.77
开除	1088802.34	7034.76
实存	8348.34	1500.61
又自道光三年十二月初一日起至道光四年五月初八日止续收银	65734.94	754.16
续发过银	50130.86	1190.47
实存	23952.43	1064.3

二、关税与内务府的收入

笔者曾讨论乾隆朝许多关差改由内务府包衣出任，除户部定额的关税外，盈余则为皇帝的收入。其中淮安关、龙江关、浒墅关、九江关、粤海关等成造皇帝交办的活计差务，在经费不足之余，向皇帝奏请增设新的税收名目，因此苛捐杂税项目尤多。实际上，这些多余的经费又被包衣用来孝敬皇帝。[39] 官员奏报关税缴交何处？乾隆皇帝直接朱批"交广储司""交圆明园""交造办处"等。嘉庆皇帝对税盈余缴交何处，含蓄地朱批"览奏俱悉"，没具体说明该经费的去处。经查内务府奏销档等可知，该笔进项仍归内务府。嘉庆皇帝以崇俭黜奢为统治政策，税关监督成造活计项目减少，皇帝却规定不做活计的银两需交内务府，这点很值得探讨。

崇文门税关在乾隆朝定额 110000 两，盈余部分解交内务府，但嘉庆朝则改为"除官用开销外，照例尽数解交户部"。如嘉庆七年（1802）八月至嘉庆八年（1803）八月，崇文门税收正额盈余共收银 316729.32 两，比上年多 8953.14 两，除官用开销外，如数尽解户部 237736.33 两银。海淀药材、烧酒钱粮正税外余银 6831.7 两，除官用开销银 2053.1 两，如数尽解户部银 4778.6 两。[40] 户部每年收到正额和盈余银 300000 余两，实际上，笔者通过阅读奏折之后的附件，才了解到"官用开销"的细目，税关银两会赏给内务府几个单位。如嘉庆二十二年（1817）崇文门税关监督奕绍等奏，正盈余通计共实收银 314871.92 两，其中解交内务府的银两共银 25560 两 [41]（见表 5-5）。

表 5-5　崇文门关税盈余解交内务府银两 [42]

单　位	银（两）	单　位	银（两）
上驷院传办小马五匹	125	赏太监	2500
赏茶膳房	2000	南府景山人等领恩赏银	235
武备院领银	500	内务府笔帖式饭银	200
南府景山人等月粮银	9000	备赏番役	3000
同乐园节省银解交造办处	8000	—	—

崇文门税关设立正监督、副监督，左翼、右翼各一人。八旗在京城驻防区分为左翼和右翼，专门征收牲畜和房地产税，这两处税务盈余亦缴交内务府。如嘉庆七年，稽察房范建丰奏管理左翼税务定额盈余银两应交何处。谕旨：左翼盈余银两内，着交圆明园 19950 两，赏范建丰银 697 两。同年，稽察房瑚图灵阿奏管理右翼税务额征盈余此次应交何处。谕旨：右翼盈余银两内，着交造办处 7150 两，赏瑚图灵阿 393 两。[43] 左翼、右翼的税收盈余资料另见于一档馆所藏《军机处录副奏折》中。从这些资料可推测，崇文门以及两翼交给内务府银约 50000 两。

张家口税关交内务府的银两分两部分：其一为盈余银，其二为皮张变价。例如张家口监督英宝奏明，嘉庆十九年（1814）至嘉庆二十年（1815），共征正额银20004.41两，例由户部查核。其所得盈余银46044.052两，内照例开销通共动用银9467.323两。再察哈尔都统咨，交残废驼马并不堪用驼马皮张变价银1282.95两，将张家口一年用过盈余银两数目共37859.68两解交内务府。[44]张家口税关收入没有显著的变化，嘉庆至道光朝解交内务府盈余始终在30000多两。[45]

张家口为中俄贸易的税关，嘉庆时期因中俄贸易兴盛，贸易额已经超过10000000卢布，税收和盈余却都维持在60000两左右。问题出在制度上，譬如18世纪从俄国进口大量毛皮，至19世纪改进口布匹等，这些新的进口商品并不在税则中。张家口对于回绒、锦布、麝香、羚羊角等项不征税。晋商采买回绒每尺0.7两、回布0.2两、每个麝香1两、每对羚羊角0.2两，货品进口量皆数以万计。而珊瑚属于贵重的物品，1两珊瑚售银8两，但进口税则中载珊瑚每斤征银1钱。[46]张家口在贸易兴盛之际错失税收良机，可见嘉庆时期朝廷和地方官员因循怠忽诸现象。

天津税关额外盈余银是由两淮盐政奏折中一起呈报的，如嘉庆五年（1800）那苏图另奏天津税关额外盈余银12341.17两。[47]天津关每年大约都维持在这数字，其各年盈余数量参见图5-3。

乾隆朝淮安关的关税盈余中留存办公银10000两，为养心殿南匠工食银以及内廷传办公室之用，嘉庆朝养心殿的活计减少，这部分经费缴交内务府。淮安关税关监督的养廉银自乾隆朝节省10000两，作为笔帖式、差役和纸张杂项之用，嘉庆朝则节存养廉银为5000两。嘉庆十八年（1813），淮关监督元成派员解到余存办公银9107.2两，又节省养廉银5000两，遵照嘉庆十年（1805）奏准扣借添造剥船银1000两，实解银4000两，以上银两向系奏明交圆明园银库查收。该监督委员解到余存办公节省养廉共银13107.2两，照例请旨交圆明园银库收贮。[48]

凤阳关税关监督缴交内务府的银两，如养廉银、办公银、平余银三项，与淮安关相似，养廉银原来是6000两，至乾隆三十年（1765）改为5000两，办公银都维持在6000两。凤阳关平余银在10000两以上，不过此项银两主要用来办理贡品和运输费，常入不敷出。平余银不足，增添两项新倾销银和充公银。[49]凤阳关的主要贡物为灯和绸缎，如嘉庆十二年（1807）凤阳关应进灯24对，折缎匹190匹，各色蟒缎20匹、妆缎20匹、小卷五丝缎150匹。[50]嘉庆时期凤阳关成造活计减少，因此凤阳关缴交内务府的银两应该比乾隆朝还多些。

浒墅关兼管苏州织造，苏州织造成造宫廷活计最多，税关监督不断地要求增加各种名目的"平余银""并平银""扣存银""罚料银"等。嘉庆皇帝倡导节约，并将原来苏州织造办差银30000两降到3000两，或有不足再添二三千两不等，但原来的增收名目仍保留，连办差剩余银、养廉银等解交内务府的共有八种名目。如嘉庆三年（1798）七月初一日，浒墅关征平余银27347.74两、支用耗羡银8190.59两，例交织造银3000两，再补贴织造银2207.01两，实交内务府16950.14两。[51]

九江关的税关监督监管官窑，乾隆时期九江关监督陶瓷生产运送，嘉庆朝的瓷器贡品减少，但官员的养廉银、平余剩存银、积余银等亦解交内务府。如嘉庆四年（1799）九月二十四日，养廉银、平余剩存银共银22758.74两，积余银4323.33两。这数量也不亚于乾隆年间。[52]

嘉庆皇帝为表示廉洁，惩处擅自进贡物的官员。如嘉庆二十年（1815），"九江关、粤海关二处贡物，并未询明，长芦亦同日呈进，殊属不合，应请旨将造办处承办郎中嘉禄、福德罚俸一年。苏楞额、常福亦未能查出，咎亦难辞，请旨罚俸六个月"。[53]但从以下讨论粤海关的内容，可看出嘉庆皇帝所需贡银要超过他父亲。

粤海关在乾隆初年由盈余中编办贡银55000两，乾隆七年（1742）改为30000两，每年剩余25000两交内务府。乾隆五十年（1785），皇帝下令停办贡品，备贡银55000两如数解交内务府。此后一直到嘉庆朝，粤海关解裁存备贡银 55000 两。[54] 另一项解内务府经费为停止修造米艇案，解交内务府 30000 两。米艇为广东一带的商船，李其霖认为在同安梭船未成为主力战船之前，米艇也为广东地区所倚重的战船。[55] 嘉庆以后，各省战船改造为同安梭，因为同安梭的速度比米艇更快。制造米艇的经费部分是由商人捐输，取消建造米艇之后，嘉庆四年（1799）起 30000 两银转而解交造办处，此后每年皆缴交。[56]

　　嘉庆七年（1802）粤海关监督三义助奏折洋商增备贡银一项，他提道："该商等捐输报效已非一次，自当培养商行，令其家道殷实，方不致销形疲累。所有该处关税等事，俱着吉庆等照旧定章程办理不必更张。至增备贡价银一节，现据吉庆等查明年来钱粮丰旺，到货较多，该商等恳于癸亥（八年）、甲子（九年）两年每年报效备贡银九万五千两。连前共成十五万两。"朱批："至乙丑年（十年）以后仍着每年备缴银五万五千两，无庸加增，以示体恤。"[57] 但是，嘉庆八年（1803）解交内务府的洋商备贡银共 159700 两。[58] 嘉庆九年（1804）以后缴交内务府的备贡银分粤海关与洋商两部分，每年共 110000 两，连停造米艇的银两共 140000 两。

　　嘉庆皇帝因粤海关洋商赀财雄厚，常将珠玉、毛皮、人参发交粤海关变卖。根据滕德永研究，嘉庆前期有御赏贡参制度和贡参赏买制度。如嘉庆四年内务府奏请人参留京变价，分给王公大臣等认买，官员自己不服用，可以转卖他人。但盛京、吉林、宁古塔三处送到参斤质量低劣，承买的官员无法转手销售。至嘉庆十一年（1806）将堪用的人参留京变价，不堪用的人参改由两淮盐政、粤海关等变价。[59]

　　比较乾隆皇帝和嘉庆皇帝变价参斤的策略，嘉庆皇帝可谓青出于蓝。譬如乾隆四十三年（1778），变价四等人参 1 斤（16 两）约银 960—1440 两，五等人参 1 斤银 900—1120 两。嘉庆皇帝打着皇家"内殿"食用的旗号，将四等人参 1 两定价银 400 两，五等人参 1 两定价银 300 两，而赏给王公大臣等的只有五等人参，1 两定价银 180 两（见表 5-6）。滕德永虽有讨论人参加价的问题，但没注意到内殿用和赏王公官员的区别，其实加价部分仅是赏王公官员的五等参以下。[60] 如此昂贵的人参仅能由作为全国首富的洋行商人来认购。

表 5-6　嘉庆年间人参价格[61]

时间 种类	嘉庆十九年（1814） 之前	每斤银（两）	嘉庆十九年以后	每斤银（两）
四等参	内殿每两 400 两银	6400	内殿每两 400 两银	6400
五等参	内殿每两 300 两银	4800	内殿每两 300 两银	4800
	赏王公官员 180 两	2880	赏王公官员每两加价 40 两	3520
参渣末	每两 100 两银	1600	每两加价 30 两	2080
泡　丁	每两 80 两银	1280	每两加价 30 两	1760

　　乾隆朝，玉石为国家专卖，禁止民间私卖，然嘉庆朝则解除了禁令。嘉庆六年（1801），总管内务府大臣奏，将库存五等玉子分发两淮、长芦、浙江、苏州、江宁、粤海关六处变价，每处发给玉 7832 斤，每斤变价 5 钱，计银 3916.47 两。六处应缴银共 23498.82 两。[62] 后来变卖珠玉以两淮和粤海关两处为主，如嘉庆十年（1805）内务府发交粤海关东珠、玉石等共 33555 两，当时税关监督延丰找商人潘致祥等领取，依照时价估变。嘉庆十二年（1807）又找潘致祥出售珠玉等 3938.3 两。嘉庆十七年（1812）商人伍敦元领玉石碎磲等，变价 26133.81 两。嘉庆二十二年（1817）变价珠玉等 7480 两。[63]

　　玉石变价之外，内务府也发给粤海关皮张，主要是乌梁海进贡的貂皮，数量并不多，只有嘉庆十五年（1810）、嘉庆十六年（1811）、嘉庆十八年（1813）、嘉庆二十二年、嘉庆二十三年（1818）变价共 7985.83 两银。[64] 根据陈国栋研究，潘致祥是潘有度在官方登记的名字，是同孚行的洋行商人；伍敦元为伍秉鉴官方名字，经营怡和行。1820 年时，据说潘家的财产达一千万银元，伍家在 1834 年自行估计家产有银二千六百万两。[65] 陈国栋认为广州洋商捐输负担繁重，1788—1820 年平均每年捐输超过银 100000 两。再加上认购这些人参、皮张、玉石等，"捐输"经费应该更多。

　　过去笔者统计乾隆朝税关监督的贪污、亏欠盈余罚俸、议罪银，以及失察案件被处分等问题，被惩处的金额达 2040228 两。[66] 嘉庆皇帝并未仿效，官员亏欠盈余时顶多赔补，但多半恩免，所以乾隆朝内务府关税收入在银

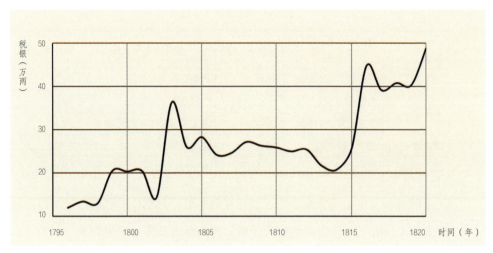

图 5-3　嘉庆朝关税盈余等交内务府数量图

600000 两—800000 两之间，嘉庆朝在 300000 两—400000 两之间。嘉庆时期各税关盈余趋于定额化，多数税关交内务府银一二万两，张家口则盈余超过银 30000 两。但同样与外国贸易的粤海关，却因摊派办贡银、珠玉等，交内务府的银将近 200000 两，尤其嘉庆晚期，粤海关变价人参大幅增长（见图 5-3）。这显示出清廷未能与时俱进，将张家口纳入重要税关，以提高税收。

三、盐务与内务府的收入

乾隆时期的税关监督来自内务府包衣，他们为了孝敬皇帝，因而撙节税关衙门的开支，将银两解交皇帝，故有办公、节省、饭食、养廉的名目。又，雍正朝实施耗羡归公，地方官员征收火耗的比例有三成、五成不等，乾隆皇帝下令改征一成，导致税关衙门用度不足，遂于正项下附征税银，故有平余、并平、罚倍、倾销、归公银等名目。乾隆时代盐商对内务府的最大贡献是生息银两，每年缴纳的利息在银 400000 两以上，晚期长芦盐商还不起利息，遂将帑本、帑利摊入盐引中，每引缴银 0.2 两，每年约收银 200000 两。嘉庆皇帝降低缴银为 0.1—0.14 两，而且这项收入归户部。嘉庆朝长芦盐商已疲软，内务府主要仰仗两淮盐政衙门的办公银和摊派盐商的玉贡银等。以下分两小节讨论。

（一）长芦盐政衙门

嘉庆《长芦盐法志》记载长芦商课各项经费，琳琅满目，[67] 主要是乾隆时期立下的规定，至嘉庆朝又稍有变更，大约可分成衙门办公费、生息银两、盐坨地租三项。

1. 长芦办公银

乾隆十二年（1747）裁减长芦盐务官员的养廉银。长芦运使养廉原来每年为银 10000 两，运同银 5000 两，运判银 2000 两。乾隆十二年始行，长芦运使酌留 5000 两、运同 2000 两、运判 1600 两，其余银两悉行裁减归于公项。此项归公银和盈余，以及帮内务府笔帖式、护军校等，都解交内务府，每年10000—20000 余两。[68] 这制度延续到嘉庆朝，《宫中朱批奏折·财政类》每年奏报盐务商课，内容大同小异，在此引用嘉庆五年（1800）长芦盐政那苏图的奏折中讨论商课项目来说明（见表 5-7）。

表 5-7　长芦盐务的办公费与引地租等 [69]

项　目	银（两）
盐政养廉银	5000
运司运同运判养廉银	7120
收支各项盈余银	8511.88
扣裁修理衙署银	2400
奉裁随差笔帖式护军校等银	8207.73
商人晋裕宁输纳满城引地应交连闰租银	3022.5
商人查世兴等承办范商禹临等二十州县引地一年租息	20000
商人查奕茂代办安阳林县引地分二十六限完交无息帑本应交第二十二限	4069.23
共计	58331.34

乾隆时期长芦盐政每年在春、秋两季前赴山东秤挈引盐，一年支给盘费3000 两。官员若生病不能前往，经费需扣存归公。再，山东查获私盐，原许

兵丁自理私盐变价，还有扣存缺官养廉银两等，都由长芦盐政奏请解交内务府。[70] 有关山东盐务办公费，请参见表5-8。

表5-8　山东盐务办公费与帑息[71]

项　　目	本银（两）	银（两）
山东盐运使应解交笔帖式及盐政应帮笔帖式银	—	8617.1
奉裁巡盐费	—	3000
扣存书承盘费	—	190.49
分运司养廉银	—	1000
扣存缺官并各官署事一半养廉银	—	301.17
东商借领当商充公本银分限十年应交第三限本银	250000	25000
又借领帑本分限十年带完本年应交第三限	—	6000
共计	—	52679.7

关文斌据《长芦盐法志》统计，长芦盐商提供盐政衙门，包括盐政、运使、副使、书吏、笔帖式、护军校等经费，约64000两，连同其他地方官员的规费等，长芦盐商支付给地方官的700000两费用五花八门。[72] 当时盐商每年亏损百万两，是否有能力支付地方官700000两的费用尚存疑；况且，这些衙门经费并非被包衣们全部私吞，而是要拿出部分孝敬皇帝，这是值得注意的地方。

2.利息部分

长芦盐政奏折中提到长芦盐商和山东盐商各项从内务府所借内帑，嘉庆朝仍按照乾隆时期以一分取利，年息12%，遇有闰月则加1%。嘉庆五年（1800）正逢闰月，所以利息增加。值得讨论的是，乾隆时期在北京和热河兴建许多佛寺，又添增防卫的兵丁，如交热河密云官兵生息、承领备赏武官帑本应交利银、仁寿寺香灯生息银两等，都是和皇帝信仰有关的生息银。此外，皇帝巡幸所需的车辆"备发车脚生息银两"也是来自长芦盐商的生息银（见表5-9）。芦商每年交利银90916两，但之后又陆续领内帑生息。

表 5-9　长芦盐政部分发商生息 [73]

项　目	本银（两）	利银（两）
应交热河密云官兵生息	50000	6500
承领备赏武官帑本应交利银	87279.37	11346.32
应交万成当、恩丰当架利银	100000	15960
交銮仪卫架利银	—	2040
长芦商人承领赏借仁寿寺香灯生息银两	80000	10400
备发车脚生息银两	100000	12000
张家口帑本	10000	1250
三旗拴养官马	3497	419.64
共计	430776.37	59915.96

除此之外，嘉庆十二年（1807）二月初一日至二月三十日，长芦盐政李如枚文开，前经户部遵旨议奏，筹拨闲款发商生息增添养育兵额，由户部拨银500000 两，交两淮生息。长芦领生息本银 100000 两，[74] 增添养育兵额，长芦商每年交利息 12000 两。

3. 盐引地租银

表 5-7 中列出长芦盐商承租内务府引地所交的地租有：（1）商人晋裕宁输纳满城引地应交连闰租银 3022.5 两；（2）商人查世兴等承办范商（范永盛）禹临等二十州县引地一年租息 20000 两；（3）商人查奕茂代办安阳、林县引地应交帑本 4069.23 两。实际上，引地的地租有变化，嘉庆十五年（1810）商人查庆余等承办永庆号官引地，及王佩入官引地共计四十二州县应交租息银70000 两，又永庆号官引地房屋家具应变价银 51927.34 两，分五年完交，十五年分应交 10385.47 两。又商人查世兴等承办范商（范永盛）入官禹临等二十州县引地一年租息 25000 两。以上三项共 105385.47 两。[75] 嘉庆朝的盐商租引地租银逐渐增加，但财力消乏后的盐商，因欠租而被革退的亦不乏其人。

长芦盐商因欠课被革退，由众商中选出财力雄厚的商人替他还帑息，"先将参商名下，所欠有利之帑，令其换具领状，认领输息，以抵引窝价值。其余旧欠课项，除参商家产盐价变抵外，不敷银两，核其旧欠银若干，计其所得利息多寡，酌定年限，并令新商代为完纳"[76]。但是，商人承租引地也有风险，嘉庆时期盐商请人代办引地，代办者交不出租银则告退。嘉庆十八年（1813）长芦盐政广惠奏报，"盐商查世兴本名查善和，于嘉庆元年（1796）经前盐政方维甸奏派该商承办范商（范清济）入官之武安、陟县、邯郸、青县、静海、景州六处引地。嘉庆二年（1797）八月又经前盐政征瑞奏派该商承办祥符、中牟、陈留三县官引地，及王商密县引地。该商查善和经理妥协，查善和故后伊子查诚接办亦无贻误。迨查诚故后伊子查鲁勤等年幼不谙经理，旋于嘉庆十六年（1811）以亏赔。该年十一月将祥符、中牟、陈留、密县四处引地，禀举伊堂叔查维震代办。其武安、陟县、邯郸、青县、静海、景州六处引地，请借运本银30000两，禀举任秉衡代办。至嘉庆十七年（1812）任秉衡因无力告退，查鲁勤收回禀交商伙宋绍增等代办。是年秋间查维震因伪砝案赴京质讯误运，亦于十一月告退"[77]。嘉庆十七年，商人查鲁勤未完银13403.2两，计未完十分。

另一案例是查奕茂承接王铠的旧欠银共银365800两，"通纲商人选得商人查奕茂承办常茂号安阳、林县引地，由通纲商人具保，该商如有拖欠，通纲代为分赔"。查奕茂代办常茂号引课，每年缴帑息银14069.23两，分限二十六年归还。[78]

清朝实施食盐专卖制度，引发私盐的问题，新选的盐商敌不过私盐。例如，嘉庆十二年（1807）长芦盐政李如枚奏报，于乾隆五十三年（1788）众商公举杨复泰接办王至德永平府东四县引地，通纲每年摊帮巡费银8000两。乾隆五十六年（1791）复举杨复泰接办永平府西三处引地，每年通纲亦摊帮巡费银6000两，该商经理十余年课运均无贻误，兹以力乏告退，因"永平引地最为紧要之区，巡防稍疏，私枭四出"[79]。

嘉庆十七年发生长芦盐砝舞弊案，简单来说，清代盐场挈盐砝码由工部制造并由户部统一颁行，嘉庆十七年长芦盐商贿赂宫中承铸砝码工匠，私行铸造增重砝码，企图偷漏盐税。内务府大臣征瑞提到长芦盐商查有圻、查庆余、查世兴、范永盛四名均属殷商。"现今查有圻、查庆余尚称殷实，其查世兴、范永盛业已就乏矣。"[80] 值得一提的是，长芦盐砝舞弊案后，查有圻被抄家，包括天津、苏州、秀水、海盐、钱塘等地的家产，嘉庆皇帝并未要求将入官财产交内务府。嘉庆朝查氏号称"富逾王侯"，交结要津，人莫敢撄。所谓的要津为阁臣戴衢亨，他与商人查有圻联姻，为御史花杰弹劾。嘉庆皇帝认为查有圻是查慎行、查升后人，也是世家，皇帝优容之。[81] 盐商舞弊案商人实运过盐引 4883500 道，被罚五倍银两，应缴银 1479486 两。其中总商查有圻应交 455652.15 两。按照乾隆朝的惯例，查抄银两交内务府，但嘉庆皇帝不喜欢人家说他好货，抄家所得归户部，仅查有圻之母查祝氏为子赎罪银 30000 两，交内务府贮库。[82]

4. 商人报效银

长芦盐商向来报效银两不少，嘉庆年间商人势衰，需分年陆续缴银。嘉庆二十五年（1820），长芦运使陈文骏称：芦商自嘉庆十一年（1806）起至嘉庆十六年（1811）止共有捐输四案，通计捐银 570000 两。内已全完三案银 330000 两，其嘉庆十六年捐输南河工需银 240000 两，原限于嘉庆十八年（1813）奏销后起限分作五年完交。至嘉庆二十四年（1819）限满已据各商完缴银 190560.69 两，尚未完银 40439.31 两。又据山东运使福珠隆阿称，东商自嘉庆十一年起至嘉庆十六年止共有捐输四案，通计捐银 460000 两。内唯嘉庆十四年（1809）捐输庆典赏需银 80000 两业已全完。其余三案均已限满通计已完银 270856.869 两，尚未完银 109143.141 两。[83] 又从嘉庆十六年到嘉庆二十五年（1820），商人报效欠银 150000 两以上。

嘉庆二十四年，逢皇帝六旬万寿，盐商仍继续捐输。长芦盐政延丰奏称："商等生逢盛世，渥荷天恩，感激义忱，沦肌浃髓。本年十月喜圣主六旬万寿，普天同庆，率土胪欢，商等顶戴鸿慈，情殷报效，芦商敬谨公捐银一十二万两，东商敬谨公捐银八万两，共银二十万两。"[84] 嘉庆皇帝说不收年节贡礼，然而在皇帝的万寿盛节上，盐商的报效，皇帝还是接受的。商人报效捐输咬紧牙根、东挪西凑，有时欠盐税，有时欠利息，有时欠地租银，又有私盐、水灾问题等，因此，每年缴交内务府的至多200000余两银（见图5-4）。商人借欠问题颇为复杂，拟日后再撰文详细讨论。

（二）两淮盐政衙门

《两淮盐法志》记载办公费、规费等名目繁多。乾隆年间，将各种节省银、闲款、规费、外支银、铜斤水脚等名目缴交内务府，每年不下于三四十万两，这种情况持续到嘉庆朝，嘉庆朝甚至增加了新的名目，如玉贡银、活计剩余银等。以下分成几小节讨论。

1. 衙门节省银

嘉庆五年（1800），两淮盐政书鲁奏报："己未（嘉庆四年）纲节盐政运司衙门节省经解脚费，并裁减各养廉，及余存积存征收各款银两。除公事应支照例解给外，通共实存银四十八万四百九十五两九钱二分，理合循例一并奏报。"[85]这项经费不定额约在四五十万两，与乾隆朝相比并不逊色。

2. 活计应交用剩银

乾隆时期两淮盐政衙门每年交办两淮盐政成造内务府活计，尤其是大型玉器，如大禹治水的玉雕。嘉庆皇帝则命令盐政将用剩的银两交给内务府。嘉庆四年（1799），两淮盐政征瑞奏销："奉谕旨应需工价饭食等费，具令在每纲外支不敷银四万两内动用，如有余剩再行解交造办处。钦此。"戊午（嘉庆三年，1798）纲已竣所有一年节次办缴过玉活计17件，用过工价经造办处按册复核具奏准销银1734.35两。又用过宝砂匠工家伙等项共银405.33两，计一年通共用银2139.68两。除册报造办处查核外谨缮黄册恭呈御览，现存余剩银37860.33两。又壬子（乾隆五十七年，1792）纲带征丁未（乾隆五十二年，1787）纲第五限外支不敷未完银两奏明展分十年带征，每纲应完银146.12两，共38000.45两，这项活计每年的用剩经费缴交内务府成为常态。[86]从嘉庆朝《养心殿造办处各作成做活计清档》来看，嘉庆朝皇帝让两淮盐政做的玉器相当多，那岂不落入俗谚"又要马儿好,又要马儿不吃草"?

3. 玉贡银

嘉庆四年(1779)三月上谕:"昨据奇丰额将从前在叶尔羌采取不堪用之大玉二块补送情节咨报军机处。此项玉料初采得时,因瑕裂处颇多,奇丰额始另行寻采。将此二块酌量琢开,再为运送等情,请示和珅。乃和珅竟未请旨,私札奇丰额令其补送,显系和珅有豫存肥己之见。昨已降旨,将从前运送之大玉二块停止运送,并赏赉出力回众矣。着速行谕令驻札各回城大臣等,此二块玉料运至何处,即行掷放该处,所有经过地方运送之伯克回众等,仍照前赏。"[87]徐珂《清稗类钞》以"仁宗令弃叶尔羌贡玉"为题,"嘉庆己未(四年),方弛采玉之禁,并命勿进此大玉,令于所至之地乌沙克塔克台弃之,此即密尔岱所产者也。徐星伯行经其处,见有大者重万斤,次者重八千斤,又次者重三千斤,初覆以屋,年久屋圮,玉之面南者为风日所燥,剥落起皮。辇此大玉时,用马数百。回人不善御,前却不一,鞭棰交下,积沙盈尺,轴动则胶固,回人持大瓶灌油以脂之,日才行数里。奇丰额奏称回民闻弃此玉,无不欢欣鼓舞也"[88]。

嘉庆皇帝自己说不喜欢珠玉,禁止朝臣进贡。嘉庆五年(1800)上谕:"节用不但能养身,并能养人。上行下效,其功立见。朕向来治家,以崇俭为本,今治天下,不易此心。惟望贤督抚佐成朕治,共乐升平,百姓足,则朕之愿足矣。"[89]嘉庆十一年(1806)上谕:"新疆采办大玉,回民运送维艰。是以从前特降谕旨,令于所在弃掷。本年九月内,忽据玉庆奏请将弃掷之大玉三块招商认买。朕以所奏图利失体,断不可行,即经降旨饬禁。惟令酌量情形,如其中差小者二块,运京尚属不难。或于每年秋季进玉之便,附运至京亦可。如办理稍觉费力,即毋庸运京,仍任在该处弃置。"据玉庆奏报,玉块一重7500余斤;一重3700余斤,需马三四十匹至五六十匹不等,另须佥派回民数十名。嘉庆皇帝说:"朕实天性不喜珠玉,非故为矫情之举,是以谆谆停止贡献。今玉庆必故将此项玉料锐意运京,不顾地方纷扰,是诚何心?玉庆着传旨严行申饬,并交宗人府议处。"[90]

嘉庆六年（1801）谕旨："不必呈进玉器等因。钦此。随经前盐政书鲁据总商等禀请，每年情愿恭备银五十万两，分上下半年二次解交内务府以充公用。"嘉庆九年（1804），盐商孝敬皇帝 500000 两，称为玉贡银，分呈上半年、下半年两次进呈。嘉庆十五年（1810），阿克当阿奏庚午（嘉庆十五年）纲上半年玉贡银 250000 两，解赴内务府广储司。[91] 此项银两从嘉庆九年到嘉庆二十五年（1820），应缴交 8500000 两。嘉庆皇帝也仿效乾隆皇帝将商人的贡银截留发商生息。嘉庆十八年（1813），为了筹措赏赐太监的银两，嘉庆皇帝谕允截留当年两淮玉贡银 150000 两，交商人按一分生息，每年得利 18000 两。[92]

4. 变价

乾隆皇帝为规范皇室、王公、官员服饰，成立礼器馆绘制礼器图谱，乾隆三十一年（1766），由武英殿修书处刻板印刷《皇朝礼器图式》。[93] 清代帝后大臣穿朝服佩戴串珠，东珠非为至极品，不能悬挂。譬如《皇朝礼器图式》载："皇帝朝珠用东珠一百有八、佛头记念、背云大小坠珍宝杂饰，各惟其宜大典礼御之。惟祀天以青金石为饰，祀地珠用蜜珀，朝日用珊瑚，夕月用绿松石。"[94] 乾隆四十四年（1779）谕旨："真珠、朝珠，定例惟御用，至皇子及亲王郡王，不但不准戴用真珠，即东珠亦不准用。嗣后分封王爵，俱不必赏给珠子朝珠。"[95] 东珠为皇帝、后妃的专属，象征满族服饰特色。又清朝贵族以金的成色来区分阶级，以符合其身份。譬如"皇太后、皇后金宝，均用三等赤金；皇贵妃金宝，用六成金；妃金印，用五成金；亲王金宝用五成金；世子金宝用四成金"[96]。

嘉庆四年（1799）上谕："现在广储司银库存贮各色金甚多，除拟留备用头等金三千两、八成金一千两、七成金一千两外。着交两淮盐政征瑞二万两、苏州织造全德一万六千四百六十二两四钱一分，据实变价。"两淮盐政变价每一两金子换 17 两银，共缴交内务府银 340000 两。但苏州织造全德说该地"铺商等资本微薄，不能预行垫买，约计三年后方可销完"。苏州酌留二、三等金 3386.52 两，其余色金 13075.89 两，解交两淮盐政售变，按 1 两金子换银 17 两，应交内务府银 222290.13 两。[97] 嘉庆十八年（1813）两淮又变价色金 2000 两，获银 30000 两。[98] 嘉庆九年（1804），总管内务府奏准广储司银库收贮东珠珍珠积存过多，除将头、二等东珠仍全行贮外，将三等内五分以下东珠、五等东珠、无光东珠、大小珍珠，共计 82906 颗变价。金珠翠玉一直都是皇室、命妇的专用品，嘉庆皇帝变价许多金、玉、东珠等，打破了贵贱藩篱。

前述粤海关变价人参的问题，两淮盐政亦有变价人参。嘉庆十二年（1807）两淮盐政额勒布奏报参斤四等参 7 斤 7.5 两，共变银 79800 两。[99] 两淮盐政变价四等人参 1 两需银 400 两，1 斤需银 6400 两。嘉庆十五年（1810）五等人参 1 两需银 300 两，1 斤需银 4800 两，参渣末 1 两需银 150 两，1 斤需银 2400 两，泡丁 1 两需银 100 两，1 斤需银 1600 两，[100] 连发霉的每两都作价银 20 两，碎小参作价银 180 两。[101] 前述 1 两金子换银 17 两，1 两人参比金价高十倍，盐商对于这种情况，只能视作变相的捐输吧！但商人没多余闲钱。嘉庆十二年皇帝上谕："上年的参价何故未交？"两淮盐政额勒布奏称："向来变价人参均系于一年内将运库闲款垫解，俟次年按引摊派，归款上年解到参斤。"参价摊派在盐引上，间接由消费者买单。但额勒布又怕勤政爱民的皇帝不高兴，改口说聚集 18 位总商均匀摊散，"听其自用转卖，不必由库垫解"。[102]

5. 发商生息与商捐

乾隆五十八年（1793）赏借总商江广达过继子江振鸿运本银 50000 两，年利息银 6000 两。嘉庆六年（1801），江振鸿又借内帑本银 50000 两，年利息银 6000 两。[103] 嘉庆九年，长芦盐商分领两淮协借无利运本银 1000000 两，于癸亥年（嘉庆八年，1803）起分十限，按年完纳 100000 两解交内务府。[104] 两淮盐商跟内务府借银的数量较少，利息收入不多。

至于商捐部分，盐商除捐军需、河工等外，内务府依然是捐输的对象之一。嘉庆十四年（1809）两淮盐政阿克当阿奏，恭逢皇帝五旬万寿，盐商报效银 2000000 两。于万寿节前随贡进 1000000 两，以备赏需。其余 1000000 两分庚午（嘉庆十五年）、辛未（嘉庆十六年，1811）两纲各缴银 500000 两，交内务府。上谕：

> 该商前已捐输四十万，为办理修理各处房间之用，以备观瞻，曾经降旨赏收。至于赏赉一节自有定制，朕从无滥赏，本欲径行驳回。惟现在江南要工迭出，需费浩繁，恐所拨帑项尚有不敷。着阿克当阿将商捐二百万两密为存贮，以待不时之需。但不可稍露风声，若一令河员知觉，势必渎请奏拨。阿克当阿总需密之又密，候朕酌量缓急降旨动拨。[105]

嘉庆十四年的万寿节，商人实际捐银 2900000 两，皇帝要阿克当阿千万保密，以免河道官员知道后，有恃无恐而乱花钱。

嘉庆十八年（1813），两淮盐政阿克当阿奏报，前据淮南总商等呈称，"恭闻皇上于圆明园内建造天后金龙四大王、黄大王、淮渎河神各庙宇，为江南官民祈福"，恳请捐银 300000 两以备工用。奉旨："着加恩赏收交。"[106] 嘉庆二十二年（1817），商人又公捐银 3200000 两，嘉庆皇帝只收银 1000000 两，分嘉庆十八年、嘉庆十九年（1814）解交，其余银 2200000 两由皇帝拨还。但是商人仍情愿于己卯（嘉庆二十四年，1819）春交银 1000000 两，庚辰（嘉庆二十五年，1820）、辛巳（道光元年，1821）每纲各交银 600000 两。[107] 实际上，商人仍捐银 3200000。嘉庆二十四年为皇帝六旬万寿，商人借"公捐"名义，不露痕迹。嘉庆二十二年，两淮商人黄源德情愿捐输银 1000000 两，交内务府以备赏用。[108] 两淮盐商对朝廷之战事、灾荒及皇帝万寿盛节等处处献金，负担越来越重，濒临破产。道光元年总管内务府大臣奏称，两淮还欠商人银 500000 两未经册报，其余限带征银每年应交 159900 两，这两项要能如期交纳，也还欠银 1190000 两之多。[109]

嘉庆年间长芦盐政与两淮盐政衙门交给内务府的银两，参见图 5-4。两淮盐政的衙门节省银、盐商捐玉贡银和皇帝的万寿节银两，使得曲线变化大。

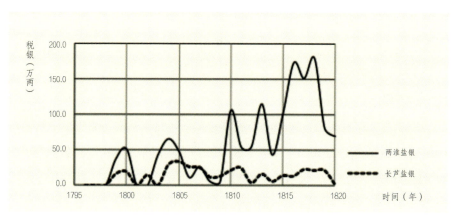

图 5-4　嘉庆年间长芦、两淮盐政衙门交给内务府的银两图

乾嘉时期的盐政不改包衣习性，希意承旨，替皇帝攒聚各种琐碎银两，每年累积成一大笔收入。

四、嘉庆皇帝动支内帑

关于户部与内务府财政的关系，刘翠溶认为内务府管皇室财政，户部管国家财政，两者权限并未划分清楚，经费也互有往来，其间关系逐渐由权宜演变成定例。[110] 祁美琴研究清代内务府，提到其经费来源有"部库"拨款，即户部拨款给内务府银库。乾隆年间皇帝裁定，每年部库拨款银 600000 余两作为内务府常年经费，[111] 所引资料来自礼亲王昭梿的《啸亭杂录》。但从《乾隆朝内务府银库月折档》来看，户部并没有每年拨款。[112] 相对地，内务府广储司积存银两每超过 1000000 两，亦奏报皇帝拨给户部。《乾隆朝内务府银库用项月折档》等档案统计，内务府拨户部银两为 15900000 两。故乾隆皇帝说："每岁将内务府库银命拨归户部者，动以百万计"[113]，显示出皇恩浩荡。

至《嘉庆朝内务府银库用项月折档》记载，内务府仍有拨给户部的银两。此外，嘉庆皇帝关注四川、湖南、陕西等地镇压白莲教起义所需经费，以及河道工程之公共支出，所以内务府的经费也挹注国家财政，展现出嘉庆皇帝在宫廷用度上确实有所节制，贯彻崇实黜奢的理念。

（一）内帑拨作国家经费

1. 户部

户部银库存银因白莲教战争而逐年递减，为共克时艰，嘉庆皇帝从内务府拨银给户部。嘉庆四年（1799），总管内务府大臣布彦达赉等遵旨拨给户部银500000两。[114] 此后，内务府银库和造办处的存贮银两，从嘉庆四年至嘉庆二十一年（1816），共拨给户部4450000两（见表5-10）。值得注意的是，乾隆皇帝在北京、热河等地兴建藏传佛寺、成造佛像，所费的银两在20000000两以上。嘉庆皇帝未再建佛寺，只在修缮工程上花费，而且造办处做佛像的数量也减少许多。因此，内务府拨给户部的银两中有来自造办处的银两。

表5-10　嘉庆时期内帑拨给户部

时　间	拨银（两）	资料源
嘉庆四年（1799）七月	500000	《嘉庆朝内务府银库用项月折档》，微卷1，页2135
嘉庆八年（1803）九月	400000	《嘉庆朝内务府银库用项月折档》，微卷2，页95
嘉庆十年（1805）闰六月	500000（造办处100000两）	《嘉庆朝内务府银库用项月折档》，微卷2，页562
嘉庆十一年（1806）二月	500000	《嘉庆朝内务府银库用项月折档》，微卷2，页586
嘉庆十一年九月	300000	《嘉庆朝内务府银库用项月折档》，微卷2，页689
嘉庆十三年（1808）七月	500000	《嘉庆朝内务府银库用项月折档》，微卷2，页1059
嘉庆十四年（1809）十二月	200000（纹银、楚锞）	《嘉庆朝内务府银库用项月折档》，微卷2，页1363
嘉庆十七年（1812）三月	600000（造办处100000两）	《嘉庆朝内务府银库用项月折档》，微卷2，页1861
嘉庆十九年（1814）正月	200000（造办处50000两）	《嘉庆朝内务府银库用项月折档》，微卷2，页2255

续表

时　间	拨银（两）	资料源
嘉庆二十年（1815）三月	100000（造办处 50000 两）	《嘉庆朝内务府银库用项月折档》，微卷 2，页 2501
嘉庆二十年五月	200000（造办处 50000 两）	《嘉庆朝内务府银库用项月折档》，微卷 2，页 2531
嘉庆二十年九月	200000	《嘉庆朝内务府银库用项月折档》，微卷 2，页 2579
嘉庆二十一年（1816）九月	100000	《清宫内务府奏销档》，册 180，页 491—492
嘉庆二十一年十二月	150000	《清宫内务府奏销档》，册 181，页 59—60

2. 战事经费

自乾隆年间起，内务府已有拨款支援军费之例，如乾隆六十年（1795）到嘉庆元年（1796）湘黔苗民战争。据陈锋估计，这次战役用银约 15000000 两。嘉庆二年（1797），军机处抄出大学士公阿桂等遵旨，奏内务府拨黔省经费银 800000 两。[115]

嘉庆元年爆发白莲教起义，经历 19 年，波及湖北、四川、陕西、河南和甘肃五省，清政府耗费大量人力、物力。[116] 战争中内务府拨给地方的军费增加了许多。陈锋估计军费在 1.5 亿两左右。戴莹琮认为，战争时程和花费之决定性的因素是中央政府和战场指挥官间的斗争，而非清军和反叛者间的作战，同时战场领导者之间因道德原则或私人关系而引起的冲突，使得战时利益团体内的政治纠葛更为复杂；而且嘉庆皇帝虽曾采取了一些重大的措施，但是由于前后不一致且决心不足，终归失败，无法使战场领导者遵守纪律，也无法使他们将国家利益置于个人利益之上。[117] 表 5-11 显示内务府拨款支持战争经费集中在嘉庆五年（1800），也就是查抄和珅家产之后，证明了嘉庆皇帝不是基于个人贪财好货而查抄和珅，而是为解决部分的战争军费，挹注于国家财政。

表 5-11　嘉庆时期内帑拨给行省军需银两

时　间	对　象	户部拨银（两）	内务府拨银（两）	资料源
嘉庆二年（1797）	拨黔省经费		800000	《嘉庆朝内务府银库用项月折档》，微卷 1，页 1675
嘉庆五年（1800）正月	解交陕甘总督以备支放兵饷	800000	200000	《嘉庆朝内务府银库用项月折档》，微卷 1，页 2183
嘉庆五年四月	解交陕省军需	500000	200000	《嘉庆朝内务府银库用项月折档》，微卷 1，页 2223
嘉庆五年闰四月	解交陕西军需	800000	200000	《嘉庆朝内务府银库用项月折档》，微卷 1，页 2240
嘉庆五年五月	解交四川省军需	200000	200000	《嘉庆朝内务府银库用项月折档》，微卷 1，页 2256
嘉庆五年五月	解交陕省军需	300000	200000	《嘉庆朝内务府银库用项月折档》，微卷 1，页 2256
嘉庆五年十一月	解交四川省军需	200000	200000	《嘉庆朝内务府银库用项月折档》，微卷 1，页 2346
嘉庆六年（1801）正月	解交陕省军需	200000	200000	《嘉庆朝内务府银库用项月折档》，微卷 1，页 2385

嘉庆五年（1800）正月，内务府总管大臣奏，户部文开谕旨着于户部库内拨解银 800000 两，内务府广储司库内拨银 200000 两；[118] 四月，交陕省应用恐尚不敷，着再拨广储司银 100000、热河库贮银 100000，共拨解陕省军需 200000 两，交与长麟台布以备军需之用。[119] 闰四月，户部库内拨解银 800000 两，内务府广储司库内拨银 200000 两，将 500000 两解往河南省城交与马慧裕存贮藩库，以备吴熊光拨用；又解 200000 两往陕西交与长麟台布以备军需之用。五月，户部库内拨解银 200000 两，内务府广储司库内拨银 200000 两，解往四川交与署督勒保存贮备用。十七日又从户部库内拨解银 300000 两，内务府广储司库内拨银 200000 两，解往陕西军需银。十一月，户部库内拨解银 200000 两，内务府广储司库内拨银 200000 两，解往四川军营备用。[120] 嘉庆六年（1801），内阁抄出奉上谕："现在大功将次告竣，一切善后事宜自应宽为筹备。着将浙省解京捐监银经解陕省。再于部库内拨银二十万两，广储司库内拨银二十万两，

解交陆有仁存贮备用。"[121] 以上史料指出，镇压白莲教起义，内务府拨给军费约 1400000 两，连镇压湘黔苗民起义拨给的 800000 两，共 2200000 两。相较于盐商对军需的报效，依据陈锋统计，嘉庆朝清代长芦、山东、河东、两淮、两浙、两广等盐商军需报效共约 13400000 银。[122] 嘉庆皇帝以内帑供军费所需，仍值得关注。

3. 八旗兵饷与赏银

嘉庆年间，旗人生齿日繁，皇帝决定在八旗正额之外添养育兵额，以舒缓生计问题。解决养育兵额的经费是采生息银的方式，嘉庆十二年（1807），长芦盐政李如枚文开，前经户部遵旨议奏筹拨闲款发商生息增添养育兵额，由户部拨银 500000 两，广储司造办处各拨银 100000 两，共 600000 两，交两淮生息。每年年息 84000 两，于八旗满洲、蒙古、圆明园、内外火器营、健锐营等添养育兵 4076 名，每名月给 1.5 两银，年需 73200 余两，又年终赏银 6100 余两。余额给内务府三旗和圆明园包衣三旗增养育兵 324 名，年饷及年终赏银共 4200 余两。嘉庆十五年（1810），又拨给养育兵一年钱粮库平银 8460 两。[123]

再者，嘉庆皇帝也由户部和内务府拨给银两赏赐兵丁。嘉庆十二年，户部具奏赏给兵丁半月钱粮搭放四成钱文，除户工二部搭放钱 74500 余串外，尚应放银 111900 两，着于户部动拨银 60000 两，内务府动拨银 51900 两。[124] 一串钱等于 0.4 两，此项赏给兵丁银共 141700 两。嘉庆十三年（1808），皇帝谕旨："因雨水连绵，兵丁所住房屋多有渗漏、倒塌，必须修理。兵丁等生计未免竭蹶。着加恩在于广储司存贮银两内，赏给八旗及包衣三旗各项兵丁等半个月钱粮，以示朕体恤旗仆之至意。"经奏准约需银两，向广储司领银 200000 两。[125]

盛京户部经费收入主要依赖户部拨款，其次为外省协济与内务府拨付。根据何永智研究，康雍之际，东三省兵额渐增，行政事务日繁，岁拨俸饷随之增至银 1000000 余两。乾嘉以降，户部岁拨俸饷每年固定为银 1200000 两，遇闰加增银 100000 两。户部拨款约占盛京户部经费收入的 80%。但嘉庆三年

（1798）镇压白莲教起义，户部拨款只有银 700000 两，不敷所需。内务府亦拨款盛京户部，其款乃与户部拨俸饷、户部指拨各省关税、盐课等一同凑补东三省俸饷，是财政萎靡实态下的迫不得已之举。何永智统计，嘉庆时期，内务府先后九次拨款盛京户部，总额逾 2000000 两。[126] 本章利用《嘉庆朝内务府银库用项月折档》统计出，嘉庆皇帝由内帑拨给东三省兵饷以及盛京官兵行装银约 3500000 两（见表 5-12）。

表 5-12　内务府拨给东三省等军饷

时　间	对　象	拨银（两）	资料源
嘉庆九年（1804）十一月	东三省官兵俸饷银	300000	《嘉庆朝内务府银库用项月折档》，微卷 2，页 95
嘉庆十年（1805）五月	盛京存贮备用与官兵行装银	600000	《嘉庆朝内务府银库用项月折档》，微卷 2，页 536
嘉庆十二年（1807）十一月	东三省官兵俸饷银（造办处 100000 两）	200000	《嘉庆朝内务府银库用项月折档》，微卷 2，页 917
嘉庆十三年（1808）八月	赏八旗及包衣三旗兵丁半个月钱粮	200000	《嘉庆朝内务府银库用项月折档》，微卷 2，页 1076
嘉庆十四年（1809）十月	东三省官兵俸饷银	400000	《嘉庆朝内务府银库用项月折档》，微卷 2，页 1225
嘉庆十六年（1811）十一月	东三省官兵俸饷银	200000	《嘉庆朝内务府银库用项月折档》，微卷 2，页 1791
嘉庆十七年（1812）十一月	东三省官兵俸饷银（造办处 150000 两）	850000	《嘉庆朝内务府银库用项月折档》，微卷 2，页 2000
嘉庆十八年（1813）五月	东三省官兵俸饷银（造办处 100000 两）	200000	《嘉庆朝内务府银库用项月折档》，微卷 2，页 2102
嘉庆十八年十一月	东三省官兵俸饷银（造办处 100000 两）	400000	《嘉庆朝内务府银库用项月折档》，微卷 2，页 2183
嘉庆十九年（1814）十二月	东三省官兵俸饷银	50000	《嘉庆朝内务府银库用项月折档》，微卷 2，页 2435
嘉庆二十年（1815）十二月	东三省官兵俸饷银	100000	《嘉庆朝内务府银库用项月折档》，微卷 2，页 2458

4. 治理河道与京城市容

嘉庆六年（1801）六月，直隶连续五天大雨，永定河多处决口，京师西南几成水乡泽国，连皇宫宫门都积水盈尺。这次水灾冲断了金门匣石龙骨，受灾百姓数百万人。嘉庆皇帝下令截留漕米 600000 石抚恤灾民，又拨内帑来治理永定河。[127] 金门匣是当时治理永定河分洪排水的重大工程，长达 160 米，规模浩大。嘉庆六年（1801）八月，拨银 300000 两堵筑永定河漫口堤工程；九月，拨银 200000 两堵筑永定河漫口堤工程，两次共拨银 500000 两。[128]

整治京城市容方面，嘉庆六年，工部侍郎高杞等文开，前经奏准挑挖京城内外各门护城河淤浅等工，共估需银 98346.01 两。嘉庆十九年（1814）四月，承修紫禁城内外河筒过水明暗闸沟水池等工，领工料银 10987.99 两，七月又领续工料银 2191.78 两。嘉庆十三年（1808）七月初一日起至七月二十九日，值年河道沟渠工程处文开，前经奏准修理朝阳门内南北水关明沟等工，领工料银 32267.79 两。[129]

（二）节俭的皇帝

1. 皇帝的金饭碗

嘉庆皇帝相较于其祖父与父亲，于衣食上较为节俭。杨启樵在《揭开雍正皇帝隐秘的面纱》一书中提到，雍正本人竭力强调撙节美德，自称秉性不喜华奢，但从雍正朝活计档发现，皇帝在用品上极为讲究，重视生活享受。[130]乾隆皇帝口口声声说自己生活节俭、朴素，而在乾隆朝活计档中看到的是他用度更为奢华。乾隆皇帝在衣着、日用上绝不吝于表现天子的尊贵形象，御膳所的器皿以金银制品居多。《清宫内务府奏销档》记载着皇室使用的金银器，参见表 5-13。

表 5-13　皇室的金银器用度 [131]

金银器	成色	金器量(两)	银器量(两)	备　注
崇庆皇太后	八成金	3359.4	1953.3	—
乾隆皇帝	三等赤金	6948.23	12645.1	膳房用：金碗 30 两 3 个、20 两 4 个、16 两 2 个、8 两 2 个。筵宴用：40 两 7 个、20 两 3 个、15 两 6 个、8 两 2 个

续表

金银器	成色	金器量(两)	银器量(两)	备 注
乾隆的皇后	八成金	2613.9	544.5	—
嘉庆皇帝	八成金	882.46	11257.82	八成金盘 20 两 1 个、八成金碗 15.6 两 1 个

乾隆皇帝日常使用的金银器，以三等赤金制作的金器达 6948.23 两，银器达 12645.1 两。相较之下，嘉庆使用的金器大约重 882.46 两，金的成色也只用八成金。乾隆皇帝的金碗有 29 个，嘉庆皇帝则只有 1 个。此外，《养心殿造办处各作成做活计清档》中记载皇帝交办的活计不多，台北故宫博物院典藏的嘉庆朝器物较简单朴素（参见图 5-5、图 5-6、图 5-7、图 5-8）。

嘉庆皇帝节省的作风仅限于即位初期，至嘉庆十八年（1813），内务府又替皇帝制作银器 458 件，共重 10382.49 两，工匠用银 10465.55 两，[132] 银器和工匠成造费共用银 20848.04 两。嘉庆二十五年（1820），总管内务府大臣奏，寿康宫茶膳房及筵宴应用金器 74 件、银器 210 件，这次成造金银器没有记载银两数。[133]

2.皇家大戏院

乾隆年间宫廷举办演戏活动的地方有重华宫院内漱芳斋的戏台，寿安宫三层大戏台、宁寿宫畅音阁三层大戏台、圆明园同乐园戏台、清漪园听鹂馆戏台、避暑山庄清音阁大戏台等。[134] 乾隆皇帝去世时，南府的学戏太监和景山西北隅的苏州梨园供奉，亦名民籍教习、学生，有七八百位。

关文发认为，嘉庆四年（1799）洪亮吉《言事书》提道：“自三四月以来，视朝稍晏，窃恐退朝之后，俳优近习之人，荧惑圣听者不少。”被这句话刺痛的嘉庆皇帝说洪亮吉该罪该诛。[135] 但其后嘉庆皇帝下令，“城内戏园一概永远禁止，不准开设；又，不许官员自养戏班，以肃官箴，而维风化”。嘉庆十六年（1811），御史景德奏请在万寿节期间，令城内演戏设剧十日，被皇帝严加斥责，景德被革职并发往盛京，交观明差遣，派当苦差。[136]

然而，研究内廷演戏的专家丁汝芹却认为嘉庆皇帝“精通戏曲，无论内

图 5-5　青花御制诗茶壶，台北故宫博物院藏　图 5-6　翠玉碗，台北故宫博物院藏

图 5-7　铜胎画珐琅西洋人物鼻烟壶，　图 5-8　洋彩御制诗文海棠式绿地茶盘，台北故宫
台北故宫博物院藏　　　　　　　　　博物院藏

外学排戏，筹备排演新戏、分配角色、教习或学生在台上的表演，甚至改唱词、唱戏时的舞台调度，他几乎事事过问，称他为清宫戏剧导演也不为过"[137]。嘉庆皇帝执政后，南府学艺人比乾隆时期少些，但也有 300 多人，南府景山学艺人 249 名，内府三旗学艺人共 93 名。《嘉庆朝内务府银库用项月折档》载，嘉庆元年（1796）以来，南府景山学艺处文开：总管首领太监学艺人并领催写字人等领公费，每月领大制钱 700 余串。当时制钱 1 串约银 0.45 两，约银 300 两。另外有不定时赏银，嘉庆十三年（1808）四月，谕旨赏直隶预备戏技人等

银 1000 两、首领太监曹进喜传旨加赏各项戏技人等一两重银锞 300 个、五钱重银锞 300 个，用银 450 两。谕旨：加赏长芦盐政预备戏技人等银 1000 两。[138] 据表 5–5 载，崇文门虽将同乐园戏台的经费解交造办处，但给南府景山人等领恩赏银 235 两，另有南府景山人等月粮银 9000 两。《红楼梦》中描述贾府演戏赏戏子钱文，嘉庆皇帝更阔气地赏银 2000 余两，相较他禁止内城演戏的事，岂不是"只许州官放火，不许百姓点灯"？

至于修理戏台和道具方面，嘉庆六年（1801），南府景山总管处切末 357 件因年代久，残缺损坏，必须粘补修饰，共需买办物料雇觅匠役工价银 1362.22 两。[139] 平定白莲教乱事后，嘉庆皇帝看戏的次数多了。嘉庆八年（1803），重华宫扮戏房两边添盖顺山房间，并改砌墙垣等工估需工料银 714.19 两；热河总管董椿等文开，经奏准清音阁看戏楼等处改安装修，并续修园庭内外南北两路游廊房间等工，领工料银 3996.76 两。[140] 嘉庆皇帝爱看戏，但他朝乾夕惕，有点娱乐也无可厚非。

3. 皇帝的万寿节

皇帝的万寿节为国家重要庆典，朝廷官员及万国使节不无细心地备办贡物，修缮京城街景及造佛像等。以下分述之。

嘉庆十八年（1813），总管内务府大臣奏：此次万寿节由两淮盐政、粤海关、江南三织造等陆续交出银锞缎绸，臣等按日逐款详记数目，银锞共 11900 两、妆缎等共 976 匹。[141] 表 5–14 为以上官员各年交出的数量。

表 5–14　嘉庆皇帝万寿节之贡礼

时　间	金锞（两）	缎匹（匹）	氆氇（匹）	资料源
嘉庆十八年（1813）	11900	976	—	《清宫内务府奏销档》，册 175，页 265—272
嘉庆十九年（1814）	3500	802	—	《清宫内务府奏销档》，册 177，页 235—240
嘉庆二十年（1815）	31000	1952	—	《清宫内务府奏销档》，册 179，页 215—225

续表

时　间	金锞（两）	缎匹（匹）	氆氇（匹）	资料源
嘉庆二十一年（1816）	—	1126	—	《清宫内务府奏销档》，册 180，页 603—609
嘉庆二十二年（1817）	—	767	—	《清宫内务府奏销档》，册 182，页 378—384
嘉庆二十四年（1819）	12000	1929	377	《清宫内务府奏销档》，册 186，页 563—577

嘉庆二十四年（1819），皇帝六旬万寿节，越南国王遣使进万寿贡物清单：象牙 2 对、犀角 4 座、土绸 100 匹、土纨 100 匹、土绢 100 匹、土布 100 匹。南掌国王遣使进万寿贡物清单：象牙万寿贡物 300 斤、例贡方物 200 斤、犀角万寿贡物 30 斤，例贡方物 20 斤，土绸万寿贡物 100 匹，例贡方物 50 匹。暹罗国王遣使进万寿贡物清单有：象牙 200 斤、孔雀尾 50 屏、犀角 100 斤、檀香 100 斤、降真香 200 斤、藤黄 100 斤、紫梗 100 斤、砂仁 100 斤、荳蔻 200 斤。[142]

在修缮京城街景官房方面，嘉庆十四年（1809）三月，总办万寿典礼事务处文开，前经奏清准修理庆典官房工程共需工料银 169294.06 两。嘉庆十四年十一月，总办万寿典礼事务处文开，修理庆典官房工程，并西直门楼座工程租赁架木领银 9069.3 两。[143]

嘉庆二十四年皇帝六旬万寿，内务府大规模修缮京城的街坊、官房、庙宇、点景等。从西华门起至西直门外海甸天惠楼一带，铺面官房庙宇共计 5179 间，内西直门正楼箭楼闸楼 15 间、西安门 7 间俱夹陇，临街庙宇山门拆盖 7 间，揭完 19 间、夹陇粘修 176 间。庙内殿宇 58 间夹陇粘修，内里佛像装颜见新。钟鼓楼 6 座夹陇粘修。杆 40 座内拆修 10 座、粘修 30 座。铺面楼房拨正 5 间，揭完 53 间、夹陇 301 间。门面抱厦房拆盖 132 间、拨正 185 间、揭完 586 间、夹陇粘修 3600 间。八旗街堆拨房揭完 3 间、夹陇 32 间、顶拍 1551 间内，补修 20 间、拆修 662 间、粘修 869 间。游廊平台门罩 32 间内，拆修 2 间、揭完 6 间、夹陇粘修 24 间、垂花门 1 座。拆盖城关 2 座、粘修四柱。三楼牌楼 5

座夹陇。又景山西门外铺面楼房 23 间内,拆盖 10 间、揭完 5 间、夹陇 8 间。门面抱厦 178 间内,补盖 16 间、拆盖 94 间、拨正 14 间、揭完 32 间、夹陇 22 间,顶拍 76 间内,补修 51 间、拆修 16 间、粘修 9 间,以及添砌揹子墙门口等项。又西直门外石路两旁添设点景屏蔽楼房 4 座 11 间、点景房 10 座 36 间、敞厅 16 座 58 间、游廊 26 座 220 间、太平船 1 只。碾磨台、南瓜葫芦架,粘修大墙、土墙,并随各座灯彩铺垫匾对、鹤鹿、花树地景等项实用活计均属整齐丈尺做法。[144] 乾隆二十五年(1760)为庆祝皇太后七旬万寿圣节,修葺西华门至西直门路两旁的街道铺面等,花费了银 638700 两。[145] 嘉庆二十二年(1817)两淮盐政阿克当阿奏,为嘉庆二十四年(1819)皇上六旬万寿修缮庆典官房、鳌山见新、圆明园各项活计,将该商等所捐祝嘏银 3200000 两分年呈进办理。[146] 嘉庆皇帝布置点景、游廊等,更为铺张浪费了!

乾隆皇帝万寿节皇宫内的中正殿、慈宁宫、雨花阁,北京城的嵩祝寺、法渊寺、弘仁寺、阐福寺、仁寿寺等都举行唪万寿经,替皇帝祈福。万寿节所有的呼图克图、堪布、札萨克达喇嘛等都必须参加,如乾隆三十四年(1769)喇嘛饭食银两共用 1759.25 两。[147] 嘉庆皇帝时也仿照办理。嘉庆二十三年(1818)敏珠尔呼图克图、那木喀呼图克图 2 人,以及札萨克喇嘛、达喇嘛、副达喇嘛、苏拉喇嘛 48 名,小喇嘛 1950 名,共用银 1785.5 两。乾隆二十四年章嘉呼图克图、敏珠尔呼图克图、那木喀呼图克图 3 人,及札萨克喇嘛、达喇嘛、苏拉喇嘛 47 名,小喇嘛 1950 名,共用银 1762.75 两。[148] 另外,自嘉庆五年(1800)以后,万寿寺等六处寺庙自十月初二日至十月初十日,各办道场一次办买香供纸张,并给喇嘛、和尚、道士等备办饭食领大制钱 417 串 521 文,后改折银 367.24 两。[149]

嘉庆十四年(1809),皇帝过 50 岁生日。嘉庆皇帝的铺张程度虽不如乾隆皇帝,也用了 20 多万两银来建造无量寿佛。长芦盐政伊昌阿奏,据芦东商人江公源等呈称:"明岁五旬万寿,芦商敬谨公捐银十二万两,两东商敬谨公捐银八万两。恭备庆典赏赉之需。请于恩准赏收后,即日随引捐起交库收齐解京。"[150] 嘉庆十四年正月,总办万寿典礼事务处文开,成造无量寿佛 10000 尊需用工料银 91383.75 两。[151]

嘉庆二十四年（1819），皇帝六旬万寿，造佛 16000 尊，此经费系由京员应交银两于各员俸廉银坐扣，外省各员行文兵部转行各省按数解交。[152] 按照嘉庆十四年（1809）造佛像 10000 尊花费 90000 多两，嘉庆二十四年造佛像 16000 尊，花费当超过 150000 两银。

4. 嘉庆皇帝的陵寝

嘉庆皇帝即位后，按太上皇帝的旨意，于泰陵之西太平峪开始修建自己的陵寝，此地被称为"万年吉地"，并设了万年吉地工程处统筹建造工程。晏子有《清东西陵》讨论了嘉庆皇帝的昌陵，在圣德神功碑亭之南，以一条神道与泰陵相接，是清西陵中唯一有神道与主陵相接的帝陵。神道上建圣德神功碑亭一座，是清朝建立的最后一座圣德神功碑亭。[153] 昌陵的隆恩殿地面铺墁紫花石，光滑耀眼，与其他陵寝地面不同。隆恩殿大柱包金饰云龙，金碧辉煌。嘉庆五年（1800），修建隆恩殿用头等赤金 1345.96 两。其他各殿座面叶见广识大并门钉、瓦钉等项活计咨取头等赤金、暖阁内红铜台钑云龙等项活计应领头等赤金、各殿座铜台钑见广识大兽面等项活计领八成色金，共 3670 两。嘉庆九年（1804），汪承需等奏称，结算工料并请领银两万年吉地工程银 805600 两。嘉庆十年（1805），又添种树 10000 多株、刨挖树窝、换土等工领银 460073.4 两。[154]

至嘉庆十三年（1808），皇帝派皇二子绵宁详视万年吉地地宫，发现渗漏潮湿、木板糟朽等问题，又进行急修。修理琉璃瓦料，领工料银并运费 20204.63 两；穿堂琉璃花门配殿官门等工，领工料银 14336.38 两；修宫门外东西朝房、神厨、神库等项工程，领工料银 9972.7 两。[155] 嘉庆十六年（1811），修理妃园寝石券工程领工料银 39821.74 两。[156] 总之，建造嘉庆皇帝万年吉地工程大概花费银 900000 余两。王德恒讨论过道光皇帝不断提倡节约，但建设陵墓耗银 2400000 余两，[157] 相较之下，嘉庆皇帝算是较节约的。

结　论

本章讨论了嘉庆朝的皇室财政，以内务府档案来证明民间传说的"和珅

跌倒，嘉庆吃饱"并非真实。和珅家产大约 3000000 两银，贩卖金子所得约
520000 两银，其他土地和官房每年也可以获取 40000 两租银，和珅所有的财
富也不过嘉庆朝内务府两年的收入。内务府的收入主要从关税盈余和盐政衙门
各种陋规和盐商借帑生息、捐输等得来。乾隆皇帝时只征收 10% 火耗，但是，
征收银两不敷行政费用，税关监督和盐政各自奏议，征收项目繁杂的平余银、
倾销银、归公银等，若有余银则缴交内务府。嘉庆皇帝继承这套措施之余，更
变本加厉在税关上加办差剩余银、洋商备贡银，盐务上外加活计用剩银、玉贡
银。皇帝从官场中的各种苛捐杂税获取利益。

关文发认为嘉庆皇帝即位初期形塑勤俭的形象，与民休息、共体时艰，
但改革后继无力，因循怠惰情况越加严重。他从《清仁宗实录》《御制诗文集》
看到嘉庆皇帝在御制诗文集常标榜"仁君"形象，并贯彻儒家"重农抑商"的
精神，对全国首富——盐商或洋商，除了商捐，还让他们认购官里来的人参、
玉石、毛皮。有趣的是，乾隆皇帝编《皇朝礼器图式》，以珍贵物品来界定王
公、官员品级，譬如毛皮、珊瑚、珠玉等。[158] 嘉庆皇帝却将这些珍宝交由两
淮盐政与粤海关税关监督变价，表面上让商人吃得起皇帝"内殿"人参，像贵
胄一样穿戴东珠、毛皮以提高地位，实际上是变相剥夺其财富。商人在中国始
终无法形成新的阶级，应系朝廷需索无度之故。《大清仁宗睿皇帝实录》记载，
嘉庆皇帝下令两淮、两浙盐政停止每年呈进万寿贡、端阳贡、年贡等三节贡物，
让人以为他生性崇俭黜奢。然而《清宫内务府奏销档》则记载："每次所费办
理之价、玉器值银两，即按春秋二季解交内务府。其每年所办价值银两数目，
着先行奏闻。至例贡仍照旧呈进。钦此。"[159] 所以，利用宫廷的档案才能发
现皇室财政的各种来源。

至于嘉庆皇帝所谓的"咸与维新"，刘翠溶认为内务府和户部两者的权
限并未绝对地划分，经费也互有往来。从嘉庆时期的内务府财政可以看出皇帝
将私有收入抱注户部军事用途，比起乾隆皇帝耗费数千万两建寺庙、修宫殿、
造佛像等，此是一种维新的政策。笔者从《嘉庆朝内务府银库用项月折档》中

统计出嘉庆皇帝从内帑中拨给户部 4450000 两银，若加上整治永定河以及北京城墙、河道的修缮，应该超过 5000000 两银。此外，内务府银库拨给用于镇压湘黔苗民起义的经费 800000 两银，镇压白莲教起义军费约 1400000 两银，拨给八旗兵饷、盛京官兵行装、修缮兵丁房舍等银约 4400000 银，军费支出大约 6600000 两银。以上总支出超过 11600000 两银。按照月折档统计，嘉庆元年（1796）至嘉庆二十年（1815）金银的收入约 30554000 两银，嘉庆皇帝的内务府拨银占国家支出占的三分之一。对一位遵循儒家思想的皇帝而言，节制物质欲望，出资弭平战事，不能说毫无作为。

再说皇帝个人消费，月折档案记载嘉庆朝每月的固定消费大概在银 30000 两以下。嘉庆皇帝的立足点与一般人不同，他生在宫廷，衣食优渥，所谓节省，如从乾隆日常使用的金器为三成赤金 6000 两，降为 800 两。但嘉庆皇帝个人喜好看戏，御史景德因上奏万圣节京城演戏一事而丢官。皇帝在宫廷中养了 300 多名学艺人，他甚至说：“凡有官职太监及各学教习、学生等，在宫内及圆明园里边行走者，准其翻穿貂褂、海龙褂。若至外边，不许穿出”[160]，岂不是内外有别的最佳写照？再看《清代内廷演剧始末考》，嘉庆皇帝频繁看戏，且明显对戏曲有浓厚的兴趣。内外学演戏，不分大小，都在皇帝的关注之中，谕旨也颇有见地。[161] 至于皇帝陵寝所费将近百万两银，则比乾隆皇帝、道光皇帝、慈禧太后的陵寝用度少了一半。尽管嘉庆皇帝因个人喜好而修建戏台、举行万寿盛典活动等，但整个内廷花费平均每年在五六十万两，低于咸同光三朝。在《清宫内务府奏销档》中，咸丰朝内廷急需银钱，饬令户部“借拨”银两。慈禧太后垂帘听政后，同光朝宫廷用度提高为 1000000 两以上，各督抚从地丁银中拨给内务府，并向恒利号、泰元号借款。此为日后的研究课题。

嘉庆皇帝自 6 岁入上书房，至登基为皇帝，读了 30 年的书，他克勤力学、专事节俭，谨遵儒家格言“创业维艰宜节俭，守成不易戒奢华”。但清朝历经康雍乾盛世后，到嘉庆朝呈现衰疲之态，镇压白莲教起义消耗国用，官员因循怠忽、吏治疲玩萎靡，应当是政治改革的时机。但是嘉庆皇帝只想守成祖业，治道崇俭黜奢，以致于切言时弊的洪亮吉被流放伊犁。另外，嘉庆朝镇压白莲教起义花费了上亿的银两，更重要的应是开拓新资源，而嘉庆皇帝反其道而行之，以"开矿扰民，易滋事端"为由，不断发布禁矿谕令。譬如嘉庆六年（1801），伊犁将军松筠奏请开采新疆塔尔巴哈台所属各处金矿，嘉庆认为："恐内地甘凉一带游民，纷纷踵至。此等无籍之徒，聚之甚易，散之则难，于边地殊有关系……仍着保宁将产金处所严行封禁，勿令偷挖滋事。"[162] 嘉庆皇帝的禁矿政策让政府财政陷于困境。

总之，嘉庆皇帝强调"节流"，不愿"开源"，以致后来道光皇帝推行盐务改革以及面临鸦片战争以后的对外关系，可见嘉庆皇帝这种保守的作风亦非明智之举。

注释

1 关文发：《嘉庆帝》（长春：吉林文史出版社，1993）。

2 张玉芬：《论嘉庆初年的"咸与维新"》，《清史研究》，1992 年第 4 期，页 49—54；刘绍春：《简论嘉庆皇帝在财政经济领域的治理整顿》，《中国社会经济史研究》，1993 年第 3 期，页 66—71。

3 Daniel McMahon, *Rethinking the Decline of China's Qing Dynasty: Imperial Activism and Borderland Management at the Turn of the Nineteenth Century*（New York and London: Routledge, 2015）.

4 罗威廉：《乾嘉变革在清史上的重要性》，《清史研究》，2012 年第 3 期，页 150—156。

5 Wensheng Wang, "Social Crises and 'Inner State Building' during the Qianlong-Jiaqing Transition," Paper presented to the Annual Meeting of the Association for Asian Studies, March 2010.

6 William T. Rowe, *Speaking of Profit: Bao Shichen and Reform in Nineteenth-Century China* （Cambridge, Massachusetts: Harvard University Asia Center, 2018）.

7 昭梿：《啸亭杂录》（北京：中华书局，1980），卷 10，页 350。

8 国史编纂委员会编：《朝鲜王朝实录》（서울특별시：东国文化社，1955—1958），卷 42，页 43-1。 网址：http://hanchi.ihp.sinica.edu.tw/ihpc/hanji?@38^1983754667^22^^^1@@789208999（2020 年 1 月 16 日检索）。

9 Daniel McMahon, *Rethinking the Decline of China's Qing Dynasty: Imperial Activism and Borderland Management at the Turn of the Nineteenth Century*, p. 4. 该书提到和珅家产二亿多两。四亿两之说参见薛福成：《庸庵笔记》，收入严云绶等主编：《桐城派名家文集》（合肥：安徽教育出版社，2014），册 10，卷 3，页 889—893；徐珂编：《清稗类钞·讥讽类》，页 1569 载："（和珅）籍没家产，所得凡值八百兆有奇，悉以输入内府。"台湾"中研院"汉籍资料库网址：http://hanchi.ihp.sinica.edu.tw/ihpc/hanji?@190^2141583549^22^^^1@@859316221（2020 年 5 月 20 日检索）。

10 冯佐哲：《贪污之王：和珅秘史》（长春：吉林文史出版社，1989）。

11 云妍、陈志武、林展：《官绅的荷包：清代精英家庭资产结构研究》，页 267—285。作者对和珅的珠宝、丝绸等家产进行变价估计。本章则利用台湾"中研院"近代史研究所的粮价资料库，着重和珅土地方面的获益。

12 道格拉斯·诺斯著，刘瑞华译：《经济史的结构与变迁》，页 28—29、159。

13 参见赖惠敏：《乾隆皇帝的荷包》，页 162。

14 倪玉平：《清朝嘉道关税研究》（北京：北京师范大学出版社，2010），页 17—19、47—66、80、95。

15 滕德永：《嘉庆朝内务府人参变价制度的新变化》，《吉林师范大学学报（人文社会科学版）》，2015 年第 1 期，页 54—61、79；滕德永：《乾嘉时期内务府财政对两淮盐政的依赖》，《盐业史研究》，2013 年第 3 期，页 12—20。

16 岸本美绪：《论清代户部银库黄册》，收入石桥秀雄编，杨宁一、陈涛译，张永江审校：《清代中国的若干问题》（济南：山东画报出版社，2011），页 198。

17 史志宏：《清代户部银库收支和库存研究》（北京：社会科学文献出版社，2014），页 63—64。

18 陈锋：《清代军费研究》（武汉：武汉大学出版社，1992），页 266—268。

19 Yingcong Dai, *The White Lotus War: Rebellion and Suppression in Late Imperial China*（Seattle: University of Washington Press, 2019），pp. 369-385.

20 《内务府广储司六库月折档》、《嘉庆朝内务府银库月折档》（北京：中国第一历史档案馆发行微卷，2000）、《宫中朱批奏折·财政类》、《清宫内务府奏销档》、《明清档案》、《清代宫中档奏折及军机处档折件》。

21　黄仁宇：《万历十五年》（台北：食货出版社，1985），页 60。

22　徐珂编：《清稗类钞·讽讥类》，页 1569。台湾"中研院"汉籍资料库，http://hanchi.ihp.
sinica.edu.tw/ihpc/hanji?@164^382465133^807^^^5031100100370099^9@@426220709（2020 年 5 月
29 日检索）。

23　中国第一历史档案馆、文化部恭王府管理中心编纂：《清宫恭王府档案总汇：和珅秘档》（八）
（北京：国家图书馆出版社，2009），页 398。

24　中国第一历史档案馆、文化部恭王府管理中心编纂：《清宫恭王府档案总汇：和珅秘档》（九），
页 102—125。

25　冯佐哲：《〈和珅犯罪全案档〉考实》，《历史档案》，1986 年第 4 期，页 130—133；冯佐
哲：《贪污之王：和珅秘史》，页 239—252。

26　冯佐哲：《贪污之王：和珅秘史》，页 208—252。

27　中国第一历史档案馆、文化部恭王府管理中心编纂：《清宫恭王府档案总汇：和珅秘档》（九），
页 36—38、99—101。此外，和珅园内金银器皿房间清单，有金小如意 1 对、金锞 9 个、金盒 13 个、
金镶松石盒 2 个、银盒 20 件、银壶 3 件、银渣斗 15 件、银烛阡 1 对、银茶盘 6 件、银盖碟 4 件、
马圈一所计房 45 间、善缘庵寓所一处房 86 间、游廊 42 间。查抄和珅用事内监呼什图家人方二、
方四园外自置寓所计三处空房 53 间、园内居住家人秀松什物杂色银 20 两、京钱 9 吊，页 226—
227。

28　中国第一历史档案馆：《军机处录副奏折》（北京：中国第一历史档案馆，1986），档案编
号 03-2408-031，嘉庆四年三月二十八日。二两平金比库平少六分。

29　《军机处录副奏折》，档案编号 03-2408-031、034，嘉庆四年三月二十八日。

30　《军机处录副奏折》，档案编号 03-2408-032，嘉庆四年三月二十八日。

31　《军机处录副奏折》，档案编号 03-2408-033，嘉庆四年三月二十八日。

32　中国第一历史档案馆、文化部恭王府管理中心编纂：《清宫恭王府档案总汇：和珅秘档》（九），
页 201—205。

33　参见赖惠敏：《乾隆皇帝的荷包》，页 82。粮价资料参见台湾"中研院"近代史研究所粮价
数据库，http://mhdb.mh.sinica.edu.tw/foodprice/result.php?SWYear=1799&SWMonth=1&EWYear=18
00&EWMonth=12&AreaIDSelect1=ZL&AreaNextSelect1=all&AreaIDSelect2=ZL&AreaNextSelect2=a
ll&Grain1=WO&Grain2=WO&chart=1&ifContrast=none（2018 年 12 月 4 日检索）。

34　中国第一历史档案馆、文化部恭王府管理中心编纂：《清宫恭王府档案总汇：和珅秘档》（九），
页 212—214。

35　中国第一历史档案馆、文化部恭王府管理中心编纂：《清宫恭王府档案总汇：和珅秘档》（九），
页 201—205。

36　中国第一历史档案馆、文化部恭王府管理中心编纂：《清宫恭王府档案总汇：和珅秘档》（九），
页 208—209。和珅皮衣 70 件赏给十公主等，朝衣蟒袍棉袷等 1208 件赏给十公主等，页 245。

37　云妍、陈志武、林展：《官绅的荷包：清代精英家庭资产结构研究》，页 267—285。

38　《清宫内务府奏销档》，册 198，页 459。

39　参见赖惠敏：《乾隆皇帝的荷包》，页 162。

40　《宫中朱批奏折·财政类》，档案编号 0551-015，嘉庆八年八月初九日。

41　《清代宫中档奏折及军机处档折件》，文献编号 052551 附件 2，嘉庆二十二年八月十二日。
崇文门税关资料不多，而有附件的档案更稀少，这件系唯一有附件的档案。

42　《军机录副折件》，文献编号 052551，附件 2、4，嘉庆二十二年八月十二日。

43　《明清档案》，登录号 158907-001，嘉庆七年十月；登录号 171500-001，嘉庆七年十月。

44　《清宫内务府奏销档》，册 182，页 64—67。张家口开销银两包括：察哈尔都统衙门赛尔乌

素台站官兵俸银 2000 两、发给察哈尔都统行粮银 180 两、发给居庸关税课大使俸薪并皂役等工食 48.52 两、运送工部武备院牛，马皮张车脚银 141.44 两，张家口税务衙门书吏巡役工食、心红纸张，并户部户科饭银 2500.37 两，办交武备院羊毛 90000 斤，采买价银以及挑选工价运车脚共用 4500 两，以上各款共开销 9467.32 两。残废马 135 匹每匹变价银 1.06 两，共 143.1 两，大小驼皮 1441 张每张变价银 1.5 钱，共银 216.15 两，大小马皮 18474 张，每张变价银 5 分，共银 923.70 两。以上残废马并不堪用驼马变价银 1282.95 两。

45 丰若非：《清代榷关与北路贸易：以杀虎口、张家口和归化城为中心》（北京：中国社会科学出版社，2014），页 152—153。

46 参见赖惠敏：《十九世纪恰克图贸易的俄罗斯纺织品》，《"中研院"近代史研究所集刊》，期 79（2013 年 3 月），页 1—46；赖惠敏：《珊瑚与清代朝贡贸易》，收入任万平、郭福祥、韩秉臣主编：《宫廷与异域：17、18 世纪的中外物质文化交流》（厦门：厦门大学出版社，2017），页 47—74。

47 《宫中朱批奏折·财政类》，档案编号 0360-022，嘉庆五年十一月初九日。

48 《宫中朱批奏折·财政类》，档案编号 0367-046，嘉庆十八年八月二十七日；档案编号 0945-029，嘉庆十八年八月二十七日。

49 参见赖惠敏：《乾隆皇帝的荷包》，页 162。

50 《养心殿造办处各作成做活计清档》，内务府簿册胶片编号 1，页 446。

51 《宫中朱批奏折·财政类》，档案编号 0359-007，嘉庆三年七月初一日。

52 《宫中朱批奏折·财政类》，档案编号 0359-046、0359-048，嘉庆四年九月二十四日。

53 《清宫内务府奏销档》，册 179，页 326—327。

54 乾隆五十一年粤海关监督富勒浑奏，乾隆五十年分粤海关恭办贡品 30000 两，该监督穆腾额并未动用。又办贡裁存银 25000 两，是否交内务府。《宫中朱批奏折·财政类》，档案编号 0352-035，乾隆五十一年二月十八日。乾隆五十五年粤海关监督额尔登布奏，粤海关支出解交造办处裁存备贡银 55000 两。同上，档案编号 0353-033，乾隆五十五年五月十八日。

55 李其霖：《见风转舵：清代前期沿海的水师与战船》（台北：五南图书出版公司，2014），页 355—356；祁磊认为蔡牵之乱，米艇船身窄舵宽，不耐风浪，不宜横渡台湾海峡，同安梭船则没有问题。参见氏著：《鸦片战争以前清朝水师战船的演变》，《历史档案》，2018 年第 1 期，页 88—95。

56 《宫中朱批奏折·财政类》，档案编号 0359-016，嘉庆四年元月二十日。

57 《宫中档奏折·嘉庆朝》，文献编号 404007167，嘉庆七年正月十一日。

58 《宫中朱批奏折·财政类》，档案编号 0361-003，嘉庆八年二月初十日。

59 滕德永：《嘉庆朝御赏贡参制度》，《历史档案》，2012 年第 2 期，页 98—102；同：《嘉庆朝内务府人参变价制度的新变化》，《吉林师范大学学报（人文社会科学版）》，2015 年第 1 期，页 54—61、79。档案记载嘉庆二十四年赏五位王公 2.9 斤、赏大臣、侍卫 122 分，用五等参 23.8 斤。是否有赏买制度还没见到。《清宫内务府奏销档》，册 185，页 436—442。

60 滕德永：《嘉道时期内务府人参"加价银"问题辨析》，《东北史地》，2013 年第 5 期，页 60—64。

61 《清宫内务府奏销档》，册 174，页 109—110；册 176，页 443—452。

62 《宫中朱批奏折·财政类》，档案编号 0489-044，嘉庆十五年四月二十四日。

63 《宫中朱批奏折·财政类》，档案编号 0941-010，嘉庆十年五月十九日；档案编号 0767-003，嘉庆十二年四月；档案编号 0773-054，嘉庆十八年三月二十四日；档案编号 0553-012，嘉庆二十二年八月二十四日。

64 《宫中朱批奏折·财政类》，档案编号 0552-017，嘉庆十五年十一月十七日；档案编号 0552-034，嘉庆十六年六月十八日；档案编号 0553-033，嘉庆十八年十二月十三日；档案编号

0946-048，嘉庆二十二年八二月二十四；档案编号 0554-013，嘉庆二十三年十月初八日。

65　陈国栋：《论清代中叶广东行商经营不善的原因》，《新史学》，卷 1 期 4（1990 年 12 月），页 1—40。

66　参见赖惠敏：《乾隆皇帝的荷包》，页 130—132。

67　黄掌纶等撰：《长芦盐法志》，收入《续修四库全书·史部·政书类》（上海：上海古籍出版社，1997），册 840，卷 12，页 228—230。

68　《宫中朱批奏折·财政类》，档案编号 0451-026，乾隆十二年四月十三日。

69　《宫中朱批奏折·财政类》，档案编号 0483-014，嘉庆五年十二月初七日。

70　《宫中朱批奏折·财政类》，档案编号 0448-005，乾隆八年闰四月二十九日。

71　《宫中朱批奏折·财政类》，档案编号 0483-016，嘉庆五年十二月二十一日。

72　关文斌：《文明初曙：近代天津盐商与社会》（天津：天津人民出版社，1999），页 56、247—248。

73　《宫中朱批奏折·财政类》，档案编号 0483-010，嘉庆五年十一月初一日；档案编号 0483-016，嘉庆五年十二月二十一日。

74　《嘉庆朝内务府银库用项月折档》，嘉庆十二年二月初一日起至三十日，微卷 2，页 770—771。

75　《宫中朱批奏折·财政类》，档案编号 0491-003，嘉庆十六年元月初八日。

76　黄掌纶等撰：《长芦盐法志》，卷 16，页 322。

77　《宫中朱批奏折·财政类》，档案编号 0494-038，嘉庆十八年十二月十八日。

78　台北故宫博物院编：《宫中档乾隆朝奏折》，辑 26，页 416—417。

79　《宫中朱批奏折·财政类》，档案编号 0488-017，嘉庆十二年欲初四日。

80　《宫中朱批奏折·财政类》，档案编号 0493-035，嘉庆十七年十月二十四日。另参见叶志如编选：《嘉庆十七年长芦盐砝舞弊案》，《历史档案》，1989 年第 4 期，页 20—35；夏维中、张华：《嘉庆十七年长芦盐砝舞弊案初探》，《盐业史研究》，1991 年第 2 期，页 40—47。

81　有关查氏家族，参见关文斌：《文明初曙：近代天津盐商与社会》，页 114—120。

82　叶志如编选：《嘉庆十七年长芦盐砝舞弊案》，《历史档案》，1989 年第 4 期，页 20—35。

83　《宫中朱批奏折·财政类》，档案编号 0648-018，嘉庆二十五年三月二十八日。

84　《军机处录副奏折》，档案号 03-1784-021，嘉庆二十四年六月二十五日。

85　《宫中朱批奏折·财政类》，档案编号 0483-012，嘉庆五年十一月十二日。

86　《宫中朱批奏折·财政类》，档案编号 0936-007，嘉庆四年八月十六日。

87　曹振镛等奉敕修：《大清仁宗睿皇帝实录》（台北：华联出版社，1964），卷 41，页 491-1~491-2。

88　徐珂编：《清稗类钞·朝贡类》，页 423—424。台湾"中研院"汉籍资料库，http://hanchi.ihp.sinica.edu.tw/ ihp/hanji?@164^382465133^807^^^5031100100160069^6@@606252604（2020 年 5 月 29 日检索）。

89　曹振镛等奉敕修：《大清仁宗睿皇帝实录》，卷 41，页 491-1~491-2。

90　曹振镛等奉敕修：《大清仁宗睿皇帝实录》，卷 170，页 216-1~216-2。

91　《宫中朱批奏折·财政类》，档案编号 0940-025，嘉庆九年十一月初八日。

92　《宫中朱批奏折·财政类》，档案编号 0494-042，嘉庆十八年。

93　刘潞：《一部规范清代社会成员行为的图谱——有关〈皇朝礼器图式〉的几个问题》，《故宫博物院院刊》，2004 年第 4 期，页 130—144、160—161。

94　允禄等纂，牧东点校：《皇朝礼器图式》，页 182。

95　昆冈等奉敕纂：《大清会典事例（光绪朝）》，卷 263，页 28-2。

96　托津等奉敕纂：《大清会典事例（嘉庆朝）》（台北：文海出版社，1991），卷 257，页 6-1。

97　《宫中朱批奏折·财政类》，档案编号0936-006，嘉庆四年八月初十日；档案编号0936-024，嘉庆四年十一月二十日，苏州织造全德说苏州虽号繁华，从前尚有礼金可销，每起或二三百两不等。苏州28家商铺，赀力有限，不能垫买。《内务府奏案》，档案编号05-0476-044，嘉庆四年七月二十三日；档案编号05-0482-011~012，嘉庆五年闰四月二十二日。

98　《宫中朱批奏折·财政类》，档案编号0553-033，嘉庆十八年十二月十三日。

99　《宫中朱批奏折·财政类》，档案编号0551-030，嘉庆十二年正月十六日。

100　《宫中朱批奏折·财政类》，档案编号0552-017，嘉庆十五年十一月十七日。

101　《清宫内务府奏销档》，册185，页441。

102　《宫中朱批奏折·财政类》，档案编号0551-032，嘉庆十二年二月十二日。

103　《宫中朱批奏折·财政类》，档案编号0483-037，嘉庆六年六月初九日。

104　《宫中朱批奏折·财政类》，档案编号0485-002，嘉庆九年七月初八日。

105　《宫中档奏折·嘉庆朝》，文献编号404014909，嘉庆十四年七月初四日。

106　《宫中朱批奏折·财政类》，档案编号0638-123，嘉庆十八年三月十五日。

107　《宫中朱批奏折·财政类》，档案编号0643-090，嘉庆二十二年六月初六日。

108　《宫中朱批奏折·财政类》，档案编号0621-028，嘉庆二十二年四月十九日。

109　《清宫内务府奏销档》，册191，道光元年十二月二十五日，页355—357。

110　刘翠溶：《顺治康熙年间的财政平衡问题》（台北：嘉新水泥公司文化基金会，1969），页110。

111　祁美琴：《清代内务府》，页128—129。

112　参见赖惠敏：《乾隆皇帝的荷包》，页265、365。

113　参见赖惠敏：《乾隆皇帝的荷包》，页362—365。

114　《嘉庆朝内务府银库用项月折档》，嘉庆四年七月初一日起至三十日，微卷1，页2135。《清宫内务府奏销档》，册172，页434。奏销档载，嘉庆三年七月十五日，着酌将广储司库贮拨银500000两给户部。应是同一件事情。

115　有关白莲教战争参见喻松青、张小林主编：《清代全史》（沈阳：辽宁人民出版社，1991），卷6，页255—261；陈锋：《清代军费研究》，页275；《嘉庆朝内务府银库用项月折档》，嘉庆二年三月初一日起至三十日，微卷1，页1675。

116　有关白莲教战争，参见喻松青、张小林主编：《清代全史》，卷6，页235—255。

117　陈锋：《清代军费研究》，页266—268；Yingcong Dai, *The White Lotus War: Rebellion and Suppression in Late Imperial China*, p. 29.

118　《嘉庆朝内务府银库用项月折档》，嘉庆五年正月初一日起至三十日，微卷1，页1675。并将成色银两酌量配搭一成照例解交陕甘总督以备支放兵饷之用。钦此。今遵旨发给纹银190000两，配搭洋钱银8800两，条银120两，共用银200000两。可见银库贮藏的银子有各种纹银、洋钱银、条银等。

119　《嘉庆朝内务府银库用项月折档》，嘉庆五年正月初一日起至三十日，微卷1，页2223。

120　《嘉庆朝内务府银库用项月折档》，嘉庆五年闰四月初一日起至二十九日，微卷1，页2240；嘉庆五年五月初一日起至三十日，页2256，嘉庆五年十一月初一日起至三十日，微卷1，页2346。

121　《嘉庆朝内务府银库用项月折档》，嘉庆六年正月初一日起至二十九日，微卷1，页2385。

122　陈锋：《清代军费研究》，页333。

123　《嘉庆朝内务府银库用项月折档》，嘉庆十二年二月初一日起至三十日，微卷2，页770；嘉庆十五年十二月初一日起至三十日，页1585。

124　《嘉庆朝内务府银库用项月折档》，嘉庆十二年三月初一日起至三十日，微卷2，页782。

125　《嘉庆朝内务府银库用项月折档》，嘉庆十三年八月初一日起至三十日，微卷2，页1076。

126　何永智：《清代盛京户部经费来源研究》，《中国经济史研究》，2019 年第 2 期，页 149—162。

127　有关永定河水灾和赈济，参见关文发：《嘉庆帝》，页 139—151。

128　《嘉庆朝内务府银库用项月折档》，嘉庆六年九月初一日至二十九日，微卷 1，页 2521；嘉庆十九年四月初一日起至二十九日，页 2313；嘉庆十九年七月初一日起至三十日，微卷 2，页 2358。

129　《嘉庆朝内务府银库用项月折档》，嘉庆六年八月初一日起至三十日、九月初一日起至二十九日；嘉庆十三年七月初一日起至二十九日，微卷 2，页 1063。

130　杨启樵：《揭开雍正皇帝隐秘的面纱》，页 135。

131　《清宫内务府奏销档》，册 19，页 213—224；册 173，页 461—474。

132　《清宫内务府奏销档》，册 175，页 507—512。

133　《清宫内务府奏销档》，册 189，页 114—115。

134　万依、王树卿、刘潞：《清代宫廷史》（天津：百花文艺出版社，2004），页 301—303。

135　关文发：《嘉庆帝》，页 245。

136　曹振镛等奉敕修：《大清仁宗睿皇帝实录》，卷 248，页 357-2。

137　丁汝芹：《清代内廷演戏史话》，页 166—167；朱家溍、丁汝芹：《清代内廷演剧始末考》，页 68—119；中国国家图书馆编纂：《中国国家图书馆藏清宫升平署档案集成》（北京：中华书局，2011），嘉庆朝内廷演戏的档案也不少。

138　《嘉庆朝内务府银库用项月折档》，嘉庆十三年四月初一日起至二十九日，微卷 2，页 1006。

139　《清宫内务府奏销档》，册 173，页 129—146。

140　《嘉庆朝内务府银库用项月折档》，嘉庆八年四月初一日起至二十九日，微卷 2，页 1268；嘉庆八年九月初一日起至二十九日，微卷 1，页 96。

141　《清宫内务府奏销档》，册 175，页 265—272。包括妆缎、闪缎、片金、八丝缎、金银缎、倭缎、彩缎、线绉、宁绸、宫绸、春绸、纺丝共 976 匹。

142　《清宫内务府奏销档》，册 186，页 614—620。

143　《嘉庆朝内务府银库用项月折档》，嘉庆十四年三月初一日起至二十九日，页 1297；嘉庆十四年十一月初一日起至二十九日，微卷 2，页 1250。

144　《清宫内务府奏销档》，册 187，页 69—74。

145　《清宫内务府奏销档》，册 61，页 31—35。

146　《清代宫中档奏折及军机处档折件》，文献编号 050663，嘉庆朝。档案上写朱批日期为嘉庆二十二年二月二十日。

147　《清宫内务府奏销档》，册 79，页 41。

148　《清宫内务府奏销档》，册 184，页 263—264；册 186，页 482。

149　《嘉庆朝内务府银库用项月折档》，嘉庆五年十月初一日起至二十九日，微卷 1，页 2337。

150　《明清档案》，登录号 157532-001，嘉庆十三年十月十七日。

151　《嘉庆朝内务府银库用项月折档》，嘉庆十四年正月初一日起至三十日，微卷 2，页 1268。

152　《明清档案》，登录号 110813-001，嘉庆二十三年八月初九日。

153　晏子有：《清东西陵》（北京：中国青年出版社，2000），页 236。

154　《嘉庆朝内务府银库用项月折档》，嘉庆九年二月初一日起至二十九日，微卷 2，页 191；嘉庆十年七月初一日起至三十日，微卷 2，页 374。

155　《嘉庆朝内务府银库用项月折档》，嘉庆十三年十二月初一日起至二十九日、嘉庆十四年十一月初一至二十九日，微卷 2，页 1151—1251。《清东西陵》提到昌陵地宫雕刻五方佛、天王佛、八大菩萨等图像，及八宝香几、宝瓶、海螺、铃杵等用银 6725.05 两。券脸门对等处，镌刻番字和梵字经文用银 4192.51 两，昌陵地宫由喇嘛书写经文并雕刻用工不足一年，而乾隆皇帝的裕陵地宫却用三年多，参见晏子有：《清东西陵》，页 138—139。

156　《嘉庆朝内务府银库用项月折档》，嘉庆十六年十月初一日起至三十日，页 1764。

157　王德恒：《北京的皇陵与王坟》（北京：中国城市出版社，1990），页 226。

158　参见赖惠敏：《清乾隆朝内务府皮货买卖与京城时尚》，收入胡晓真、王鸿泰主编：《日常生活的论述与实践》（台北：允晨文化实业公司，2011），页 103—144；赖惠敏：《珊瑚与清代朝贡贸易》，收入任万平、郭福祥、韩秉臣主编：《宫廷与异域：17、18 世纪的中外物质文化交流》，页 47—74。

159　《清宫内务府奏销档》，册 173，页 42。

160　庆桂等编纂，左步青校点：《国朝宫史续编》，卷之六，页 44—45。

161　朱家溍、丁汝芹：《清代内廷演剧始末考》，页 68。

162　曹振镛等奉敕修：《大清仁宗睿皇帝实录》，卷 80，页 37-2~38-1。

第六章

喜啦茶
——清代浙江黄茶的朝贡与商贸

　　黄茶的蒙古语为"喜啦茶"（sira cai）。蒙古人有喝奶茶的习俗，清朝沿袭蒙古习俗，以黄茶来烹制奶茶。清人沈启亮编辑的《大清全书》解释喜啦茶为包子茶。[1]《大清全书》成书于康熙二十二年（1683），其典故可能来自康熙十七年（1678），内务府总管题报："由户部领取每竹篓八百包之好包子茶九十竹篓，以备一年之用。若有剩余，则计入来年应领之茶数；若有不足，则请旨奏准增领。"康熙二十四年（1685），朝廷明订："嗣后各省送来之三线布、生丝、熟铜、生铜、锡、喜啦茶、散茶、矾、沉香、棉料榜纸、京川连纸等物，现在库中者，内司若用，需用数目按总管内务府行文，由户部照数交付该司，年末由该司将已领钱粮及用过数目详核具奏。"[2]康熙朝《清代内阁大库散佚档案选编：宫廷用度·外藩进贡》中，喜啦茶以"包"或"篓"为单位。大连图书馆藏康雍乾内阁大库档中，康熙朝时称喜啦茶，在雍正、乾隆朝的档案中则改称为黄茶。[3]一档馆所藏《内务府题本》接续大连图书馆所藏的档案，乾嘉时期档案少，大部分是道光朝以后，各省土贡解送户部后，内务府行文向户部领取，每年列出领取明细。[4]户部拨给内务府的物品有55项，即上述金属、

布匹、纸张等，茶叶则包括黄茶和散茶，黄茶以"篓"为单位，散茶以"斤"为单位，1 篓黄茶有 800 包，1 包黄茶为 2 两，1 篓为 100 斤。

万秀锋等所著《清代贡茶研究》一书，讨论了黄茶为清宫烹制奶茶的主要原料，却未解释黄茶的来源。[5] 何新华在《清代贡物制度研究》中提到浙江上用黄茶 28 篓，每篓 800 包，内用黄茶 92 篓。[6] 本章从大连图书馆馆藏档案和《内务府题本》发现，户部拨给内务府的黄茶并没有固定数量，自乾隆年间到光绪年间有所变化。

《清史稿·茶法志》记载，清朝入关后，继承明代的盐法和茶法制度，以商人承领盐引和茶引。明代茶法有三："曰官茶，储边易马；曰商茶，给引征课；曰贡茶，进贡宫廷使用。"顺治二年（1645）宣布恢复茶马贸易制度，并建立茶马贸易机构。康熙十三年（1674），"内蒙地区广设马厂，马匹足用，停止以茶易马，将陈茶变价充饷"。[7] 浙江黄茶是贡茶，但不是茶马贸易项目，它的贸易对象是俄罗斯。清代浙江进贡黄茶的数量最多，且在官书记载中浙茶营销额引超过其他区域。根据《大清会典事例》，浙江额行茶 140000 引（每引 100 斤）。[8] 浙江茶的贸易额远高于陕甘额引 27164 道，甚至超过川藏贸易100000 余引。[9] 清代浙江茶引居全国之冠的原因之一是销售往蒙古地区。根据陈高华研究，元代流行炒茶，用铁锅烧赤，以马思哥油、牛奶子、茶芽同炒成。马思哥油就是从牛奶中提炼的奶油，亦云白酥油。茶叶中加进了酥油，与汉族的饮茶方式有很大的不同，反映了游牧生活的特色。这种饮茶方式，大概是受了藏族的影响。[10] 清初援引蒙古人的生活经验，以黄茶作为制作奶茶的材料，以奶茶宴请蒙古来朝觐的王公等，奶茶也成为北方时尚饮料。

俄国学者阿·科尔萨克（A. Korsake）在 19 世纪上半叶已了解清朝的达官贵人们所喝的茶是黄茶，黄茶泡出来的茶水呈玫瑰色；绿茶水则呈现黄中带绿的颜色。[11] 绿茶在谷雨节前采收，称雨前茶。黄茶在立夏后开采，俗有"夏后三日茶"，茶叶柔软如绵，但并非砖茶。又，黄茶有香喷名色是以香花熏制方能成品，浙茶转运于福建，以福建产茉莉最多。有以香橼花、白玉兰、栀子花替代者，所费较少，而香味则远不及茉莉，故上品之茶仍以茉莉熏制者为贵。[12]
"浙江黄茶"为绍兴一带茶叶的通称，因集散地为平水，又称平水茶。[13] 每年
过年时，清廷宴请蒙古王公、西藏喇嘛等，黄茶成为"皇家"品牌。每当蒙古
王公朝觐后，必然携带黄茶回去。从《军机处满文录副奏折》记载可知，蒙古
人每年供寺院熬茶数量颇多，又从《蒙古国国家档案局档案》藏的商人账册档
案中可以发现，乾隆、嘉庆年间蒙古地区黄茶销售量极大，说明蒙古王公等上
层人士受到宫廷影响而大量消费黄茶，促成黄茶的贸易。

　　本章利用《明清档案》、台北故宫博物院藏《宫中档朱批奏折军机处档
折件》、一档馆藏《军机处满文录副奏折》《军机处汉文录副奏折》《宫中朱
批奏折·财政类》，以及台湾蒙藏文化中心藏《蒙古国国家档案局档案》等，
首先探讨浙江茶商与茶引制度，其次讨论黄茶的朝贡数量与北京的茶商，再讨
论黄茶在内札萨克蒙古、喀尔喀蒙古地区的营销。黄茶虽在太平天国后销声匿
迹，其贡献仍应受重视。

一、清代黄茶的茶引与产销

（一）黄茶的产区

　　《大清会典事例》载，黄茶产于绍兴地区，根据刘家璠研究，浙江之茶
以钱塘江以南、绍兴一带为主要产地。1920 年刘家璠在《浙江之茶叶》中提
到浙江茶叶产于绍兴府下之山阴、会稽、上虞、嵊、新昌、萧山、诸暨、余姚
八县，茶叶集散于绍兴城南之平水，故称平水茶，产额年约 150000 担。[14] 绍
兴北部为平原，盛产稻麦；南部山峦环绕，烟雾弥漫，不宜种稻麦，故盛栽茶
及杂粮。1934 年农业复兴委员会委托吕允福做调查，他提到平水茶产区山地
多于平地，东南高、西北低，会稽山盘亘于西部，天台山绵延于东部，为全区
茶叶栽培的两大中心。曹娥江横贯中央，运输极为方便，故平水茶实为曹娥江
流域之茶。当地农民多以茶为正业，农村经济素甚优裕。嵊县地方山高土深，

其最著名产茶地有金家山、铜家岭、城春、官背、桃园等地。平水茶每年输出达 200000 担，占浙江全省茶叶输出量一半以上。[15]

由曹娥江运输平水茶区内的茶叶，平水茶再通过大运河运往北京，具有完备的交通网络。黄茶往北有大运河，往安徽的水路又扩展出宽广的产销路线。安徽歙县茶叶由新安江、富春江运到浙江，故黄茶产茶区以安徽、浙江为多。《北平市工商业概况》载："徽茶可自浙杭购办，而浙杭之茶又多转运于福建，故在福建即可购办徽浙两省之茶。考其原因则以福建产茉莉最多，各色茶叶，必以香花熏制方能成品也。"[16] 浙江、安徽产的茶叶运到福建熏制，成为北京人喜欢的香片。

（二）浙江的茶商

浙江茶商起源于康熙朝，康熙五十五年（1716）覆准，浙江每年例销茶 140000 引。商人有愿备本银及水脚银两，将每年应办黄茶解交内库者，给予执照。领引置茶，过关投税，均如旧例。其存剩余引，按年赴部缴销。[17] 雍正五年（1727）题准：

> 浙江省产茶独多，销自变量倍他省。专设商人二名，每年自备纸价银四百六十二两，于藩司衙门详给咨批，赴部交纳，请颁额引。到浙呈送布政使司挂验，转给收存，俟各商贩置齐全，赴北新关输纳税银。管引商人，每年办解各陵寝需用黄茶，及供应上用黄茶、内廷需用黄茶。又每销一引，应解茶果银并赢余银四分二厘八毫。计十四万引。每年共解内务府银六千两。[18]

雍正朝确定了浙商领茶引的制度，专设茶商两名到布政使司领取户部执照，再到北新关纳税，便能销售茶叶。除了户部茶税，还要缴交内务府茶果银盈余 6000 两。乾隆十三年（1748），浙江巡抚臣方观承奏称，"办茶引商例应正、副二名，当年由金台、何肇基充当，又有分办同伙三人，共系五人，立有议单"。每人各出资本银 240 两为领引纸价、部饭及各项费用。五位茶商共出资 1200 两银。资本额不大，茶商向户部领出引张，因非行茶，故无需多本。每年于冬月，茶商领咨赴部请引 140000 道，买引 1 道（100 斤茶）付银 1 钱，共茶引价银 14000 两。另外，又按例办理进贡内廷黄茶 120 篓，相当于 12000 斤。[19]另支付内务府茶果银 4.28 分，一年共约银 6000 两。[20] 相较于陕甘茶引每道得支付 4.44 两，茶商缴交茶课相当低。[21]

浙江茶引价银并不是直接解交户部，而是作为茶叶运输费和领引纸价、户部饭食银等，方观成奏折说："价脚盘费等项共约需银二千六七百两，领引纸价部饭银五百一十余两。"[22] 因黄茶属官茶，需用户部印记的纸张包装，以杜绝私茶买卖。[23] 根据《浙江全国财政说明书》载，每箱茶引征课银 0.1 两，此银用于茶果银 0.043 两、茶果解费银 0.01 两、茶果加平银 0.002 两、请引纸朱银 0.0033 两、请引部饭银 0.00039 两、请引加平杂费 0.0043 两、引管经费银 0.0092 两、茶箱竹篓银 0.0017 两、编号饭银银 0.0007 两、黄茶例价银 0.0086 两、黄茶解费银 0.0006 两、节省盈余银 0.0164 两。黄茶例价及解费，又茶箱竹篓、编号饭食银等款，照张扣平给发，节省盈余银每年造入春季存库册内报部拨用，其余茶果等款一律解部。[24] 可见茶商解送黄茶，除运输费外，还有茶果盈余、加平银，以及户部的各种规费。因此，方观承提到，从茶商账目来看，实多繁费。除了一切人工杂费，茶商每年剩余银将近 2000 两。按五股均分，每人每年各得余银 300 余两。[25] 再者，茶叶并非顺利销售，如乾隆十三年（1748）尚有未销上届茶引 67283 道，须等出产新茶之时始能销售。[26]

金台系乾隆七年（1742）承充正引商，犹如领盐引的总商。乾隆十三年，金台因堂兄金文淳修直隶城工，每年由茶引余息中给银 2000 两。当时由方观承办理，恐金台或有贻误，"派委兰溪县县丞张肇扬稽查出入，督令樽节按年完解，其领引卖引等事仍听该商料理。乾隆十七年（1752）张肇扬升任象山县知县，续委仁和县县丞杨兆槐接管"。迨乾隆二十年（1755），金台、金文淳名下应还直省司库垫用城工银 10245 两，"俱按年解直归清即撤去委员，仍归该商自办"。[27] 金台偿还直隶城工银两时，由浙江的官员监督，类似于官督商办性质，至金台还清款项后才由金台自办茶引。

乾隆十三年（1748），锦州副都统保德参奏"锦州府知府金文淳违制，于皇后丧仪大事未满百日擅自剃头"。[28] 皇帝朱批："金文淳着革职，拿解来京交与刑部治罪。"[29] 浙江巡抚方观承接到军机处寄信上谕，令其查察金文淳籍贯所在，"务使伊所有家赀为城工之用"。皇帝派督粮道常德等人到其家中查看：

> 金文淳之父金志章曾任直隶口北道，终养丁忧在籍。即眼同将所有一切衣饰什物，并田房契纸详细开记，除将现银六两二钱交官，并田房租息于未变卖之前，俱令交官外，其田房衣饰什物等项，通共约估值银一千八百一十七两零。于查看登记后，着落本家自行变卖，将所卖之银交贮仁和县库，不许本家私动分毫，以便汇送直隶，为城工修费。[30]

金文淳原籍家赀全部变价，银两全部用来修城，然修城费用达银 13100 两，金文淳的家产不敷城工费用十分之二。其堂弟金台愿将名下每年所得茶利尽数归公以助城工之用，有益公务。[31] 不久，方观承又奏报，金文淳家眷由水路返回浙江，钱塘县令及其父金志章去迎接，查到船上存银 42.8 两，立即交官。其衣饰等物共估值银 282.7 两，与之前估价银共 2148.7 两，全部交官拿去修城。[32]

乾隆二十年，浙江巡抚周人骥奏报，金台自乾隆十四年（1749）起，于余息银按年委员解送直隶归款，至乾隆二十年归还。"每年余息除办公外，尚有盈余。今金文淳城工银两已经归完，自应准其每年报出节省盈余银一千四百两解缴藩库，以备地方公用。"乾隆皇帝朱批："奏此误矣！弟为兄赎罪可耳，岂有伊应得之余息，而无故勒令归公之理？"[33] 乾隆二十一年（1756），方观承担任直隶总督奏报修城经费，原估用银 13106 两，实用工料银 8102.65 两，节省银为 5003.35 两。金文淳在直隶自备工料银 596.84 两，其资产银 2148.7 两，不敷款项由金台先向直隶库借银 10245.94 两。有趣的是，皇帝的谕旨"修城节省银五千零三两余，仍留充城工之用"[34]，并没有归还金台的意思。

乾隆三十一年（1766）十二月，浙江巡抚熊学鹏因茶商金台办解茶果银两少钱而知有亏缺情弊，随派委前任杭州府知府郭崔元，将金台自乾隆七年（1742）接办茶引起逐年彻底清查。查出乾隆十三年（1748）、乾隆十五年（1750）两年每年短报茶引 20000 道，共短报引 40000 道，计少解茶果银 4000 两。故将"金台咨文户部革退，严审短报侵隐实情，并将失察各官参奏议处。嗣经审明，实因商伙金间右、赵蕴山积年旧欠亏缺，将两年引课短报弊混，正商金台实不知情"。但商伙金间右、赵蕴山均系无籍之徒，俱已身故，由金台变产完缴银 1297 两，尚未完银 2703 两，照例分作四限。据布政使王亶望详据杭州、绍兴二府，仁和、钱塘、山阴三县查明，"商伙金间右、赵蕴山久经身故，金间右并无子嗣，赵蕴山虽有二子却孑然一身，实无丝毫产业可以变追。金台自竭力变产交银 1000 余两后，产业凿尽，实在无力完交，取具里邻亲族并无隐遁甘结。应请将金台照例充徒，其未完银两查系应解内库之项未便悬缺，相应请旨着从前失察之历任藩司巡抚各员名下，按照任事月日均匀摊派分赔"。[35]

（三）官解浙茶

《大清会典事例》载："乾隆三十一年又奏准，浙江省裁除引商名目，所有应办黄茶，即令承办委员亲身解部，顺领新引。"[36]浙江巡抚熊学鹏奏报商人由司给批赴部领引到浙送司编号设馆销卖，每引 1 道费银 1 钱，内额解茶果银 4 分，如额内少销 1 引少解银 4 分。所销引目向系递年流销，如第一年之引，须至第二、第三等年方始销完。其每年起解茶果银两，则止就当年销卖自变量而计。如第三年销过第一年引若干，第二年引若干，统计共销过十几万道，按引核算，共该解茶果银若干。由茶商自行造册送院给发咨批，并将应解银数知照藩司，由司即详委官解黄茶官一员弹兑钉箱，协同商人解户部投纳。

熊学鹏认为金台于乾隆二十年（1755）城工完案之后，余息尽数归商，计其获利不少。他认为茶商有一正一副，彼此均分余利，且此外尚有朋充私伙多人，"视引馆为利薮，群相蚕食，人人得而支用，任意浮糜以致余息归于乌有"，交部严加议处失察官员，并于同知通判内遴委廉乾官一员崇司其事。[37] 熊学鹏议请官解茶引章程，自乾隆三十一年（1766）营销乾隆二十八年（1763）茶引为始，每年于同知通判内遴委廉乾官一员，崇司其事。他订立的官解茶引章程为将户部领出之茶引发商分销，"每日茶商在该委员处领引若干道、交银若干两，逐日查收明白，登记档册。按旬折报布政使暨巡抚衙门查考。每至月底将所卖银两解贮司库，一年期满另行委员更换。所有应办黄茶、应解茶果，及纸朱部饭等项即令原经手之员亲身解部，顺领新引。其余息银两，除纸张部饭等项外，所有盈余核算明确一面奏闻，一面交委员尽数交内务府查收。此一为调剂，庶领引销引俱有责成课项无亏，于茶政实有裨益"。[38] 熊学鹏将原来茶商领引的制度改为地方委员领引后再发给商人分销，这项措施等于将商人的利润转为地方资源。

乾隆三十三年（1768），浙江巡抚觉罗永德为革除流弊，将商解茶改官解取代茶商。每年除了应解茶果银 6000 两、采办黄茶及解茶运输费和领引纸价、户部饭食银等 4416 两，两项共银 10416 两。引价银 14000 两扣除以上两项外尚余银 3584 两，过去系商人所得余息。"归官办理将馆内一切辛伙、人工、饭食等项大加樽节删减，每岁止需银一千二百八十四两，每年计可节省银二千三百两归公。这银两先存贮浙省司库充公，俟五年之后数满一万，如本省别无公用之处，再行解部拨用。"[39] 觉罗永德建议官解茶引可以节省银 2300 两，充当地方经费或解交户部，朝廷当然赞同，因之，官解浙茶成为定例。

19 世纪，茶叶贸易发展迅速，浙江黄茶销量增加。《大清会典事例》载：

嘉庆十六年题准，浙江省每年额销茶引十四万道，销引壮盛，

额颁引目不敷配给。每年添颁七万道，俟额引销完，接销余引。或
有存剩，次年再销。其解支各款，均按向办章程。至起解黄茶及茶
果等银，于年内委员起解运京。[40]

嘉庆十六年（1811）浙江巡抚蒋攸铦题报，浙江省额颁茶引不敷营销，
酌定应增余引数目。嘉庆十三年（1808）通年营销茶引 191730 道，除年额
140000 道外，计额外多销引 51730 道。嘉庆十四年（1809）通年营销茶引
208655 道，除年额 140000 道外，计额外多销引 68655 道。嘉庆十五年（1810）
通年营销茶引 196962 道，除年额 140000 道外，计额外多销引 56962 道。三
年之中额外多销自变量多寡不一，据茶引委员互相比较，每年约须请领余引
70000 道，额引销完接销余引。如年终截止余引，或有存剩，俟次年额引销完
之后，再行补销，庶正引得以按年营销不致参差，而余引亦得接续配给不致废
弃。[41]《大清会典事例》载，嘉庆十六年以后浙江额销茶引增至 210000 道，
光绪二十七年（1901），浙江巡抚任道镕奏报，解光绪二十四年（1898）分茶
果银 7381.69 两，茶果加平银 368.57 两，往引纸朱银 462 两，部饭银 54 两，
共计银 8266.26 两。可见茶引增加，亦提高了内务府的茶果盈余银。

咸丰年间爆发太平天国战争，全国各地开征厘金，浙江于咸丰五年（1855）
开始办理茶厘。浙江巡抚何桂清奏报，办理厘茶章程"以市价百分之一为抽捐
之数"。咸丰五年四月间，留浙开缺湖北粮道金安清体察上海洋茶情形，请办
茶捐，"经何桂清奏明设局饬委该道试办，并令杭州知府王有龄传集牙行商
民人等剀切面谕，并缮告示发交各属张贴。俾知所捐之费，系出于茶商余利
之中，与商民生计、商贾资本均无关。碍该商民均各信悦遵办，因与面定章
程"，分别本省外省粗茶、细茶每引捐输银自 6 钱至 2 钱不等，以制钱 200 文
作银一钱完缴计。自设局试办一月收钱 30000 余串。[42] 又，"分别箱茶、篓茶，
凡从杭城经过者每引捐钱自一千二百文，至四百文不等"。咸丰六年（1856）
四月至十二月茶捐项下收钱 440000 余串。[43] 同治三年（1864），"浙省克复

后，应征引课由各厘局代收解司"。每年自十一月至翌年十月为一年度，报册报销。表6-1中同治十二年（1873）上半年新收之百货厘捐银402314两、洋圆314590圆、钱277205000文，丝捐洋圆429031圆、钱34000文，茶厘捐银37618两。茶厘与百货厘金、丝捐等厘金成为浙江省财政的重要来源。

表6-1　同治十二年正月起至闰六月的厘金收支[44]

货　币	旧　管	新　收	除　用	实　在
银两	92867 两	439932 两	532506 两	294 两
洋圆	155546 圆	743621 圆	766293 圆	132874 圆
钱文	15716000 文	277239000 文	235825000 文	57131000 文

浙江省茶厘自同治十二年正月至闰六月底厘捐银37618两，一年当在70000两以上。到光绪元年（1875）茶课又有变化，箱茶每引净重100斤，收厘银1两。篓茶、袋茶不分粗细，每引净重100斤，收厘银0.6两。又，同治五年（1866），附加塘工捐，不论箱、篓、袋茶，凡经浙西者每引加抽1两，仍照海塘捐输章程给予奖叙。光绪元年，改收塘工捐0.5两。[45]清初浙江黄茶引课每百斤课0.1两，光绪元年篓茶、袋茶改征厘金后，茶课大为提高，茶厘税收甚至超过张家口每年的40000两。[46]

二、浙江贡茶与宫廷用度

（一）浙江的贡茶

《清代贡茶研究》一书提到浙江贡茶有芽茶和黄茶，龙井属芽茶但数量不及黄茶。[47]顺治十年（1653），户部尚书噶达洪题报"库贮不敷应用，请敕下江南浙江督抚动支解京额银照依时价如数买完解部，贡上等黄茶一百篓等"。[48]康熙朝以后逐渐确定贡茶数量。康熙十八年（1679），覆准浙江省岁贡黄茶28篓，每篓800包，由户部转送茶库验收。[49]康熙二十一年（1682），内务府总管噶鲁请旨，自户部领取每篓50斤之茶100篓使用。[50]康熙二十四年（1685），明订各省解交物资，浙江贡黄茶于《大清会典事例》载，浙江布政使司应解黄茶 92 篓，计 9200 斤，于年终解到。黄茶独产于绍兴府。92 篓茶中包括上用黄茶 28 篓；陵寝、内廷黄茶等共 64 篓，由办引委员于所收茶引买价内办解。[51] 内务府向户部领取的黄茶也不是定额。如康熙十七年（1678）内务府总管题报，自去年（康熙十六年，1677）八月初一日至今年（康熙十七年）六月三十日，由户部领取每竹篓 800 包之好包子茶 90 竹篓，以备一年之用。若有剩余，则计入来年应领之茶数；若有不足，则请旨奏准增领。康熙二十五年（1686）出现宫廷由户部、工部领取物品的四柱清册，如康熙二十四年旧存喜啦茶 37 篓又 236 包，康熙二十五年由户部领取 50 竹篓，一年用过 74 竹篓。余剩 13 篓又 179 包。康熙二十五年总共用了黄茶 7400 斤。[52]

大连图书馆藏内阁大库档案有雍乾年间的黄茶资料，如雍正九年（1731）新收 12800 斤，除用 136584 斤。乾隆二年（1737）新收 139000 斤，除用 173731 斤。乾隆二十二年（1757）新收 68400 斤，除用 89523 斤。[53] 乾隆中期以后内务府取用黄茶数量较少，是因康熙皇帝以黄茶赏赐朝觐的蒙古王公，乾隆中期则改为绸缎、布匹折银。譬如，乾隆四十五年（1780）喀尔喀图谢图汗车登多尔济进作五等马 3 匹，每匹折银 20 两，共 60 两。赏官用缎 4 匹，每匹折银 7 两，共银 28 两；宫绸 3 匹，每匹折银 7 两，共银 22 两；彭缎 2 匹，每匹折银 5 两，共银 10 两。喀尔喀图谢图汗车登多尔济之母福晋进汤羊 2 只，每只折银 3 两，共银 6 两。赏彭缎 1 匹，每匹折银 5 两，共 5 两。[54]

同治七年（1868）因太平天国战争，黄茶改为折银，数量大为减少。同治七年奏准，"浙江应解黄茶，前因被兵以来，产茶地方旧树所存无多，新株甫种，难期适用，部议仍令尽收尽解，不足之数，仿照黄茶之式，暂可抵用者，先行办解。唯查黄茶一项，独产绍郡，并无暂可抵用之茶。现在已交夏令，本年无从设法，应俟同治八年（1869）委办解交"。[55]

从官员的奏折可发现，光绪年间浙江省解户部的物资部分改为折银。据布政使翁曾桂详称，浙江省杭州等十一府属额征光绪二十九年（1903）分本折颜料、蜡、茶、药材、熟铁丝、棉纸张等项，除各年各案坍荒无征等银外，实应征银 16839.96 两，前办光绪二十九年分奏销案内据仁和等厅州县共完解银16734.87 两，业经造册报部。[56]光绪三十四年（1908），浙江应征银 16792.75两，实征银 15664.42 两。其中，富阳、嘉兴、秀水、萧山、宁海、永嘉等六县未完银 1128.33 两。富阳应补蜡茶药材银 61.16 两、嘉兴银 264.93 两、秀水银 163.94 两、萧山银 259.83 两、宁海银 127.09 两、永嘉银 251.38 两。[57]宣统二年（1910），浙江应征银 16792.75 两，实征银 16187.62 两。新昌、浦江、寿昌、遂昌四县未完银 605.62 两，新昌应补银 126.31 两，浦江银 150.98 两，共征银 277.29 两。寿昌、遂昌尚未解交。[58]由这些档案可知，到浙江省解交户部物资的十一县为仁和、富阳、嘉兴、秀水、萧山、宁海、永嘉、新昌、浦江、寿昌、遂昌。其中萧山、新昌属于绍兴府，或许是进贡黄茶的县。

此外，黄茶亦可以其他茶品代替。光绪二十二年（1896）《新闻报》五月载，浙江省应解内务府二十年分上用黄茶 1400 斤，迄尚未解。刻奉户部咨催赶紧将前项黄茶解京，起解以备应用。八月又载：

> 浙省应解上供黄茶，前奉藩宪饬委候补同知葆司马谦□、绍郡
> 各属妥为采办。复饬理事同知溥司马兴赴龙井等乡选采极品细茶，
> 兹已如数购齐，运至省中烘焙干燥、分装茶箱，蒇篓加盖印封堑储
> 内署，禀候委员管解赍文北上，以便呈缴内庭矣。[59]

以上材料说明，清末的黄茶系"龙井等乡选采极品细茶"，和太平天国战争前的黄茶不同。

图 6-1 是雍正、乾隆朝到光绪朝内务府领取户部黄茶的数量变化趋势，雍正与乾隆初期进 100000 包以上，乾隆中期在 60000 包至 80000 包之间，同治七年（1868）以后在 10000 包左右，数量大减，且以龙井茶代替。

根据《乾隆朝内务府银库用项月折档》记载，从乾隆十三年（1748）到乾

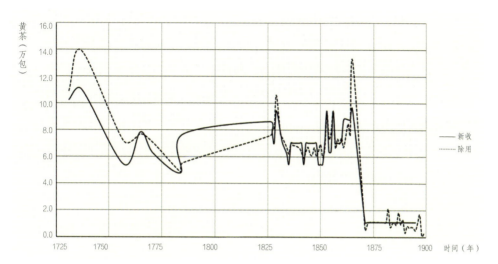

图 6-1 雍正朝至光绪朝内务府领取黄茶数量变化图

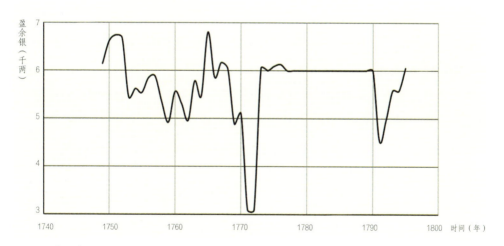

图 6-2 乾隆年间浙江解交内务府的茶果余银统计图

隆六十年（1795）浙江解交内务府的茶果盈余银约 6000 两，其中乾隆三十六
年（1771）至乾隆三十七年（1772）只有银 8160.19 两，不知何故。笔者将目
前搜集到的乾隆年间茶果盈余银绘制成图 6-2。

浙江省给内务府的茶果盈余银持续到清末。光绪二十七年（1901），浙
江巡抚任道镕奏报，应解光绪二十二年（1896）分上用黄茶 1400 斤，光绪

二十四年（1898）分茶果银 7381.69 两，茶果加平银 368.57 两，往引纸朱银 462 两，部饭银 54 两，共计银 8266.26 两。"该委员潘兴于光绪二十六年（1900）五月十五日由沪搭坐招商局新台轮船，十六日开行，十九日至大沽口搬住佛照楼客寓。所解贡茶等项现寄储招商局内，不料次日大沽失守，洋兵溃勇到处焚掠，烽火连天，所有随带文批行李，以及茶篓银鞘被烧、被抢，概失丢存。"[60] 这则材料透露出浙江解内务府的黄茶、茶果盈余银都是迟了几年，又光绪二十六年遇到庚子之乱，解茶委员不仅茶篓银鞘被烧、被抢，最后还客死他乡。

　　宫廷日常膳食中喝奶子要兑茶，叫奶茶（满语 sun cai）。[61] 在万寿节、元旦、冬至三大节日举行筵宴时，皆有皇帝赐奶茶礼仪（见图 6-3）。赐茶成为一种朝廷宴请外藩蒙古来使等的重要仪式，饮茶的金银器皿为众人目光聚焦所在。乾隆皇帝自己用的茶桶多半是金碧辉煌的赤金等。如乾隆四十一年（1776），总管内务府奏准，据造办处咨取成造金茶桶等项用八成色金 2400 两，二等赤金 1080 两[62]（见图 6-4）。

　　赏赐达赖喇嘛和班禅额尔德尼茶桶也常见于《乾隆朝内务府银库用项月折档》。如乾隆十一年（1746），理藩院文开奏准达赖喇嘛照例赏 60 两重银东摩茶桶 1 个、30 两重执壶一把、3 两重钟 1 个，镀金用头等赤金叶 0.31 两。来使堪布多尼尔云丹奈禹克赏 30 两重银东摩茶桶 1 个、茶碗 1 个，共用银 153 两。[63] 台北故宫博物院庋藏清宫的奶茶碗、茶罐等数量相当多（见图 6-5、图 6-6、图 6-7）。笔者最近在《清宫内务府奏销档》中找到筵宴蒙古王公章程等材料，[64] 将来有机会针对宫廷饮茶礼仪另撰文讨论。

（二）宫廷日常膳食

　　康熙八年（1669）《崇文门则例》载，绍兴上叶茶每 100 斤，课税 0.072 两，相当于粗茶的税则，而细茶 100 斤课税 0.12 两，只有细茶税的 60%。[65] 宫廷喝的黄茶是立夏以后采摘，味道苦涩，然加入奶油、牛奶则温润顺口。因此，

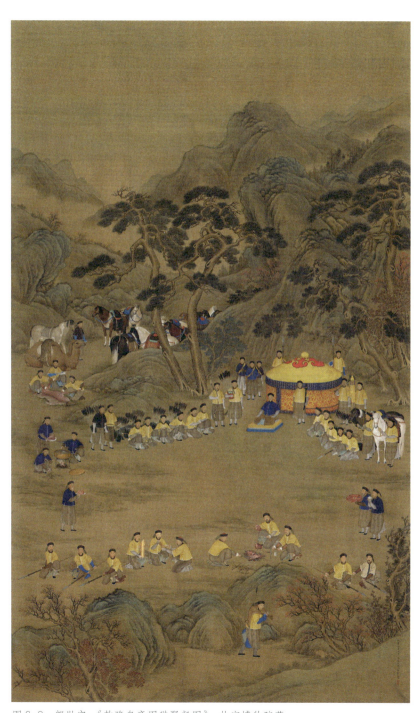

图 6-3 郎世宁,《乾隆皇帝围猎聚餐图》,故宫博物院藏

图 6-4　清，金嵌宝石多穆壶，台北　图 6-5　清，银奶茶碗，台北故宫博物院藏
故宫博物院藏

图 6-6　清，乾隆时期，掐丝珐　图 6-7　清，乾隆时期，掐丝珐琅奶茶罐，台北故宫博物院藏
琅奶茶罐，台北故宫博物院藏

宫廷的日常膳食、节庆筵宴、祭祀活动、喇嘛唪经中都有喝奶茶的习惯，皇帝
并会赏赐朝觐的蒙古王公黄茶等。以下依序讨论。

　　黄茶为奶茶的原料，台北故宫博物院藏《内务府现行条例》，记载了后妃、
御茶房、寺院等每月分例（见表 6-2）。

表 6-2　后妃、御茶房与寺院使用黄茶数量 [66]

单　位	黄　茶	盐	单　位	黄　茶	盐
皇后	600 包	25 斤	宁寿宫	1080 包	13 斤又 8 两
贵妃	300 包		御茶房	2445 包	30 两
妃嫔	150 包		寿康宫	1050 包	13 斤又 2 两
公主、阿哥福晋	300 包	3 斤又 12 两	恩慕寺	200 包	
阿哥侧福晋	150 包	1 斤又 14 两	慈宁宫茶房	930 包	11 斤又 10 两

　　瞿同祖《中国法律与中国社会》一书指出，封建社会以生活方式来表现阶级，如衣饰、房舍、舆马、婚姻、丧葬等。[67] 黄茶亦成为清宫建构社会阶级的物质形式之一。表 6-2 之后妃、公主、阿哥福晋等每月茶分例至少 1500 包，每年约 18000 包。御茶房、寺院等每月 5705 包，每年约 68460 包，两项共 86460 包。黄茶每包 2 两，每年约用茶 10807.5 斤。这仅是宫廷所需的黄茶，尚不包括北京藏传佛寺的喇嘛用茶。

　　皇后或福晋等喝的奶茶是茶房熬制，至于御茶房则有专门的熬茶人员。《大清会典事例》载："供用乳茶设茶长一人，熬茶蒙古十一人，给地七百二十亩。熬茶一桶，用黄茶一包、盐一斤、乳油二钱。牛乳一锡旋，每旋重三斤八两。黄茶于户部移取。牛乳于良酝署移取。盐于掌醢署移取。熬茶器皿于工部移取。"[68] 金梁《雍和宫志略》说清代宫内的御茶房就是专熬茶的地方。清代宫内的"清茶房"，才是沏茶或泡茶的地方。熬茶的茶名叫"乳茶""奶子茶""蒙古茶""酥油茶"，名称甚多。熬茶技术，以蒙藏人最著名。清代宫内御茶房所熬的乳茶质料最好，而且最清洁。熬茶的原料是黄茶叶、大盐、奶油以及当日的鲜牛奶。牛奶以桶计算。按照乳油的成分多少，把牛乳分成六等，并制定标准价钱。一等牛乳（供祭用的）每桶价银 8 两，二等牛乳（皇帝用品）价银 7.23 两，三等牛乳（皇后用品）价银 4.43 两，四等牛乳（妃用品）价银 3.33 两，五等牛乳（赏王公大臣的用品）价银 3.33 分，六等牛乳（赐宴外藩用品）价银 2.43 两。每桶牛奶的重量是 35.8 斤。熬茶的时候，只用牛乳锡旋（即锡盆），牛奶净重 3.5 斤，熬沸之后，加上一包黄茶叶（4 两重），大盐 1 斤，快煮熟的时候，再加 2 钱乳油。这就是清代宫廷日用的"奶子茶"，滋味是又香又咸且又膻，没喝惯的人必然不大喜欢，但奶子茶具有清热去滞、滋补气血、耐饥御寒的功用。[69]

　　朝廷赏给下嫁的外藩公主及蒙古王等筵席，其中也赏赐黄茶。[70] "掌仪司二·格格下嫁外藩赔给妆奁额数"载郡主、县主、郡君、县君格格每日吃食用黄茶 3 包。宫廷享用黄茶都是皇帝直系亲属、位阶高的后妃，及皇室居处的宫殿等。此外，宫廷祭祀亦用黄茶，如静安庄孝贤皇后的忌辰办供领用黄茶 4 包，每年的清明、周年、冬至祭祀领用黄茶 4 包。嘉庆皇帝喜欢戏剧，景山学艺处亦编额定黄茶数，嘉庆十四年（1809），办供茶房每月朔望照旧供茶 3 次，用黄茶 15 包，所有每日需用黄茶 5 包，自三月十六日起得给。[71]

（三）节庆筵宴

　　清宫在万寿节、元旦、冬至三大节日举行筵宴时，会出现皇帝赐奶茶礼仪。《内务府现行条例》"掌仪司一·赐茶事宜"载，雍正六年（1728）十一月奉旨，"升殿之日所赐八旗大臣官员之茶，俱系光禄寺预备，而八旗兵丁递茶甚无条理。嗣后将茶交内茶房预备递茶人等，着派内务府柏唐阿及护军等"。"都虞司三·除派递送人员"载，乾隆八年（1743）十一月奏准，嗣后升殿赐茶每旗各 1 桶，共为 8 桶，如有外藩来使令其多备 1 桶。其执茶桶、茶碗之护军 60 名、递茶柏唐阿 80 名内俱行减半。[72] 清朝设置蒙古王公朝觐年班制度，蒙古王公有新年前进京觐见庆贺元旦之礼。《啸亭杂录·续录》载："国家威德远被，大漠南北诸藩部无不尽隶版图。每年终，诸藩王贝勒更番入朝，以尽执瑞之礼。上于除夕日宴于保和殿，一二品武臣咸侍座。新岁后三日，宴于紫光阁，上元日宴于正大光明殿，一品文武大臣皆入座，典甚巨也。"[73] 皇帝赐茶以八旗为首，其次是外藩来使。赐茶礼仪从宫廷到八旗王公以至外藩蒙古王公，形成同心圆的扩散，到清末依然如此。光绪二十年（1894）正月，"慈宁宫筵宴，赏皇帝奶茶，次赏诸王大臣等，以次御前大臣晋祺等。蒙古亲王色旺诺尔布桑保、德木楚克多尔济等，分左右上纳陛。总管以次赏毕，仍各入座。皇帝在纳陛居中向上行三叩礼，诸王大臣等随行三叩礼"。[74]

赐茶成为一种朝廷宴请外藩蒙古来使等的仪式展演，饮茶的金银器皿为众人目光聚焦所在。乾隆二年（1737），《清宫内务府奏销档》记载，皇太后、皇后茶房的茶具有金银盖碗、金银马杓、金银茶桶等（见表6-3）。皇太后膳具共用八成金 3359.4 两、银 1953.3 两。皇后共用八成金 2613.9 两、银 544.5 两。[75] 乾隆十五年（1750），册立乌拉纳喇氏为皇后，其膳具用八成金 2488.4 两，又做皇后所用大小银盘 9 个、碗 1 个、背壶 3 个，用银 210 两。[76] 金银器代表了后妃的身份和地位，位阶低的妃嫔只能使用铜锡材质的器皿。

表 6-3　皇太后、皇后茶房之金银器皿细数 [77]

名　　称	皇太后金银器皿细数					皇后金器皿细数				
	金（两）	银（两）	数量（个）	共用金（两）	共用银（两）	金（两）	银（两）	数量（个）	共用金（两）	共用银（两）
嵌松石珊瑚金茶桶	40		1	40		40		1	40	
金碗	10		2	20		15		1	15	
嵌松石珊瑚金马杓	15		1	15		10		2	20	
镀金银箍银茶桶		60	1		60		60	1		60
镀金银箍银茶桶		50	6		300		50	4		200
金云包角棹云						42		1	42	

公主的嫁妆也包括金银茶桶等。皇子分府，茶桶也是必备的居家用品。乾隆二十五年（1760），掌仪司郎中查拉等文开，奏准赔送和硕和嘉公主做银茶桶 2 个、锅 1 口、背尘 2 个、大小盘 5 个、碟 2 个、折盂 1 个、大小碗 4 个、小碟 2 个、匙 2 张、执壶 2 把、杓 1 把、面盆 1 个、罩顶 2 个、杯 10 个、盂盘 10 份，银 20000 两，并给女子十名金镶银项圈 10 圆，共用银 20914 两。[78]

（四）盛京祭祖之黄茶

清朝祭祖保留了满洲族祭祀习俗，祭品有奶茶一项。乾隆八年（1743）档册内载，"由盛京礼部来咨内开原奏添设供茶应需茶桶、茶碗等项器皿，交盛京工部照依福、昭二陵供茶器皿等项式样，成造一份送至应用"。东西陵祭祀"每月朔望小祭，启神龛，掌关防官郎中等行礼。尚茶正进茶桌，供乳茶。尚膳正进膳桌，内管领进果桌，献粉饵"[79]。《盛京皇宫和关外三陵档案》一书记载，道光二十四年（1844），永陵祭祀祭品数目清单中有茶叶 3 斤，应该就是黄茶。同治三年（1864）永陵大祭，祭品数目清单：麦子 8 斤石、苏子 4 斤石、蜂蜜 320 斤、奶油 120 斤、抹锅奶油 3 斤、饽饽房用奶油 24 斤，炒细鳞鱼奶油 14 斤、白糖 64 斤、山葡萄 16 升、枸杞 16 升、饽饽房用奶油 24 斤、饭房用奶油 14 斤、芝麻 21 升等。[80] 同治年间太平天国战争后，则改用松罗茶。如民国三年（1914），永陵祭祀用松罗茶 3 斤。[81] 松罗茶是清代安徽省的主要贡茶，产自徽州。[82]

陵寝祭祀用大量奶茶，光绪三十年（1904）正月十二日，"准盛京总管内务府为知会事。庆丰司案呈，据管理黑牛馆事务武院卿衔佐领文兴呈称：查得，乳牛馆本年冬至三陵大祭，应用乳牛一百头，牛犊一百个，备齐挤奶应用"[83]。

此外，从东陵筹备库档案可知，皇帝的陵寝有喇嘛唪经熬茶的习俗。譬如乾隆五十年（1785）福隆寺喇嘛等办买碗盏器皿，用过银 12.87 两。乾隆五十三年（1788）隆福寺喇嘛庙一年香供银 89 两，五陵共十次，素服祭日所有念经办买供献品物并喇嘛饭食，用过银 83.12 两。[84] 东陵筹备库档案一直记录到光绪十五年（1889）。另外，乾隆五十五年（1790）起，泰陵永福寺香供银 89 两，陵上素服日三次唪经所需供品暨喇嘛饭食等项银 24.94 两。[85] 乾隆晚期永福寺香供银和喇嘛唪经饭食皆维持银 113.94 两。乾隆皇帝生前笃信藏传佛教，裕陵为藏传佛教风格的地下宫殿，喇嘛于陵寝唪经亦理所当然。

（五）喇嘛唪经

喇嘛唪经用黄茶，雍和宫档案上有记载：乾隆三十九年（1774）十二月二十七日，郎中十格等前来禀称："王、公、大臣等饬曰，兹将雍和宫熬茶应用所有物项，交付该处照汉字清单所列备办现成，遣派各该处之人于明年正月初二日送至雍和宫。"雍和宫熬茶应用什物人役等项开后，计开：黄茶 250 包（茶库）、紫金釉茶碗 150 个（瓷库差完收回）、奶子 290 斤（庆丰司听传）、奶油 30 斤（饭房）、盐 25 斤（官三仓）、干木柴 4000 斤（营造司），烧火熬茶人夫 20 名（每名银 8 分，共银 1.6 两），苏拉处长把铁勺 5 把（苏拉处）、短把铁勺 6 把（苏拉处）、头号柳罐 5 个（随把，苏拉处）、淘茶大桶 6 个（高二尺五寸、径二尺，苏拉处）、黄布 50 尺（包茶壶提绳上用，衣库）、擦茶壶用白布 20 尺（衣库）。以上所用物件、银两等项，俱着于乾隆四十年（1775）正月初二日送到雍和宫熬茶处预备应用。[86]

《雍和宫志略》载，雍和宫熬茶和喇嘛招待宾客，也用黄茶熬的奶子茶。蒙古地方的"奶子茶"制法，和清宫的差不多，只是除去熬茶，还有先把茶叶用水熬好，再兑上牛奶和少许的盐，或只兑牛奶不加盐，或加盐不兑牛奶，名为"蒙茶"。但是不论何种"蒙茶"，滋味全都没有清宫的"奶子茶"好喝，这是缘于没有好茶叶的关系。西藏人熬茶，是用四川和川边所产的"茶砖"作原料。[87]

（六）赏赐俄罗斯来使以及蒙古王公、西藏喇嘛使臣

从顺治年间开始，俄罗斯派遣使节来华，使节带来各种皮张、镜子、毡子等，获赏赐银两、缎匹、毛青布及茶叶等。譬如顺治十七年（1660）四月初六日，赏赐俄罗斯来使察罕汗阿列克谢·米哈伊洛维奇银 200 两、缎 13 匹、茶 5 竹篓；赏伊万缎 12 匹、毛青布 40 匹、茶 3 竹篓；赏阿金墨尔根缎 3 匹、毛青布 25 匹；赏阿巴斯缎 4 匹、茶 1 竹篓；赏巴奔缎 3 匹、毛青布 15 匹、茶 1 竹篓。[88]康熙年间亦有赏赐，此不一一列举。

赏蒙古王公的档案更多。如康熙十三年（1674）题准，赏年节来朝王、贝勒、贝子、公、台吉、塔布囊等。赏给亲王、郡王、贝勒等不同等级的王公的黄茶数量有差别（见表6-4）。

表6-4　康熙朝赏赐蒙古王公的茶桶、黄茶等统计[89]

王公等第	雕鞍（件）	漆鞍（件）	银茶桶（件）	茶盆（件）	银茶盆（件）	缎（匹）	茶（篓）
亲王	1		1	1		36	5
郡王	1		1			20	4
贝勒	1		1			22	3
贝子		1			1	14	2
镇国公		1			1	10	2
辅国公		1			1	10	2
一二等台吉、塔布囊		1				7	1
三四等台吉、塔布囊		1				5	1

外藩各部的亲王、郡王、贝勒等王公，每年携带贡马到北京朝觐。康熙年间赏赐茶叶以"篓""包"计，所赐茶叶应该就是黄茶。[90]万秀峰等认为赏赐的茶叶以普洱茶、安化茶为主，可能有误。[91]因为普洱茶的计量为"团""盒"；安化茶以"封""篦"计量，1封为5斤，1篦为2封共10斤。准备熬茶的单位为光禄寺珍馐署，每次移取2两重黄茶4800包、天池茶600斤，存库备用。"凡预备乳茶，各处廪给所需茶叶，俱由署给发。"[92]

又，第一世哲布尊丹巴呼图克图罗布藏旺布札木萨诞生于喀尔喀蒙古，为土谢图汗衮布多尔济之子。[93]噶尔丹大军东进，一世哲布尊丹巴主张："俄罗斯素不奉佛，俗尚不同，视我辈异言异服，殊非久安之计。莫若携全部内徙，投诚大皇帝，可邀万年之福。"[94]康熙皇帝隆重礼遇哲布尊丹巴呼图克图，特别在康熙五十九年（1720）定：哲布尊丹巴呼图克图来京，每日给蒙古羊1只、鹅2只、鸡3只、牛乳7旋；每十日给牛1只、黄茶150包、酥油5斤、棉花8两、盐18斤等；回日路费给牛1.5只、天池茶100包、酥油5斤、黄蜡烛50枝、

盐 24 斤。随送喇嘛台吉宰桑护卫等，照例各按品级给予银两。[95] 哲布尊丹巴
呼图克图的优渥待遇是其他转世活佛不能相比的。如乾隆二年（1737）定，西
宁苏木布木呼图克图来京，每日给牛乳 2 斤、酥油 4 两、茶面 1 斤、黄茶 2 包、
蒙古羊 1 只。西藏敏珠尔呼图克图、土尔扈特、郭莽呼图克图、噶尔丹锡勒图
呼图克图等来京，均照此例给发。[96] 又定，西藏来使堪布并随来之兰占巴等，
各日给米 2 升，跟役每日给米 1 升；正使每十日给蒙古羊 10 只、黄茶 20 包、
面 20 斤、乳油 5 斤、牛乳 15 斤、盐 10 两、黄蜡烛 10 枝；兰占巴等，日给羊
肉 2 斤，闲日给羊肉 1 盘，黄茶 1 包，面 1 斤，乳油、灯油各 2 两。[97]

　　清朝宫廷以器物来界定身份，茶也是身份的表征。后妃不同等第领取黄
茶的数量有区别。清朝于元旦筵宴蒙古王公，奶茶为必备饮品。官书提到陵寝
祭祀用黄茶的记载不多。会典没记载的喇嘛唪经也使用黄茶。黄茶用于赏赐蒙
古王公、喇嘛，数量是很多的，可见清朝统治蒙古，善于利用他们的习俗，投
其所好，以稳定统治。

三、浙江在京师的茶庄

　　清人杨宾云："满洲有大宴会，每宴客，坐客南炕主人先送烟，次献乳茶，
名曰奶子茶，次注酒于爵，承以盘。客年差长，主长跪，以一手进之，客受而饮，
不为礼，饮毕，乃起。"[98] 清朝宫廷饮奶茶的习俗，为满洲族人仿效，成为他
们宴请宾客的礼仪之一。至民国时期，北京还有多家奶茶铺如刘记奶茶铺、二
合义奶茶（甘石桥南 171 号）、德泉号奶茶（东单牌楼 215 号）、德顺合奶茶（史
家胡同 26 号）、德兴成奶茶（东单北 363 号）、丰盛公奶茶（东安市场 10 号），
这是其他城市少见的。[99]

　　北京茶市蓬勃发展，根据乾隆二十九年（1764），钱汝诚、窦光鼐奏报，
查浙省乾隆二十三年（1758）、乾隆二十四年（1759）等营销顺天府大兴、宛
平二县茶引，共计 19000 余道。每道茶引 100 斤，约销售 1900000 斤黄茶。[100]

大兴、宛平的县城在北京市内，说明黄茶为北京市民的消费大宗。《北京茶叶之需给状况》一文提到，1926 年，据茶业中人计算，北京茶叶每年消费总额为 3700000 斤至 4000000 余斤。城内外之茶叶店大小不下 300 余家。"有清之初，徽商方张汪吴四姓始运茶来京。其后鲁商孟姓（瑞蚨祥鸿记）亦加入，俗所谓六大茶商是也。"[101] 仁井田升提到北京的茶商有京徽帮（安徽出身的茶商）、直东帮（直隶、山东出身的茶商）之别。[102] 为何北京看不见绍兴府的商人？本节拟利用碑刻材料与档案来讨论绍兴商人。

吴廷燮等纂《北京市志稿》载，崇文门税课以酒、烟、茶、布四项为正宗。[103] 北京为首都，聚集天下货物，雍正、乾隆年间税收呈现为增加趋势。就康雍乾时代的《崇文门则例》来看，运到北京的茶叶种类逐渐增加。其中有绍兴茶，应该就是黄茶，税则显示黄茶属于粗茶。而从北京到张家口以至蒙古的茶叶，数量亦不少。

康熙八年（1669）《崇文门则例》载，绍兴上叶茶每 100 斤，课税 0.072 两，相当于粗茶的税则只有细茶税的 60%。光绪三十三年（1907）《崇文门则例》载茶末（土茶、粗茶、绍兴茶同）每 100 斤课税 0.21 两，税课仍偏低（见表 6-5）。

表 6-5　崇文门的茶课 [104]

时　间	茶叶项目	单　位	税则（两）	备　注
康熙八年 （1669）	细茶	100 斤	0.12	页 2853—2855
	粗茶	100 斤	0.072	页 2853—2855
	孩儿茶	100 斤	0.204	页 2853—2855
	天池茶	100 斤	0.18	页 2907
	绍兴上叶茶	100 斤	0.072	页 2920
	六安茶	100 斤	0.18	页 2932
雍正二年 （1724）	女儿茶	100 斤	0.36	页 2952
	安化茶、峒茶	100 斤	0.18	页 2952
	松茶、普洱茶、武夷茶	100 斤	0.36	页 2952
	香茶	1 斤	0.006	页 2953

续表

时　间	茶叶项目	单　位	税则（两）	备　注
光绪 三十三年 （1907）	各种片茶 （安化、东洋茶减半花干减半）	100 斤	0.54	页 2492
	茶末（土茶、粗茶、绍兴茶同）	100 斤	0.21	页 2492
	盒茶（重 39 斤）	每串	0.047	页 2492
	普洱茶膏	100 斤	0.54	页 2492
	大砖茶	每箱 170 斤	0.204	页 2494
	中砖茶	每箱 130 斤	0.156	页 2494
	小砖茶	每箱 65 斤	0.075	页 2494
	武夷红茶	每箱 65 斤	0.234	页 2494
	千两茶	每条 62.5 斤	0.156	页 2494

　　咸丰元年（1851），八旗查报住户、铺户、庙宇约计总数，北京内城的住户（包括旗户与民户）有 76443 户，铺户 15000 家、寺庙 866 座。[105] 铺户占住户数的五分之一左右，可见北京城市商业的繁荣。光绪二十六年（1900）庚子之役后，光绪二十七年（1901）内阁留京办事处清查内城的铺户，据《呈东城各铺字号清单》计有铺户 973 家，另有水屋子 5 家、剃发铺子 45 间，共 1027 家；《呈西城各铺字号清单》计有铺户 944 家，另有水屋子 4 家、剃发铺子 55 间，共 1003 家。[106] 其中，有些较富裕的商号同时在不同地点开设，譬如同泰号在东城设有两家商号。

　　关于北京的茶商研究，寺田隆信提到，北京的安徽歙县会馆有几个重点。第一，乾隆初年歙县会馆"只存厅事三楹房两个，每公会则借用浙绍会馆，以设几筵"，说明歙县人举办公会时借用浙绍会馆，彼此关系友好。第二，他提到乾隆六年（1741）初立会馆捐输，茶行公捐银 300 两，多数捐助经额来自官僚和扬州盐商等。第三，与茶行同时出现的是银行，也就是银楼业。[107] 根据李华研究，歙县会馆成立于明代，是徽州茶、漆商人创建。[108] 现存道光朝《重录重续歙县会馆》，收录了明代徐世宁《续录前集》、杨增同编《续录后集》，以及徐、杨二人同编《续录义庄前集》。[109] 值得注意的是，浙江的商号也出现在歙县会馆的碑刻中，有同泰、万和号等，如同寺田隆信说的歙县与绍兴茶商关系良好，有共襄盛举之意。乾隆四十年（1775）至乾隆四十九年（1784）捐输，有同泰张秀符捐 0.84 两。嘉庆十二年（1807）义庄兴工捐输置地栽树修理大殿对厅厢房围墙住屋，同泰等茶铺共捐钱 521800 文。道光十年（1830）至道光十三年（1833）同泰等捐输 602800 文。茶商各字号厘头银数，同泰潘青午大阜人，银 0.47 两。[110]

康熙六年（1667），在北京的浙江银号商人集资创建了正乙祠，又名"银号会馆""浙江银业会馆"。据《燕都丛考》记载，明朝时此处是一座寺院，供奉"正乙玄坛老祖"（即武财神赵公明）。《重修正乙祠碑记》载，乾隆五十七年（1792）兴修正乙祠商号同泰号。[111] 道光十二年（1832），《宁绍乡祠岁修碑记》载：

> 道光初年，乡友师洛程公，偕数乡友虔诣瞻谒，仰见庙貌几颓，并供奉诸神法像俱不整肃，乃相约偏语宁绍同乡及各银号，捐资修葺，于三年仲冬工竣，焕然一新。并将一时同善姓名另悬匾额，且招崇文门外上四巷卧云庵住持僧普旺兼摄。奈本庙房租仅敷香火，而岁修之资设措无从。九年冬，师洛公复与慈邑王公名□（显）者计□□□万隆银号麟书张公，同和银号宏高秦公，转劝同行公助银三百两，嘱德明妥觅生息之区，以为岁修永远之计。德明既义不可辞，因议将此项三百金，□归行馆正乙祠，作为公项存于值年之家，议定子金。即于十一年四月间，由同泰银号值年起，按年交代，于应行岁修之时，眼同住持将□估计动工，如此上川下流，矢行弗替，并请寿诸珉石，永远不朽，同善诸公皆以为然，用溯其原委而为之记。[112]

道光初年由银号出资修葺宁绍乡祠，由于经费拮据，又劝募银号万隆号、同和号等银号捐助银 300 两作为岁修经费。此项经费归正乙祠之公项，首先由同泰号开始值年管理公项银，议定生息银，作为岁修经费来源。《北京经济史资料：近代北京商业部分》记载，同泰号属于茶行商会在安定门，执事人朱馨甫。[113] 1920 年徐珂编《实用北京指南》载，茶行同泰号在安定门内路西。[114] 同治四年（1865）《重修正乙祠碑记》记载："浙人懋迁于京创祀之，以奉神明、立商约、联商谊、助游燕也。"根据李华辑录《重修正乙祠碑记》载："浙人懋迁于京者创祀之，以奉神明，立商约，连乡谊，助游燕也。"重要的是"每于店业之盈余，腋集而公存之，创作义事于永定门外，立土地祠旁有隙地为义冢"[115]。《重修正乙祠整饬义园记》载，"初有地一区，曰土地祠义园，广六十亩有奇。雍正年间，于祠旁增之二，北曰二郎庙，广百亩。南曰回香亭，广四十亩。道光中，别增地曰葛家庙，广七十亩。继复于二郎庙西南购地三十余亩，曰东庄"。义园记由徐昌绪执笔，曰"国家盛时，贾者尚敦于义，士大夫可之矣。迄今垂二百年，后之人且恪守前模而益之，良法以期于不敝"[116]。相较于歙县会馆由官僚和扬州盐商等捐资的情况有所不同[117]，正乙祠的义园达300 亩，在寸土寸金的北京城来说，其土地面积应凌驾于其他会馆之上。

　　其他的茶商，如天和号出现在《重录重续歙县会馆》乾隆四十年（1775）至乾隆四十九年（1784）捐输，天和天泰方应祺捐 1.6 两；[118] 又出现在乾隆五十七年（1792）兴修正乙祠商号的名单中。[119]《都门纪略》载，贩卖香片茶有裕和金牌楼，位于珠宝市北口路西；永和白鹤家位于西月墙中间路西；采芬号在东四牌楼北路东；魁元斋位于荷包巷中间路西，贩卖茶汤、元宵、藕粉、糕乾、奶茶、奶皮面茶。[120]

　　《那桐日记》载，京师钱庄首称四恒，始于乾嘉之际，皆浙东商人（宁波、绍兴人居多）集股开设者。四恒号皆设于东四牌楼左右，恒和号在牌楼北路西，恒兴号居其北、隆福胡同东口，恒利号在路东，恒源号在牌楼东路北。[121] 同治四年正乙祠重修，监修各商号出现恒和号，[122] 这时浙江的银号势力逐渐超越山西票号。丁宝铨于光绪十四年（1888）中举人，次年联捷进士，在吏部文选司行走，他的书信中提道"弟前在京师十余年，初入都时，京中巨室大家银款均存西号，嗣渐为四恒号所夺"[123]。

四、黄茶在内札萨克蒙古的贸易

赵翼《檐曝杂记》载：

> 蒙古之俗，膻肉酪浆，然不能皆食肉也。余在木兰，中有蒙古
> 兵能汉语者，询之，谓："食肉惟王公台吉能之，我等穷夷，但逢
> 节杀一羊而已。杀羊亦必数户迭为主，刲而分之，以是为一年食肉
> 之候。寻常度日，但恃牛马乳。每清晨，男、妇皆取乳，先熬茶熟，
> 去其滓，倾乳而沸之，人各啜二碗，暮亦如之。"此蒙古人馔粥也。[124]

喝奶茶是元蒙以来的习俗，蒙古人熬茶后再加上牛马乳。姚元之《竹叶
亭杂记》载，蒙古语奶茶为"酥台差"（sutei cai），有诗"频年酥迭差生活"。[125]
晚清的笔记文集中提到蒙古人喝奶茶用砖茶，经爬梳清前期档案，能发现清廷
有意推广黄茶的销售，使得蒙古人普遍用黄茶来制作奶茶。

（一）东内札萨克蒙古地区

多伦诺尔为察哈尔左翼正蓝旗地，"多伦诺尔"本意为七处水泊，又名
七星潭。康熙二十九年（1690）皇帝亲征准噶尔、噶尔丹。康熙三十年（1691）
在多伦诺尔四十八旗与喀尔喀七旗蒙古王公会盟后，康熙皇帝建了汇宗寺，并
从蒙古四十八旗、喀尔喀以及厄鲁特各旗，每旗抽选一名喇嘛入庙，总计 120
位喇嘛，"创建汇宗寺，俾大喇嘛章嘉胡土克图居之"。[126]多伦诺尔成为漠
南蒙古、喀尔喀蒙古地区的藏传佛教中心。雍正五年（1727）皇帝分别给予
多伦诺尔与库伦 100000 两白银修建寺庙。雍正九年（1731）多伦寺庙建成，
命名为善因寺。雍正皇帝希望继承其父遗志，让蒙古虔诚地信仰藏传佛教。[127]
雍正九年修善因寺赐予第三世章嘉呼图克图，御制碑文为："朕特行遣官，发

币金十万两，于汇宗寺之西南里许，复建寺宇。赐额曰善因寺，俾章嘉呼图克图呼毕勒罕主持兹寺，集会喇嘛，讲习经典。"[128] 康熙五十三年（1714）至雍正年间，章嘉呼图克图奉特旨接管汇宗寺、善因寺，北京的嵩祝寺、法渊寺、智珠寺、法海寺，五台山的普乐院、镇海寺。[129] 三世章嘉呼图克图出身于甘肃地区，此地喇嘛长期与蒙古诸部关系密切，章嘉呼图克图几次处理蒙古纠纷，深受蒙古王公敬重，可以说是清朝实施怀柔政策的关键人物。

雍正年间由宣化府赤城县拨给多伦诺尔庙副大喇嘛及徒众口粮。暂理直隶总督唐执玉揭为赤城县多伦诺尔庙喇嘛雍正八年（1730）分应需粮米、茶叶价银，共放过粟米 152.6 石，茶叶 834 斤 13 两，每斤折银 0.24 两，并担经扎母苏银 12 两，共银 212.35 两。[130] 其中汇宗寺、善因寺的掌印大喇嘛、大喇嘛、副大喇嘛、得木奇每日赏茶叶 8 两，徒众赏茶叶 1 两，黄茶 8 两即等于 4 包茶。《明清档案》中有雍正至道光年间喇嘛钱粮档案，以乾隆三十一年（1766）分为例，多伦诺尔汇宗等寺、喇嘛及徒弟等应需口粮米石并茶价银两，由宣化府赤城县照例支给（见表 6-6）。

表 6-6　乾隆三十一年（1766）多伦诺尔汇宗等寺的喇嘛口粮 [131]

寺　名	名　目	人　数	日　支	实支之数
汇宗寺	掌印大喇嘛	1	米	2 升
			茶叶	8 两
	徒众	12	粟米	2 升
			茶叶	1 两
	副大喇嘛	1	粳米	2 升
			茶叶	8 两
汇宗寺	徒众	12	粟米	2 升
			茶叶	1 两
	得木栖	1	粳米	2 升
			茶叶	8 两
汇宗寺	徒众	1	粟米	2 升
			茶叶	1 两
	担经札母	1	每月银	1 两

续表

寺　名	名　目	人　数	日　支		实支之数
善因寺	大喇嘛	1	粳米		2 升
			茶叶		8 两
	徒众	10	粟米		2 升
			茶叶		1 两
	副大喇嘛	1	粳米		2 升
			茶叶		8 两
	徒众	8	粟米		2 升
			茶叶		1 两
以上米共	356.08 石				
茶叶	1791 斤 8 两				
折银	每斤 0.24 两				
共银	429.9 两				

　　赤城县于屯粮米内拨给掌印达喇嘛等米粮和茶叶，米粮数量和北京的喇嘛相同，但没有编列银两，此因汇宗寺由章嘉呼图克图兼管，而他在北京已领喇嘛钱粮。嘉庆年间，汇宗寺仍维持相当的米粮茶叶，[132] 但道光年间赤城县支给多伦诺尔汇宗、善因寺口粮仅剩银 100 余两，为乾隆年间的四分之一。[133]

　　多伦诺尔的绒毡、毛毡、牛皮、靴、鞍鞯、铜器等类，向皆著名，尤以打造铜佛为能事，蒙古、西藏地区不惜巨资来此订购，往往经年累月始造成巨佛一尊，需百余骆驼运往。民国二年（1913）输往多伦诺尔的茶叶，有细茶 39500 斤、砖茶 4724 箱、串茶 37210 串。[134] 19 世纪末，茶商在多伦诺尔贩卖的茶叶以砖茶居多，根据《蒙古及蒙古人》记载，砖茶数量达 25000 箱到 30000 箱之多。销售第二位的是所谓的"汉博"茶。这种茶也是由那种制作普通砖茶的大片绿茶制作的，只是这种绿茶并不洒水，也不压制成砖形，而是烘干后直接装进芦苇编成的桶状筐里。苏尼特人把这种筐子叫做"博尔托果"，蒙古人称为"汉博茶"，汉人则把这种筐叫做"木葫芦子"，每筐装茶约有 9 斤，每 3 筐装成一大包。[135] 黄茶似乎已销声匿迹。

蒙古人喝奶茶以奶掺茶为食，或加入炒熟的黄米、糜子。《蒙古风俗鉴》载，蒙古人每天早晨煮茶对牛奶，盛上半碗炒米泡上茶喝，因此他们非常重视茶。大人、小孩各按自己的食量，盛上炒米兑着奶茶喝。[136] 早先，蒙古茶以奶茶为第一，面茶为第二，吃奶茶时要就奶皮、奶酪、黄油、奶豆腐和炒米，并要加糖，蒙古人把这称为最好的食品。[137]

（二）西内札萨克蒙古地区的黄茶贸易

根据魏明孔的研究，"丹噶尔厅（今青海湟源县）的茶自兰州运来，每年约万余封，大半售于蒙番，每封现价一两，共银两万两。此外，如黄茶（竹框所盛）、砖茶（川字号无纸封者），虽例尽极严，而番僧、蒙番私相交易于境内者，亦不少"。[138] 此地的黄茶和浙江黄茶不同，意指陕甘茶商以好茶（亦称黑茶）当商茶卖，品质差的黄茶充当官茶。黄茶色淡味薄，为夷番熬茶所需，是以中马用之，而民间买食者少，商人办本原轻，故售价仅可得黑茶之半，此库茶与商附茶之别。[139]

此外，宁夏境内的茶叶皆湖广黑茶，茶叶的质量比较差。康熙五十年（1711），商人强烈要求提高茶叶的质量，他们甚至要求亲自前去浙江地区监督采购茶叶，以能在内地顺利销售。最后议定每 10 引中，浙江茶占 9 引，另外 1 引为湖广茶。这样，便基本保证了宁夏境内茶叶的质量，黑茶所占的比例锐减。[140]

陕甘商人在鄂尔多斯之六旗的茶引地，在乾隆四十二年（1777），理藩院奏请将蒙古打拉、杭盖、准噶尔、鄂尔多斯、札萨克、五胜等六旗改买归化城的茶叶，遂使该陕甘的官茶滞销。至乾隆五十二年（1787），陕甘总督福康安奏明拨出 500 道，归于甘省商人营销，但销路未曾改善。嘉庆三年（1798），署榆林府知府李景莲据榆林茶商薛护唐等禀称后，详称：

> 于乾隆五十二年蒙前任陕甘总督福康安奏明拨出五百道，归于
> 甘省商人营销。原期榆神引减课少商力可纾，讵知节年以来，鄂尔

多斯、札萨克五胜等三旗蒙古从无一人买食官茶。乾隆五十八年，茶引尚有一百余道未经采买。五十九年茶引配买者仅止一二十道均有报结验状可查。至六十年并嘉庆元年茶引，虽经领回均未营销。[141]

陕西省榆林府的官商领茶引到鄂尔多斯等六旗营销，但这六旗与山西归化城壤地相接，蒙古人等就近买茶，造成榆林官引壅滞。陕西省榆林府官员的解决办法是自乾隆五十一年（1786）为始将榆林引张内，拨出 500 道归甘省甘州司入额营销，照甘纳课。其榆商应征引课，即于原额内扣除。[142] 嘉庆二年（1797），榆林府又以该处官引壅滞商力疲乏，请再拨引 400 道归于甘商行运。[143] 如此一来，陕西榆林的官茶引大概只剩下 100 道，失去了鄂尔多斯地区的茶引地。

卡尔梅克人、通古斯人、布里亚特人和西伯利亚南部与中国接壤的其他民族，也都习惯了饮用这种饮料。在俄国境内，茶叶在很长一段时间没有被广泛饮用，因此与中国的茶叶贸易未必早于官家商队的建立，官家商队运回的茶叶仅供沙皇和贵族使用。从 1706 年起，茶叶的消费量出现了一定程度的增加，私商不再前往北京，而开始在库伦地区经商，俄国人则逐渐习惯饮茶。蒙古人在库伦拥有相当数量的未加工的茶叶，他们甚至把茶叶作为易货单位。俄国人之所以对茶叶产生了更广泛的兴趣，是由于恰克图的中国人普遍有饮茶的习惯，因此开始饮茶的不仅有西伯利亚人，还有俄国人。[144]

五、黄茶在喀尔喀蒙古地区的贸易

喀尔喀蒙古居民食用奶茶也是很常见的，祥麟在乌里雅苏台担任参赞大臣，他日记中常提到蒙古寺庙中有喇嘛献奶茶的经验。如光绪十一年（1885）五月十二日"时亥正三刻至慈荫寺，喇嘛送奶茶果食饮茶"；五月十四日"至溥恩寺，喇嘛送奶茶果点心饮茶"；[145] 光绪十五年（1889），祥麟日记载："创建庙宇常供香灯，麟虽有鄙愿未卜能遂与否也。旋有北山沟住户蒙古四童持赠奶茶二壶，率众饮讫。当以带去五斤重月饼一套分报之。"[146] 光绪十六年（1890），祥麟自蒙古回北京，四月十五日"策骑由哈济布率内子两女步诣溥恩寺行礼，前后殿共献哈哒四块、布庙祝喇嘛大茶四块而还，该庙祝仍前赠奶茶果点，照章却食饮茶"；四月十七日"乘车由图固哩克启行辰正至托里布拉克慈荫寺，喇嘛送奶茶果食照章饮茶却食，旋率内子两女诣庙行礼，献哈哒二块、赠庙祝大茶四块而还"[147]。马啸天《内外蒙古考察日记》提到，库伦甘丹寺周围许多喇嘛披黄袈裟，半圆高帽，或戴或脱，分团围坐，辩论经典，喧哗如市，外面有几个女子，背人茶筒，供他们吃奶茶。[148] 这些日记所载的奶茶应以砖茶泡制，不过在清前期，黄茶在喀尔喀蒙古有一定的销路。

蒙古地区黄茶的流传很广泛，王公台吉和喇嘛都用盖碗喝黄茶。俄国学者阿·科尔萨克提到黄茶说：

> 有很多的中国人饮用这种茶。朝廷和达官贵人们所喝的最好的黄茶品种叫做香喷（叶子香味极强）。尽管它极其稀少，但是在我们这里也还是有像新月臀一类的极品之外的黄茶，与香喷比较，黄茶新月臀的叶子更小、卷得更紧、香味更差。低等的黄茶又叫铁耳。黄茶在外观上和口味上比绿茶更宜人。黄茶泡出来的茶水呈玫瑰色。绿茶水则呈现黄中带绿色。[149]

从阿·科尔萨克的描述可知，黄茶和芽茶不同，芽茶茶色为黄绿色，黄茶为玫瑰色，应该是红茶的一种。过去，阿·马·波兹德涅耶夫（Aleksei Matveevich Pozdneev）曾指出，一包茶叶也叫一箱茶的说法用于形容黄茶并不正确，因为在他1892年到蒙古时已经没有黄茶了，且220包茶值银1两，应是指砖茶；乾隆年间商人账簿写的一包黄茶2两重，售银0.01两。[150]

（一）黄茶在喀尔喀蒙古盛行的原因

黄茶在喀尔喀蒙古盛行，与以下几个因素有关。

第一，寺院熬茶。蒙古人笃信藏传佛教，熬茶是藏传佛寺发放布施宗教仪式，通常由熬茶者向喇嘛发放黄茶，而喇嘛则为之诵经祈福。蒙古各部落给寺庙熬茶数量相当可观，《军机处满文录副奏折》记载喀尔喀蒙古熬茶档案，如乾隆三十九年（1774），喀尔喀四部落盟长等为找寻哲布尊丹巴呼图克图之呼毕勒罕，情愿出银70000两做法事，以诺们汗扎木巴勒多尔济为首派往西藏。这件档案提到喀尔喀蒙古四部落"每年出茶叶五百篓，捐助呼图克图商上等事，俱系照前例办理"[151]。蒙古四部落捐助哲布尊丹巴商卓特巴衙门的熬茶500篓，并做法会诵经，可见蒙古人对喇嘛的布施相当慷慨。不过，蒙古人最期待的是去西藏熬茶，其熬茶经费更是庞大。乾隆六十年（1795），驻藏大臣松筠奏：

> 各处蒙古等前来礼瞻达赖喇嘛、班禅额尔德尼，进献之银两什物，尚且比先前时倍增，前吐尔扈特等已献之什物，折银十万余两，今年春季喀尔喀、青海、阿鲁科尔沁等处蒙古等、察木多、巴塘等处番子等，共献达赖喇嘛银两、什物，折银三万两，又给读经大小喇嘛熬茶布施银至七万余两，其中读经弟子一万七千余名，每人皆各分得银四两，实得帮助甚大。[152]

总计乾隆六十年春季达赖喇嘛、班禅额尔德尼及众喇嘛等，已得银两、什物折银十三四万两。[153]

熬茶所费不赀，乾隆三十八年（1773）四月初十日奉上谕：

> 据桑斋多尔济奏，为其祖母事，乘诺们汗札木巴尔多尔济来年赴藏之便，为熬茶求福事，指俸禄请借给银五千两，十年完结。桑斋多尔济甚不知耻。伊前借俸才扣完，今因何又言借耶？惟伊既为其祖母事赴藏熬茶求福，则借给伊尚可，然而为何用银五千两？着即借给银三千两，从其俸禄内扣完。仍寄信桑斋多尔济，此次借债后，再次奏请借债，断然不可。[154]

桑斋多尔济为祖母熬茶求福，派人到西藏熬茶，前后共两次。[155]

乾隆皇帝骂桑斋多尔济"甚不知耻"，其实还涉及他和俄罗斯走私贸易之事。乾隆二十九年（1764）四月间，因哲布尊丹巴呼图克图之父丹津固穆布回原籍时，信众给马驼牲畜，因路程远，不能携回四川理塘，为兑换物件，桑斋多尔济派喇嘛丹达尔带 55 驼货物，并派护卫达赖等带银 360 两，买了 13 驼的缎、布、茶叶、烟等物，换取俄罗斯皮张、毡子等项。护卫达赖、甲喇敦丹，也私自夹带 10 驼的东西，换取俄罗斯青鼠皮等物带回。这案子也涉及商卓特巴衙门喇嘛们带茶叶到恰克图与俄国人进行走私贸易。堪布萨克都尔购买 18 辆车的茶叶、12 辆车的烟、3 辆车的布，到恰克图与俄国人贸易。八月，多罗郡王桑斋多尔济和堪布诺门汗扎木巴勒多尔济等喇嘛向副都统丑达商议，向俄国买了白铁，要求给票。据额尔德尼昭寺庙喇嘛丹津供称：

> 我是桑斋多尔济旗本喇嘛，额尔德尼昭寺庙原是我桑王、土谢图汗公三都布多尔济等众祖辈所建寺庙，因年久损毁，禀告我王，他们三人商议，告知四部落王公等布施修缮，车臣汗、图谢图汗、自部落布施得牲畜先行换取茶叶、布，我曾禀告我王派达赖换取俄罗斯物件。

堪布诺门汗扎木巴勒多尔济带 30 头骆驼驮载 57 篓茶叶，在恰克图购入 2000 片白铁。桑斋多尔济令护卫达赖携带 4 头骆驼驮载绢、布、烟等到恰克图，换取俄国的黄狐皮、山猫、呢绒等。十一月，丹津求桑斋多尔济将修庙民众布施牲口换了货物，共布 20 捆、砖茶 15 篓等，差护卫达赖带去俄罗斯贸易，购入俄国的灰鼠皮 26000 张、狐蹄 2022 只。

乾隆三十年（1765）二月，丹津再度派遣扎木巴勒多尔济以 16 驮的茶叶 43 篓，购入俄国的白铁皮 1500 片。闰二月，桑斋多尔济派侍卫珠隆阿等携带 25 头骆驼驮运布、茶、烟等与俄国交易，桑斋多尔济的侍卫达赖向商人宋世永赊借绢、砖茶、布等，价值共3197两。[156] 根据冈洋树的研究，扎木巴勒多尔济是桑斋多尔济的亲戚，堪布萨克都尔则是他的舅父。换言之，到恰克图从事走私贸易的王公和喇嘛都是桑斋多尔济的亲戚。[157]

蒙古地区熬茶是重要的宗教活动，据喇嘛萨克都尔供称：

> 我是呼图克图堪布喇嘛，二十九年五月间，有三百余名喇嘛每日诵经，原本口头答应每日供给茶粮三百余包，一直供给着。今因估计我力不能继，想着是件好事。自己出银买了货物，买了俄罗斯对象带去再做贸易，想有助于增加好事之需用，买了十八车茶叶、十二车烟、三车的布，向王大臣请领执照，请托护卫杨义、达赖带着我的徒弟札穆舒、萨拉布同去，换取俄罗斯黑狐皮、白鼠皮、毡子、皮张等物。[158]

喇嘛萨克都尔想给每位喇嘛一包茶，但力有未逮，所以要和俄国进行走私贸易来赚钱。

第二，将黄茶作为货币使用。过去学者讨论砖茶为蒙古地区的货币单位，在清前期黄茶也曾作为货币单位，譬如库伦办事大臣蕴敦多尔济酌定章程："嗣后禁止商民盖房，与喇嘛相居贸易。各将房屋拆毁，按照从前每日贸易完竣，仍回市圈。如有卖剩货物，计价不得过三千包黄茶之数。准其暂托素识喇嘛寄放。"[159] 黄茶1包值银0.01两，卖剩货物计价不得超过3000包黄茶，大约银30两。乾隆二十九年（1764），丑达、厄尔经额向商人赊账，根据《天永号二大人取货账》记载，两位清廷官员取用商人的黄茶到恰克图贸易，如五月十一日取黄茶12箱，每箱银9两；五月十三日取黄茶3000包，共银30两；六月十七日取黄茶1500包，共银15两；六月十九日取黄茶1400包，共银14两；六月十九日取黄茶1箱共银9两；六月二十九日取黄茶1149包。[160] 两个月内共取黄茶13箱，7049包。

嘉庆七年（1802），库伦办事大臣衙门发做印匣、宅单、官坐褥等，共用砖茶49块、黄茶18包。又嘉庆七年二月起至嘉庆八年（1803）正月止，做报匣口袋、挖单等共用砖茶8块、黄茶22包。[161] 道光十九年（1839），蒙古王公进野猪麂子毡子6条，每条市价砖茶5块、黄茶20包，共市价砖茶34块，银每两合时价砖茶7块，折银4.86两。从库伦办事大臣赏给银4.86两，可知每块砖茶0.69两，每包黄茶银0.023两。[162]

《内阁题本户科》有定边左副将军题《乌里雅苏台科布多官兵银粮数目清册》，记载乾隆二十六年（1761）赏哈萨克使者等，该年实存黄茶18170包又78斤。[163] 可是，嘉庆年间清册中提到的茶只有砖茶和茶膏，可能是乾隆五十六年（1791），由山西地丁银中解乌里雅苏台、科布多，每三年200000两之故。[164] 不过，《绥远通志稿》利用嘉庆至同治年间大盛魁联号与福泉店账簿，做了《清代商货价格变动表》，记载了黄茶在道光十年（1830）每篓银5.8两、道光十四年（1834）每篓银6.8两。[165] 大盛魁多半在乌里雅苏台经商，这地方有蒙古王公驻班，他们属于贵族阶层，黄茶还是有一定的市场。

第三，中俄走私贸易。乾隆三十一年（1766）驻扎恰克图的协理台吉噶勒桑，收受汉人与蒙古喇嘛等布帛等物，准其私行贸易。不仅如此，噶勒桑自己也向汉商赊借商品到卡伦贸易。噶勒桑供称：

> 乾隆三十年二月，汉人巴彦泰（徐正昌）前来，给我一千八百图古里克银钱，我接受后，准其行商。又，三十年正月，库伦汉人老三（杨大宁）前来，给我绸缎二匹、哈拉明镜二块、黄茶一百包，烟十包，我接受后，准其行商。喇嘛多尔济、索约克巴携带四驼货物，给我二匹绸缎，我接受后，准其行商；我素与哈拉嘎齐喇嘛色拉布札木楚相识，前伊前去理塘请胡图克图呼毕勒罕时，我曾送伊一驼，故伊携带近两驼货物，给我二十匹毛青布、十匹平纹布，我接受后，

准其行商；又有我同族喇嘛张禅托音，携带一车货物，前往贸易是
实。[166]

　　噶勒桑接受汉商与喇嘛的贿赂，由汉商口供可知其私自与俄国贸易的情形。
　　根据库伦十甲的甲长杨大有指控西街商人杨恭礼及其同伙杨大宁、东街
的徐正昌涉嫌贿赂噶勒桑。杨恭礼的口供说，他在乾隆二十九年（1764）正月，
二人携带十余车货物行至恰克图，行贿噶勒桑，与俄国贸易。[167] 同伙杨大宁
即（蒙古名字叫泉散）招呈：

　　　　小的系山西祁县民，年四十岁，素在库伦地方设杂货铺生理。
　　小的于三十年二月十六日从库伦起程，同小伙计闫功立并雇工等，
　　带口粮车四辆、货车二十一辆，内载砖茶二十箱、帽盒茶十五串、
　　假红烟八匣、黄烟二匣、上海梭布二百匹、平机布一百五十匹、昆
　　玉缎子三十二匹，前往代青王旗下贸易去了。此货物不能即卖，小
　　的因图利息，就近前往鄂罗斯换货。不能出卡伦，给了图色蓝气（协
　　理台吉）噶尔（勒）桑送了他缎子二匹、哈拉明镜二件、黄茶一百
　　个、红烟十斤。于三月初三日，小的就过卡伦将所带之物换得鄂罗
　　斯香牛皮三百张、白青布一百一十件、黑白羔子皮三百张、黄狐狸
　　皮二百五十张，将换来之物于三月二十日拿回到库伦低还了客债。
　　乾隆三十一年（1766）三月□日画招人 杨大宁。[168]

　　杨大宁携带砖茶、烟、平机布等，折银 459.25 两，据查抄入内务府。[169]
噶勒桑和他属下达穆皮勒也跟俄国买马匹、皮革、喀拉明镜、毡褂等项，
变价银数共 1136.65 两，解交内务府。[170]

（二）商人账簿中的黄茶
　　上述的喇嘛萨克都尔提到哲布尊丹巴呼图克图的喇嘛诵经，原本每日供

应茶粮，所以黄茶在蒙古的需求大。在乾隆、嘉庆年间，商人账簿上也记载了许多黄茶的资料。如乾隆二十九年（1764），具报单人十甲铺首杨大有役内铺户赵利于十一月十五日前往沙毕纳尔（蒙古语拼音 šabinar）巴尔地方贸易，其所带货物车牛开列于后。

> 上海布四十甬、黄茶十五箱、青上海十甬、丝线三斤、京毛布三十五甬、白平机布一百三十四、口庄毛布四十甬、青贡二卷、斜皮一把、斜一千、杂色□□十八卷半、马□十六条、蓝平机布二卷、杂货柜二支、京香一苊、真红烟十苊、黄烟两筐、帽盒茶四十三串、砖茶十五箱、马四匹、车二十三辆、牛二十三条、民长工五名、蒙古长工四名。[171]

赵利前往沙毕纳尔巴尔地方贸易。黄教称僧徒为"喇嘛"，谓未出家之俗众曰"黑徒"（kara urse）。沙毕纳尔意为"沙弥、学徒"，包括寺庙喇嘛及属民，统属商卓特巴特管辖。商人提供众多喇嘛黄茶，账簿中还有许多黄茶档案，不一一列举。这里最主要的是商卓特巴衙门管辖的喇嘛人数多，黄茶需求较大。乾隆三十八年（1773）起，库伦办事大臣桑斋多尔济清查商卓特巴衙门管辖的喇嘛人数，1764—1812 年，喇嘛人数都超过 10000 名（见表 6-7）。[172]波兹德涅耶夫提到 1765 年喇嘛人数依照编制上的定额，寺院的经费由官方拨付。小西茂 1920 年调查库伦喇嘛僧人 15000 人。[173]若喇嘛人数以 17000 人计，每日食用黄茶 1 包，一年当用 6205000 包，约 775625 斤。

表 6-7　库伦喇嘛人数统计 [174]

时　间	喇嘛人数	时　间	喇嘛人数
乾隆三十八年（1773）	11297	乾隆五十九年（1794）	16153
乾隆四十一年（1776）	12069	嘉庆二年（1797）	16209
乾隆四十四年（1779）	13042	嘉庆五年（1800）	17561
乾隆四十七年（1782）	13795	嘉庆八年（1803）	17720

续表

时　间	喇嘛人数	时　间	喇嘛人数
乾隆五十年（1785）	14482	嘉庆十一年（1806）	17779
乾隆五十三年（1788）	14875	嘉庆十四年（1809）	17902
乾隆五十六年（1791）	15339	嘉庆十七年（1812）	18402

　　喇嘛等每年夏季，分赴各旗化缘，以助庙产，借资维持。每年支出之费，以香蜡柴炭为大宗。凡遇唪经之日，庙中应备米粥奶茶，以供本庙之大小各喇嘛。[175] 根据《蒙古国国家档案局档案》载，嘉庆六年（1801）《阖营库伦众艾目共该银茶账》，当时蒙古各艾目（爱马克之意，大沙毕出家喇嘛的基层单位）欠汉商黄茶 18103910 包和银 4335.13 两，若按照乾隆年间 1 包茶约 0.0125 两银，两项共银 230634.01 两。[176] 后来喇嘛们没钱还债，以地抵押或卖地，汉商逐渐在西库伦发展开来。[177] 柯嘉豪（John H. Kieschnick）认为："明代至清初，茶一直在寺院的日常活动中扮演举足轻重的角色。"[178] 藏传佛教中，喇嘛日常饮用奶茶和熬茶唪经，黄茶消费数量相当可观。譬如，乾隆三十九年（1774）年底为准备雍和宫熬茶应用：黄茶 250 包、紫金釉茶碗 150 个、奶子 290 斤、奶油 30 斤、盐 25 斤、干木柴 4000 斤，烧火熬茶人夫 20 名（每名银 8 分，共银 1.6 两）。[179] 雍和宫每次唪经喇嘛不过二三百人，而库伦的喇嘛达上万人，黄茶消费更多。

结　论

　　黄茶为浙江茶叶的通称，产地在绍兴，集散地为平水。因邻近大运河，且腹地包括安徽、福建等，清前期浙江茶销量居全国之首。太平天国战争之后，宫廷也把进贡的龙井茶称为"上用黄茶"。其实黄茶在立夏后采摘，味道苦涩，不是上等茶叶，但加上牛奶、奶油和盐后变成了蒙古人喜爱的饮料。清朝每年筵宴蒙古王公，奶茶即为重点，其后奖赏蒙古王公、喇嘛以黄茶、茶桶等。浙江黄茶进贡到宫廷约 12000 斤，重要的是它带动了黄茶在华北和蒙古的消费。

　　近十几年来，学界流行大资料，清史领域中《清实录》《大清会典事例》最常被征引。但这些史料往往是摘要或成例，少了来龙去脉，以致于像黄茶在官书找到几十条材料，需仰赖档案才能进行完整论述。本章探讨浙江茶商，官书只提到茶商 2 名，在内务府银库月折档案记载浙江茶商姓名，有金台、何肇基、孙宏文、金间右、赵蕴山等。金台于乾隆七年（1742）至乾隆三十年（1765）长期担任茶商。乾隆十三年（1748），金台的堂兄金文淳因孝贤皇后去世大丧期剃发，被革职且罚修城墙，金台出资 10000 多两，协助出资修城墙，以至于短报浙茶销量，乾隆三十一年（1766）被查出而革退。乾隆三十三年（1768）之后，浙江巡抚奏报将茶引改由地方委员办理，其茶引制度的变化过程在《大清会典事例》中是看不到的。19 世纪茶叶贸易兴起，浙茶销量之增长以资证明。此外，本章利用碑刻资料讨论浙江商号出现在安徽歙县会馆碑刻，以及浙商的正乙祠的碑刻，说明浙商与徽商关系密切。浙商和晋商一样，为汇兑茶叶款项，形成茶庄和银号合营的状态。据《那桐日记》载，清末绍兴商人在北京的四大恒，始于乾嘉时代，可见绍兴商人在北京的商业活动仍有待研究。

　　清代黄茶在蒙古地区营销广泛，连原来陕甘茶引区的打拉、杭盖、准噶尔、鄂尔多斯、札萨克、五胜等六旗都改买黄茶，官方说法是蒙古各旗与晋省归化城壤地相接，该省民人制茶出口，蒙古人等就近买茶。实际上，蒙古追求时尚而改喝黄茶。至于喀尔喀蒙古的宗教中心在库伦，库伦的王公和喇嘛习惯喝黄茶，从商人的账簿可发现黄茶交易量很大，因此清代茶引中以黄茶为大宗。

　　总之，浙江黄茶在朝贡体系中扮演着重要角色。蒙古人到北京来朝觐，皇帝赏喝奶茶，俨然成为皇家品牌。而蒙古人信仰藏传佛教，促成了作为捐助寺院礼品的黄茶在华北的贸易。

注释

1　沈启亮辑：《大清全书》（沈阳：辽宁民族出版社，2008），卷7，页165。

2　大连市图书馆文献研究室、辽宁社会科学院历史研究所编：《清代内阁大库散佚档案选编：职司铨选·奖惩·宫廷用度·官苑·进贡》，页210。

3　大连市图书馆文献研究室、辽宁社会科学院历史研究所编：《清代内阁大库散佚档案选编：奖惩·宫廷用度·外藩进贡》，页145、148。

4　《内务府题本》（北京：中国第一历史档案馆发行微卷，2002）是总管内务府大臣和盛京内务府大臣，向皇帝汇报本府人事管理皇室经济资产管理，及办理其他各项宫廷事务的工作报告，具体时间从乾隆五年起至光绪二十六年止。

5　万秀锋、刘宝建、王慧等著：《清代贡茶研究》（北京：故宫出版社，2014），页39。

6　何新华：《清代贡物制度研究》（北京：社会科学文献出版社，2012），页27。

7　赵尔巽等撰：《清史稿》，卷124，页3651—3655。

8　昆冈等奉敕纂修：《大清会典事例（光绪朝）》，卷242，页4-1~4-2。

9　参见赖惠敏：《清前期打箭炉关税对西藏寺院的赞助》，《内蒙古师范大学学报（哲学社会科学版）》，2021年第2期，页106—116；赖惠敏、王士铭：《清代陕甘官茶与归化"私茶"之争议》，《内蒙古师范大学学报（哲学社会科学版）》，2022年第1期，页72—85。

10　陈高华：《元代饮茶习俗》，《历史研究》，1994年第1期，页89—102。

11　阿·科尔萨克著，米镇波译：《俄中商贸关系史述》（北京：社会科学文献出版社，2010），页210。

12　池泽汇等编纂：《北平市工商业概况（一）》，收于张研等主编：《民国史料丛刊》（郑州：大象出版社，2009），册571，页411—412。

13　刘家瑶：《浙江之茶叶》，《农商公报》，卷7期1（1920年8月），页82—96；傅宏：《浙江平茶业衰落原因之探讨》，《国际贸易导报》，卷8号11（1936年11月），页41—43。

14　刘家瑶：《浙江之茶叶》，《农商公报》，卷7册1，页82—96。

15　吕允福：《浙江平水之茶叶》，收入许嘉璐主编：《中国茶文献集成》（北京：文物出版社，2016），册25，页241、254。

16　池泽汇等编纂：《北平市工商业概况（一）》，页410—411。书中亦记载熏制素茶之法：一筛，以分粗细。二拣，以取出枝片杂物。三烘，置茶于竹笼内、下加微弱炭火、使之干热。四熏，加花于茶中、封于箱内、历一日再倾出。五再熏、三熏，普通之茶、熏两次即妥、上品细茶、有多至四次五次者。六拣花，熏过之花拣出。七提花，加以鲜花。此时茶成、即装箱北运。参见池泽汇等编纂：《北平市工商业概况（一）》，页413。

17　昆冈等奉敕纂修：《大清会典事例（光绪朝）》，卷242，页12-1。

18　昆冈等奉敕纂修：《大清会典事例（光绪朝）》，卷242，页13-1~13-2。

19　《宫中朱批奏折·财政类》，档案编号0545-022，乾隆十三年十月初一日。

20　《宫中朱批奏折·财政类》，档案编号0545-022，乾隆十三年十月初一日，记载：例办内廷黄茶120篓。

21　参见赖惠敏：《满大人的荷包：清代喀尔喀蒙古的衙门与商号》，页488。

22　《清代宫中档奏折及军机处档折件》，编号003409，乾隆十三年十月十六日。

23　《明清档案》中有一件乾隆元年宁夏县任五贩卖私茶案，他将私茶用"官茶剩下的旧包原封印记"包装来贩卖被拿获。参见《明清档案》，登录号070273，乾隆元年十月十三日。

24　《浙江全省财政说明书》，收入陈锋主编：《晚清财政说明书》（武汉：湖北人民出版社，2015），册5，页598—599。

25　《清代宫中档奏折及军机处档折件》，编号003409，乾隆十三年十月十六日。再除一切人工杂费，每年余银将及 2000 两，按五股均分，每人每年各得余银 300 余两。

26　《宫中朱批奏折·财政类》，档案编号 0545-022，乾隆十三年十月初一日。

27　《明清档案》，登录号 081752，乾隆三十一年十一月。

28　金文淳，浙江钱塘人，廪生。乾隆十三年三月十一日孝贤皇后去世，金文淳在六月初三日因公谒见，已经剃头。参见福格著，汪北平点校：《听雨丛谈》（北京：中华书局，1984），卷 4，页 108。

29　《清代宫中档奏折及军机处档折件》，编号 002453，乾隆十三年六月初十日。

30　《清代宫中档奏折及军机处档折件》，编号 003410，乾隆十三年十月初一日。

31　《清代宫中档奏折及军机处档折件》，编号 003635，乾隆十三年十一月二十五日。

32　《清代宫中档奏折及军机处档折件》，编号 003740，乾隆十三年十一月二十八日。

33　《清代宫中档奏折及军机处档折件》，编号 403010727，乾隆二十年十一月初九日。

34　《清代宫中档奏折及军机处档折件》，编号 403012290，乾隆二十一年七月初三日。

35　《清代宫中档奏折及军机处档折件》，编号 014559，乾隆三十六年七月初八日。

36　昆冈等奉敕纂修：《大清会典事例（光绪朝）》，卷 242，页 23-2。

37　《明清档案》，登录号 081752，乾隆三十一年十一月。

38　《宫中朱批奏折·财政类》，档案编号 0546-039，乾隆三十一年十月二十二日；《军机处汉文录副奏折》，档案编号 03-0630-009，乾隆三十一年十月二十二日。

39　《清代宫中档奏折及军机处档折件》，编号 403025674，乾隆三十三年八月初六日。

40　昆冈等奉敕纂修：《大清会典事例（光绪朝）》，卷 242，页 27-1。

41　《明清档案》，登录号 003162，嘉庆十六年九月十七日。

42　《清代宫中档奏折及军机处档折件》，编号 406006181，咸丰五年六月初八日。

43　《清代宫中档奏折及军机处档折件》，编号 406007641，咸丰六年二月十一日。

44　《军机处档折件》，编号 114151 附清单，同治朝。

45　《浙江全省财政说明书》，页 630。

46　赖惠敏：《满大人的荷包：清代喀尔喀蒙古的衙门与商号》，页 120—121。

47　万秀锋、刘宝建、王慧、付超：《清代贡茶研究》，页 39。

48　《明清档案》，登录号 086159，顺治十年正月十三日。

49　昆冈等奉敕纂修：《大清会典事例（光绪朝）》，卷 1190，页 14-1。

50　大连市图书馆文献研究室、辽宁社会科学院历史研究所编：《清代内阁大库散佚档案选编：奖惩·宫廷用度·外藩进贡》，页 173—174。

51　昆冈等奉敕纂修：《大清会典事例（光绪朝）》，卷 183，页 2-2、8-1、9-2；卷 242，页 4-1~4-2。

52　大连市图书馆文献研究室、辽宁社会科学院历史研究所编：《清代内阁大库散佚档案选编：奖惩·宫廷用度·外藩进贡》，页 145、210—211。

53　大连市图书馆文献研究室、辽宁社会科学院历史研究所编：《清代内阁大库散佚档案选编：奖惩·宫廷用度·外藩进贡》，页 146、149—150、152—153。

54　《内务府题本》，档案编号 05-022-03，乾隆四十六年四月初九日。《内务府题本》记载清朝外藩和喇嘛进贡，自乾隆二十一年至光绪十八年为止。

55　昆冈等奉敕纂修：《大清会典事例（光绪朝）》，卷 183，页 9-2。

56　据景宁县续解全完颜料蜡茶药材银 105.09 两，循例造入光绪三十一年春季存库册内报部拨用。《宫中朱批奏折·财政类》，档案编号 0583-089，光绪三十一年。

57　《宫中朱批奏折·财政类》，档案编号 0586-045，光绪三十四年十二月十七日。

58　《宫中朱批奏折·财政类》，档案编号 0588-077，宣统二年正月十七日。

59　《催解黄茶》，《新闻报》，1897 年 5 月 20 日，页 2；《黄茶起解》，《新闻报》，1897 年 8 月 10 日，页 3。

60 《清代宫中档奏折及军机处档折件》，编号143567，光绪二十七年七月十六日。

61 康熙八年，《崇文门则例》，收入陈湛绮编：《国家图书馆藏清代税收税务档案史料汇编》（北京：全国图书馆文献缩微复制中心，2008），册6，页2920。

62 《乾隆朝内务府银库用项月折档》，乾隆四十一年三月一日至三十日。

63 《乾隆朝内务府银库用项月折档》，乾隆十一年二月一日至三十日。

64 永璘等奏：《奏报遵旨会议筵宴章程情形折》，《清宫内务府奏销档》，册185，嘉庆二十四年闰四月，页611—650。

65 《催解黄茶》，《新闻报》，1897年5月20日，页2；《黄茶起解》，《新闻报》，1897年8月10日，页3。

66 宁寿宫嘉庆年间每月用黄茶930包、盐11斤又10两。御茶房每月用黄茶2430包、盐30斤又6两。慈宁宫茶房每月用黄茶840包、盐10斤又8两。福晋所用黄茶300包、侧福晋所用黄茶150包，俱自嘉庆十六年六月二十六日起停止。绵恩阿哥自娶福晋之日起，每90日用六安茶1袋、散茶2斤，每月用黄茶200包碱3斤照数给发。资料源：台北故宫博物院藏，《内务府现行条例》（嘉庆朝抄本），"广储司三·茶香分例"，未编页数。。

67 参见瞿同祖：《中国法律与中国社会》，页183—184。

68 昆冈等奉敕纂修：《大清会典事例（光绪朝）》，卷1089，页14-1。

69 金梁编纂、牛力耕校订：《雍和宫志略》（北京：中国藏学出版社，1994），页130—131。

70 昆冈等奉敕纂修：《大清会典事例（光绪朝）》，卷1089，页14-1~14-2。

71 台北故宫博物院藏，《内务府现行条例》（嘉庆朝抄本），未编页数。嘉庆皇帝在宫廷演戏研究，参见赖惠敏：《崇实黜奢：论嘉庆朝内务府财政》，《"中研院"近代史研究所集刊》，期108（2020年6月），页1—53。

72 台北故宫博物院藏，《内务府现行条例》（嘉庆朝抄本），未编页数。

73 昭梿：《啸亭杂录·续录》，卷1，页375。

74 世续等奉敕纂修：《大清德宗景皇帝实录》（北京：中华书局，1986），卷331，光绪十九年十二月，页256-1~257-1。有关清朝宴请蒙古王公的名单，以及筵宴蒙古王公及赏赐绸缎、毛皮，在《清宫内务府奏销档》《清宫内务府奏案》相当多，这项课题日后有机会再研究。

75 《清宫内务府奏销档》，册19，页213—224。晚清时期，皇太后的金质膳具减少许多。咸丰十一年，上谕："朕奉母后皇太后圣母皇太后懿旨谕：此项金银器皿除典礼攸关必应添制外，其余各项并着该管大臣详核办理，日后遇有此等事件，该管大臣等宜各仰体此意以力崇节俭为要。"造办膳具共嵌珊瑚松石金茶桶1个、嵌珊瑚松石金杓1件、金碗2件、镀金银箍银茶桶7件、银碗盖3件、银火锅1件、银壶1件、银大盘28件、银大小碗6件。《清宫内务府奏销档》，册244，页452—456。

76 《乾隆朝内务府银库用项月折档》，乾隆十五年十二月初一日起至二十九日。

77 《清宫内务府奏销档》，册19，页213—224。

78 《乾隆朝内务府银库用项月折档》，乾隆二十五年三月初一日起至二十九日。

79 孙家鼐等奉敕纂修：《大清会典（光绪朝）》（清光绪二十五年石印本，台北：台湾"中研院"历史语言研究所傅斯年图书馆藏），卷93，页14-2。

80 杨丰陌、赵焕林、佟悦主编：《盛京皇宫和关外三陵档案》（沈阳：辽宁人民出版社，2003），页243。

81 杨丰陌、赵焕林、佟悦主编：《盛京皇宫和关外三陵档案》，页241、265。《清永陵志》载祭品应用物料有松罗茶叶3斤，应该是晚清才使用松罗茶叶。见抚顺市人民政府地方志办公室、抚顺市社会科学院、新宾满族自治县清永陵文物管理所编：《清永陵志》（沈阳：辽宁民族出版社，2008），页173—174。

82 万秀锋、刘宝建、王慧等：《清代贡茶研究》，页34。

83 杨丰陌、赵焕林、佟悦主编：《盛京皇宫和关外三陵档案》，页310。

84 《清宫内务府奏销档》，册142，页394—399；册155，页459—465。

85 《官中朱批奏折·财政类》，档案编号0929-011，乾隆五十六年二月二十六日。

86 赵令志等主编：《雍和宫满文档案译编》，下卷，页847—848。

87 金梁编纂、牛力耕校订：《雍和宫志略》，页131。

88 中国第一历史档案馆编：《清代中俄关系档案史料选编》（北京：中华书局，1981），第一编，页19—20。

89 中国社会科学院中国边疆史地研究中心主编：《清代理藩院资料辑录·乾隆朝内务府抄本〈理藩院则例〉》（北京：全国图书馆文献缩微复制中心，1988），页16。

90 大连市图书馆文献研究室、辽宁社会科学院历史研究所编：《清代内阁大库散佚档案选编：奖惩·宫廷用度·外藩进贡》，页297—389。乾隆年间赏赐蒙古王公改为缎匹等。

91 万秀锋、刘宝建、王慧等著：《清代贡茶研究》，页110—111。本书附表4.1引《大清会典》列出公主、外藩、进贡使者每日赏赐茶叶数量以"包"计量，或有茶叶2两等于1包黄茶。

92 孙家鼐等奉敕纂修：《大清会典（光绪朝）》，卷73，页10-1。

93 陈庆英、金成修：《喀尔喀部哲布尊丹巴活佛转世的起源新探》，《青海民族学院学报（社会科学版）》，2003年第3期，页9—14；申晓亭、成崇德译注：《哲布尊丹巴传》，收入中国社会科学院中国边疆史地研究中心编：《清代蒙古高僧传译辑》（北京：全国图书馆文献缩微复制中心，1990），页217—256。

94 松筠：《绥服纪略》，收入《小方壶斋舆地丛钞正编（第一到六帙）》（清光绪丁丑至丁酉年上海著易堂排印本，台北：台湾"中研院"历史语言研究所傅斯年图书馆藏，页290-1。

95 昆冈等奉敕纂修：《大清会典事例（光绪朝）》，卷521，页4-1。

96 昆冈等奉敕纂修：《大清会典事例（光绪朝）》，卷521，页5-1~5-2。

97 昆冈等奉敕纂修：《大清会典事例（光绪朝）》，卷989，页1-2~2-1。

98 杨宾著：《柳边纪略》，收入《小方壶斋舆地丛钞正编（第一到六帙）》，页11-1~11-2。

99 正风经济社主编：《北京工商业指南》（北京：正风经济社，1939），Ⅵ饮食类，页122—123。

100 《明清档案》，登录号147603，乾隆二十九年五月。

101 不着撰人：《北京茶叶之需给状况》，《中外经济周刊》，号178（1926年9月），页13—20。如《北平市工商业概况》也记载最初北平之茶商大都为皖人，缘皖北产茶最丰、运程亦较短近故也。现在平市之老号茶庄，如汪正大、吴德泰、张一元、吴鼎玉等，皆属皖裔，是其明证。近年以来，北人之经营斯业者，虽逐渐加多，然仍以徽帮著称。于民国二年夏成立茶行商会，至十八年冬改组，并更名为茶行同业公会。池泽汇等编纂：《北平市工商业概况（一）》，页410—415。

102 仁井田陞：《中国の社会とギルド》（东京：岩波书店，1951），页95。

103 吴廷燮等纂：《北京市志稿》（北京：北京燕山出版社，1997），册3，页247。

104 康熙八年，《崇文门则例》；雍正二年，《崇文门则例》；光绪三十三年，《崇文门则例》。收入陈湛绮编：《国家图书馆藏清代税收税务档案史料汇编》（北京：全国图书馆文献缩微复制中心，2008），册6。

105 载铨等修：《金吾事例》，收入故宫博物院编：《故宫珍本丛刊》（海口：海南出版社，2000），第330册，章程三，页17—18。

106 《军机处汉文录副奏折》，档案编号03-5740-026，光绪二十七年四月十六日；档案编号03-5740-027，光绪二十七年四月十六日。

107 寺田隆信：《关于北京歙县会馆》，《中国社会经济史研究》，1991年1期，页28—38。

108 李华编：《明清以来北京工商会馆碑刻选编》（北京：文物出版社，1980），页3。

109 徐上镛：《重录重续歙县会馆》（清道光十四年刊本，台北：台湾"中研院"历史语言研究所傅斯年图书馆藏）。《重录重续歙县会馆》内容包括徐世宁：《续录前集》；杨燨同编：《续录后集》；徐光文编：《新集》；徐世宁、杨燨同编：《续录义庄前集》；徐光文编：《续录义庄后集》；徐上镛编录：《义庄新集》。

110　徐上镛：《重录重续歙县会馆》，页191、226、252、255。

111　李华编：《明清以来北京工商会馆碑刻选编》，页13。

112　王汝丰点校：《北京会馆碑刻文录》（北京：北京燕山出版社，2017），页361—362。

113　孙健主编，刘娟、李建平、毕惠芳选编：《北京经济史资料：近代北京商业部分》，页746。

114　徐珂编：《实用北京指南》，页119。

115　顾寿昌：《重修正乙祠碑记》，收入李华编：《明清以来北京工商会馆碑刻选编》，页11—12。

116　徐昌绪：《重修正乙祠整饬义园记》，收入李华编：《明清以来北京工商会馆碑刻选编》，页14—15。

117　乾隆六年歙县建新会馆，官员黄昆华捐1800两，乾隆三十六年许荫采捐2000两、盐商鲍漱芳捐2100两等，参见寺田隆信：《关于北京歙县会馆》，页28—38。

118　徐上镛：《重录重续歙县会馆》，页187。

119　李华编：《明清以来北京工商会馆碑刻选编》，页13。

120　杨静亭编，张琴等增补：《都门纪略》，收入张智主编：《中国风土志丛刊》，册14（扬州：广陵书社，2003），页95—97。

121　北京市档案馆编：《那桐日记》（北京：新华出版社，2006），上册，页134。

122　李华编：《明清以来北京工商会馆碑刻选编》，页14。

123　中国人民银行山西省分行、山西财经学院，《山西票号史料》编写组编：《山西票号史料》（太原：山西经济出版社，1990），页451。

124　赵翼撰，李解元点校：《檐曝杂记》（北京：中华书局，1982），卷1，"蒙古食酪"，页16。

125　姚元之：《竹叶亭杂记》（北京：中华书局，1962），卷6，页139—141。

126　清世宗御制：《世宗宪皇帝御制文集》（北京：商务印书馆，2006），卷15，"善因寺碑文"，页672—673。

127　参见王湘云：《清朝皇室、章嘉活佛与喇嘛寺庙》，《西藏研究》，1995年第2期，页114—119。有关多伦诺尔汇宗寺的研究有高亚利、刘清波：《多伦汇宗寺的兴建及其演变》，《文物春秋》，2004年第5期，页14—19；乌云格日勒：《清代边城多伦诺尔的地位及其兴衰》，《中国边疆史研究》，2000年第2期，页79—86。

128　释妙舟编：《蒙藏佛教史》（新北：文海出版社，1988），第6篇，页97。

129　《理藩部档案》，卷621，光绪三十三年。

130　《明清档案》，登录号010407，雍正八年七月二十九日。

131　《明清档案》，登录号091970，乾隆三十一年十二月初九日。

132　《明清档案》，登录号003109，嘉庆二年二月二十三日。嘉庆元年，多伦诺尔汇宗、善因等寺，喇嘛通共支放过粳米33.98石，照例加倍折支粟米67.96石。徒弟等粟米264.76石，共粟米332.72石，茶叶1676斤又14两，每斤折银0.24两，共折银402.45两。

133　《明清档案》，登录号135705，道光十七年十月十四日。

134　《北洋政府外交部商务档》，档案编号03-17-002-03-004，民国三年九月。

135　阿·马·波兹德涅耶夫著，刘汉明等译：《蒙古及蒙古人》（呼和浩特：内蒙古人民出版社，1989），卷2，页340—341。

136　罗布桑却丹原著，赵景阳翻译，管文华校订：《蒙古风俗鉴》（沈阳：辽宁民族出版社，

1988），页 15。

137　罗布桑却丹原著，赵景阳翻译，管文华校订：《蒙古风俗鉴》，页 15—16。

138　魏明孔：《西北民族贸易研究——以茶马互市为中心》（北京：中国藏学出版社，2003），页 247—248。

139　参见赖惠敏：《清代陕甘官茶引与地方财政》（台北：2021 台湾"中研院"明清研究国际学术研讨会，2021 年 12 月 15 日），页 1-21。

140　魏明孔：《西北民族贸易研究——以茶马互市为中心》，页 251。

141　《明清档案》，登录号 000676，嘉庆四年九月十五日。

142　刘锦藻编：《清朝续文献通考》（台北：台湾商务印书馆，1987），卷 42，页 7961-1。鄂尔多斯有六旗，左翼前旗，一名准噶尔旗，驻札勒谷。左翼中旗，一名郡王旗，驻敖西喜峰。左翼后旗，一名达拉特旗，驻巴尔哈逊湖。右翼前旗，一名乌审旗，驻巴哈池。右翼中旗，一名鄂拓克旗，驻西喇布哩都池。右翼后旗，一名杭锦旗，驻鄂尔吉虎泊。后增一旗，曰左翼前末旗，一名札萨克旗。赵尔巽等撰：《清史稿》，卷 520，页 14375。

143　《明清档案》，登录号 000676，嘉庆四年九月十五日。

144　特鲁谢维奇著，徐东辉、谭萍译：《十九世纪前的俄中外交与贸易关系》（长沙：岳麓书社，2010），页 153。

145　祥麟撰：《乌里雅苏台行程纪事》，收入刘铮云主编：《傅斯年图书馆藏未刊稿钞本（史部）》（台北：台湾"中研院"历史语言研究所，2015），册 9，页 374—375、379。

146　祥麟撰：《乌里雅苏台日记不分卷》，收入清写本史传记十七册一函（北京：中国科学院文献情报中心拍摄，1990），编号 MO-1631，史 450，页 4197。

147　祥麟撰：《乌里雅苏台日记不分卷》，收入清写本史传记十七册一函，编号 MO-1631，史 450，页 4461、4463。

148　王晓莉、贾仲益主编：《中国边疆社会调查报告集成·第一辑十二册》（桂林：广西师范大学出版社，2010），页 220。

149　阿·科尔萨克著，米镇波译：《俄中商贸关系史述》，页 210。

150　阿·马·波兹德涅耶夫著，刘汉明等译：《蒙古及蒙古人》，卷 1，页 40。

151　中国第一历史档案馆藏，《军机处满文录副奏折》，编号 03-2575-013，乾隆三十九年二月十六日。

152　《军机处满文录副奏折》，编号 03-3507-014，乾隆六十年七月二十七日。

153　有关哲布尊丹巴呼图克图之呼毕勒罕研究，参见赖惠敏：《清代库伦商卓特巴衙门与商号》，《"中研院"近代史研究所集刊》，期 84（2014 年 6 月），页 1—58。

154　中国第一历史档案馆编：《乾隆朝满文寄信档译编》，册 10，页 621。

155　参见乌其巴根：《桑斋多尔济遣使赴藏熬茶考述》，《西域历史语言研究集刊》，2019 年第 1 辑，页 144—161。

156　《军机处满文录副奏折》，编号 03-2153-001，乾隆三十年七月二十九日，页 3252—3264；《桑斋多尔济等供词》，页 3265—3314。

157　参见冈洋树：《乾隆三〇年のサンザイドルジ等による对ロシア密贸易事件について》，收入石桥秀雄编：《清代中国の诸问题》（东京：山川出版社，1995），页 365—382；冈洋树：《第三代ジェヴツンダムバ·ホトクトの转生と乾隆帝の对ハルハ政策》，《东方学》，辑 83（1992），页 95—108。

158　《军机处满文录副奏折》，编号 03-2153-001，乾隆三十年七月二十九日，页 03252—03264；《桑斋多尔济等供词》，页 03265—03314。

159　《宫中档道光朝奏折》，文献编号 405006584，道光二十二年八月二十九日。

160　蒙藏文化中心藏，《蒙古国国家档案局档案》，蒙藏文化中心藏影印本，编号 016-002，页

0003—0005。

161　蒙藏文化中心藏，《蒙古国国家档案局档案》，蒙藏文化中心藏影印本，编号 023-001，页 0001—0012。

162　蒙藏文化中心藏，《蒙古国国家档案局档案》，蒙藏文化中心藏影印本，编号 037-010，页 0120—0142。

163　《内阁题本户科》，《乌里雅苏台科布多官兵银粮数目清册》，档案编号 02-01-04-15395-008，乾隆二十六年。

164　赖惠敏：《满大人的荷包：清代喀尔喀蒙古的衙门与商号》，页 261。

165　民国《绥远通志稿》（北京：北京图书馆出版社，2002），卷 108，"食货 1"，页 654—774。

166　《军机处满文录副奏折》，档案编号 03-2176-007，乾隆三十一年正月初九日。

167　《军机处满文录副奏折》，档案编号 03-2176-011，乾隆三十一年正月初九日。

168　蒙藏文化中心藏，《蒙古国国家档案局档案》，蒙藏文化中心藏影印本，编号 017-017，页 0070—0071。

169　《军机处满文录副奏折》，档案编号 03-2322-006，乾隆三十一年七月。

170　《军机处满文录副奏折》，档案编号 03-2176-007，乾隆三十一年正月初九日。

171　蒙藏文化中心藏，《蒙古国国家档案局档案》，蒙藏文化中心藏影印本，编号 016-002，页 0003—0005。

172　张永儒：《移动到定居："库伦"发展过程之研究——17 世纪到 19 世纪的宗教、政治、经济变迁》（台北：台湾政治大学民族学系硕士论文，1999），页 47—49；赖惠敏：《清代库伦商卓特巴衙门与商号》，页 1—58。

173　阿·马·波兹德涅耶夫著，刘汉明等译：《蒙古及蒙古人》，卷 1，页 618；小西茂：《库伦事情》（收于日本国立公文书馆 JACAR［アジア歴史資料センター］Ref.B03050676100，1920），页 3。

174　中国第一历史档案馆藏，《军机处满文录副奏折》，编号 03-2559-033、编号 03-2700-006、编号 03-2817-033、编号 03-2947-044、编号 03-3220-007、编号 03-3402-041、编号 03-3487-013、编号 03-3575-011、编号 03-3663-035、编号 03-3712-027、编号 03-3779-010、编号 03-3825-028、编号 03-3888-021；张永儒：《移动到定居："库伦"发展过程之研究——17 世纪到 20 世纪的宗教、政治、经济变迁》（台北：政治大学民族学系硕士论文，1999），页 47—49。

175　陈籙：《止室笔记·奉使库伦日记》（台北：文海出版社，1968），页 117。

176　蒙藏文化中心藏，《蒙古国国家档案局档案》，蒙藏文化中心藏影印本，编号 022-035，页 0151—0177。爱马克参见蔡伟杰：《居国中以避国——大沙毕与清代移民外蒙古之汉人及其后裔的蒙古化（1768—1830）》，《历史人类学学刊》，卷 15 期 2（2017 年 10 月），页 129—167。

177　赖惠敏：《满大人的荷包：清代喀尔喀蒙古的衙门与商号》，页 208—211。

178　柯嘉豪：《器物的象征：佛教打造的中国物质世界》（新北：远足文化事业股份有限公司，2020），页 335—341。

179　赵令志等主编：《雍和宫满文档案译编》，下卷，页 847。

第七章

清代陕甘官茶与归化"私茶"之争议

清朝的赋税包含田赋，以及工商税如盐、茶、烟、酒、矿税等。尤以田赋为重，占总税收的50%以上。康熙五十一年（1712），清廷规定"滋生人丁，永不加赋"，即征收丁银总数以康熙五十年（1711）为准，以后丁银总数固定不变。至雍正时期，清廷实施"摊丁入亩"，采取定额化税赋。此赋税政策至乾隆年间开疆拓土后，财政渐吃紧，朝廷不得不开拓税源，以应付日益高涨的财政支出。

以往笔者研究山西商人及其事业，发现清廷长年对盐商征收各种苛捐杂税，至道光年间山西商人几乎破产。相较之下，茶商在清俄贸易及蒙古、新疆贸易上获益不少，其商业活动更是横跨票号、钱庄及清末新式工矿业。[1] 是故，山西茶商积累的财富与清朝的边疆茶叶贸易政策有密切关系。乾隆二十年（1755）清廷平定准噶尔之后，疆土大幅扩充，如何筹措治理经费，已有些学者关注。[2] 笔者在《满大人的荷包：清代喀尔喀蒙古的衙门与商号》一书中指出，清朝主要倚重山西巡抚每三年从地丁银中拨200000两的协饷，佐以商人的规费与捐助来治理喀尔喀蒙古，参照其他省份或边区来说，经费相当少。[3] 但这本书碍于篇幅限制，尚有些疑问仍待解决。例如，大盛魁为何在科布多建盖198间房子及近1400米长的院墙呢？这些房舍有什么用途呢？又如，《绥远通志稿》利用嘉庆至同治年间大盛魁联号与福泉店账簿制作的"清代商货价格变动表"即指出，大盛魁在嘉道年间销售蒙古的茶叶有细茶，包括白毫、银针、黄茶、武彝茶等，而且它也提到归化输至蒙古的砖茶达数千万元，占对蒙古输出品第一位。[4]为何大盛魁的账册中会出现细茶呢？蒙古人不常饮用昂贵的细茶，这些细茶要卖给谁呢？

清承明制，茶法有三："官茶，储边易马；商茶，给引征课；贡茶，进贡宫廷。"顺治二年（1645）清廷恢复茶马贸易制度及管理机构。茶课有两种：一是产地"坐销之引"，即对上山买茶的商人课税；一是商人请引行茶，是以填给照票课税，即陕甘茶商付的茶引课。坐销之引系户部颁引给各省布政使司，分给各产茶州县，由州县发引给商，每引征收的银两不一。如湖北、湖南州县给引征税，前者征银 230 两，后者征银 240 两不等。[5]康熙十三年（1674），蒙古地区广设马厂，马匹足用，停止以茶易马，将陈茶变价充饷。[6]据吴承明等主编《中国资本主义发展史》记载，1840 年以前茶叶出口每年商品价值达21840000.01 关两，国内销售 14140000.06 关两。1894 年商品价值 47840000.64关两，国内销售 14670000.01 关两。[7]笔者统计，19 世纪初，中俄贸易以茶叶为主，每年销售量超过 10000000 卢布。[8]一般来说，清代茶课属于杂税，未列入国家重要税项，两湖地区为清代重要的茶叶生产地区，茶课不过数百两，而陕甘商人请引行茶，每引交 4.44 两茶课。其发展过程为本章讨论的重点之一。

陕甘商人领茶引运销茶到陕甘及新疆，每引 100 斤完课银 4.44 两。携带茶叶 12000 斤，需缴茶课银 660 两。从归化到新疆的茶商每 100 斤茶，只完课银 0.2 两，12000 斤，茶课银仅 24 两。即便到同治七年（1868），归化商人假道俄罗斯边境赴西洋贸易，由绥远城将军送理藩院请给四联执照茶票，每票12000 斤，税项照例完纳，并交厘金 30 两、票规银 25 两。换句话说，商人由两条不同路径运往新疆的茶价，因陕甘和归化两地之税不同，差距逐渐扩大，商人为长期避税，改由蒙古运茶到新疆，逐渐出现"归化私茶侵犯陕甘官茶引地"现象。

    清朝财政制度有所谓"内销"和"外销",罗玉东解释:"内销之款,系经常费,中央定有用途及款额,地方政府不得枉费。外销之款,无定额,实销实报,地方政府有便宜处置之权。中央一切筹款,例由地方筹措。地方需款,需秉命中央办理,不得私自作主。"在茶法方面,亦显示地方衙门外销款项。顺治年间,清廷在陕西设立巡视茶马御史五司:西宁司驻西宁,洮州司驻岷州,河州司驻河州,庄浪司驻平番,甘州司驻兰州,五司额引 27164 道。康熙年间,以上五司出现茶法陋规银。雍正年间,以上五司增加官员养廉银。至乾隆初年,以上五司每年额引仍是 27164 道,引商每年应办养廉捐助银 31758 两,以及其他各种捐助项目。更值得关注的是,清廷平定准噶尔之后,照理来说,以上五司茶引应该大幅增加,但自乾隆五十二年(1787)起,每年增加茶引 1700 道,[9]陋规银等却无明显减少。以上现象为本章讨论的重点之二。

    清朝与准噶尔长期征战,派驻喀尔喀蒙古的军队派驻地称为"北路军营"。乾隆年间,清朝为解决陕甘茶叶滞销(这个现象简称"陈茶")问题,大学士傅恒议将陈茶转运北路军营,皇帝命甘肃巡抚鄂乐舜查明运输路线。平定准噶尔之后,清朝一方面派兵驻防乌里雅苏台及科布多,并命山西巡抚派官兵补给物资,如运输砖茶由归化走台站至乌里雅苏台;另一方面,允许商人领理藩院部票(院票)后,由多伦诺尔、张家口及归化出关至蒙古贸易。其中,归化是由绥远将军兼管商人出境事宜,但清代档案中很少见到绥远将军报收院票的记录,如 1872 年至 1898 年张家口核发的部票共 1172 张,归化却只有 24 张部票。[10]而且有官员在奏折中提到归化商人"一票使用多年"的情况,可见绥远将军对院票的管理并不严格。这样的情况积累至道光朝,形成归化私茶侵犯陕甘官茶引地的争议。米华健曾讨论道光年间那彦成奏定新疆行茶章程,被军机大臣否决,并认为那彦成借着章程提高茶课,导致商人哄抬物价,士兵必须花更多银两购买茶叶。[11]笔者对这样的看法有所怀疑,在仔细阅读道光朝的奏折之后,发现官员讨论重点是甘肃官茶和归化茶叶的税则悬殊。归化商人从蒙古到古城贸易量大,故于古城增设税局。其他大陆学者研究新疆茶叶也提到归化私茶侵犯甘茶，以致于甘茶滞销。[12] 故本章以"归化私茶侵犯陕甘官茶"争议为例，探讨清朝统治蒙古及新疆的策略。

至于征引史料方面，有关陕甘官引的档案相当多，例如台北故宫博物院藏《清代宫中档奏折及军机处档折件》《明清档案》，一档馆编《康熙朝满文朱批奏折全译》及《雍正朝满文朱批奏折全译》，一档馆藏《宫中朱批奏折·财政类》及《军机处录副奏折》等有 400 余件档案。[13] 本章拟分三节讨论：湖南安化产茶与运销、陕甘官茶经营的困境以及归化城商人经营的蒙古及新疆贸易路线。

一、山西商人采办湖南安化茶

湖南产茶以洞庭湖沿岸为最多，茶田面积则以湘水、资水流域为最广。乾隆二十一年（1756），湖南巡抚陈弘谋奏为酌定采办官茶章程以便商民事，云："陕甘两省茶商领引采办官茶，每年不下数十万斤，皆于湖南之安化县地方采办以供官民之用，所关甚要。安化三乡遍种茶树，亦仗茶商赴买，民间生计多资于此。"[14] 民国二十四年（1935）实业部国际贸易局所调查之湖南全省 75 县中，产茶者凡 45 县。产茶区集中于安化、湘乡、宁乡、浏阳、湘阴、长沙等地。安化及湘乡两县是制造红茶和砖茶的中心，各地茶叶在这两县集散，销往西北各省及蒙古。陈启华指出，湖南茶质量、产量俱佳者，首推"安化"；而且其邻近州县均系茶区。如桃源、新化、沅陵等县所产者，莫不集中于安化精制，或假安化茶之名为号召。至于临湘之茶，产量虽不亚于安化，但质量甚劣，故多制成老茶，以为制绿砖茶之原料。销往陕西者曰陕引，销往甘肃者曰甘引，统称"引包"；考其引制，源自元朝，即贩卖茶叶特许状，沿袭至明清仍未改，多为晋陕人所经营。按照清朝规定："凡商贩入山制茶，不论精细。每担给一引。每引额征纸价银三厘三毫。"[15] 商人入山买茶，每引才征银 3.3 厘，因此湖南茶课银仅 240 两，税赋相当低。

大德诚文书载："安化东邻益阳、西通新化、南至邵阳、北达桃源。安化为前四乡，后五都，计：长安乡、长丰乡、安乐乡、桂花乡；都一、二、三、四、五，开设茶行。一都、三都之境，开行埠头：小淹、边江、江南、鸦雀坪，俱一都之界；株溪口、硒州、黄沙坪、磉口、东坪俱三都界。产茶地土佳者，名曰河南境内：马家溪、高甲溪、蔡家山、横山、杂木界、白竹水、白溪水、马河板、黄子溪；河北境内：竹子溪、水天坪、小水溪、龙阳洞、董家坊、雷打洞、半边山。安化一都、三都之茶甚佳，二都、五都稍次，四都更次，四乡不佳。"[16]《俄中商贸关系史述》中提到湖南省茶园所产的茶，味略微苦涩，口感不太好，人们普遍认为是地势太低所致。这种茶往往被制成砖茶大量出口。[17]湖南茶叶产量相当多，从松浦章收集资料可知，1903 年—1904 年湖南茶叶生产共约 436681 箱。湖南以安化产茶数量最多，清末达 208250 箱，每箱以 100斤计算，共约 20825000 斤（见表 7-1）。

表 7-1 1903 年—1904 年湖南茶叶生产量[18]

地　名	茶叶生产量（箱）	地　名	茶叶生产量（箱）
安化	208250	聂市	30114
桃源	11354	云溪	28900
长沙	23641	湘潭	40240
平江	29470	浏阳、醴陵	26000
高桥	38712		

安化黑茶的运输路线，系由商人雇民船运至益阳，交船行负责换大民船，运至汉口，由汉口运至襄阳，溯丹江停泊龙驹寨，转陆起旱，在经商洛道直达关中，与官马驿路直接相通。[19]安化黑茶踩压成 90 公斤一块的篾篓大包，运往陕西泾阳再制，因在伏天加工，故称"茯砖"。叶知水认为安化黑茶在泾阳压砖的理由是：（1）西北经营官茶之茶商多山陕帮，久居江南生活不惯；（2）旧法砖茶干燥悉听天然，安化空气温润，有腐烂之虞，不若运泾压制；（3）旧法压制技术较差，砖质疏松，舟船上下，多次搬运，易于破损，泾阳压茶后

循陕甘大道直运销区；（4）砖茶压制，官方例须派员监督，雍正以后，西北
茶政由陕甘巡抚兼理，为便于监造，故集中于泾阳制造；（5）泾阳当泾水之滨，
交通便利。[20] 以上说法以（3）、（4）、（5）较为合理，尤以陕甘巡抚兼理
茶政最为重要。

安化茶号，大抵由晋、皖、赣、粤及湖南省商人所组合者。其分别一曰客帮，
一曰本帮。外省之商人，在该地经营者，称为客帮；湘省商人经营者，称为本帮。
外帮中以山西帮为优，盖纪律整肃，资本亦雄厚。唯各帮多系由股东集资组合，
资本由数千元以至十余万元。其组织，每号设经理一人，副经理一人，账房、
管钱、核算、掌盘、毛票、看水、收包、买茶、司秤、管拣及工役各一人或数人。
兹将已调查之东坪、黄沙坪、硚口、硒州等处之茶号及其民国二十二年（1933）
经营之情形列于表 7-2。

表 7-2　民国二十二年安化茶号营业概况[21]

名　　称	厂　址	资本（单位元）	箱　额	名　　称	厂　址	资本（单位元）	箱　额
裕益	东坪	50000	3000	聚兴顺	黄沙坪	60000	3000
达球	东坪	30000	2300	源远长	黄沙坪	40000	2700
泰安	东坪	30000	2800	大涌玉	黄沙坪	20000	1200
祥记	东坪	30000	3000	民生	黄沙坪	60000	3200
孚记	东坪	34000	3200	宝华	黄沙坪	25000	2700
益川通	东坪	25000	2400	春记	黄沙坪	15000	1600
元亨利	东坪	20000	1200	兴隆茂	硒州	50000	2800
茂记	东坪	30000	2600	天恒川	硒州	30000	1800
大德（玉）	东坪	8000	500	萃珍长	硒州	30000	1100
福记	东坪	15000	500	同裕泰	硒州	30000	2600
玉记	东坪	15000	1100	长盛川	硒州	35000	1200
新记	硚口	20000	1200	晋丰厚	硒州	15000	600

以上各号多系外省客商，尤以晋商最为重要。他们携款至湖南采办，必
先投靠当地牙行，由行户供给行屋及制茶器具，并介绍职工，代请铺保，负银

钱及货物经手之责。[22] 表 7-2 虽为民国时期的资料，但这些茶商在清代已很活跃，如常家、乔家及渠家的商号。

榆次常家发迹于康熙年间，其氏族开枝散叶，分为"北常"与"南常"。《汉口山陕西会馆志》卷下记载："光绪八年北常的商号有下列十二家：大昌玉、大德玉、大泉玉、三德玉、保和玉、慎德玉、大升玉、三和源、大涌玉、大顺玉、泰和玉及独慎玉。从光绪七年另外一牌匾看，一方面看出大德玉、大升玉、大昌玉、独慎玉、大涌玉等六号系营茶叶，有的同时又是账局。"[23]《汉口山陕西会馆志》载，常家商号：大泉玉筹捐银 2875.23 两，独慎玉筹捐银 2656.2 两，大升玉筹捐银 2488.66 两。常家的汇兑钱庄大德玉布施银 300 两，筹捐银 4392.32 两，大德常筹捐银 997.11 两。[24]

乔家的字号——大德诚，民国元年（1912）之《预启》称"予旧号三和，齐嘉庆末年来安办黑茶"，应属三和茶庄。但祁县只有专办三和茶的大德诚茶庄，却无三和茶庄这个字号。[25] 吕洛青《祁县的茶庄》一文说："大德诚是祁县乔家堡在中堂的买卖，在西街路北，是钱庄兼茶庄。这家茶庄专办三和茶（1块茶 1000 两，故又称千两茶）、德和贡尖。"大德诚是专办三和茶的茶庄。[26]

根据《渠仁甫传》的记载，渠家在清乾嘉时代，渠映潢开设长顺川、长源川两大茶庄，从收购、加工、贩运一条龙经营茶叶。在湖北咸宁、湖北湖南交界的羊楼峒、羊楼司，以及湖南安化等地购有茶山，大量收购茶叶，就地加工。民国初年，渠家有四家茶庄——长顺川（后改长裕川）、长源川、长盛川、盛记茶号。[27] 诚记为渠仁甫独资经营，抗战期间设立，专营千两茶（圆柱型，重 1000 两），总号在湖南安化，并设有茶厂。由安化收购、生产茶叶，运至西安销售。[28] 表 7-2 所列的茶商可以参考汉口、归化及张家口的碑刻资料，拟于日后继续研究。

二、陕甘茶引滞销及其解方

清廷自顺治朝以来延续明代茶马制度，在边区以茶换马，但在康熙朝广设牧厂之后，茶叶需求降低，但为犒赏官兵，清廷仍请商人办茶。康熙年间至乾隆年间，清廷因应商情，多次改变陕甘茶引制度。一般来说，商人携好茶当商茶卖，稍次者当官茶。官茶滞销之后，改为折银。官茶数量减到一定程度，又回复商人交茶封（本色）。官茶改折银似乎可以解决陈茶的问题，但官茶滞销情况未改善。其问题在雍正年间清廷将折银价格提高而乾隆初年又将商人附茶数量减少，导致商人销售意愿降低。

（一）官茶折银

康熙四十四年（1705）以前商人交茶封，康熙四十四年至康熙六十年（1721）交折银，康熙六十一年（1722）至乾隆元年（1736）交本色。基本上，官茶库存 2000000 封就改为折银。1 封茶是 5 斤，2 封等于 1 篦，茶 1 引为 100 斤。康熙三十二年（1693），茶引改为折银，"以兰城无马可中，将甘州司积贮茶篦银七茶三，用充俸饷。每银一两搭放直（值）三钱茶一封"。[29]也就是说茶有七分为本色、三分折银，每封价银 0.3 两。康熙四十三年（1704），西安将军博霁奏称，康熙三十二年，曾出卖茶 500000 竹篓（篦），十余年只追得 130000 竹篓茶价，其余 360000 余竹篓茶价尚未完结。博霁提到商人把价格高的好茶留着自己卖，价格低的劣茶交给官方，是因商人挑选细而黑者当商茶变价出售，余下质量差的茶称为黄茶交官方茶库收贮，每封黄茶买价、运费不过银 9 分。官员等只图旧例所得，明知劣茶而不过问言。[30]

雍正元年（1723）正值军兴，陕甘商旅云集，兵民辐辏，又商茶运送不前，所以茶价骤增。川陕总督岳钟琪驻扎西宁，就黑茶骤增之价，奏请每封加增至一两二三钱。不知交库黄茶非商附茶之比，一时市估又与寻常平价不同。[31] 从康熙六十一年至雍正三年（1725），陈茶 243700 余封，每封价银 0.3 两。解司充饷银 52630 余两，茶商挂欠银 19800 余两。新茶 800000 余封，每封价银 1.2—1.3 两。此因康熙六十一年改征本色以后，积贮甚多。[32]

因为陈茶未销，新茶又积湿烂熏蒸，故于乾隆元年（1736）开始，改征折色每篦折交银 5 钱，按年办理。俟陈茶销至八分，再议征收本色。户部行文陕西布政司，"饬知各商将乾隆元年应纳官茶每篦折交银 5 钱外，其赴楚采买，每引照例止办商茶 50 斤，附茶 14 斤，共 64 斤成封发变，不得于数外多买，并檄饬各处盘验厅员，每引以 64 斤称盘"。官茶的价格，康熙朝每篦 0.4 两，乾隆二年（1737）改为每篦 0.5 两。官茶改折银后，运输费之附茶亦减半，变成 57 斤。[33]

乾隆二年七月，陕西总督刘于义上奏，据商头怡绳先等一禀，辄于每引 64 斤之外，准其加茶 21 斤，共合商附茶 85 斤。甘肃巡抚德沛疑为额外私茶，暂行封贮奏请交部查询，随奉部行令甘省确查。商茶每引再加 21 斤，计算每年多茶 114643 封，"从此私贩横行官茶壅滞败坏茶法，流弊何所底止"。一面檄行布政司转饬各该商仍遵照定例每引 64 斤运办，并将已运到额外私茶暂行封贮。[34]

乾隆七年（1742）至乾隆二十四年（1759），陕西五茶司的陈茶库储已存积至 1500000 余封，甘肃巡抚吴达善于乾隆二十四年奏准，每封作价 3 钱搭放兵饷以来，当奉行之始，兵丁领获茶封尚有余利。至乾隆二十七年（1762），已搭放过茶 400000 余封，市肆官茶日多价值渐减，兵丁无利可图，率皆不愿多领。是以尚贮存茶 1182000 余封，连巴里坤哈密贮存茶 68000 余封，共茶 1250000 余封。满汉各营暨口外各处办事大臣查覆，实在应需茶封数目统计每年亦仅能销茶 100000 余封，约非十年之久不能全数疏销。而且乾隆二十一年（1756）前，吴达善奏准增配茶 248939 封，商茶既多，官茶自必益加壅滞。其按年应交二成官茶，若仍听其照常交纳，势致陈茶销售无几，新茶又相继堆积，疏通无日，霉变堪虞。若将商人应交二成官茶 54000 余封，暂停交纳，照例每封征收折价银 3 钱。"俟陈茶销售将完，再请征收本色。"[35]

（二）分限带销

商人携好茶当商茶卖，稍次者当官茶，系官茶滞销原因。地方政府为何容忍商人的行为？因茶商需面对衙门的各种勒索。康熙年间，甘肃巡抚绰奇因"军需动项无着，将此陋规报出抵补，名曰捐助，以此遂为正供"。雍正六年（1728），"甘肃巡抚莽鹄立以每年茶规一万一千九百两奏明，作为甘抚养廉之项。雍正七年，奏查各茶务司官礼银，共七千五六百两，解司充公"[36]。乾隆初年，清廷将茶引降为 57 斤，但商人捐输没减少，造成各商赀本消乏。

　　清廷为解决陈茶滞销情况，采取"分限带销"，等同于现代的分期付款。如乾隆十五年（1750）之引于乾隆十九年（1754）、乾隆二十年（1755）及丙子年（乾隆二十一年，1756）引内带销。乾隆十六年（1751）之引于丁丑（乾隆二十二年，1757）、戊寅（乾隆二十三年，1758）、己卯（乾隆二十四年，1759）三年内带销，稍宽年限，积引既销四年内未完之课项。[37] 这种措施仅是权宜之计，并未解决茶商消乏问题。乾隆三十七年（1772），陕甘总督勒尔谨奏称："据该商头怡绪远及马汉卿呈称：商等指引销茶多销一引则正供之外，尚异些微羡余以资。因从前带销之茶既多，壅滞售变不清，兼之甘省连年歉收食茶之人仅有此数，势难按期变卖。是以三十五年（1770）之引，不能营销遂致迟压。查商等向办茶引俱系下年秋冬始领上年茶引，三十六年（1771）之引应于三十七年冬间，请领商等再四筹酌，所有三十五年积存之引，请在三十六、七、八，三年引内，分年带销。""再查每引应办茶十五封，系商等出本购买。商人情愿每引减去二封，而课项仍照十五封之数缴纳。俟前项茶引销竣仍以十五封配运，庶可通融筹变，不致再有积滞。据该商等请分作三年带销，计每年应带引 9098 道，该商每年引内自愿减配二封，挹彼注此所积之引自易销售完竣。"[38]

三、归化私茶及其运销路线

　　清朝平定准噶尔之前，曾以陕甘官茶引犒赏喀尔喀的官兵，至平定准噶尔之后，却改派山西蒲州府属之永济县承办驻防乌里雅苏台、科布多官兵所需之茶。实际上，承办者多系山西商人。这造成贸易路线的改变，原本是由陕甘西泾阳入甘肃—兰州、宁夏、托克托城至归化，赴蒙古；乾隆二十四年（1759）以后，商人多由陕西泾阳入山西—永济、归化，再赴蒙古。

乾隆十九年（1754）四月，大学士公臣傅恒等奏，"查甘省官茶额引二万七千余道，每年应交茶二十余万封，旧例由商人按引交纳，以为招换番马之用。嗣因换马之例久经停止，此项商办茶斤，除应存备赏蒙古约十余万封外，余俱变价充饷。历年库贮陈茶，一时不能变销现在存茶积有一百一十万余封，与其堆积无用，不若通融办理"。傅恒等酌议请于此项茶斤内，量拨运赴北路军营备用似为有益。皇帝命甘肃巡抚鄂乐舜详悉查明，"甘省至北路军营原有两路，一自宁夏石嘴子出口，经由拖里布拉格、察汉拖罗海推必拉、察汉素尔等处，可至乌里亚素泰卡伦。雍正年间调拨宁夏满兵前赴军营之时，鲁由此路行走。迄今多年，井泉渐已淤塞，地径亦属荒僻难行且。在鄂尔坤军营之北千余里，道路纡回非徒脚费浩繁，亦且有需时日似不若。由归化城一路之为稳便查兰州黄河顺流而下，直达托克托城，距归化城一百六十里，口内则经由皋兰、靖远、中卫、平罗等县。口外则经由达本盐登口、萨拉齐、查汉库，连地面计程三千八百余里，一水可通，并无险阻。拟用木筏载运，计其运费以及绳索包箱等物。每茶万封重五万斤，不过需银百两上下，约行四十日即可抵托克托城"。

自托克托城前往军营经由土默特、毛明安、吴喇忒、喀尔喀各部落计程三千余里，应用驼只驮运。查鄂尔多斯部落与托克托城仅隔一河，上年鲁将宁夏官驼八百只，并孳生余驼交给该札萨克等牧养，原备不时需用。请于前项官驼余驼内调拨一千只，至托克托城听候驮运，甚为省便。计驼一千只，约可运茶二十万斤，每驼五只用牵夫一名，共需牵夫二百名。即用鄂尔多斯原派养驼之蒙古，酌议每名给与往回盘费银六两，仍令该札萨克派官一员沿途管束，亦照内地委官之例量行赏给盘费。至鞍屉等项在所必需应请动项制备，统俟事竣一并照例报销。倘需用茶斤官驼不敷运送，即于归化城就近添雇，亦属易为办理。[39]

乾隆十九年（1754）八月，户部尚书海望奏称，兰州至宁夏系雇骡驮运，照依甘省供应之例，每骡一头驮茶180斤，共需驮骡1112头，每头每站给脚价银2钱。自兰州至宁夏计12站，共该脚价银2668.8两。自宁夏至北路军营，系雇驼驮载每驼一只驮茶240斤，共需骆驼834只。照依客商雇觅之价每120斤，日给脚价银1.5钱，自宁夏出口至北路军营约行50余日，共约需脚价银13761两。又装盛茶斤需用木箱工料及绳索等项，估需银637.4两。自宁夏出口赴北路军营，计往回日期官役共约需盘费脚力银576.4两。又自宁夏雇觅能说汉话之蒙古人4名，以为通使。每名每日给雇值银1钱，各给脚力1头，约计往回应需雇值脚力银176两，统计运送北路军营官茶200000斤约需驮价盘费脚力等项共银19787两。[40]

乾隆二十四年（1759）二月，清廷允许商人领理藩院部票前往乌里雅苏台等处，沿途行经各部落，可以就近贸易。上谕："向来前往蒙古部落贸易商人，由部领给照票，稽核放行，懋迁有无，彼此均为便利。近因货市日久，不无争竞生事，是以议令禁止。殊不知商贩等，前往乌里雅苏台等处，亦必由各该部落经过。若中途一切货物。抑令不得通融易换，未免因噎废食。嗣后，凡有领票前赴贸易人等所过喀尔喀各旗，仍照旧随便交易。俾内地及各部落商货流通以裨生业，其一切稽察弹压，地方官及各札萨克留心妥协经理，毋任巧诈奸商，逗遛盘踞，以滋事端。"[41]

同年，又定赴蒙古贸易者必须到绥远将军衙门、察哈尔都统衙门及多伦诺尔同知衙门领取理藩院部票。部票后粘贴清单，包括商人姓名、货物数量、前往地点以及启程日期，用印给发。《理藩院则例》记载："凡互市商给以院票，各商至乌里雅苏台、库伦、恰克图及喀尔喀各部落者，皆给院票。由直隶出口者，在察哈尔都统或多伦诺尔同知衙门领票；由山西出口者，在绥远城将军衙门领票。以该商姓名、货物及所往之地、启程之期书单粘合院票给与。其已至所往之处，又欲他往者，许呈明该处将军、大臣、札萨克，改给执照。所至则令将军、若大臣、若札萨克而稽察之，各商至乌里雅苏台者，由定边左副将军、兵部司官稽察；至库伦者，由库伦办事大臣、本院司官稽察；至喀尔喀四部落者，由各旗札萨克稽察。"[42] 有趣的是，察哈尔将军和绥远将军管理部票的态度却不同。如同治十一年（1872）至光绪二十四年（1898）张家口核发部票多达 1000 余张，而归绥却只有 24 张部票。两地发行部票数量悬殊，而且张家口每张部票交银 47 两，归绥只有银 23.5 两。[43] 赴蒙古贸易的归绥商民时常未持院票，或有一张票用好几年的情形，[44] 难怪归化城税关一直在银 40000 余两。丰若非认为，道光末年归化城的银钱比率逐渐走低，遂使该关实存盈余逐年下降。除此之外，下一节分析归化私茶转卖到新疆的情况。道光朝杀虎口应该增加税收的，但却未如预期，可见边关的税务问题不小。

商民抵达乌里雅苏台之后，再前往其他地区则由定边左副将军衙门给予照票。如嘉庆五年（1800）二月，乌里雅苏台商民安光耀为赴库伦贸易，向定边左副将军衙门申请照票一张。库伦办事大臣衙门档案记载，地方衙门给照票必须收取规费，称为限票（路引）。如目前尚存的《管理库伦商民事务章京造送宣统三年二月份各商铺承领限票清册》载，该月商铺承领给限 100 天票 38 张、给限 200 天票 30 张，给 100 天的票收 1 块三六砖茶。[45] 又据《祥麟日记》记载，从光绪十二年（1886）至光绪十六年（1890）间，商人到乌里雅苏台约有 120 次，[46] 若收取规费，应该也是一笔收入，可惜乌里雅苏台没留下档案。

乾隆二十六年（1761）《乌里雅苏台科布多官兵银粮数目清册》记载，乌里雅苏台衙门存银 102175.31 两、粮 77704.19 石、炒米 802 石、炒面 68.94 石、大麦 40.6 石、小麦 51.6 石，还有旧茶 37816 封（每封 5 斤）又 1 斤 8 两、黄茶 18170 包又 78 斤、茶膏 800 斤、砖茶 34865.5 块。[47] 嘉庆二年（1797），乌里雅苏台砖茶旧管 3429 块又 1 斤 5 两，除用 539 块又 1 斤 5 两，实剩 2890 块。同治四年（1865），砖茶 7190.5 块。[48] 黄茶、砖茶作为军需，供应驻军日常所需，

并且奖赏蒙古台站、卡伦官兵，每年有固定的用量。如科布多每岁所需 2000
余块，系由山西巡抚备办，据保英、桂祥奏称：

> 科布多蒙民杂处赏赉多用砖茶，每岁所需不下二千余块。如遇
> 支放不敷，先行奏闻行知山西巡抚购办，以备委员领取历经遵办在案。
> 今查库存砖茶约放至年底所剩不过一千五百有余，而明年应给众安
> 庙及屯田卡伦各蒙兵赏项仅敷一岁之需，查照旧章预为采买。如蒙
> 俞允由奴才等咨行山西巡抚备办砖茶八千块运解归绥道库，再由奴
> 才等派员领取由驿递运科城。其收支数目统俟年终造册报部核销理
> 合循例恭折具陈。[49]

嘉庆六年（1801）山西巡抚奏，奉文采买科布多所需茶 8000 块，系饬（山
西）蒲州府属之永济县采办，以 2 块 1 封，共计 4000 封。每封 5 斤，每斤价银 5.5
分，每 130 斤装箱 1 个。每 10 个箱子，价银 3.625 两。均于嘉庆六年地丁银
内开销，其自永济县起至归化城，俱由经过州县驿递运送，毋庸支给脚价。自
归化城起至台所止，系由归化城都统处办理乌拉照料运送在案。又于嘉庆九年
（1804），户部咨称，查科布多库贮砖茶不敷支放请交山西省采买茶 8000 块
解往。永济县办运科布多砖茶，用过茶斤价值，并制办箱只工价共银 1100 余两，
系在嘉庆八年（1803）地丁银内动支核销。[50]

永济县邻近陕西泾阳。泾阳因本地优质的水源适合制造质量最好的砖茶，
是清代西北茶叶集散、加工、装载及转运的中心。销往西北的茶叶大多来自湖
南，少部分是来自湖北、江西及安徽的红茶。红茶在加工过程中需要二次发酵，
挤压成砖，形成"茶砖"，发酵过程中对水质要求很高。泾阳人炒茶"所用水
为井水，味咸，虽不能做饮料，而炒茶则特殊，昔经多人移地试验皆不成功，
故今仍在泾阳"。道光年间"官茶进关，运至（泾阳）茶店，另行检做，转运
西行，检茶之人亦万有余人"，泾阳县从事这一行业的人员多，利润厚，他处

无比。[51] 简言之，永济县衙采办泾阳砖茶之后，走驿站到归化城，之后由归化走蒙古台站运到科布多。

四、归化私茶侵犯陕甘茶引地

道光二年（1822）陕甘总督那彦成奏报，"甘肃茶引征官茶间年拨运伊犁、塔尔巴哈台、乌什三处，给与官兵，在俸饷内扣价归款。其乌鲁木齐等处所需茶封，均系甘司官商将茶运至凉州、肃州，交给散商贩运出口，自行销售。是新疆为甘司行引之处，久已定有地界，难容私贩充斥，以致官引滞销，亏短国课"。道光三年（1823），那彦成订新疆茶引章程。他认为"乌里雅苏台、科布多二处向食北路商茶，应仍听该商照旧贩卖，唯止准就地营销，不许私赴乌鲁木齐等处易换粮食，致滋影射充斥"[52]。但道光三年乌里雅苏台将军果勒丰阿奏报：

> 自乾隆二十五年，奉旨依准。其此处商民驼载茶货前往西路一带贸易，是以渐积大小铺户二百余家，每年交纳房租银两，以为乌里雅苏台办公各项使用。附近居住之蒙古人等共有数万余名，所食口粮历来均系商民等驼载茶货，前赴古城兑换来营分买食用。古城商民亦常川贩运米面来营兑换砖茶，运赴西路一带售卖。此茶原系商民等由归化城、张家口请领部票交纳官税贩运来营，半与蒙古人等兑换牲畜；半即兑换米面之资。归化城、张家口和乌里雅苏台距离六千余里，驼一斤的米约需一钱，古城与乌城距离两千余里，每斤米需银二分，运输费用多达五倍。且归化城、张家口粮价较古城昂贵。乌里雅苏台将军果勒丰阿提到每年由归化城、张家口、库伦等三处共来大小砖茶一万五千余箱，除在本处兑换牲畜销售五千余箱外。其余一万余箱尽数陆续运赴古城兑换米面三百余万斤、杂货二、

三千驼方足食用。[53]

这件档案说明，商民等由归化城及张家口请领部票，驮载茶叶 15000 箱到乌里雅苏台，乌城的商民和数万名蒙古人都仰赖古城的口粮，因此乌城茶叶转运到新疆古城换取米面。砖茶只有三分之一留在乌城，其他则运到古城。归化城、张家口距离乌里雅苏台是古城与乌城距离的三倍，运米的费用多达五倍。

果勒丰阿的奏折令人疑惑。第一，到 1921 年乌里雅苏台人口不过 3000 人、科布多人口 3000 人，[54] 道光年间何来数万名？第二，蒙古人多半吃牛羊肉，米面需求哪需要 3000000 斤？根据孟榘《乌里雅苏台回忆录》载："蒙古人之饮食，每年十月十五以后始肉食，至次年四月初为正，普通皆羊肉，东蒙或食牛肉。四月以后至十月，概乳食。中间杂以麦粉，或炒熟大麦粉。每日仅一食，大抵在落日后。科布多、乌梁海，四季皆食肉，亦每日一食。"[55] 况且，乌鲁木齐到古城 2810 里，每只骆驼驮重 240 斤，每百斤脚价 4 两，每只骆驼花了 9.6 两。又，小麦每市斗一石合脚价银 16 两，是小麦一石运至乌里雅苏台已费银 37 两。尤其古城至乌里雅苏台运一趟两个多月，为时甚久。[56] 乌鲁木齐只需要 5000 箱的砖茶，却容许商人携带 15000 箱的砖茶，分明是图利商人之举。清廷在古城设立税局，直接由陕甘总督派员，抽分税课，每年估计抽银 8000 两。按乌鲁木齐都统统计，道光八年（1828）至道光十一年（1831）茶税还不足 8000 两。自道光十一年至道光十四年（1834）每年税银则在 10100 两至 15000 两不等。[57] 第三，新疆官员皆支持新疆茶来自张家口及归化地区。道光三年（1823），庆祥、特依顺保、永芹等奏报：

北路蒙古赶牲赴巴里坤、哈密、辟展贸易于地方甚有裨益。惟乌里雅素台商民藉资蒙古所赶牲畜、驮运布匹、茶封、杂货来乌里雅苏台贸易者不能众多。缘来乌里雅素台贸易民人，俱由张家口、归化城前往，如无将军信票（路引）不准行走。是以民人蒙古等均须至乌里雅素台领票，方能前往。若准地方官给票，由推河行走可省四十余日程途。现驻乌鲁木齐屯兵数千，暨驻伊犁兵丁，必须商民通便于事方为有裨。请令直隶总督、山西巡抚、乌里雅苏台将军，转饬张家口、归化城地方官，暨各札萨克等如商民蒙古人等，有愿来者就近给发印票出口等语。同德等所奏甚是，自应如此办理。[58]

庆祥等奏议，"安徽及湖北等出茶省份，酌添营销引张，定立税课，听北路商人报明由归化城出口，至乌里雅苏台、科布多新疆一带销售，以抵甘肃续增自变量，其甘肃续增之引量予裁撤，以示体恤。嗣后新疆一带甘司茶商专行附茶，北路茶商专行杂茶，不准私带附茶，如此办理各有引张，既不致任听奸商偷漏以妨国课，又可使新疆回夷军民普臻谧安"。[59]另外，请于北路总口古城地方设立税局，"由陕甘督臣派员前来照例抽收税课，茶箱到即验明征收听，往南北各城贩卖所收税银，责成镇迪道督率办理，年终解归甘肃兰州茶商汇报，以税抵课"。[60]庆祥的奏折说明，在古城设税局，由陕甘总督委员收税，弥补甘茶司茶课不足。

商人从乌城运到古城的茶叶并不限于砖茶，还有各种细茶，以增加税收。道光九年（1829）奏准甘肃省茶务，责成镇迪道总司稽查，奇台县就近经管。分别茶色粗细，纳税多寡，如白毫、武彝、珠兰、香片、大叶、普洱六种。每百斤纳税银 1 两。安化斤砖广盒 1200 两，质色较粗，每百斤纳税银 6 钱。大砖一种，质色更粗，每百斤纳税银 3 钱。"令商照则交纳，随时税讫给发税票，立即放行。由奇台县将商贩姓名、茶色斤重、税银数目，按月按季造具总散清册，申送转咨。年底汇册报部稽核，仍将收获税银。按月批解道库，年终拨归甘肃，抵充乌鲁木齐经费之用。"[61]

商人为增加获利，在古城销售高级茶叶，抵消了漫长的陆路运输成本。阿·科尔萨克说，白毫茶的叶子更大，不过不是刚长出来的，手感不细腻且叶子卷得不太紧。茶叶一般是瓦灰色、黑色、浅红和略带黄色，茶中常可以见到茶树的细枝杈。更好一点的叶子呈瓦灰色和黑色；一般来说，被略微清理过的叶子多叶子多红茶的口味佳。[62] 白毫茶每箱约 60 斤，价格自 18 两至 23 两，平均约 20 两。武彝茶（或称武夷茶）价格更高，在 35 两至 43 两之间。[63] 珠兰茶按照大盛魁的账册记载，每斤约银 0.22 两，香片每斤约 0.5 两，比起砖茶一箱（100 斤计）6 两至 7 两来说，价格高许多。

从道光年间古城税额 10000 两左右来看，归化商人输入白毫等细茶约 1000000 斤；或者砖茶 1600000 斤以上；或者大砖茶 3300000 斤以上。相对来说，陕甘官茶配额只有 1700 道茶引，运输 170000 斤。两者销售数量差异很大，利润差距也很大。这是归化院票商人及陕甘官引商人的争议所在。既然古城设置税局，伊犁将军特依顺保议将自道光九年古城收税起，至道光十四年（1834）止征收税银 66000 余两，可抵甘司滞引 14700 余引[64]（见表 7-3）。

表 7-3　道光年间古城、喀什噶尔、叶尔羌、阿克苏税收数量[65]

地　点	时　间	税收银（两）	备　注
古城	道光八年（1828）十月初一日—道光九年（1829）九月底	7653	道光八年十月初一日至道光九年九月底共收茶税 11507 两，除补收前项封贮茶税银 3850 两，实只新收茶税 7653 两[66]
	道光九年十月底—道光十年（1830）九月底	7693	
	道光十年十月底—道光十一年（1831）九月底	6677	
	道光十一年十月底—道光十四年（1834）九月底	10100—15000 余	
喀什噶尔	道光八年（1828）十二月九日—道光九年（1829）二月底	5022	
叶尔羌	道光八年十二月十二日—道光九年正月底	570	
阿克苏	道光八年十二月十二日—道光九年正月底	10539	

道光十五年（1835），陕甘总督瑚松额具奏："北商所贩杂茶内千两、

百两二种，即系湖南安化县所产之湖茶。北商改题名目避附茶之名，享附茶之利。此外，扣大小斤砖，以及红封、蓝封帽盒甬子等项，率皆湖茶之类改名易式营销，病商阻引。奏请饬下新疆大臣一体查禁。"[67] 陕甘总督瑚松额的意思是，归化商人将湖茶修改名目在新疆销售。

伊犁将军特依顺保辩称："咨准营销之千两、百两均归杂茶之内，虽亦产自湖南大约与安化相类，其资松色黑亦与附茶迥不相同，营销多在伊犁、乌鲁木齐之境、南疆间，有不知其名之处，其不能改题名目影射官引更为显见。至杂茶如白毫、珠兰等项仅供回疆夷人所食，本不可禁。即安化等项，以及大小斤砖等茶，尤为伊犁四部落满营蒙古兵民要需，且经纳税运行已久，未便因甘司官课滞销概行议禁致易旧章。"[68] 意思是，千两茶、百两茶系来自安化，但不是附茶（黑茶），不能说是变更名目。加之，白毫、珠兰等项仅供维吾尔族食用，安化的大小斤砖茶为伊犁驻防士兵所需。结论是按照旧章实施，无须更改。

前文提及，陕甘商人领茶引交税高于领理藩院部票的归化商人，归化私茶侵犯陕甘引地的问题到清末仍然存在。光绪三年（1877）六月初十日御史邓庆麟奏称："由恰克图假道俄边，往西洋售茶。理藩院准给四联执照，每票市茶一万二千斤，完厘银三十两，税银二十一两七钱八分。是砖茶原税较甘茶，每引八十斤完课银四两四钱四分者，每票一万二千斤，已减银六百一十四两零矣。"[69] 甘肃到新疆的票交茶引 666 两，归化商人领理藩院部票只交 51.78 两，两者差 614.22 两。光绪十二年（1886）奏准，归化商人在理藩院领票，诡称贩货运销蒙古地方，"其实私贩湖茶倾销新疆南北两路，到处洒卖，一票数年循环转运，漫无限制，逃厘漏税、取巧营私，以后领票，注明不准贩运私茶字样。如欲办官茶，即赴甘肃领票，缴课完厘，与甘商一律办理。倘复运销私茶，查出将货充公"。[70] 光绪十三年（1887）议准："甘省仿淮盐之例，以票代引，不分各省商贩，均令先纳正课，始准给票。其杂课归并厘税项下征收，各项名色，概予删除。出口之茶，则另于边境所设局卡，加完厘一次，以示区别。"[71]

格·尼·波塔宁（G.N. Potanin）《蒙古纪行》载，1877 年从科布多到哈密的路，科布多去巴里坤有一条商队和官吏常走的道路，新疆东干人也是走这条路到科布多，在三月三十日遇到一支赶着 150 峰骆驼从归化往科布多运茶叶的商队。四月一日又看到一支很大的汉族商队正在休息，大帐棚前面堆着大包的茶叶。[72]这条道路由科布多到归化、古城，沿途皆遇到商队。四月底又载："这条路上往来的商队还真不少。我们在离桑塔湖 15 俄里的地方遇过一支从古城往归化送银子的商队。"[73]

除此之外，官员的日记也可发现乌里雅苏台和古城的官、商往来频繁。《额勒和布尔日记》记载，同治十三年（1874）十一月，额勒和布接乌城咨文一件系知照片奏解赴古城驼马。奉到朱批："着额勒和布、杜嘎尔、多布沁札木楚于该城余存驼马内分拨健驼四百只、壮马四百匹。如有不敷，即由额勒和布等设法添补足数，派员迅速运赴古城，以购接替金顺所部官兵西进。"[74]"光绪元年（1875）二月二十七日，巡捕额尔格图赴古城送驼马回城请安。"

归化为塞北重镇，至喀尔喀蒙古四部，西部蒙古伊克昭、乌兰察布二盟，乌里雅苏台、科布多，以及新疆伊犁等处商路甚远。每年归化商人贩运砖茶、绸布、棉花、米面各色货物，分赴各处。蒙民以其驼、马、牛、羊、皮张、绒毛等交易，春夏运往、秋冬运回。盛清时期，归化及包头两处，每年输入羊七八十万只，马 30000 只左右，驼牛约万只，尚有皮张、绒毛约计可值五六百万两。新疆伊犁一带运回货物，亦在一二百万两。新疆伊犁茶叶由归化商人运往，年约数十万箱。光绪初年，左宗棠平定新疆，只准湖南商人领票运茶至甘肃及新疆销售，不准归化商人只箱运往。因此归化商人生意骤形萧索。民国二年（1913），南货砖茶 30500 箱、细茶 54600 斤，过境的砖茶有 36000 箱（见表 7-4）[75]。简言之，同治年间销往西、北两营砖茶十数万箱，各占其半。至光绪初年，左宗棠令湖南商人领票垄断甘肃及新疆引地，以致归化商务一落千丈，北营一处只销砖茶 20000 余箱。[76]

表 7-4　1913 年行经归化、张家口及多伦诺尔的砖茶 [77]

茶的种类	归　化	张家口	多伦诺尔
砖茶	30500 箱（又经归化营销他处砖茶 36000 箱）		4724 箱
大砖茶		2907 箱	
中砖茶		18705 箱	
青茶		15264 箱	
盒茶（串茶）		25027 串	37210 串
细茶	54600 斤		39500 斤

结　论

康熙至乾隆年间，清朝开疆拓土，地方用度增加。但税源扩充不易，清廷渐感经费不足，即针对陕甘地区和蒙古地区的财政支出，加诸商人身上，但这两地区的商人负担又有所差异。平定准噶尔战争期间，清廷为筹集财源，将陕甘茶引税课提高，又增加商人捐助款项，这些权宜之计到战争结束都没废止，陕甘茶引税一直居高不下。在平定准噶尔战争之后，照理说领陕甘茶引的商人可以走河西走廊开拓新疆贸易，弥补他们在陕甘贩茶的损失。但陕甘地方财政处处仰赖茶课，商人不只负担每一茶引 4.44 两，仍得应付官员养廉银、茶司衙门陋规银及税关衙门办公费。即使陕甘总督屡次奏报官茶滞销，并提出配套措施，如附茶加斤或降低茶课，但清廷一直未进行改革。即便后来清廷添加陕甘官引 1700 道，每年卖给伊犁、塔尔巴哈台等处官茶 130000 斤，但这项政策带来的只是杯水车薪，无法纾解陕甘茶商困顿的局面。

蒙古地区地理形势特殊，戈壁草原水源稀少，台站水源充沛且有官兵驻扎。归化商人得地利之便，领理藩院部票只须交银 24 两，即可运输茶叶。而且，乾隆皇帝逐渐降低北路军营的开支，并要求山西巡抚每三年从地丁银中拨 200000 两负担喀尔喀蒙古驻防军费；驻防兵丁所需的茶叶及烟草亦由山西巡抚委托归化商人运到蒙古台站，转送乌里雅苏台及科布多。加之，绥远将军对理藩院部票疏于管理，以致归化商人时常没领票或一票用多年，游走蒙古及新疆各处，他们贩运茶叶成本比陕甘商人低廉许多，故引发归化私茶侵犯陕甘引地的争议。

归化私茶与陕甘官茶的纠葛在左宗棠改革之前一直没有解决。新疆官员认为归化商人在新疆贩卖湖南安化各类茶种，具有安边、便民、通商及裕课的作用。清廷略施小惠亦未尝不可，长期默许归化私茶进入新疆，不只增加古城税收 10000 多两，也充实了其他城市的经济（伊犁、乌鲁木齐及各部落满蒙兵民需要）。又如，《大盛魁闻见录》或《旅蒙商大盛魁》内记载，归化商号——大盛魁到蒙古及新疆经商，缴交各种规费、代垫军需物资及捐输等，其累积资产在 10000000 两以上。这个数字是很有可能的。[78]

注释

1 参见中国人民银行山西省分行、山西财经学院《山西票号史料》编写组编：《山西票号史料》；台湾"中研院"近代史研究所档案馆藏，《经济部档》，张家口电灯公司、绥远电灯公司，以及山西煤矿公司有许多股东原本经营茶叶，如常家、乔家、大盛魁等。

2 米华健著，贾建飞译：《嘉峪关外：1759—1864 年新疆的经济、民族和清帝国》。

3 赖惠敏：《满大人的荷包：清代喀尔喀蒙古的衙门与商号》。

4 绥远通志馆纂：《绥远通志稿》（北京：北京图书馆出版社，2002），页 654—774。

5 赵尔巽：《清史稿》，卷 124，页 3651—3552。

6 关于清代茶马贸易，参见陈一石：《清代川茶业的发展及其与藏区的经济文化交流》，《清代边疆开发研究》（北京：中国社会科学出版社，1990），页 305；林永匡、王熹编著：《清代西北民族贸易史》（北京：中央民族学院出版社，1991），页 37—75。

7 许涤新、吴承明主编：《中国资本主义发展史》（北京：社会科学文献出版社，2007），卷 2，页 308；仲伟民：《19 世纪中国茶叶与鸦片经济之比较》，《中国人民大学学报》，2016 年第 1 期，页 119—130。

8 赖惠敏：《满大人的荷包：清代喀尔喀蒙古的衙门与商号》，页 4—5。

9 《宫中朱批奏折·财政类》，档案编号 0556-008，道光四年七月初八日。

10 赖惠敏：《满大人的荷包：清代喀尔喀蒙古的衙门与商号》，页 165。

11 米华健著，贾建飞译：《嘉峪关外：1759—1864 年新疆的经济、民族和清帝国》，页 229—231。

12 相关研究参见蔡家艺：《清代新疆茶务探微》，《西域研究》，2010 年第 4 期，页 86—94；康健：《晚清西商假道恰克图贸易研究》，《中国经济史研究》，2019 年第 4 期，页 150—164。

13 《宫中朱批奏折·财政类》《军机录录副奏折》。部分道光朝茶课收入方裕谨辑录：《道光年间茶课史料》，《历史档案》，1998 年第 2 期，页 30—49；《道光年间茶课史料续编》，《历史档案》，1998 年第 3 期，页 18—30。

14 《清代宫中档奏折及军机处档折件》，文献编号 403012249，乾隆二十一年六月二十九日。

15 陈启华：《湖南安化茶业之调查》，《中华农学会报》，1936 年第 145 期，页 61—78。

16 史若民、牛白琳编：《平、祁、太经济社会史资料与研究》（太原：山西古籍出版社，2002），页 482—483。

17 阿·科尔萨克著，米镇波译：《俄中商贸关系史述》，页 190。

18 松浦章：《1917 年安化茶业调查报告——"大公报"1917 年 8 月—10 月》，《关西大学东西学术研究所纪要》，辑 44（2011 年 4 月），页 1—34。

19 张萍：《区域历史商业地理学的理论与实践：明清陕西的个案考察》（西安：三秦出版社，2014），页 124。

20 叶知水：《西北茶史》，收入许嘉璐主编：《中国茶文献集成》（北京：文物出版社，2016），册 41，页 165—166。

21 陈启华：《湖南安化茶业之调查》，《中华农学会报》，1936 年 145 期，页 61—78。

22 陈启华：《湖南安化茶业之调查》，《中华农学会报》，1936 年第 145 期，页 61—78。

23 中国人民银行山西省分行、山西财经学院《山西票号史料》编写组编：《山西票号史料》，页 777。

24 《汉口山陕西会馆志》影印版内容源于 1896 年的石印本，收入张正明、科戴维、王勇江主编：《明清山西碑刻资料选（续二）》（太原：山西经济出版社，2009），页 65；《山西票号史料》载大德玉太谷于咸丰开业，资本主常姓，原始资本 300000，本业茶。大德川开业时间为光绪朝，资本主常姓，原始资本 200000。参见中国人民银行山西省分行、山西财经学院《山西票号史料》

编写组编：《山西票号史料》，页 539。

25　史若民、牛白琳：《平、祁、太经济社会史资料与研究》（太原：山西古籍出版社，2002），页 481。

26　吕洛青：《祁县的茶庄》，《山西文史资料》，1996 年第 4 期，页 184—187。根据伊犁将军裕瑞提到千两茶、珠兰茶由浙江建德发至河南十家店，由十家店至山西祁县、忻州，由忻州而至归化，转贩与向走西疆之商，运至乌鲁木齐、塔尔巴哈台等处售卖。台湾"中研院"近代史研究所档案馆藏，《总理各国事务衙门》，档案编号 01-20-026-01-007，同治六年十二月十六日。

27　武殿琦、渠荣篆著：《渠家大院主人：渠仁甫传》（太原：三晋出版社，2009），页 15—16。

28　武殿琦、渠荣篆著：《渠家大院主人：渠仁甫传》，页 45—46。

29　允裪等纂修：《大清会典（乾隆）》（光绪三十四年上海商务印书馆印本，台北：台湾"中研院"近代史研究所图书馆藏线装书），卷 49，页 10-1。

30　中国第一历史档案馆编：《康熙朝满文朱批奏折全译》（北京：中国社会科学出版社，1996），页 335。

31　《宫中朱批奏折·财政类》，档案编号 0543-029，乾隆三年六月十八日。

32　《宫中朱批奏折·财政类》，档案编号 0543-001，雍正三年五月二十六日。

33　《宫中朱批奏折·财政类》，档案编号 0543-024，乾隆二年七月十七日。

34　《宫中朱批奏折·财政类》，档案编号 0543-024，乾隆二年七月十七日。

35　《宫中朱批奏折·财政类》，档案编号 0546-028，乾隆二十七年八月初三日。

36　《清代宫中档奏折及军机处档折件》，文献编号 403012630，乾隆二十一年八月二十六日。

37　《清代宫中档奏折及军机处档折件》，文献编号 403012630，乾隆二十一年八月二十六日。

38　《宫中朱批奏折·财政类》，档案编号 0547-028，乾隆三十七年九月初九日。

39　《清代宫中档奏折及军机处档折件》，文献编号 403006254，乾隆十九年四月十八日。

40　《明清档案》，登录号 021003，乾隆十九年八月十六日。

41　《明清档案》，登录号 230703-001，乾隆二十四年二月。

42　中国社会科学院中国边疆史地研究中心主编：《清代理藩院共和辑录·嘉庆朝〈大清会典〉中的理藩院资料》（北京：全国图书馆文献缩微复制中心，1988），页 80。

43　赖惠敏：《满大人的荷包：清代喀尔喀蒙古的衙门与商号》，页 165。

44　赖惠敏：《满大人的荷包：清代喀尔喀蒙古的衙门与商号》，页 444—446。

45　蒙藏文化中心藏，《蒙古国国家档案局档案》，编号 089-040，页 0151—0169。

46　根据《祥麟日记》的统计。祥麟撰：《乌里雅苏台行程纪事》，收入刘铮云主编：《傅斯年图书馆藏未刊稿钞本·史部》，第 9—10 册。内容为光绪十二年四月十三日至十三年十二月三十日；祥麟撰：《乌里雅苏台日记不分卷》，收入清写本史传记十七册一函，编号 MO-1631，史 450。这部分从光绪十五年正月至十六年五月。

47　中国第一历史档案馆藏，《内阁题本户科》，《乌里雅苏台科布多官兵银粮数目清册》，档案编号 02-01-04-15395-008，乾隆二十六年。

48　中国第一历史档案馆藏，《内阁题本户科》，《乌里雅苏台科布多官兵银粮数目清册》，档案编号 02-01-04-18135-002，嘉庆二年；档案编号 02-01-04-21877-004，同治四年。

49　故宫博物院藏，《宫中档奏折·光绪朝》，文献编号 408004578，光绪四年十一月二十七日。

50　《明清档案》，登录号 109964，嘉庆九年六月初九日。

51　张萍、杨蕊：《制度与空间：明清西北城镇体系的多元建构与经济中心的成长——以西安、三原、泾阳为中心的考察》，《人文杂志》，2013 年第 8 期，页 70—81；张萍、杨蕊：《区域历史商业地理学的理论与实践：明清陕西的个案考察》（西安：三秦出版社，2014），页 148。

52　方裕谨辑录：《道光年间茶课史料续编》，《历史档案》，1998 年第 3 期，页 18—30。

53　《明清档案》，登录号 176585-001，道光三年十一月初五日。乌里雅苏台和古城的贸易系以货兑货，不使用银两。

54　赖惠敏：《满大人的荷包：清代喀尔喀蒙古的衙门与商号》，页 3。

55　孟榘：《乌城回忆录》，收入《中国边疆行纪调查记报告书等边务资料丛编（初编）》（香港：蝠池书院出版有限公司，2009），册 22，页 339。

56　故宫博物院藏，《宫中档光绪朝奏折》，档案编号 408006333，光绪二十六年八月二十六日。

57　《宫中朱批奏折·财政类》，档案编号 0557-038，道光十三年正月二十四日；档案编号 0557-057，道光十五年正月初十日。

58　《宫中朱批奏折·财政类》，档案编号 0555-036，道光三年七月初六日。

59　《宫中朱批奏折·财政类》，档案编号 0555-036，道光三年七月初六日。

60　《宫中朱批奏折·财政类》，档案编号 0556-008，道光四年七月十八日。

61　昆冈等奉敕纂修：《大清会典事例（光绪朝）》，卷 242，页 28-2~29-1。

62　阿·科尔萨克著，米镇波译：《俄中商贸关系史述》，页 207。

63　参见赖惠敏：《十九世纪晋商在恰克图的茶叶贸易》，收入陈熙远主编：《覆案的历史：档案考掘与清史研究》（台北：台湾"中研院"，2013），页 587—640。

64　《宫中朱批奏折·财政类》，档案编号 0558-011，道光十六年七月十一日。

65　《宫中朱批奏折·财政类》，档案编号 0556-057、档案编号 0557-038、档案编号 0557-057。

66　《宫中朱批奏折·财政类》，档案编号 0557-038，道光十三年正月二十四日。

67　《宫中朱批奏折·财政类》，档案编号 0558-002，道光十五年闰六月十四日。

68　《宫中朱批奏折·财政类》，档案编号 0558-011，道光十六年七月十一日。

69　台湾"中研院"近代史研究所藏，《总理各国事务衙门档案》，档号 01-20-005-04-002，光绪三年六月十九日。前往恰克图贸易的归化商号有敬亨泰、南极祥、广益永、顺成泰、汇泉润等，尤以程化鹏开设的敬亨泰规模最大。顺成泰是义合德的分号，它使用义合德的理藩院部票到恰克图贸易。参见赖惠敏：《满大人的荷包：清代喀尔喀蒙古的衙门与商号》，页 90—95。

70　昆冈等奉敕撰：《大清会典事例（光绪朝）》，卷 242，页 31-2。

71　昆冈等奉敕撰：《大清会典事例（光绪朝）》，卷 242，页 31-1。

72　格·尼·波塔宁著，吴吉康等译：《蒙古纪行》（兰州：兰州大学出版社，2013），页 70—71。

73　格·尼·波塔宁著，吴吉康等译：《蒙古纪行》，页 90—91、93。

74　宝鋆监修：《大清穆宗毅皇帝实录》（北京：中华书局，1986），卷之 370，页 901-1。

75　台湾"中研院"近代史研究所档案馆藏，《北洋政府外交部》，档案编号 03-17-002-03-004，民国三年九月。

76　台湾"中研院"近代史研究所档案馆藏，《北洋政府外交部》，档案编号 03-17-002-03-003，民国三年九月。

77　台湾"中研院"近代史研究所档案馆藏，《北洋政府外交部》，档案编号 03-17-002-03-004，民国三年九月。

78　代林、乌静主编：《大盛魁闻见录》（呼和浩特：内蒙古人民出版社，2011）；中国人民政治协商会议内蒙古自治区委员会文史资料研究委员汇编：《旅蒙商大盛魁》，收入《内蒙古文史资料》（呼和浩特：内蒙古文史书店，1984）。

清代库伦商卓特巴衙门与商号

  "哲布尊丹巴呼图克图"蒙古语音为 Ĵibdzundamba qutuγtu（英文为 Jabzandamba Khutagt），是清代喀尔喀蒙古藏传佛教中最大的活佛世系，或称为"格根"（gegen，"活佛"或"上师"之意）。"商卓特巴"满语为 šangjotba、蒙古语为 šangjudba、藏语为 phyag-mdsod-pa，是格根所承办的商上事务，原是清代对西藏寺院领主所属领地内的仓库和管理税收财务的总称。[1] 清朝对管理蒙古呼图克图财政的大司库也叫"商卓特巴"，蒙古话"商上""桑"或"仓"，都是商卓特巴衙门管辖的财库名称。[2] 商卓特巴系由喀尔喀图谢图汗、车臣汗二部落轮派，五年一换。[3] 满文奏折中提道："库伦商卓特巴系管理格根之弟子十七个鄂托克（otok，蒙古语为 otoγ）喇嘛、沙毕纳尔（kara urse）等，仍承办库伦念经事务及呼图克图一切赏事之人，职务甚属重要。"[4] "沙毕纳尔"依照《喀尔喀法典》的解释为"贡民"的意思。[5] 根据俄国学者波兹德涅耶夫解释，古代蒙古人的"鄂托克"一词表示在一个地方游牧的氏族，清代时其已经失去氏族的意思，指在同一个行政政权下联合起来的不大的村落。库伦办事大臣连顺说鄂托克即沙毕纳尔佐领。[6] 在档案中将鄂托克称为"外仓"，与商卓特巴管理的"仓"有所区别。

　　波兹德涅耶夫提到，库伦迈达里庙的正北坐落着"呼勒"唯一的官衙，就是商卓特巴衙门。呼勒，蒙古语中意思是围成圆圈的一群建筑物，特别是指寺院。商卓特巴代替格根统治沙毕纳尔，同时又是格根财产的大司库。因此，他的衙门分成几个部分：第一个院子为沙毕纳尔管理处；第二个院子为库伦本身及格根宫殿自己的庶务房；第三个院子住着商卓特巴本人，其办公处也设在这里；第四个院子博罗鄂尔果（蒙古语中 boro ordo 为"朴素的官邸"之意）为管理商卓特巴所有财产，尤其是牲畜和土地的办事房。[7] 在《蒙古及蒙古人》一书中，有时商卓特巴衙门被称为沙毕衙门或呼图克图衙门。

　　格根原来是喀尔喀蒙古政治和宗教领袖，但乾隆年间二世格根圆寂后，转世的三世权力逐渐旁落。波兹德涅耶夫说三世格根"已经完全不插手对沙比纳尔的管理，因为……清帝于 1763 年五月三十日降旨说，鉴于呼图克图年幼不能理事，决定由库伦大臣处置所有沙比纳尔事务"[8]。四世格根专心于宗教活动，兴建僧院、造佛像，举行时轮法事，至西藏参谒达赖喇嘛等。波兹德涅耶夫提及五世格根出生于西藏中部一位富裕平民工布顿柱家里。他因寺院住满汉人的商号，万分苦恼，请求清政府迁居，建立甘丹寺。[9] 六世格根，出生于西藏中部，喀尔喀人几次去迎接转世灵童，遇抢匪袭击，被劫走数百匹马和骆驼。[10] 格根的档案大多藏于一档馆，清朝平定准噶尔之役后，乾隆二十三年（1758）开始，《军机处满文录副奏折》中有关格根的档案增加。如乾隆二十三年桑斋多尔济等奏格根圆寂、喀尔喀王公派人赴藏熬茶、送布彦。[11] 乾隆二十七年（1762）桑斋多尔济奏迎接格根之呼毕勒罕，以及坐床、受戒、修建格根寺院。[12] 从嘉庆至同治年间的熬茶档案，可了解清朝让格根之呼毕勒罕在西藏转世，对喀尔喀蒙古的经济产生影响。此为本章讨论的问题之一。

　　过去有关哲布尊丹巴的研究，日本学者矢野仁一讨论了康熙年间哲布尊丹巴呼图克图所在的库伦地方为俄罗斯与喀尔喀互相贸易所在。乾隆十九年（1754）于库伦设置了管理哲布尊丹巴俗事的商卓特巴衙门。清朝礼遇哲布尊丹巴呼图克图，他到北京或热河谒见皇帝，准乘黄舆黄轿，沿途使用黄色围墙行宫等特权。[13] 李毓澍讨论清朝统治喀尔喀蒙古之前，蒙古人信奉藏传佛教，清朝因势利导、刚柔并济，笼络喇嘛以顺蒙情，断非利用黄教以为愚弱蒙古的政策。并且，他认为喀尔喀蒙古人信奉藏传佛教益深，生计日困，为内在因素使然。[14] 陈庆英、金成修利用蒙文、藏文资料，探讨哲布尊丹巴活佛转世的起源，认为阿巴岱尊崇格鲁派建额尔德尼昭，又派人到西藏迎请藏传佛教的高僧多罗那它到喀尔喀部传播佛教，后金天聪八年（1634）多罗那它去世，第二年土谢图汗衮布恰好生育一子，喀尔喀各部的汗王认定衮布之子为多罗那它的转世，算作第一世哲布尊丹巴。[15] 赵云田讨论噶尔丹大军东进，一世哲布尊丹巴主张"俄罗斯素不奉佛，俗尚不同，视我辈异言异服，殊非久安之计。莫若携全部内徙，投诚大皇帝，可邀万年之福"。乾隆二十一年（1756），青衮杂卜"撤驿之变"，二世哲布尊丹巴陷入喀尔喀蒙古王公变乱漩涡，乾隆皇帝对他产生疑惧和不满，对喀尔喀蒙古地区的政策发生变化，为削弱王公的宗教势力，将二世哲布尊丹巴的呼毕勒罕转移到西藏。[16] 冈洋树讨论二世哲布尊丹巴圆寂后，乾隆皇帝强行介入，使三世哲布尊丹巴转世于西藏。乾隆皇帝并没有要求呼图克图的沙毕僧徒等承担清朝赋税，对喀尔喀没有实施制度性的改革。[17]

　　近年来，日本学界注意到库伦城市的研究，佐藤宪行利用蒙文和满文档案，讨论清朝对库伦之蒙民（汉）采取分离统治，汉商原先居住买卖城。乾隆年间，汉商到哲布尊丹巴寺院做生意，由喇嘛代为保管未出售商品。嘉庆六年（1801），汉商混住库伦内情况严重。道光二十一年（1841），哲布尊丹巴寺院喇嘛借欠汉商银两，出让产权，库伦大臣认同西库伦存在。库伦商民衙门章京逐一登记商人的院落和建筑物，咸丰、同治、光绪等朝都有库伦商号房屋调查清册（见图8-1、图8-2）。[18] 格根寺院所属喇嘛达10000多人，他们日常所需由库伦的汉商提供，汉商集聚影响到寺院的宗教活动，商卓特巴屡次请求清政府解决，但商业范围不断扩大，双方对峙。清政府采取何种政策来解决？再者，商卓特巴衙门与汉商之间还有借贷问题，清朝如何处理？此为本章讨论的两项问题。

　　资料方面，本章利用的是一档馆藏《军机处满文录副奏折》、新近出版的《乾

图 8-1　库伦的买卖城、东市圈、西市圈与哲布尊丹巴库伦一带地图

图 8-2　1913 年库伦的全景图

隆朝满文寄信档译编》，[19] 以及蒙藏文化中心复印蒙古国藏的库伦档案，此类
档案商号资料较完整。[20] 研究方法方面，本章中首先将库伦设立的商号建档，
分别登录年代、档案编号、执事人、籍贯、年龄、铺内伙计人数、雇工人数、
寓住人数、甲别、位置、门牌号、地基、备注等。这些商号资料库共有 3000 多笔，
可以探知在库伦的商号从乾隆至民国之长期发展。其次，笔者利用台北故宫博

物院的《军机处档折件》、台湾"中研院"近代史研究所典藏之《总理各国事务衙门档案》，讨论乾隆朝以来库伦的商号与商卓特巴衙门的债务纠纷[21]，从而探讨汉人与蒙古债务处理的法律问题。

康雍乾年间编有《喀尔喀法典》作为清朝统治蒙古的法律依据。[22] 自乾嘉时代以及以后各朝编《理藩院则例》《蒙古律例》等，[23] 规定在蒙古地区汉人与蒙人的纠纷按照蒙古的律例处理。根据康斯坦（Frederic Constant）的看法，乾隆六年（1741）编《蒙古律例》，中华法系的制度直接加入传统蒙古法，譬如对偷窃的处理方式也受《大清律例》影响，根据被偷牲畜多寡实施惩罚。最严重刑名即抢劫杀人的刑罚，是蒙古法从来没有过而引用《大清律例》实行的枭首示众。[24] 本章则讨论《大清律例·户律》"违禁取利"的法律对蒙古社会经济的影响。章节安排上，首先讨论商卓特巴衙门的成立及寺院经济，其次讨论库伦商号租赁衙门房地纠纷，最后讨论商卓特巴与商人间的债务处理，期望有助于了解清朝统治蒙古的政策。

一、商卓特巴衙门与寺院经济

过去学者对一世、二世哲布尊丹巴呼图克图已有清楚讨论。本节着重于乾隆十九年（1754）商卓特巴衙门成立，乾隆二十三年（1758）皇帝派库伦办事大臣兼管哲布尊丹巴所属徒众，并讨论哲布尊丹巴呼毕勒罕在西藏转世对寺院经济的影响。

（一）商卓特巴的建置

喀尔喀蒙古王公向来把治理民政事务的最高权力交付给呼图克图，乾隆十九年寺院中第一次建立了处理沙毕事务衙门，为管理沙毕（寺院之牧奴），由三都布多尔济喇嘛担任商卓特巴之职。[25]

清朝设立商卓特巴四年之后，二世格根圆寂，清政府派喀尔喀协理将军桑斋多尔济，妥善管理呼图克图的沙毕纳尔。乾隆二十六年（1761）传谕桑斋多尔济等，"令其清查呼图克图商上资财，修缮寺院；仍令理藩院派一贤能章京驰赴库伦，会同桑斋多尔济监督办理。该寺修缮之后，不仅益于呼图克图呼毕勒罕转世之法事，而众蒙古等前往礼拜，亦壮观瞻"[26]。根据冈洋树的研究，三世呼图克图转世于西藏，部分喀尔喀蒙古王公抗拒三世呼图克图。为了防止王公的抗拒，清朝政府允许札萨克图汗和车臣汗等有利王公担任迎接团的团长。[27]

　　清朝为了平衡蒙古的势力，规定商卓特巴人选是由喀尔喀土谢图汗、车臣汗二部落轮派，五年一换。[28]嘉庆皇帝于嘉庆十六年（1811）发一道谕旨，确认商卓特巴具有副盟长的同等权力，敕封为"敷教安众大喇嘛哲布尊丹巴寺庙全部沙比纳尔总管额尔德尼商卓特巴"[29]，清朝发给商卓特巴敕命和新印。根据多尔济拉布坦奏折，"格根之商卓特巴出缺时，每次都拣派二名具奏，恭请皇上钦点一员派放"。道光九年（1829）库伦商卓特巴罗布桑达赴西藏，"于翌年返回，染患心悸怔忡病症，多年未痊，全然不能理事，致旷误公事。多尔济拉布坦从众喇嘛内详察拣选应补商卓特巴之人"，据堪布诺们罕罗布桑开都布等呈称："商议拣选得派放商卓特巴员缺，众心悦服，以本喇嘛那旺楚密木毕勒拟正……为此，谨奏请旨。"奉朱批："派那旺楚密木毕勒。"[30]

　　商卓特巴与蒙古王公形成了密切的政教关系。光绪十八年（1892），监察御史联阪参库伦额尔德尼商卓特巴达什多尔济案。原先是前任车臣汗阿尔塔什达之四弟一等台吉毕尔瓦扎布，自幼有病，情愿出家，为格根之徒。阿尔塔什达之二子拉旺多尔济、六子达什多尔济跟随伊弟毕尔瓦扎布为徒。该旗喀木齐干佐领下闲散人共31户、140余口一并追随，出具札萨克印结，照喀尔喀旧例，为五世师父格根之徒弟，俱记录在案。达什多尔济的哥哥车林多尔济当了车臣汗，达什多尔济补授商卓特巴，被控伊兄代为请托。

　　色克通额奏请达什多尔济补授达喇嘛，光绪十一年（1885）据前任库伦办事大臣张廷岳奏称："八世格根迎往西藏时，因委派达喇嘛达什多尔济，奴才随即拣选达什多尔济拟正，罗布桑固木布拟陪，具奏请旨，奉旨补授达什多

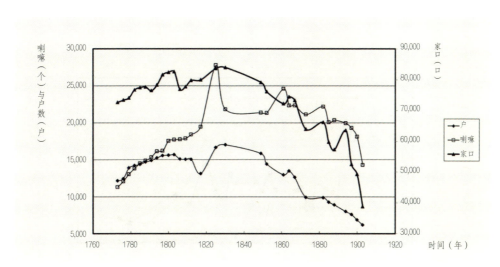

图 8-3　哲布尊丹巴喇嘛、沙毕纳尔家口与户数图

尔济。奴才将达什多尔济补授商卓特巴员缺时，并无受人请托徇庇，亦无请托
之人，凡员缺拣补之时，于该处送来人员内，拣选公事熟谙，人可以者补授，
奴才自己系拣补之人，岂敢瞻徇含糊偏坦，相应将堪布诺们罕巴勒丹吹木巴尔
等出具印结一份咨送理藩院以备查核外，奴才遵奉部咨再查明实情，声明缘由，
恭折具奏，伏乞皇上睿鉴。"[31] 光绪二十年（1894），商卓特巴达什多尔济，
赏赐达什多尔济"堪布"名号。[32]

（二）商卓特巴管理沙毕纳尔、喇嘛

　　库伦商卓特巴为管理格根之弟子分为 17 个鄂托克、沙毕纳尔、喇嘛。乾
隆三十八年（1773），库伦办事大臣桑斋多尔济奏查格根畜群及鄂托克人畜
数目，在《军机处满文录副奏折》有相关资料，但止于嘉庆二十二年（1817）。
再有张永儒曾到蒙古国科学院历史研究所抄录的更多年份的数字，[33] 因此依这
些资料绘制了图 8-3、图 8-4、图 8-5。商卓特巴衙门管辖的喇嘛人数，自
1773 年至 1903 年的变化参见图 8-3。
　　波兹德涅耶夫统计光绪二年（1876）格根所属喇嘛有 12900 人，光绪

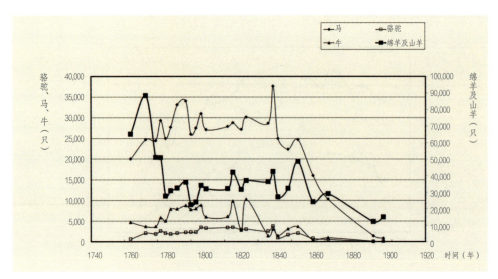

图 8-4　哲布尊丹巴个人的牲畜图

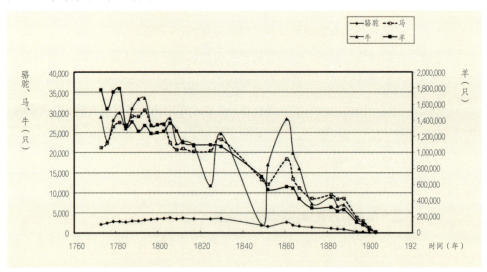

图 8-5　17 个鄂托克的牲畜图

十五年（1889）增至 13200 人。喇嘛在 1876 年分布在 27 个艾马克，光绪三年
（1877）又增加了第 28 个艾马克。每个艾马克的喇嘛就好像一个单独的教区，
他们的住房坐落在艾马克庙的周围。喀尔喀蒙古与库伦的关系分成 28 个部分。
1889 年新帐总人数增加 650 人，达 13850 人，并组成了库伦第 29 个艾马克。

即使在科布多的布彦图河边的游牧蒙古人，也可以问明他属于哪个艾马克的。[34]
格根有自己所属的牲畜，有马、骆驼、牛、绵羊和山羊（见图8-4）。伊玮附
近庆宁寺的大量牛只，都被用来替汉商运送茶叶到恰克图，返回时则将俄国货
物由恰克图运回库伦。马匹则用来出售。从库伦到恰克图有800里路，商队走
10余天，使用牛车和骆驼，这些运货的牲畜并未减少。不过，同治、光绪年
间格根数次向清廷捐献马匹，以致于至1909年，只剩下1000多匹马。骆驼和
牛的数量在清末也显著减少。格根所属的羊一部分用来在举行盛大呼拉尔的日
子供喇嘛食用；另用于剪毛制作毡子、绳子、带子等，但羊多半卖给汉人。[35]

商卓特巴管理17个鄂托克，根据波兹德涅耶夫的说法，喀尔喀呼图克图
只有在他们的沙毕纳尔人数增加到700户的时候，才能得到独立的治理权。[36]
鄂托克各有"达尔嘎"（汉文档案称"达鲁噶"，蒙古语daruγ_a，为"长官""首
长"之意）和"宰桑"（即汉语宰相音译，为一部落之执政者）管理，他们也
得在商卓特巴衙门轮值，处理日常事务。帮助达尔嘎和宰桑治理鄂托克的助手
称为"收楞格"，每个鄂托克设一名，其职权为执行衙门的决定。每位收楞格
之下设几名德木齐，在各自管辖的地段内征收赋税，以及传唤衙门要找的人等。
商卓特巴衙门的差役，都不领取薪俸，在衙门值班时间内只能得到住处并由衙
门府库支付膳食费。[37]鄂托克的户数在1867年以前大致维持在12000人以上，
1873年以后剩下9000多人（见图8-3）。商卓特巴衙门后来欠债，往往将债
务摊派在鄂托克沙毕纳尔身上，此将于第四节再详细讨论。

胡日查引蒙古国档案说，康熙四十九年（1710），格根所属沙毕纳尔1786户、
17000人，到乾隆十五年（1750），沙毕纳尔增至30000人。嘉庆十五年（1810），
沙毕纳尔达到50000人。同治元年（1862）沙毕纳尔复增至72000人，宣统三
年（1911），沙毕纳尔多达100000人。[38]而张永儒利用蒙古国科学院的档案，
列举出1918年的沙毕纳尔人数为49878人，[39]似乎比较可靠。

相较于牲畜数目的变化，沙毕纳尔的人数变动较少，从档案中可找到一
些汉人投献的案例。清代的法律禁止汉人取蒙古名字、禁止娶蒙古妇女为妻室。

《理藩院则例》载："凡内地民人，出口于蒙古地方贸易耕种，不得娶蒙古妇女为妻。倘私相嫁娶，察出，将所娶之妇离异，给还母家，私娶之民，照内地例治罪。知情主婚，及说合之蒙古人等，各罚牲畜一九。"[40] 不过，禁止通婚的法律，效果不佳，甚至沙毕纳尔中有民（汉）人携带妻儿、牲畜投献商卓特巴名下。以下几个案例都是发生在乾隆、嘉庆初年：

　　叩禀恼言案下叩安。小的李振宗系山西汾州府汾阳县人氏。小的情愿将蒙古女人恼言口、儿子更冻作、房子一项、牛二十条、马十四。小的奉上住口旨恼言家恩牧住。乾隆五十四年三月十一日。[41]

　　立献约王正威，系汾州府汾阳县人氏。今因年老不能回家，有四子长子达赖、次子官保、三子达力骂、四子巴勒。达赖有四子长子七令、次子东□、三子三豹、四子阿必答，并牲畜牛马五十个、羊五十只。情愿现与大库伦佛爷为舌，并日后有亲族人等争讨，有王正威乙面成档。立五献约为照用。乾隆五十二年八月。[42]

　　报单人贾如成蒙古明白言代，情因所生蒙古长子名束劳孟打□架喇嘛、次子名达石作布，房子家居子母三人随带大小牛马十个、山羊绵羊共五十个。情愿入佛爷跟前。[43]

　　具禀执照人刘骘达名白言袋今在一本五儿增打尔古家地方居住，所□□□，女人名韩沫，所生伊子金察刀儿，计年四岁。白言袋情愿入与舌，并五儿增打尔古家所与儿子、女人共三口人，大小牛六条、毡房一顶随代家居。恐后无凭为此禀闪家拜老爷案下。嘉庆五年九月。[44]

嘉庆六年（1801），乌里雅苏台参赞大臣永保奉旨查办喀尔喀亲王旗内地方居住民人内有娶蒙古妻室者甚多，因此查明具奏。理藩院具奏："民人等多有娶蒙古妻室者，实非正途而不得不禁止也。但伊等人民在外日久，生育子女者甚众，若即着其离散亦人情之难举。因此奏请有已娶蒙古妻室者，准其带回原籍。如两不愿意者，准其自便。自禁止之后，概不准民人娶蒙古妻室者。如有不遵而仍娶蒙古妻室者照违例，枷号三个月杖一百，递解原籍。若有蒙古人将女仍聘给民人者亦照此例办理。仍将该管台吉章京头目等罚三九牲畜，将失查该札萨克罚俸半年，永为定例。"[45] 这重新规定了汉人不准取蒙古妻室，违例者枷号三个月、杖一百，递解原籍。然而，从上述民人投献商卓特巴衙门的案例来看，民汉人娶蒙古女子的现象屡禁不止，这也是法律规定和实际运作之矛盾现象。[46]

民国四年（1915），陈箓担任都护使充驻扎库伦办事大员，遇到当时的蒙古"外交长"车林多尔济，其父亲本山西商人，姓无可考，从母姓。以商人之力，年16岁在东营章京衙门当差。车林多尔济对中国历朝制度颇有研究，当时的外蒙古"独立"时组织政府、厘定官制都由他规划。[47] 陈箓还说汉人到库伦经商，与蒙女结婚生子，数年后，妇女再嫁为王公福晋，携其妍夫之子袭爵，完全不讲名节。[48] 据说蒙古国国家档案局藏有数百件汉蒙通婚的档案，笔者将来有机会再去阅读。

根据乾隆三十八年（1773）的规定：沙比纳尔有上交牛、羊、马、骆驼等的义务，每100只羊交10只，作为衙署的开支。另外，沙毕纳尔帮寺院代管牲畜不收报酬，但可以使役牲畜，所得收入一半给寺院，一半归代牧者自己。譬如代管者的牛只帮商人驮运茶叶，有一半收入归自己。[49] 乾隆三十八年至光绪二十九年（1903），鄂托克牲畜有马、骆驼、牛、绵羊和山羊（参见图8-5）。道光十年（1830）以前牲畜的数量变化较小，道光二十九年（1849）以后牲畜数量逐年下降，这时因迎接格根的呼毕勒罕，花费了200000余两银，将于后详述。[50]

（三）寺院的财务支出

由图8-5可见，商卓特巴所属17个鄂托克之羊只数目1773年为1800000

余只，至 1817 年减少为 1100000 余只，正好与三世格根至五世格根转世的时间一致。接着在道光二十八年（1848）及次年的连续两年，商卓特巴派人至西藏寻找格根之呼毕勒罕，赶着大批羊群到兰州或西宁贩售，再携带银两至西藏熬茶，致使羊只的数量减少为 700000 余只。以下分析寺院经济衰退的几个原因。

第一，商卓特巴等至西藏熬茶。藏传佛教的重要宗教活动就是到西藏礼佛布施，晋谒达赖喇嘛和班禅喇嘛，有所谓"进藏熬茶"的说法。熬茶通常由熬茶者向众喇嘛发放银两，众喇嘛则为之噚经祈福。二世至七世格根寿命短（见表 8−1），商卓特巴等至西藏迎接转世呼毕勒罕的费用庞大。乾隆三十八年（1773），三世格根或许是水土不服，突然患羊角风。[51] 秋天，格根示寂，享年 16 岁。次年，柏琨等奏，"诺们罕扎木巴勒多尔济、商卓特巴达木吹喇布斋等因哲布尊丹巴呼图克图圆寂，会盟商议赴藏熬茶做法事。札萨克图汗齐旺巴勒扎济、赛音诺彦部落王诺尔布扎布、车臣汗部落副盟长贝子达林等来到库伦，会同谢图汗车登多尔济、诺们罕扎木巴勒多尔济、商卓特巴达木吹喇布斋、参赞公山都布多尔济等。前次为呼图克图事做法事时，曾用银六万两。此次四部落汗、王、贝勒、贝子、公、札萨克等各自捐出一年俸银，连呼图克图商上所存银、哈达、满达、缎、蟒缎，以及各门徒出银，共计银七万两。次年，将其带往西藏熬茶，呼图克图诵经做法事，仍照旧例由四部落每年出砖茶五百篓，捐助呼图克图商上。因二辈（指二世和三世格根）呼图克图寿皆不长，年少即圆寂，此次做法事时，以诺们罕扎木巴勒多尔济为首派去，为呼图克图呼毕勒罕速出、年寿长固，虔诚请求达赖喇嘛、班禅额尔德尼、拉穆吹忠以办理库伦教经事务为首之事务"。[52] 以上档案说明，乾隆四十年（1775）和之前的熬茶共花费银 130000 两。从库伦去西藏熬茶的路途遥远，1774 年秋天动身，1775 年到达西藏，在那里获悉新诞生的呼毕勒罕消息，其是达赖喇嘛的堂弟。乾隆四十三年（1778）4 岁的灵童在布达拉宫由达赖喇嘛强白嘉措受居士戒，法名罗布藏图巴坦旺舒克。又过三年，乾隆四十六年（1781），他从拉萨被迎往库伦。[53]

表 8-1　历代哲布尊丹巴法名与生卒年 [54]

世　代	哲布尊丹巴法名	生卒年	备　注
第一世	罗布藏旺布扎木齐	1635—1723	诞生于喀尔喀蒙古，土谢图汗之子
第二世	罗布藏丹巴通密	1724—1757	达尔汗亲王敦多布多尔济之子
第三世	伊西丹巴尼玛	1758—1773	西藏诺尔济旺布土司之子
第四世	罗布藏图巴坦旺舒克	1775—1813	西藏索诺木扎西 （八世达赖喇嘛叔父）之子
第五世	罗布藏楚勒都木济克默特	1815—1842	西藏中部地方
第六世	罗布藏巴勒旦丹拜加木错	1842—1848	西藏中部地方，赶驴人之子
第七世	巴凯珠布丹桑	1850—1869	拉萨附近，米格玛尔世俗平民之子
第八世	阿旺垂济尼玛丹贝旺舒克	1870—1924	西藏沃卡埧卓

　　哲布尊丹巴呼毕勒罕之父索诺木达什为达赖喇嘛八世的伯父，故格根呼毕勒罕为达赖喇嘛八世之从兄弟。乾隆皇帝说："达赖喇嘛、班禅额尔德尼、哲布尊丹巴呼图克图三大呼毕勒罕，俱出于一家一族。"[55] 乾隆皇帝营造三大活佛的家族关系，使蒙古人愿意接受从西藏来的哲布尊丹巴的呼毕勒罕。乾隆四十七年（1782），格根之父公索诺木达什于二月二十七日病故，格根请令伊弟喇布当纳木扎勒承袭公爵。[56] 但他后来也死了，爵位的承袭就此中断。

　　嘉庆十八年（1813），四世格根因前一年到北京朝觐受寒，回喀尔喀途中于五台山圆寂。次年，蕴端多尔济等奏，查前两辈呼图克图圆寂时，喀尔喀四部落呼图克图之苏鲁克萨毕纳尔出银六七万两，赴藏熬茶做法事等项。因四世呼图克图圆寂，亦照旧例听其喀尔喀四部落汗、王、贝勒、贝子、公、札萨克有力布施之喇嘛、台吉，再各旗内有读经之在家弟子出 30000 两；再连哲布尊丹巴呼图克图商上所存银、缎等物，呼图克图之沙毕纳尔出银 40000 两；共计出银 70000 两；明年带赴西藏请示达赖喇嘛、班禅额尔德尼，熬茶兼做法事，再为呼图克图做法会诵经。又喀尔喀四部落每年出砖茶 400 篓捐助一项，此三年内若无饥旱，各部落牲畜孳生丰好，即照其所报，众人尽心布施，若逢饥旱之灾，仍宜预先酌量各有力者乘机酌情办理。[57] 格根的呼毕勒罕于嘉庆二十四年（1819）在西藏朗顺巧伊林寺由班禅受居士戒，次年春从西藏启程到库伦。

道光二十二年（1842）五世格根圆寂，库伦办事大臣德勒克多尔济奏称，喀尔喀汗王等及库伦诺们罕等请差人赴藏，给哲布尊丹巴呼图克图熬茶。同前几回一样，由喀尔喀四部落汗、王公、喇嘛、台吉等，再各旗内有读经之在家弟子出银 30000 两；再连哲布尊丹巴呼图克图商上所存银、缎等物，呼图克图之沙毕纳尔出银 40000 两；共计出银 70000 两；至西藏熬茶、做法事。[58]

道光二十八年（1848）喀尔喀到西藏迎接格根的呼毕勒罕，向朝廷请由拉萨取道四川返回库伦，但皇帝的谕旨拒绝他们的请求。布彦泰的奏折中提道"格根呼毕勒罕从西藏到青海地方，有河北盘踞野番及四川果洛克等番出没滋扰，预派绿营二千名或委西宁镇等官兵到柴达木边界等候，距离青海有二十余站，官兵所需口粮盐菜经费巨万"。[59] 官兵拒绝保护，致使喀尔喀人在四川和甘肃交界地方遭到两次袭击，根据官员勒斌报告，第一次袭击被劫走 60 峰骆驼，第二次袭击被劫走 408 匹马、17 头骡子、50 峰骆驼。为了迎接呼毕勒罕，喀尔喀派人去西藏熬茶，给达赖喇嘛和班禅额尔德尼献礼物，加上归途的开销，蒙古人花费将近 200000 两银。格根从西藏被迎到库伦，一直在生病，先是受风寒，后来出天花不治，才生活了 59 天就去世了。[60]

道光二十九年（1849），库伦办事大臣德勒克多尔济奏，库伦四部落王公、喇嘛等 120 余人，随带马驼 600 余匹，布施银 70000 两，于次年二月间启程。再为祝祷呼图克图之呼毕勒罕速出，年寿长固，请示达赖喇嘛、班禅额尔德尼等。[61] 因道光二十八年的被劫事件，清朝加派西宁官兵 200 名，并青海各蒙番兵 200 名、八族番兵数百名，一并在于库伦蒙古人等牧畜处所协同照料，至青海柴达木界交玉树族番兵 600 多名护送。[62] 格根呼毕勒罕由西藏启程，驻藏大臣拣派汉营官兵 61 名，噶布伦等拣派番营官兵 144 名，带口粮军伙锅帐，由西藏护送至哈拉乌苏界外。[63]

过去，库伦蒙古人赶大量羊只牲畜到甘肃兰州皋兰县三眼井地方出售，并在青海地方休息牧养，招致贼盗垂涎。清朝为了降低蒙古人被抢劫的风险，陕甘总督琦善奏，"库伦四部落赴藏熬茶蒙古喇嘛携带赴藏布施银，因青海所属口内口外番贼与撒拉横行，各路抢劫。酌拟存解司库报部拨用，由西藏备贮项下照数拨兑，无庸派兵护送"。库伦四部至西藏布施银两，于前一年行至甘肃省。蒙陕甘总督谕令，将携带银 23321 两兑交西宁府库收。俟至前藏时于西藏粮库兑拨，以便在达赖喇嘛诺们罕处呈递布施熬茶银。[64]

同治八年（1869），七世格根圆寂，图谢图汗等部落援例赴藏熬茶，将50000 两银解交户部兑收，于四川应解京饷内提银 50000 两送往西藏。库伦祥发永、恒隆光、兴泰隆、公合全专门办理汇兑商号，由这些商号解交户部。绥远将军致阿拉善亲王的札文称："送去银两时，各驿站备齐所需驮银壮驼等项数量，以及所需蒙古包驿畜。特此交办阿拉善和硕特额鲁特札萨克和硕亲王一一查阅，按需准备并交原文中所提事项。"[65]同治十二年（1873），为迎接七世格根之呼毕勒罕，委派库伦堪布诺们罕巴勒当吹木勒巴署达喇嘛达什多尔济并喀尔喀四部落台吉 4 员，及各执事跟役等共 400 余员，由库伦启程取道三眼井地方赴西藏迎接。在藏熬茶等节所需款项，已由呼图克图仓上拨银 40000两，四部落札萨克等协济银 10000 两，各罕王札萨克协济银 1000 两备用。[66]波兹德涅耶夫则说为迎接这位呼图克图，向沙毕纳尔摊派 150000 两的银子，约合 350000 卢布。[67] 由以上讨论可知，商卓特巴衙门为迎接历世格根转世，消耗银两至少在 760000 两。又摊派喀尔喀四部落每年出砖茶 400 篓捐助一项，若遇饥旱，各部落牲畜无法孳生，经济更为困顿。按照当时物价一篓茶约银 3 两，四部落每年出银 1200 两。

第二，由于格根转世于西藏，每当达赖喇嘛或班禅额尔德尼举行坐床等宗教活动，商卓特巴衙门派人赴西藏，呈递"丹书克"，由库伦办事大臣发给路照。丹书克（brtan-bzhaugs）原系达赖喇嘛、班禅额尔德尼呈递清朝皇帝的公文书，[68] 蒙古人到西藏觐见达赖喇嘛或班禅额尔德尼呈递公文也称丹书克。库伦办事大臣蕴端多尔济发给喇嘛的路引如下：

> 钦命库伦办事大臣兵部右侍郎正蓝旗满洲副都统勒［保］喀尔
> 喀副将军多罗郡王额驸蕴［端多尔济］为给发路引事。照得哲布尊
> 丹巴胡土克图之商卓特巴等呈称，乾隆四十九年六月班禅额尔德尼

之胡毕尔汗［呼毕勒罕］坐床，今哲布尊丹巴胡土克图差喇嘛罗卜藏达瓦等前往西藏，呈递丹舒［书］克一事，呈请给发路引等因前来。查此项喇嘛人等于十二月二十三日自本处启程，进三眼井口，由西宁一路前赴西藏。为此合行给发路引，沿途经过地方关隘员弁验票放行，毋得阻滞。须至路引者计开：喇嘛等共五十名、鸟鎗十杆、撒袋十五副、账房二十架、驼二百七十只、骑马五十五匹。乾隆四十八年十二月　日给发。[69]

乾隆五十八年（1793）颁布谕旨："嗣后有赴藏礼拜达赖喇嘛、班禅额尔德尼熬茶学经者，十人以上请领路票遣去，十人以下者若有情愿领取路票者即行给领，若无路票而赴藏者，亦毋庸详究，听其自便，朕振兴黄教，以寓体恤各蒙古奴仆。"[70]

根据《清代军机处满文熬茶档》记载，乾隆九年（1744）噶尔丹策零进献达赖喇嘛、班禅额尔德尼之各寺庙之银两数目清单，共金436两、银175506两。[71]乾隆十三年（1748），准噶尔台吉策妄多尔济等人进献达赖喇嘛物件包括绸缎、回子缎、水獭皮、俄罗斯毡子、镜子、鸟枪等，及金419两、银156756两。[72]18世纪准噶尔在北疆建立都城，又联合卫拉特各部族、喀尔喀蒙古、伏尔加河流域的卡尔梅克人，威胁清王朝。准噶尔到西藏熬茶意图形成一个反清朝的泛佛教、泛蒙古阵线。[73]乾隆初期，准噶尔统治的地方包括新疆、蒙古等，一次熬茶可达到银300000两。

乾隆五十九年（1794）蕴端多尔济等奏，格根及贝勒达克丹多尔济等，派遣100余人，赴达赖喇嘛、班禅额尔德尼处进贡熬茶，请部发给路票。清朝以"今藏地无事，众喇嘛等请赴达赖喇嘛、班禅额尔德尼处纳贡熬茶，甚属吉祥之事。将此交付该部，即照所奏发给路票遣往"。仍令和琳等晓谕达赖喇嘛等曰："今格根及贝勒达克丹多尔济台吉等分别派人前来纳贡熬茶之处，经驻库伦大臣等具奏，大圣主明鉴，已准所请，期望达赖喇嘛知此，嗣后，亦加勤于经文，弘扬佛法。"[74]次年，驻藏办事大臣松筠奏称："春季喀尔喀、青海、阿鲁科尔沁等处蒙古等、察木多、巴塘等处番子等，共献达赖喇嘛银两、什物，折银三万两。又给读经大小喇嘛熬茶布施银至七万余两，其中读经弟子一万七千余名，每人皆各分得银四两，实得助益甚大。陆续亦还有前来学经的蒙古等供献银两、什物，今年达赖喇嘛及大小喇嘛等即已得布施银共十万余两外，尤其是来礼瞻达赖喇嘛之人，亦去礼瞻班禅额尔德尼，因在鲁木布口界熬茶，班额尔德尼、众弟子等，所得布施银共三万余两，总计本春季达赖喇嘛、班禅额尔德尼及众喇嘛等，已得银两、什物折银十三四万两，于达赖喇嘛、班禅额尔德尼助益甚大。"[75]

　　嘉庆年间，驻藏大臣每半年奏报达赖喇嘛收布施银两，其中不乏来自喀尔喀蒙古的喇嘛。如嘉庆三年（1798）和嘉庆十年（1805）库伦办事大臣蕴端多尔济等哲布尊丹巴呼图克图差人往达赖喇嘛班禅额尔德尼地方熬茶呈请给发路照。[76] 这两次没提到供献熬茶银两。嘉庆十六年（1811）十月至嘉庆十七年（1812）三月，喀尔喀格根之卓尼尔喇嘛吹木丕勒，布施银196.5两；格根徒弟沙布隆喇嘛撒登多尔济，布施银192.2两。嘉庆十七年十月至嘉庆十八年（1813）三月，格根四世布施银2658.2两、格根之巴克什绰尔济喇嘛布施银405两。[77] 嘉庆二十一年（1816）赛冲阿奏各处僧人等递送达赖喇嘛布施金银数，其中喀尔喀格根圆寂递送金子5两、银3250两。喀尔喀格根旧商卓特巴巴克什曲吉递送银103两。喀尔喀格根之徒众等递送银312两。喀尔喀格根之师傅堪布递送金子2两、银1020两。连其他察汉、察木多、乍丫、四川等地总共收金子32.6两、银6851两。[78]

　　道光二十五年（1845）驻藏大臣统计达赖喇嘛所属的寺庙有2031座，喇嘛人数99626人；班禅所属寺院394座，喇嘛人数17606人。[79] 这些寺院的财务，根据李凤珍、陈崇凯等人的研究，乾隆时期福康安对达赖喇嘛商上进行审核，每年收入银两共127000两。其支出项目：传大昭所需赏银、哈达、酥油、茶叶、糌粑等共需银79000余两；念经费共需银39200余两；布达拉宫内部每年所需费用共24400余两；以上支出共银142600两。入不敷出，缺银万余两。班禅商上每年收入银两共66900两，其支出共银74600两，差额在银7700两。[80]

图 8-6　庆宁寺

图 8-7　一世格根金身

清政府每年固定给予达赖喇嘛赏银 5000 两，并赏赐达赖喇嘛茶叶 5000 斤，班禅额尔德尼茶叶 2500 斤等。[81] 从 18 世纪到 19 世纪，蒙古人多次前往西藏熬茶，花费银将近百万两，对西藏商上财务裨益甚大，蒙古本身却经济困顿。光绪十七年（1891）安德奏称："自该商卓特巴到任以来，光绪十五、十六两年因恭祝皇上万寿，率领喇嘛徒众每日念经。并呈递达赖喇嘛、班禅额尔德尼丹书克需款浩繁，传集鄂托克、达鲁噶等摊派银共十五万余两。"[82] 若加上礼敬达赖、班禅之哈达、佛像等，费用更多。李毓澍认为清朝笼络喇嘛以顺蒙情，断非利用黄教以为愚弱蒙古的政策。[83] 然而，从经济角度来看，清朝政策确实让喀尔喀蒙古经济耗损颇巨。

第三，商卓特巴衙门负担修建寺庙与印制经典等。康熙皇帝在位之时，尝言格根一世圆寂，当赏银 100000 两，修建一寺以为寝陵。雍正五年（1727）遵圣祖遗诏从国库中支银 100000 两，于伊奔果勒河支流建庆宁寺，迄乾隆元年（1736）全功告成（参见图 8-6、图 8-7）。[84]

乾隆二十六年（1761）七月十五日奉上谕："格根喀尔喀诸部尊奉之大喇嘛，从前加恩赐建寺院，乃为弘扬黄教。众喇嘛宜应不时修补，毋使损坏，果若时常修缮，何致破坏。况且，众喀尔喀等给寺院布施甚多，作为喇嘛人等，理应将所得银两先行敬佛修寺，余者再做他用，方才合宜；不敬佛陀，不修寺院，只图自己享受，岂是出家人之道？"[85] 乾隆皇帝的意思是喀尔喀寺院修缮应由喇嘛们自己负责。此后，清朝几乎未发帑银修缮库伦的寺庙，至光绪二十二年（1896），因格根庙宇被焚毁，户部拨给银 40000 两，作为加赏银两。[86] 此与清前期朝廷动辄给予银 100000 两修庙的情况，不可同日而语。

乾隆四十七年（1782），格根居舍以北供佛之大蒙古包突然起火，焚毁大蒙古包及库伦北面一带木墙。甘珠尔经、约日经等各种经卷 77 册，彩饰哈达、佛画 127 部，大小铜佛塔 98 尊，俱于火中化为灰烬。皇帝责备堪布诺们罕、商卓特巴平时未细心稽查，塔奇勒齐等不加提防，点香供奉旷职不行坐守所致，将堪布诺们罕、商卓特巴各拟罚牲，变价存于商上，以备重建房屋。[87] 乾隆五十五年（1790），格根在库伦已有僧学院及医学院之外，又设立历算学院。乾隆五十五年四月初一日奉上谕："据蕴端多尔济等奏，格根于四月二十二日由库伦启程。叩祝朕八十圣诞，故定于七月十四日，宴请格根、噶勒丹锡呼图克图及各国使臣。"[88] 为了庆祝这件事，次年，墨尔根诺们罕策旺多尔济在喀尔喀造了布赉绷寺。

乾隆六十年（1795）至嘉庆十二年（1807）格根专心于宗教活动，譬如从西藏订购文殊菩萨像、金刚力士像等，并举行隆重的开光法会。嘉庆四年（1799）皇帝处死和珅，格根一面颂扬皇帝的圣德，一面惋惜皇帝杀生，为了替皇帝赎罪，他造了 10000 尊贤劫千佛像。[89] 迈达里庙为库伦的建筑物中最高大的一座，是蒙古人最崇奉的寺庙。根据陈箓的说法，该庙建于嘉庆年间，仿西藏式构造。[90] 波兹德涅耶夫则说约建于嘉庆二十四年（1819）至道光十五年（1835）间，佛像从脚到头顶有 7 俄丈 2 俄尺（相当于 16.358 米），佛像用黄铜铸造，并镀了一层厚厚的黄金，佛像的铸料厚为 1 俄寸多，据说重量达 11000 多斤。迈达里庙从建成的第一年起就经常损坏，使得蒙古人每年夏天都要修缮。[91] 民国时期亦有马鹤天到库伦做考察，提到大佛像在西大庙，高约六七丈，直达三层楼上，满身贴金，做高 7 尺，直径约 3 丈。周围靠墙有玻璃柜，内有高尺许之小佛像约 100000 座。[92] 过去，笔者曾讨论乾隆皇帝建造北京和热河的寺庙，花费一两千万两银。[93] 格根的宗教活动必然也消耗了许多资源。波兹德涅耶夫描述了光绪十八年（1892）格根所居庙宇被火烧毁，商卓特巴衙门拨出 6000 两白银修缮，并派了一个专门的喇嘛小组去北京和多罗诺尔购买佛像，建筑完工后庙里举行开光法会及其他的佛事。[94]

第四，商卓特巴衙门捐输给清朝的马匹与银两。咸丰三年（1853）格根因南省贼匪滋事，捐马 1000 匹。[95] 同光年间蒙古地方战乱再加上旱灾，格根捐出了许多银两。譬如光绪六年（1880）因图什业图汗部落郡王阿木噶巴咱尔等四旗遇灾甚重，格根捐输小米 10000 斤，以济贫民，清朝颁给他"乐善好施"匾额。[96] 光绪二十年（1894），格根及巴勒党吹木巴勒、车林多尔济、达什多尔济等因报效战马 1200 匹，传旨嘉奖。[97] 清朝档案说是报效，而波兹德涅耶夫则说光绪十八年五月每个鄂托克的沙毕纳尔交出了 200 匹马补充皇帝的马群，总计从沙毕衙门赶走了 14000 匹马。[98] 按捐输的牲畜折价，捐马一匹折银 20 两，[99] 共约报效银 280000 两。

光绪二十四年（1898），库伦办事大臣连顺劝办昭信股票，图谢图汗、车臣汗与格根、沙毕喇嘛等情愿报效银 200000 两，并不请领股票。[100] 庚子之后，格根于光绪二十七年（1901）选出骟马 800 匹，情愿报效。[101] 清末格根捐银办理学校，为蒙古人创造教育机会。理藩院改为理藩部，奖励蒙古人筹办学校，开通民智。光绪三十四年（1908），库伦地方设立学堂，由图车两盟及沙毕三处拣选聪颖子弟 40 名，延聘蒙汉教席，每年需经费约 5000 两银。格根捐银 10000 两，现任堪布诺们罕额尔德尼商卓特巴巴特玛捐助银 8000 两，以资学费。[102] 1880 年以降，喀尔喀蒙古不是夏天发生旱灾牧草欠收，就是冬天暴风雪，大批牲畜倒毙，蒙古人到了最贫困的境地。光绪十一年（1885），桂祥奏称："库伦地方本年野草田苗黄萎，图车两蒙所属各旗戈壁一带，频年干旱、寸草不生。以致人虞恶孚、畜多倒毙。"[103] 光绪二十二年（1896），库伦办事大臣桂斌奏："哲布尊丹巴呼图克图属派款太重，民不聊生。酌拟剔厘积弊办法。"[104] 关于商卓特巴衙门的债务，拟于第四节讨论。

图 8-8　额尔德尼昭

二、库伦商号的地租

格根居住的地方一直都在改变，康熙二十七年（1688）他住在额尔德尼召。额尔德尼召后因噶尔丹入侵毁坏，于康熙四十年（1701）重修。格根自康熙五十七年（1719）至乾隆四十四年（1779）共迁徙 17 次，至乾隆四十四年奏请皇帝定居土拉河北岸的色尔必河上（见图 8-8）。

根据波兹德涅耶夫的看法，格根屡次迁徙，扩大了影响力和寺院规模。[105]依《喀尔喀法典》于雍正四年（1726）地方当局之行政命令："库伦（寺）为佛所在之地（圣地），一切商人应于白天在此进行贸易。若不进行贸易而去看望放荡之人，半夜前去留宿彼处，被旁人居留者，即按窃贼科罚。留该人过夜之户主也罚以同样罚金。"[106] 汉人与蒙古人在库伦进行贸易，按照佛教的教规，商贾应距离寺院 10 里的地方居住。他们居住地方演变成寺院以东的整座城市，汉文名称叫"买卖城"，其范围："计方木市圈一座，南北长二百四十步、东西宽二百三十步。东距普拉河十里、西距色勒毕河十里、南距汗山十里、北距后庙五里。南北中街一道、南门一座。内正向南关圣帝君庙一所、前牌楼二座、东西街六道六门。城隍庙、鲁班庙、部员领催衙署均坐落南门内迤东。营中内外大小买卖以及各行手艺铺户共五十一家。营外东北菜园地二顷、正南菜园园地一顷、东西瓦窑二处共地五亩半。城隍行宫坐落市圈外西北，义地木栅一所坐落市圈外正北。"[107]根据波兹德涅耶夫的描述，从外观看，买卖城几乎是一个正方形，它没有自成一体的城墙，但城市各个宅院的栅栏一道挨着一道，看起来像围绕城市的城墙。买卖城内有三条通往库伦方向并彼此平行的大街，居住的汉人大约有1800位。[108]马鹤天曾到过关帝庙坐落的西胜街，该街据说是山西人在道咸时建立的，西厢房是商会办事处。关帝庙南门以东有鲁班庙，库伦产木材，木工全是汉人，鲁班庙便是他们建立的。城隍庙在更东的地方，再往东有吕祖庙，建筑壮丽，雕刻精致，据说耗费银8000多两。[109]

买卖城距离寺院10里，对商人来说太远了，乾隆年间在寺院西侧约3里的地方有几座汉人盖的店铺。道光二十二年（1842），库伦办事大臣奕湘奏称，乾隆年间有商民每日肩挑货物贸易，因喇嘛向商人欠债银600000两，一时间无力偿还，库伦商人便向喇嘛购置房价银70000两。奕湘奏请："将旧库伦现居商民仍准贸易，查明所居房间数目。嗣后不准另有竖栅、盖房多增人数。仍设立门牌，责成该札萨克喇嘛派员会同甲首；按月稽查呈报札萨克喇嘛及管理商民事务章京；按季呈报办事大臣衙门。统俟年终由该大臣衙门咨报理藩院备查。"这份奏折说明商人向喇嘛购买房屋，但地基仍属官有地，商人仍须缴交房屋之地基银600两。办事大臣衙门按年分给该寺庙银300两作为香灯银，其余120两拨给章京衙门，180两拨给办事大臣印务处以充公用。[110]

商卓特巴衙门的喇嘛曾在嘉庆六年（1801）、嘉庆十一年（1806）、道光五年（1825）、道光十七年（1837）、道光十九年（1839）不断地向清廷呈报商民侵占寺庙附近土地。但库伦办事大臣仍纵容商人在寺庙旁聚集民人1000余名、住房800余间，[111]此因库伦位处蒙古，不像内地州县能征收地丁银，其财源来自商人的陋规与地基银等。库伦衙门档案记载，嘉庆二十一年（1816）至道光十年（1830），库伦及恰克图两处商民地基银内余存5340.52两。[112] 道光十九年（1839）地租480.95两。[113] 奕湘的奏折提到每年缴地租银600两，仅是提高一些地租，且这地租收入曝光后，每年须咨报中央。根据《宫中档朱批奏折·财政类》记载："库伦地租之银两，动用收存、详细数目，分别造具清册咨报户部、理藩院核销。"譬如咸丰十一年（1861）库伦办事大臣奏，咸丰十年（1860）余存地基银273.53两，咸丰十一年收银库伦地基银300两、恰克图400两，共700两，恰克图公项余存利银623.57两、余利银658.5两，共银1632.03两，动用银993.58两，所余银638.46两。[114]

光绪十七年（1891）管理库伦商民衙门丈量西库伦："西库伦买卖坐落在格根白城子迤西地方，东距白城子一百二十步、西距刚洞庙二十步、南距汗山十二里、北距后庙十五里。东边南北长四百三十六步、西边南北长三百六十步。东西街巷共九道，长短不齐，共计三百三十亩。"[115] 白城子就是哲布尊丹巴所在的寺院区，包括朝克沁庙、阿巴岱庙、迈达里庙，以及艾马克的庙宇、商卓特巴衙门等。刚洞庙就是甘丹寺，即五世格根迁去的地方。西库伦的范围有330亩，比买卖城大约大1.5倍。

道光二十二年（1842），西库伦市圈的甲首朱光照呈报该众铺户房间共853间，并立切结书说："此次断办后不准界外另有添盖房栅，及多增人数。仍令设立门牌着甲首会同商卓特巴之委员稽查，按月呈报。"[116] 但到咸丰五年（1855），西库伦房间增至1486间。同治年间招揽商贾以供军需，铺户数量又增加了，光绪八年（1882）的统计，达1858间。过去笔者讨论北京、热河地区，官房地租是政府的重要收入，如内务府征收北京铺面官房达20000余两。[117] 热河铺面房地基租银1650.48两。[118] 归化城各寺召在地皮上盖了房屋，成为栈房，用来租给当地的商人。各个召可以得到的租金有银3500两到10000两或15000两不等。[119] 库伦商民办事衙门向商人征地租银，亦如同清政府对城市铺户征收地租银两。根据库伦的商号调查清册，将添增房屋数量列于表8-2。

表 8-2　1855 年—1882 年库伦添增商号房屋数量[120]

时　间	库　伦	合厦数目（所）	房（间）	棚（间）	大门（合）	门柜（间）	通道房（间）	伙计数（名）	备注
咸丰五年（1855）	东库伦	15	135	74	15			121	房尚未盖7 间棚尚未盖5 间
咸丰五年	西库伦	157	1486	689.5	158	53	10	1113	按原建余出合厦45 所房尚未盖18 间棚尚未盖21 间
咸丰六年（1856）	西库伦	8	87	44.5	8		1	52	按原建余出合厦3 所
同治五年（1866）	西库伦	1	9	2	1			10	
同治六年（1867）	西库伦	1	4	4	1			5	
同治十年（1871）	西库伦	3	17	12	3	10		13	按原建余出合厦1 所
同治十三年（1874）	西库伦	2	8	3	1	2		12	
光绪二年（1876）	西库伦	14	138	51	14	31	1	78	按原建余出合厦5 所房尚未盖52 间棚尚未盖12 间
光绪三年（1877）	西库伦	1				2		2	
光绪四年（1878）	西库伦	1	2		1	9		6	

波兹德涅耶夫提到，库伦的市场起先只是在喇嘛城郊的草原上，从 19 世纪 60 年代中期开始，汉人和俄国人店铺逐渐从西边包围市场，至 19 世纪 70 年代末期，市场就被这些建筑物团团围住，构成了整整一半的库伦，近 15 年的时间，又形成了 8 条街道，商人的房子盖得密密麻麻。蒙古人俗话说"达木努尔沁"（肩挑），说明每天小商贩肩挑货物到库伦市场做生意，日落时又回到买卖城去的情形。[121] 格根和四部盟长于同治十三年（1874）上书清帝，说汉人新建的房屋和店铺妨碍了祭祀弥勒仪式的举行，这些商号是来自北京的万盛号、天德通、源聚裕、隆昌玉、昌兴号、万通号、长兴厚等。弥勒形象仪式称为"麦德尔"，祭祀仪式就是喇嘛绕寺的活动。[122] 皇帝饬令库伦办事大臣张廷岳将 7 家商铺拆除，但蒙古人上书没提到的商铺仍然存在。商卓特巴复呈："东西库伦上有十八家有碍麦达尔路径，请令拆除，并有巷内六十余家添盖房屋，还有不安本分商民三十余家，并请酌办。"虽然商卓特巴衙门不断请求拆除添盖房屋，但商人活动越发增多，有人认为这些北京的商人中不少本身就是理藩院的通事（翻译），但商人与库伦办事大臣衙门官吏勾结，所以他们有恃无恐。[123] 这说法可信，是因乾隆朝时库伦已有北京商人，如恒裕玉记铺内张朝元，"向在京城贸易，系昌平州人，是以人俱称为京张"。[124] 道光时期调查铺户，有协和京、恒昌京、义和京、隆昌京等。[125]

同治九年（1870）乌里雅苏台被攻占，侵扰时间前后约四年，至光绪元年（1875）才平息。佐藤宪行认为库伦办事大臣派遣蒙古兵、绿营兵驻守各处，商民运输大量的军需和民生粮食，因此商民铺房增加。[126] 清政府调集蒙古兵、绿营兵驻防。库伦办事大臣张廷岳恐驻防兵丁粮食告匮，令商民办事衙门招揽商贾以供军需。张廷岳向皇帝奏请准商民添盖房屋，停止每月抽查结报。光绪七年（1881），库伦办事大臣奕榕札饬不准两三家商号合占一处，以大门为户口，每户一门牌号，共计查出合厦（院落之意）219 处，每年交纳地基银 800 两。同时，甲首禀称同治年间招商来的各行生意皆系小本经营、手艺生理、佣工、候收陈账者等，与过去恰克图贸易的富商大贾不同，亦无请领部票。[127] 这些小商人或手工业者都来自直隶宣化府、万全县、怀来县、束鹿县、良乡县、大兴县、饶阳县等，光绪年间将他们编入里甲；或有开铺，或有租赁房屋，人数达千人。

同治十三年（1874），志刚担任库伦办事大臣，他见格根时不行跪拜之礼，打破了过去官员对呼图克图行跪拜之礼的习惯。光绪三年（1877）志刚奏称，官兵围观库伦喇嘛跳步扎，被沙毕喇嘛等打伤，该商卓特巴置若罔闻，因他"平日办事率多任性，而年逾七旬，两耳重听"。志刚认为自康熙以来蒙古积欠商民无算，各旗札萨克违例招民人垦地收租达数千人。蒙古不时驱逐商人，喇嘛从中拨弄。志刚认为清代的喇嘛与元朝的国师不同，元朝的喇嘛横行无忌，清朝应予约束，他的态度显然站在商人这边。[128]

光绪十一年（1885）库伦办事大臣桂祥奏称，确切查明仅有 32 家在院内添盖房棚，因距离喇嘛圈五六十号（按：1 号等于 5 营造尺，约 1.67 米），于麦德尔路径尚无窒碍。商卓特巴奏请 18 家商铺，包括俄商铺户 10 家，若拆去华商铺房，俄商又当如何办理？若拆去俄商铺户恐怕引起俄人争执。桂祥还说该商卓特巴心存狡诈，有意构挑边衅，应予以斥革。[129] 但也有人密奏说桂祥"向甲首勒索银七八千两、劝捐砖茶等。桂祥交部严加议处"。[130] 陈箓提道："库伦办事大臣一席，为前清著名之美缺。满员营谋者非二十万金不能到手。其进款之丰厚，大概可分四项：甲、金砂税、库恰出口统捐，及图车两盟息款等为大宗；乙、图车两盟各旗王公袭爵补官之规例；丙、王公至台吉等循例孝敬之银两貂皮；丁、各旗供给品之折银。四项统计每年进款固无定额，以平均计算，总在五十万两以上，有过之无不及也。"[131] 库伦办事大臣收取陋规、捐输、勒索银两等情，将另撰文讨论。

西库伦的商号是从买卖城来的，原先他们在买卖城中被编为十二甲，每甲设甲首一名。西库伦商号则另设四甲。根据波兹德涅耶夫的描述，甲首需监管 10 至 15 家店铺，其职责是防止商贩们吵架、酗酒闹事、赌博、接待或允许可疑的人留宿等。甲首是最接近下层、最可靠的监督者。如果汉商中有人死亡，首先需由甲首证明是正常死亡，否则官厅就有责任对死因认真调查。甲首协助官员处理商务，若有汉商破产，甲首们到官员那里对此事进行审议，并裁定果真是因故破产还是出于恶意的预谋。[132] 清代州县所管辖民户之治安单位，十户为一牌，百户为一甲，千户为一保。分别设置牌头、甲长、保长。[133] 库伦属域外之地，没有州县官，仅是由理藩院派出之员外郎担任章京，地方组织也仅有甲首一项。[134] 因商民事务衙门人员有限，必须依赖甲首协助治安、财政、司法等问题。有关甲首介入商民和蒙古债务问题，将在第四节中讨论。

民国十五年（1926）马鹤天到库伦，说东营子汉商不过数家，连住居看房的，总共不过200多人。西库伦汉商亦不过五六百家，共10000多人。唯北通和号每年可得利100000元左右，东富有、隆和玉等也得数万元，其余都甚小。从前赫赫有名的大盛魁，已随活佛宣布"独立"而消失了，损失百数十万元。[135]

三、商卓特巴衙门的债务

库伦办事大臣奕湘奏称，商卓特巴衙门下徒众赊欠账债过多，无力偿还，各将居住房栅陆续折给民人抵还账债；亦有受价变卖房产。这现象在库伦一直都存在。乾隆年间三次中断恰克图贸易，皇帝准许商人到蒙古各王旗贸易，商人携带内地货物贸易，换取蒙古人的牲畜。两者贸易通常采取以物易物的方式，汉人到旗里的买卖很赚钱，主要是卖货或允许赊账，每年收账一次。[136] 譬如嘉庆十年（1805），乌里雅苏台参赞大臣常安奏清查格根属下118名赊欠民人张高、孙玉珍等47人之账目。有赊欠债本并无收过利息者34名，应照价本再加一半利息还给；赊欠民人物件本利全未还给者53名，按一本半利一并归还。赊欠账目还给牲畜每匹马作价银6两、每头牛1岁作银1两、羯羊作银1.2两、母羊作银6钱、山羊作银4钱、羊皮作银1钱、砖茶每块作银3钱、黄烟每包作银1钱、毛布每匹作银1两、梭布每匹作银8钱、麦1斗作银3钱、面10斤作银3钱。[137] 参照清代粮价材料，直隶省在当时的小麦价格每石不过银1.4

两至 2.5 两之间。[138] 商人卖到蒙古的麦 1 石为 3 两银，利润颇高。今蒙古国国家档案局还藏有大量的商号账簿，称"将军王爷取货账""蒙古宝账""客货宝账"等。这些档案必须进行长时间的比对、筛选、分析，故在此只讨论蒙古之债务如何计算利息及偿还比例如何。

（一）借贷的利息

光绪十八年（1892）格根所居庙宇付诸祝融，佛像、经卷悉毁，商卓特巴藉端向商号借款。[139] 宣统二年（1910）库伦办事大臣三多奏折提道："图［图谢图汗］、车［车臣汗］二盟、沙毕等三处屡报灾祲，不堪供应。历年息借华俄债款，迭经报官索欠者，约计不下百万余两。询之各旗户口牲畜产业，竟有以一旗之牲畜估计价值不足抵其债务者。"[140] 过去有学者认为汉商在蒙古放高利贷是后来蒙古独立的远因。[141] 在此利用《库伦十二甲长呈递各铺账目清册》说明，商民通过十二甲首向商民事务衙门呈请还债，甲长也就是甲首。

光绪二十一年（1895），库伦十二甲首整理各商号账簿，记载光绪十七年（1891）、光绪十八年起商卓特巴衙门累积数年的欠银和偿还，这些整理有助于了解蒙古地区借贷的利息。第一，沙毕衙门外山盖上该欠众铺户银茶数目，银 55480.08 两，三六砖茶共 144117 块、三六整箱砖茶 1574 箱、三六零茶 1272996 包；没有注明有无利息。第二，沙毕衙门内山盖上该欠众铺户银茶数目，银 667170.6 两；注明无利息。第三，鄂多克欠众铺户银茶数目，银 94042.76 两，三六砖茶共 303072.5 块、三六整箱砖茶 5101 箱、三六零茶 2478465 包；有注明有无利息（参见表 8-3）。所谓"三六砖茶"是每箱有 36 块茶，每 5.5 块茶折银 1 两，因此一箱茶约 6.55 两。每 40 包茶等于 1 块砖茶，220 包茶等于 1 两银。以上共折银 358320.4 两。《蒙古及蒙古人》一书中称"山盖"为"桑盖"，编为第四个艾马克。光绪十八年库伦喇嘛传说桑盖艾马克很快要分出一个新的部分，组成库伦的第二十九个艾马克，档案上称"内山盖""外山盖"，应是桑盖分属两个艾马克。[142]

　　许多人认为汉商放高利贷导致蒙古的穷困，但就档案内容分析，情况有点复杂，先讨论人和厚商号的案例。光绪十九年（1893）商卓特巴衙门外仓向人和厚借银，该商号向库伦办事大臣请求处理商卓特巴衙门借款：

　　　　诉禀钦宪大人明鉴事。于光绪十九年十二月间佛爷外仓在京都借过小号人和厚银一万一千两正。经手人系乜力巴旦木丁、笔且气巴大马多尔济、喇嘛扣扣东杜各。三人当下将借过小号人和厚之银付给永祥李三银一万零一百零八两正，又付给大德堂银八百九十二两正。此二笔共合银一万一千两正，言明由光绪十九年十二月间起利，每月每两按二分八厘行息，当下立过蒙古字约一张。于光绪二十一年三月内在库伦商卓特巴衙门同巴大马多尔济笔且气算明，至光绪二十一年三月内共合该利银四千七百三十二两七钱八分。本利共合该欠小号人和厚银一万五千七百三十二两七钱八分。此款在库伦佛爷外仓将小号人和厚欠款银两本利全为付清。[143]

　　上文中蒙古语"笔且气"（biciyeci）意思是书记员，和满语"笔帖式"（bitheci）一样。[144] 人和厚在北京借给商卓特巴衙门的外仓银两，收取月息2.8%，年息为32.4%。但是，该商号并非所有的借款都可以获得高利，表8-3"库伦十二甲长呈递各铺账目清册"中，人和厚有利息的放款只占6.2%，无利息者占93.8%。其他的北京商号如万盛号、东富有、通和号、万通号等商铺取息的比例都偏低，这可能是京商铺子在库伦的地理位置不佳。同治十三年（1874）皇帝曾饬令库伦办事大臣张廷岳拆除北京商号的商铺，[145] 光绪年间商卓特巴衙门又再上书，北京商号怕又被拆房，借给商卓特巴衙门取的息少，以换取人和。
　　陈箓将库伦的商人分成西帮和京帮。西帮的商号有：裕源永、兴隆魁、公合全、源发长、达顺明、福原长、锦泰亨、蔚长盛、锦泉涌等。京帮的商号有：通和号、福来号、协和公、隆和玉、人和厚、隆兴和、隆聚和等。他认为西帮非专指山西一省，还包括天津、宣化、蔚州、万全、张家口、察哈尔、多伦诺尔之商人。京帮者系专指北京安定门外的外馆各商在库伦所设之分号。[146]然而，档案所记载商号执事人的籍贯，京帮泛指直隶各府州县的商人，而西帮则是山西人。当时的调查员陆世菼记录的西帮和京帮商号则相当清楚，大致符合档案所载。[147]但话说回来，最早在北京经营商业活动的又都是山西人。

道光《万全县志》载："八家商人者，皆山右人。明末时，以贸易来张家口，曰王登库、靳良玉、范永斗、王大宇、梁嘉宾、田生兰、翟堂、黄云发。自本朝龙兴辽左，遣人来口市易，皆其八家主之。定鼎后承召入都燕便殿，蒙赐上方服馔。自是每年办进皮张交内务府广储司，其后嗣今多不振。"[148]八家商人至库伦买办毛皮有范清济、王起凤等，在库伦商号名册仍可看到八家商人的后代。譬如兴隆魁商号为翟堂之后，乾隆五十四年（1789）在库伦编入第九甲，该年销茶烟布匹杂货20000斤，属于大铺户。[149]嘉庆十八年（1813）翟荣廷在三甲另立分号；道光二十二年（1842）在七甲立分号；光绪十九年（1893）在十二甲立分号。[150]民国时翟谦益在库伦经营牲畜和皮张生意，一方面卖给俄国，另一方面卖到中国。今堀诚二调查张家口朝阳村的组织，正沟大街北端的关帝庙是旅蒙商人的信仰中心，举行祭祀的场所。兴隆魁在关帝庙的碑刻上记载为保正行总经理。[151]

林盛元商号股东为靳齐川，为靳良玉后代。乾隆二十二年（1757）领理藩院部票的商人有靳鹤。[152]乾隆五十四年，靳福柱、靳福虎、靳廷仁开设协成元记，靳述章为复兴隆记执事人。嘉庆二年（1797）靳述章又为广和义记执事人。道光二十二年，库伦市圈的甲首朱光照呈报众铺户有林盛元，这商号于道光二十九年（1849）曾领部票与俄罗斯贸易。由附录所见，林盛元借贷金额和取息情况，其取息比例较高，有利息的放款占78.7%，无利息占21.3%。这种商号是以放蒙款兼货庄为主，借贷取息比例较高。陆世菼还提到协裕和、林盛元、大盛魁、天义德、协和公等，商铺资本都在银数万两以上。[153]

协和公出现在档案的时间为乾隆五十四年。[154]嘉庆四年（1799），蕴端多尔济奏称："查得恰克图地方与俄罗斯贸易之店铺，有正式部票者三十二家，无部票者三十四家，小商贩三十家，共九十六家店铺。还有往乌里雅苏台、库伦行商者，并无定数，此内除小商贩外，其大铺之商民，每年人数不等，皆照例由察哈尔都统衙门领票往恰克图贸易。"[155] 协和公记自嘉庆十八年（1813）至道光九年（1829）都领理藩院的部票在恰克图与俄国贸易，陆世葵说这商号股东为侯庆哉，大概出自山西介休著名的侯氏。张正明引《清稗类钞》称山西侯氏有资产银七八百万两。康熙时侯万瞻出外经商，专贩苏、杭一带的绸缎。侯万瞻之孙侯兴域生于乾隆年间，卒于嘉庆年间。侯兴域经营的商号在平遥有协泰蔚、厚长来、新泰永、新泰义、蔚盛长；在介休县张兰镇设有义顺恒、中义永；晋南运城有六来信，这些商号贩售杂货、绸布、茶叶和钱铺。[156] 咸丰八年（1858）至同治二年（1863），恰克图贸易的商号中有顺义永记、巨泰永记或许与侯氏有关。兴域之子侯庆来将平遥的商号都改为带有"蔚"字者，蔚泰厚、蔚丰厚、蔚盛长、蔚长厚，据说是纪念侯兴域字号蔚观。同治五年（1866）的恰克图贸易商号就有蔚长厚。协和公由领部票贸易转为放款借贷的商号，取息的比例较高，有利息的放款只占72.9%，无利息占27.3%。

双舜全商号股东为王智迪，也是放蒙款兼货庄。这商号借给商卓特巴所属之众哦兔（鄂托克）银两"按三分行息"。[157] 然而，详细情况各有不同。光绪二十一年（1895）库伦十二甲首呈递办事大臣，商卓特巴外仓、鄂托克借欠银两、砖茶等；其中包括双舜全商号，其执事人殷锡惠禀称，与呼图克图外仓往来七年，欠银2786.87两、砖茶27240块。光绪二十年（1894）八月，由外仓拨兑七家鄂多克现银8480.13两，限至十一月初一日起利，共收过本银8068.95两，收过利银449.58两，尚欠本银411.18两。此项每月利息1.85分，年息为22.2%。又十一月由外仓上拨兑6家鄂多克现银2914.7两，限至光绪二十一年二月初一日起利，共收过本银2855.22两，共收过利银银205.8两，尚欠本银59.48两。此项每月利息2.4%，年息为28.8%。光绪二十一年二月由外仓上拨兑12家鄂多克银9721两，限至七月初一日起利，共收过本银 8128.93 两，共收过利银 277.59 两，尚欠本银 1592.07 两。此项每月利息 9.5 厘，年息为 11.94%。又九月由外仓上拨兑 17 家鄂多克银 7730.75 两，限至光绪二十二年（1896）正月初一日起利，共收过本银 2644.37 两，尚欠本银 5086.38 两。以上四宗共欠本银 7149.13 两。又 19 家鄂多克达噜嘎亲手共取过现砖茶 133975 块又 9 包，共收过本砖茶 84155 块又 20 包，共收过利砖茶 49819 块又 19 包。其茶按 5.5 块折算银 1 两，合银 9058.12 两。以上两宗除收净欠银 16207.23 两。[158] 按照《库伦十二甲长呈递各铺账目清册》，双舜全放债有利息的占 56.07%，无利息占 43.93%。

　　双舜全出现在库伦的时间为嘉庆十八年（1813），至民国四年（1915）陆世荄到库伦调查时，已经超过一百年。陆世荄将双舜全列为批发百货业之"发货庄"，就是由张家口货房装运各种布匹以及民间日常用品到库伦，转批发给京广杂货庄。双舜全资本 32000 两，当时为一等商号，股东为王智迪，经理为宋昌宏。[159] 从光绪二十一年（1895）的档案来看，双舜全应属放蒙古账款兼货庄。

　　方行界定高利贷为年利息在 15% 以上，也就是说高于地租的收入，月利二分、三分为各地银钱借贷的常利。[160] 根据《大清律例·户律》"违禁取利"之条载："凡私放钱债及典当财物，每月取利并不得过三分，年月虽多，不过一本一利。"[161] 清朝规定每月取利不得超过三分，违者笞四十。但是，北京城有典当业不顾违禁取利的条文，敢明目张胆在借票上写"钱每百月利四分，甚有至于每月六分"。[162] 过去，笔者探讨过杭州驻防旗人借钱给汉人，按月加利，坐收其息。康熙二十一年（1682）居民曾闭户罢市。浙江总督李之芳奏称："凡遇民人借债，止有七折、八折，票约则勒写足数。又加每月每两行利三分。此外，又科索东道钱、保人钱种种名色。穷民借银到手实不及半数。迨至取偿不容少宽时日，或利息过月不还又勒展票，利上加利，不数月间赀产吸尽，祸及妻孥。"民人欠债，则登门毒殴吊营拷打，百般狼藉，不得不鬻妻卖子，甚至踢打伤重惨致殒身。[163] 对于旗营重利盘剥的问题，李之芳规定未清债负，只许照依本利清还。但民人并没有能力摊还，康熙二十三年（1684），赵士麟为浙江巡抚，说民人借债不过数千，本息增至银 300000 两之多。[164] 赵士麟之母自云南来，携带之银 10000 两，代民还债。[165] 杭州人民为感恩，在孤山建生祠纪念赵士麟。

《大清律例》以汉人支付利息的法律用在蒙古人身上欠缺公允，因为汉人借贷的时间在青黄不接之际，时间较短。如方行提到农村借贷是春借秋还，秋取六个月利；而蒙古人借贷得等到牲畜繁殖至少一两年之后，借贷时间长。

（二）还债的比例

库伦办事大臣桂斌办理格根仓欠一案，共欠数十万两。光绪二十二年（1896）六月，库伦办事大臣桂斌奏："哲布尊丹巴呼图克图属沙毕一项困苦特甚，流亡过多。呼图克图忠厚存心，用人失当，一任喇嘛等勾通内地商民以及在官人等百方诈取，若罔闻知。迨用度过窘，不得不加倍苛派，所由欠负累累，上下交困。体访其属堪布喇嘛诺们罕巴勒党吹木巴勒为僧俗所仰慕，应责成清理已檄署商卓特巴巴特多尔济等，凡一切商上应办事宜，悉心咨商，妥为筹划。先将沙毕等应派光绪二十二年（1896）分摊款，查照十年以前，各按牲畜多寡，秉公匀摊，不准加派，核实酌裁。近年增添浮费，务量所摊撙节动用，俾纾民力。并请将东营台市甲首各商，每遇两大臣节寿酬款项不减不增，按年代哲布尊丹巴归商欠。"[166]

光绪二十三年（1897）六月，库伦办事大臣连顺奏："桂斌所奏归还哲布尊丹巴商欠办法，四成实银，分年带销，虽恤蒙情，未恤商情，致该商等亏累太多，不敢与沙毕内外两仓及鄂托克交易。而两仓鄂拓克虽有牲畜，无处易换，市井萧条，诸货不能畅销。现呼图克图之庙工久竣，应照桂斌所奏，不得苛派，休息蒙众。两仓所用货物银茶及鄂拓克息借之款，应循旧日章程，设法算拨。"[167] 桂斌主张解决欠债办法为偿还四成，分年付款。商民损失太大，不敢和鄂托克交易，以致于牲畜未能出售，市场萧条。

商卓特巴衙门还债的比例，正好也有另一件墨尔根郡王向铺商大盛鸣、永聚公借款，偿还同样比例的债务。王旗欠永聚公本利银共 20000 余两、欠大盛鸣本利银共 90000 余两。"库伦大臣连顺议，因该王旗欠大盛鸣为数太巨，断另核减利银约 20000 两，尚应还银 70000 余两。永聚公已歇业，应照理藩院来咨，如数偿还。均予限二年不得再行拖欠。"[168] "图什业图汗部落札萨克郡王阿囊塔瓦齐尔以承审司员纳贿勒结朦混库伦大臣入奏，理藩院奉谕旨将案内人证卷宗解京质讯。光绪二十六年（1900）五月，理藩院署被劫，此案卷宗账簿全行遗失，续遭兵燹，两造人证逃避，未能结案。大盛鸣商人刘天运又到理藩院呈控，理藩院请旨饬交库伦大臣就近质讯奏结。"[169]

> 具甘结西库伦商大盛鸣东家乔弼山西太原府徐沟县人氏、执事人刘天运山西太原府文水县人氏为前呈控墨尔根王推欠借银七万三千零四十两。蒙钦宪大人派员公断，按四成了案。该墨尔根王旗应还银二万九千两整。其款当堂如数领讫，两出情愿了事。钦署司员人等盖无勒索情事，所具是实。为此出具甘结。光绪三十年九月 日。[170]

库伦办事大臣奏，员外郎恒钰办理郡王阿囊塔瓦斋尔与大盛鸣多年债案完结，拟请从优奖叙。[171] 浙江巡抚赵士麟解决杭州满营的借贷，亦以每两让六还四，也就是还四成的意思。[172] 可见清朝政府处理债务，按四成还债应很普遍。

（三）牲畜折抵

蒙古人向商人借贷，以牲畜折价偿还，价格有偏低的趋势。譬如嘉庆十年（1805）还给牲畜每匹马作价银 6 两、每头牛 1 岁作银 1 两（每岁递增 1 两）、羯羊作银 1.2 两、母羊作银 6 钱、山羊作银 4 钱、羊皮作银 1 钱。[173] 根据商人的账簿，在 18 世纪下半叶，如乾隆二十八年（1763），羯羊、母羊、大羊每只银 1.5 两，羊皮每张银 0.2 至 0.4 两。乾隆四十七年（1782）商号账簿记载骟马每匹银 10 两至 15 两。乾隆五十年（1785）4 岁牛一头银 4.5 两。[174] 商人账簿的价格都比嘉庆年间牲畜折价高。

至于 19 世纪账簿所示：道光元年（1821）骟马每匹银 8 两。大羊每只银 1.5 两，母羊每只银 1 两。[175] 光绪十八年（1892）波兹德涅耶夫从科布多到库伦途中，向蒙古人买一只羊，索价达银 5 两。原来不到一个月前，大盛魁钱庄的汉人经过这里，他们把绵羊抢去顶旗的债务，所以才有这样的高价。[176] 光绪十九年（1893）波兹德涅耶夫记录多伦诺尔的好马，每匹银 10 两至 15 两，甚至 20 两，牛每头银 8 两至 15 两，冬天的羊只较贵，每只银 6 两。牛皮每张银 1500 文、绵羊皮每张银 500 文、山羊皮每张银 600 文。[177] 光绪二十九年（1903）大盛魁与土谢图汗盟长等定《牲畜货物价值章程》：骟马每匹银 10 两、牛每头银 15 两、大母羊银 1 两、大甲羊每只银 2 两、山羊每只 6 钱。[178] 商人向蒙古购买牲畜折抵偏低，俄国的学者认为商人接收牲畜抵作债款时，至少要压价三分之一。例如，马的市价为银 18 两至 20 两，他们只按银 12 两至 13 两收受。靠着这样的手段，除了正式取利 36%，还至少非正式地取利 30%—35%。结果，他们实际上所取的利息高达 70% 至 80%，有时甚至达 100%。因此，蒙古的借贷业务是特别能获利的。[179]

宣统年间三多任职库伦办事大臣奏称，喀尔喀有图、车两盟、沙毕等三处，历年息借华俄借款，迭经报官索欠者约计不下百万余两。过去，学者讨论哲布尊丹巴在 1911 年宣布"独立"，着重于政治因素。[180] 本章由蒙古债务情况分析，认为蒙古向俄国求取军事和经济援助似乎也无可避免。

结　论

一世、二世哲布尊丹巴呼图克图出身蒙古王公家庭，拥有政治与宗教领导地位。乾隆十九年（1754），清廷设置商卓特巴衙门来管理喇嘛和沙毕纳尔。

二世格根圆寂，清政府派喀尔喀协理将军桑斋多尔济，协助管理呼图克图的沙毕纳尔。喇嘛分属于艾马克组织；鄂托克为行政政权下的沙毕纳尔村落。商卓特巴衙门向沙毕纳尔征收牲畜，又代该衙门管牲畜，即繁殖之仔畜归入寺院的金库。从库伦办事大臣的奏报看，18世纪下半叶至19世纪初，格根的骆驼、马匹、牛和羊多达上百万只，经济相当富庶。为何到19世纪末商卓特巴衙门举债数十万两？

本章归纳出几个原因。首先，乾隆皇帝规定二世哲布尊丹巴的呼毕勒罕必须在西藏转世，喀尔喀蒙古王公、喇嘛至西藏迎接二世至七世格根呼毕勒罕，需要巨额经费。此外，历代格根修缮寺院、造佛像、刻印经书、捐输等，所费不赀。李毓澍认为喀尔喀蒙古人信奉藏传佛教益深，为其生计日困之因。但是，商卓特巴衙门将以上各种支出摊派在蒙古人身上，他们生计困难应与清朝政策有关。

乾隆年间起，商人在库伦城郊的草原建立市集，19世纪中期开始，汉人店铺逐渐从西边包围市场，至19世纪70年代末期，市场就被这些建筑物团团围住，又形成了八条街道。咸丰五年（1855），商民每年呈交商民办事印房地基银300两。至同治九年（1870），西疆回乱攻占乌里雅苏台，清朝调集蒙古、绿营兵驻防。库伦办事大臣张廷岳恐驻防兵丁粮食告匮，令商民办事衙门招揽商贾以供军需。光绪七年（1881），库伦办事大臣奕榕札饬商民每年交纳地基银800两。依《喀尔喀法典》，雍正四年（1726）地方当局行政命令："商人应从不领取为期一年之票证，赴库伦进行贸易。并于一年内返回，交换票证。"[181] 可是同治年间新疆回乱延及乌里雅苏台，库伦办事大臣允许商民到库伦贸易以获得军需，因此清前期理藩院给部票的规定形同具文。

其次，关于借贷的利息。根据《大清律例·户律》："典当财物每月取利并不得过三分，年月虽多，不过一本一利。"[182]《大清律例》规定利息不能超过本金，但汉人借贷的时间在农村青黄不接之际，春借秋还，利息为六个月；而蒙古人归还借贷得等到牲畜繁殖，至少一年，借贷时间长，故三分利对蒙古人来说利息算高。然而就商人来说，西库伦的晋商较早到库伦，在市圈位置中间；京商系同治九年以后到库伦，铺房靠近格根的寺庙，妨碍绕寺活动，因此皇帝饬令库伦办事大臣张廷岳拆除 7 家商铺。为了换取商卓特巴衙门的好感，京帮借贷取息的比例较晋商低。

库伦办事大臣介入商卓特巴衙门与商号之间的债务问题，历届大臣有偏袒商人的倾向，此为陈箓所说库伦办事大臣进款之丰厚，清末商民缴交各种铺户部票银、地基银、出口统捐银、台站免役银、木捐银、车驮捐银、巡防部队饷银、陋规银、牲畜出口挂档银等，平均在 35000 两。[183] 若加上商人捐输等，库伦办事大臣的收入更为可观。但是到民国四年（1915），陆世荻到库伦进行调查，提到商号放款给蒙古的数额，如协裕和的蒙古借款约有二三十万元，林盛元的蒙古借款约有 300000 元，大盛魁的蒙古借款约有 2000000 余元，天义德的蒙古借款约有六七十万元，协和公蒙古借款约有二三十万元。[184] 当时的外蒙古"独立"以后，商号纷纷倒闭，货款汇兑艰难，资金亦不易周转，加以蒙人欠款疲滞不归，百商大受影响，遂使两百年来的库伦、张家口、北京的商贸网络消失。现今关于库伦的档案相当多，本章仅利用部分满文、汉文材料讨论商卓特巴衙门与商号的关系，将来拟继续讨论库伦商号与地方财政，以了解清代边疆的财政问题。

表 8-3　光绪二十一年（1895）商卓特巴衙门向商号借贷银两 [185]

商号名	茶	银（两）	有无利息
兴盛魁	667325 包		无
中人和义		15.09	无
南人和义		134.74	无
南人和义	3600 包		无
东人和义		577.27	无
东人和义	798 包		无
西人和义		750.99	无
西人和义	308 块 6 包		无

续表

商号名	茶	银（两）	有无利息
东富有		3299.59	无
广全泰		4851.12	无
广全泰	42130 包		无
永茂盛		390	无
永茂盛	28751 包		无
广丰德		204.5	无
广丰德	77414 包		无
北通和号		496.85	无
北通和号	918 块 24 包		无
南通和号		2012.14	无
南通和号	681 块 4 包		无
北长兴厚		2604.88	无
北长兴厚	2105 块 6 包		无
南长兴厚		940.8	无
南长兴厚	38387 包		无
天聚德		3800.1	无
天聚德	200000 包		无
东人和厚		502.11	无
东人和厚	1826 块		无
西人和厚		668.64	无
西人和厚	1835 块 21 包		无
协和公		234.75	无
协和公	2349 块 24 包		无
隆和玉		2231.35	无
隆和玉	1484 块 2 包		无
合盛源		144.93	无
合盛源	133 块 10 包		无
合盛源		144.73	无
合盛源	2547 块 2 包		无

续表

商号名	茶	银（两）	有无利息
恒和义		587.854	无
恒和义	1557 块 19 包		无
三兴德		1739.71	无
三兴德	14581 块 26 包		无
隆昌玉		402.85	无
隆昌玉	125 块 20 包		无
永和功		2635.43	无
万通号		48	无
万隆魁		1936.72	无
万隆魁	606 箱 4 块半		无
万盛号		159.5	无
万庆泰	149 块 5 包		无
世成泉		90	无
世成泉	2279 块 7 包		无
兴盛鸣		335	无
永茂公	754 块 28 包		无
西世成泉	164 块 18 包		无
万和长	202 块 12 包		无
任家治	96 块		无
西双舜全		1677	无
西双舜全	4895 块 21 包		无
东双舜全		2786.87	无
东双舜全	27140 块 13 包		无
源发长		141.6	无
张贵祥		37.8	无
张贵祥	663 块 25 包		无
郭铁卢	753 块 24 包		无
德聚功	866 块 21 包		无
林盛元		2845.18	无

续表

商号名	茶	银（两）	有无利息
林盛元	6235 块 15 包		无
义合美		6312.48	无
义合美	17299 块 12 包		无
慎积功		5929.17	无
慎积功	51300 块 4 包		无
义合忠		3728.79	无
义合忠	968 箱 23 块 1 包		无
万和魁	846 块 13 包		无
永源泰	636 包		无
兴发铜铺		62.55	无
天聚德		14	无
天星明	31660 包		无
源泉涌	181681 包		无
以上共总合该银 55480.084 两；共总合砖茶 144117 块； 共总合整箱砖茶 1574 箱；共总合零茶 1272996 包			

商号名	茶	银（两）	有无利息
中人和义		2231.48	无
西人和义		2105.56	无
东人和义		2858.05	无
南人和义		1779.5	无
东富有		2790.77	无
北通和号		2033	无
南通和号		6179.44	无
北长兴厚		2466.75	无
南长兴厚		330.2	无
天聚德		11798.08	无
西人和厚		1424.03	无
东人和厚		11603.9	无
协和公		6352.8	无

续表

商号名	茶	银（两）	有无利息
隆和玉		2853	无
恒和义		4883.11	无
西恒和义		130	无
隆昌玉		364.2	无
永和功		1110.73	无
万通号		208.8	无
万盛号		1601.57	无
双舜全		1612.09	无
以上共总合该银 66717.06 两；以上均无利息			

商号名	茶	银（两）	有无利息
南通和号		561.8	无
北通和号		735.03	无
天聚德		7126.64	有
西人和厚		83.2	有
天聚德	14922 块		有
东人和厚		853.94	有
东人和厚	1525 块 3 包		有
东人和厚		3686.79	无
隆和玉		3343.44	有
隆和玉	2433 块 7 包		有
协和公		9893.93	有
协和公	37151 块 18 包		有
协和公	339 箱 13 块半		有
三兴德	1462701 包		有
三兴德		22042.88	有
隆昌玉		376.66	有
隆昌玉	42 箱 27 块		有
隆昌玉	19 箱 14 块 18 包		有
隆昌玉	160 块 25 包		无

续表

商号名	茶	银（两）	有无利息
南通和号		561.8	无
世成泉	502542 包		有
世成泉		1365	无
兴盛鸣		4254.8	有
兴盛鸣	141763 包		有
万隆魁	2391 箱 28 块		有
永茂公	218305 包		有
北义合盛	27319 包		有
北义合盛		30.83	有
永泰安	125698 包		有
东双舜全	105120 块 21 包		有
西双舜全		3370.91	有
西双舜全	10487 块 19 包		有
林盛元		8966.47	有
林盛元	31494 块 3 包		有
义合美		7237.36	有
义合美	36444 块 18 包		有
西大盛鸣		2670.17	有
西大盛鸣	39564 块 20 包		有
中大盛鸣		113.5	有
中大盛鸣	1235 块 8 包		有
慎集功		206	
义合忠		17123.41	有
义合忠	2329 箱 31 块 13 包		有
西永茂盛	8488 块 6 包		有
东永茂盛	13950 块 29 包		有
以上共总合该银 94042.76 两；共总合该砖茶 303072 块半；共总合整砖茶 5101 箱 共总合该零茶 2478465 包；共总合该砖茶 19 箱又 14 块、18 包			

注释

1 李凤珍：《试析清代达赖喇嘛商上》,《西藏民族学院学报（哲学社会科学版）》,2003 年第 2 期,
页 28—31、57。作者认为商上是清廷对西藏黄教大寺院领主所属领地内的仓库和管理税收财务,
以及行政等办事机构的总称。

2 阿·马·波兹德涅耶夫著, 刘汉明等译：《蒙古及蒙古人》, 卷 1, 页 613—614。波兹德涅耶
夫提到呼图克图的"桑"是一大院落, 院内造着几间仓库和堆放物品的平房和木栅, 每个库房都
摆满了装着各种绸布和皮毛的箱子、武器, 以及欧洲奢侈品如吊灯架、花瓶、玻璃灯、瓷器等。
光是各种挂钟和怀表就有 974 只之多。

3 《军机处档折件》, 编号 170660, 光绪十五年五月二十六日。

4 《宫中档满文奏折·道光朝》, 编号 415000019, 道光十八年正月十九日。沙毕纳尔（kara
urse）意为黑徒, 黄教称僧徒为喇嘛, 谓未出家之俗众曰黑人, 而俗众之隶属于朝寺服役喇嘛者,
则又沦为黑徒。参见胡日查：《清代蒙古寺院劳动者——沙毕纳尔的生产生活状况》,《内蒙古
师范大学学报（哲学社会科学版）》, 2007 年第 4 期, 页 10—15。

5 《喀尔喀法典》有蒙文抄本流传下来。俄国学者扎姆察拉诺将蒙文抄本译成俄文。大陆学者余
大钧据俄译本译成汉文, 收入内蒙古大学蒙古史研究室编印：《蒙古史研究参考资料》（呼和浩特:
内蒙古大学, 1982）, 新编辑 24, 页 905。

6 《军机处档折件》, 编号 139111, 光绪二十三年五月初四日。

7 阿·马·波兹德涅耶夫著, 刘汉明等译：《蒙古及蒙古人》, 卷 1, 页 73、105。

8 阿·马·波兹德涅耶夫著, 刘汉明等译：《蒙古及蒙古人》, 卷 1, 页 570。

9 阿·马·波兹德涅耶夫著, 刘汉明等译：《蒙古及蒙古人》, 卷 1, 页 577—581。

10 阿·马·波兹德涅耶夫著, 刘汉明等译：《蒙古及蒙古人》, 卷 1, 页 582。

11 布彦是蒙古语 buyan 的音译, 汉文意思为福气、慈善之意, 为喀尔喀四部的王公捐钱赴藏熬
茶送福之意。

12 《军机处满文录副奏折》, 编号 03-1962-049, 页 0983—0986；编号 03-1978-025, 页 0189—
0192。

13 矢野仁一：《近代蒙古史研究》（京都：弘文堂书局, 1932）, 页 224—258。

14 李毓澍：《外蒙政教制度考》（台北：台湾"中研院"近代史研究所, 1962）, 页 442—
443。

15 陈庆英、金成修：《喀尔喀部哲布尊丹巴活佛转世的起源新探》,《青海民族学院学报（社
会科学版）》, 2003 年第 3 期, 页 9—14；申晓亭、成崇德译注：《哲布尊丹巴传》, 收入中国
社会科学院中国边疆史地研究中心编：《清代蒙古高僧传译辑》（北京：全国图书馆文献缩微复
制中心, 1990）, 页 217—256。

16 赵云田：《哲布尊丹巴和清朝对喀尔喀蒙古的统治》, 收入中国社会科学院中国边疆史地研
究中心编：《清代蒙古高僧传译辑》, 页 351—371。撤驿之变是青衮杂卜发起的事变, 他在喀尔
喀蒙古以撤驿站、弃哨所的反抗事件闻名。

17 冈洋树著, 蔡凤林译：《哲布尊丹巴呼图克图三世的转世及乾隆帝对喀尔喀的政策》,《世
界民族》, 1993 年第 5 期, 页 58—63。

18 佐藤宪行：《清代ハルハ·モンゴルの都市に关する研究：18 世纪末から 19 世纪半ばのフ
レーを例に》（东京：学术出版会, 2009）。

19 《军机处满文录副奏折》；中国第一历史档案馆编：《乾隆朝满文寄信档译编》。

20 蒙藏文化中心藏,《蒙古国国家档案局档案》。

21 《军机处档折件》《总理各国事务衙门档案》。

22　《喀尔喀法典》，收入内蒙古大学蒙古史研究室编印：《蒙古史研究参考资料》，新编辑 24，页 921—922。

23　关于《蒙古律例》与《理藩院则例》的关系已经有许多研究和争论，譬如达力扎布认为《理藩院则例》比《蒙古律例》内容更广泛。道光、光绪等朝随着对蒙古地区管理的需要，几次增删修订《理藩院则例》，以汉、满、蒙古三种文字刊刻发行。达力扎布：《〈蒙古律例〉及其与〈理藩院则例〉的关系》，《清史研究》，2003 年第 4 期，页 1—10；赵云田：《〈蒙古律例〉和〈理藩院则例〉》，《清史研究》，1995 年第 3 期，页 106—110。

24　康斯坦：《从蒙古法看清代法律多元性》，《清史研究》，2008 年第 4 期，页 127—143。

25　阿·马·波兹德涅耶夫著，刘汉明等译：《蒙古及蒙古人》，卷 1，页 595。

26　中国第一历史档案馆编：《乾隆朝满文寄信档译编》，册 2，页 629。

27　冈洋树著，蔡凤林译：《哲布尊丹巴呼图克图三世的转世及乾隆帝对喀尔喀的政策》，《世界民族》，1993 年第 5 期，页 58—63。

28　《军机处档折件》，编号 170660，光绪十五年五月二十六日。

29　阿·马·波兹德涅耶夫著，刘汉明等译：《蒙古及蒙古人》，卷 1，页 575—576。额尔德尼召位于库伦以西 365 公里的哈拉和林，蒙古最古老、最大的藏传佛教寺庙。由土谢图汗阿巴岱建造于 1586 年，他皈依喇嘛教后，曾亲自前往呼和浩特朝见三世达赖喇嘛，从此喇嘛教在喀尔喀蒙古地区流行起来。

30　《宫中档满文奏折·道光朝》，编号 415000019，道光十八年正月十九日。

31　《军机处档折件》，编号 171711，光绪十八年五月十七日。

32　《军机处档折件》，编号 172599，光绪二十年三月二十日。

33　张永儒：《移动到定居："库伦"发展过程之研究——17 世纪到 20 世纪的宗教、政治、经济变迁》，页 47—49。

34　阿·马·波兹德涅耶夫著，刘汉明等译：《蒙古及蒙古人》，卷 1，页 575—576。

35　阿·马·波兹德涅耶夫著，刘汉明等译：《蒙古及蒙古人》，卷 1，页 43—44。

36　阿·马·波兹德涅耶夫著，刘汉明等译：《蒙古及蒙古人》，卷 1，页 76—77。

37　阿·马·波兹德涅耶夫著，刘汉明等译：《蒙古及蒙古人》，卷 1，页 408—409。此段描述本是伊拉古克散呼图克图商卓特巴衙门情况，因波兹德涅耶夫说其商卓特巴衙门与其他呼图克图一样，故予以征引。

38　胡日查：《清代蒙古寺院劳动者——沙毕纳尔的生产生活状况》，《内蒙古师范大学学报（哲学社会科学版）》，2007 年第 4 期，页 10—15。

39　张永儒：《移动到定居："库伦"发展过程之研究——17 世纪到 20 世纪的宗教、政治、经济变迁》，页 49。

40　中国社会科学院中国边疆史地研究中心编：《清代理藩院资料辑录·乾隆朝内府抄本〈理藩院则例〉》，页 41。

41　蒙藏文化中心藏，《蒙古国家档案局档案》，编号 019-024，页 0125—0128。

42　蒙藏文化中心藏，《蒙古国家档案局档案》，编号 009-007，页 0040—0043。

43　蒙藏文化中心藏，《蒙古国家档案局档案》，编号 022-014，页 0058—0059。

44　蒙藏文化中心藏，《蒙古国家档案局档案》，编号 024-001，页 0001—0004。

45　蒙藏文化中心藏，《蒙古国家档案局档案》，编号 025-001，页 0001—0004。

46　蒙藏文化中心藏，《蒙古国家档案局档案》，编号 024-005，页 0011—0012。另外，沙毕衙门还收容无家可归者，嘉庆九年有窃盗犯白言猛克偷窃被审讯后，无有吃用，投入沙毕衙门度生。参见原文："具保状人韩秉义为保状事。原有白言猛克在圈内猎窃等情，被商民告发，蒙灵大老爷恩批发尚卓特巴老爷审讯，锁押在案。今白言猛克无有吃用，小的暂时保出，求乞饭食，随传随到。伊情愿投入沙毕旗度生，伊如有走失情弊，小的情甘认罪。不致冒保保状是实。嘉庆九年二月。"

47　陈箓：《止室笔记·驻扎库伦日记》，卷 1，页 74。

48　陈箓：《止室笔记·驻扎库伦日记》，卷 2，页 162—163。

49　阿·马·波兹德涅耶夫著，刘汉明等译：《蒙古及蒙古人》，卷 1，页 43—44。

50　阿·马·波兹德涅耶夫著，刘汉明等译：《蒙古及蒙古人》，卷 1，页 582。

51　中国第一历史档案馆编：《乾隆朝满文寄信档译编》，册 10，页 625—626。

52　《军机处满文录副奏折》，编号 03-2575-013，页 1486—1492。

53　阿·马·波兹德涅耶夫著，刘汉明等译：《蒙古及蒙古人》，卷 1，页 573。

54　释妙舟编：《蒙藏佛教史（下）》，收入《近代中国史料丛刊·三编》（台北：文海出版社，1988），辑 45，页 1—77。

55　中国第一历史档案馆编：《乾隆朝满文寄信档译编》，册 24，页 425—426。

56　中国第一历史档案馆编：《乾隆朝满文寄信档译编》，册 15，页 638。

57　《军机处满文录副奏折》，编号 03-3843-050，页 1934—1937。

58　《军机处满文录副奏折》，编号 03-4236-003，页 1278—1282。

59　《军机处档折件》，编号 080418，道光二十七年十二月十日。

60　阿·马·波兹德涅耶夫著，刘汉明等译：《蒙古及蒙古人》，卷 1，页 582。

61　《军机处满文录副奏折》，编号 03-4236-003，页 1278—1282。

62　《军机处档折件》，编号 110812，同治十二年七月七日。

63　《军机处档折件》，编号 115554，同治十三年五月初一日。

64　《明清档案》，登录号 212382-001，道光三十年十二月。

65　中国第一历史档案馆藏，《阿拉善蒙文档案》，编号 101-07-0320-007，同治八年元月十六日。感谢马忠文提供档案，以及朝格图协助翻译此件档案。

66　参见蒙藏文化中心藏，《蒙古国国家档案局档案》，编号 048-029，页 0152—0154；《附件：奏为循例代陈迎接格根之呼毕勒罕一切事宜》，页 0155—0157。

67　阿·马·波兹德涅耶夫著，刘汉明等译：《蒙古及蒙古人》，卷 1，页 595。

68　《大清会典事例》记载："从前达赖喇嘛班禅额尔德尼，每年轮班遣使请安，进献方物。班禅额尔德尼呼毕勒罕因伊坐床，亦遣使进献丹书克请安前来。"参见昆冈等奉敕纂修：《大清会典事例（光绪朝）》，册 10，卷 986，页 1190-1。

69　蒙藏文化中心藏，《蒙古国国家档案局档案》，编号 030-008，页 0027—0028。

70　《军机处满文录副奏折》，编号 03-3686-027，页 1280—1282。

71　中国第一历史档案馆编：《清代军机处满文熬茶档》（上海：上海古籍出版社，2010），上册，页 763—764。

72　中国第一历史档案馆编：《清代军机处满文熬茶档》，下册，页 1853—1859。

73　James A. Millward, *Beyond the Pass: Economy, Ethnicity, and Empire in Qing Central Asia, 1759-1864*（Stanford, Calif.: Stanford University Press, 1998），pp. 27-28.

74　中国第一历史档案馆编：《乾隆朝满文寄信档译编》，册 24，页 409—410。

75　《军机处满文录副奏折》，编号 03-2575-013，页 1486—1492。

76　《军机处满文录副奏折》，编号 03-3578-048，页 2630—2631；编号 03-3686-027，页 1280—1282。

77　转引自蔡家艺：《清代中期进藏熬茶概述》，《民族研究》，1986 年第 6 期，页 42—47、61。

78　《军机处档折件》，编号 048023，嘉庆二十一年闰六月初七日。

79　《军机处档折件》，编号 075079，道光朝。

80　李凤珍：《试析清代达赖喇嘛商上》，《西藏民族学院学报（哲学社会科学版）》，2003 年第 2 期，页 28—31、57；陈崇凯、刘淼：《清代中央政府对西藏的财政支出与财务监管》，《中央民族大学学报》，2007 年第 2 期，页 21—28。传大昭就是达赖喇嘛每年攒昭，掌办商上事务之人备熬茶二次、熬粥一次，每喇嘛一名散布施银一钱。《军机处奏折录副》，档案编号 03-165-8008-11，道光二十四年八月。参见赖惠敏：《从道光二十四年诺们罕案件看〈钦定藏内善后章程〉》，《内蒙古师范大学学报（哲学社会科学版）》，2013 年第 6 期，页 72—90。

81　参见赖惠敏：《清代的明正土司与地方经济》，第三届中国土司制度与土司文化暨秦良玉国际学术研讨会（四川：中国社会科学院边疆史地中心、长江师范学院、石柱土家族自治县，2013 年 10 月 19 日至 21 日），页 1—28。

82　《军机处档折件》，编号 171377，光绪十七年六月二十二日。

83　李毓澍：《外蒙政教制度考》，页 442—443。

84　释妙舟编：《蒙藏佛教史（下）》，收入《近代中国史料丛刊·三编》，辑 45，页 25—26。

85　中国第一历史档案馆编：《乾隆朝满文寄信档译编》，册 2，页 629。

86　世续等奉敕纂修：《清德宗景皇帝实录》，卷 386，页 42-2。

87　中国第一历史档案馆编：《乾隆朝满文寄信档译编》，册 15，页 646。

88　中国第一历史档案馆编：《乾隆朝满文寄信档译编》，册 22，页 529。"格根于七月初七日抵达，初八日朝觐。令格根若于四月二十二日启程，至七月初七日，当有七十余日，沿途不致匆迫，从容前来足可。将此着寄蕴端多尔济知之。钦此。遵旨寄信前来。"

89　阿·马·波兹德涅耶夫著，刘汉明等译：《蒙古及蒙古人》，卷 1，页 574—575。

90　陈箓：《止室笔记·驻扎库伦日记》，卷 1，页 95—96。

91　阿·马·波兹德涅耶夫著，刘汉明等译：《蒙古及蒙古人》，卷 1，页 102—103。

92　马鹤天：《内外蒙古考察日记》，收入王晓莉、贾仲益主编：《中国边疆社会调查报告集成》（桂林：广西师范大学出版社，2010），辑 1，册 12，页 220。

93　参见赖惠敏：《清政府对北京藏传佛寺的财政支出及其意义》，《"中研院"近代史研究所集刊》，期 58（2007 年 12 月），页 1—51；《乾隆皇帝修建热河藏传佛寺的经济意义》，《"中研院"历史语言研究所集刊》，第 80 本第 4 分（2009 年 12 月），页 633—689。

94　阿·马·波兹德涅耶夫著，刘汉明等译：《蒙古及蒙古人》，卷 1，页 96—97。

95　昆冈等奉敕纂修：《大清会典事例（光绪朝）》，册 10，卷 974，页 1091-1。

96　《宫中档朱批奏折·财政类》（北京：中国第一历史档案馆发行微卷，1987），编号 0697-036，光绪十年七月十一日。

97　《军机处档折件》，编号 172765，光绪二十年九月十一日。

98　阿·马·波兹德涅耶夫著，刘汉明等译：《蒙古及蒙古人》，卷 1，页 49。

99　《宫中档朱批奏折·财政类》，编号 0697-027，光绪五年九月二十六日。

100　《军机处档折件》，编号 173739，光绪二十四年四月二十五日。记载："查前准户部咨行卢汉铁路经费划拨库伦银二十万两汇解上海兑收等，所有王公并呼图克图暨奴才等各报效昭信股票，计库市平足银共二十万五千三百两，均已备足现银批交商号祥发永、恒隆光、兴泰隆、公合全等。"《宫中档朱批奏折·财政类》，编号 0701-082，光绪二十四年十一月二十五日。

101　《军机处档折件》，编号 173948，光绪二十七年二月二十一日。

102　《军机处档折件》，编号 177064，宣统元年闰二月二十七日。]

103　《军机处录副奏折》，编号 3-6843-26，光绪十一年九月初四日。

104　世续等奉敕纂修：《清德宗景皇帝实录》，卷 389，页 71-1。

105　阿·马·波兹德涅耶夫著，刘汉明等译：《蒙古及蒙古人》，卷 1，页 49。

106　《喀尔喀法典》，收入内蒙古大学蒙古史研究室编印：《蒙古史研究参考资料》，新编辑 24，页 921—922。

107　蒙藏文化中心藏，《蒙古国国家档案局档案》，编号 067-015，页 0075—0077。

108　阿·马·波兹德涅耶夫著，刘汉明等译：《蒙古及蒙古人》，卷1，页129—131。

109　马鹤天：《内外蒙古考察日记》，页214—215。

110　《宫中档奏折·道光朝》，编号405006584，道光二十二年八月二十九日。

111　《宫中档奏折·道光朝》，编号405006584，道光二十二年八月二十九日。

112　蒙藏文化中心藏，《蒙古国家档案局档案》，编号054-033，页0149—0160。

113　蒙藏文化中心藏，《蒙古国家档案局档案》，编号037-010，页0120—0142。

114　《宫中档朱批奏折·财政类》，编号0968-048，咸丰十一年十二月十七日。

115　蒙藏文化中心藏，《蒙古国家档案局档案》，编号067-015，页0075—0077。

116　蒙藏文化中心藏，《蒙古国家档案局档案》，编号003-004，页0031—0032。

117　清朝入关后实施旗（旗人）民（汉人）分居，内城的汉人都被赶到外城居住，原先汉人居住的房屋被内务府接管成为数量庞大的官房，由内务府会计司官房租库征收房租。雍正年间，内城出租住房6552间、开铺子做买卖房1784间，由内务府一年租银约20000余两。中国第一历史档案馆编：《雍正朝满文朱批奏折全译（雍正元年至雍正三年十二月止20000，上册，页279—280。中国第一历史档案馆所藏《内务府来文》土地房屋类的档案，有关内务府官庄和官房的资料。

118　参见赖惠敏：《乾隆皇帝修建热河藏传佛寺的经济意义》，《"中研院"历史语言研究所集刊》，第80本第4分，页666。

119　参见赖惠敏：《清代归化城的藏传佛寺与经济》，《内蒙古师范大学学报（哲学社会科学版）》，2010年第3期，页1—15。

120　蒙藏文化中心藏，《蒙古国家档案局档案》，编号052-004，页0020-0136。

121　阿·马·波兹德涅耶夫著，刘汉明等译：《蒙古及蒙古人》，卷1，页109。

122　阿·马·波兹德涅耶夫著，刘汉明等译：《蒙古及蒙古人》，卷1，页78—80；金梁编纂，牛力耕校订：《雍和宫志略》，页413—414。金梁提到雍和宫跳步扎之后，以绕寺活动结束。

123　札奇斯钦：《库伦城小史》，《边政研究所年报》，1973年第4期，页97—140。该文系作者读蒙古学者都格尔苏隆（Dugersuren）所著《库伦城史》之笔记，并加上他搜集的资料写成。

124　觉罗勒德洪等奉敕修：《高宗纯皇帝实录》，卷688，页705-1~705-2，乾隆二十八年六月上。

125　蒙藏文化中心藏，《蒙古国家档案局档案》，编号003-004，页0031—0047。

126　佐藤宪行：《清代ハルハ·モンゴルの都市に关する研究：18世纪末から19世纪半ばのフレーを例に》，页71—72。

127　蒙藏文化中心藏，《蒙古国家档案局档案》，编号063-013，页0047—0053。

128　《总理各国事务衙门档案》，档号01-17-040-02-001，光绪三年七月五日。

129　《总理各国事务衙门档案》，档号01-17-051-03-003，光绪十一年五月十二日。

130　世续等奉敕纂修：《清德宗景皇帝实录》，卷217，页1050-1。

131　陈箓：《止室笔记·驻扎库伦日记》，卷2，页244—245。

132　阿·马·波兹德涅耶夫著，刘汉明等译：《蒙古及蒙古人》，卷1，页346。

133　瞿同祖著，范忠信等译：《清代地方政府》（北京；法律出版社，2003），页250—251。

134　库伦的商人属于商民事务衙门管理，波兹德涅耶夫称之为"札尔古齐衙门"，札尔古齐在蒙古语中的意思是审事或推事，满文称为章京，设于1742年，由满人担任，一任为三年，由理藩院派出之员外郎担任。办事处由15名笔帖式组成，其中5名汉人，10名蒙古人。阿·马·波兹德涅耶夫著，刘汉明等译：《蒙古及蒙古人》，卷1，页146—147。

135　马鹤天：《内外蒙古考察日记》，页215。

136　阿·马·波兹德涅耶夫著，刘汉明等译：《蒙古及蒙古人》，卷1，页340。

137　《军机处满文录副奏折》，编号03-3679-032，页2586—2587。道光十九年格根到北京时，商人也纷纷到北京向理藩院陈请，贿赂理藩院书办5000两银。又透过商卓特巴给哲布尊丹巴呼图克图四五千两，但他拿了银子却不履行商人提的条件。商人向理藩院地禀呈，控告书办、商卓特巴、哲布尊丹巴呼图克图讹诈贪贿。

138　清代粮价资料库，http://140.109.152.38。（2014 年 3 月 24 日检索）

139　《军机处档折件》，编号 173029、173030（合璧折），光绪二十二年三月十七日。

140　《三多奏为蠲除积弊加给薪津折》，收入三多：《库伦奏议》（北京：全国图书馆文献缩微复制中心，2004），册 1，页 120—121。当时的蒙古办事大臣札萨克固山贝子绷楚克车林，编辑误植为三绷，其实是两位满蒙大臣。

141　札奇斯钦：《库伦城小史》，《边政研究所年报》，1973 年第 4 期，页 97—140。

142　桑盖艾马克有喇嘛 1100 人，见阿·马·波兹德涅耶夫著，刘汉明等译：《蒙古及蒙古人》，卷 1，页 86。在博罗诺尔湖畔有部分的耕地，见该书页 67。

143　蒙藏文化中心藏，《蒙古国国家档案局档案》，编号 070-029，页 0175—0176。

144　笔帖式为清朝在其所属各机构中设立品级低的文职官员，主要职责为办理文书档案工作。如光绪十八年库伦办事大臣安德奏称："库伦地处极边，辖境辽阔，蒙民杂处，政务殷繁。近年以来办理中俄交涉事件倍增，于前全赖满蒙各员中有才堪肆应，通晓三艺，熟习律例、讲求条约者，始能办理妥协。"库伦印房理藩院笔帖式穆成额、双奎通晓满、蒙、汉文，办理命盗案百余件，堪予奖励。《安德奏为库伦印房理藩院笔帖式穆成额等办理中俄交涉印房公事尤为出力请奖事》，中国第一历史档案馆藏，《宫中朱批奏折》，编号 04-01-012-0555-020，光绪十八年六月初四日。

145　《总理各国事务衙门档案》，档号 01-17-051-03-003，光绪十一年五月十二日。

146　陈箓：《止室笔记·驻扎库伦日记》，卷 2，页 249—251。

147　陆世焱：《库伦商业报告书》，《中国银行业务会计通信录》，期 11（1915 年 11 月），页 21。陆世焱将这些商号列为零售京广杂货业，"由北京外馆输入各种绸缎、布匹、杂货等项，营销于蒙古沙毕图车三杷四盟范围，亦颇扩充所有转运外路。一切骆驼、牛车、脚价均由货物中加价而得其纯利。"万盛京、通和号、人和厚、隆和玉、福来号、富有号、长兴厚等商号主要经营杂货业，运输货物到库伦赚取差价利润。

148　左承业纂修：《万全县志》（清道光十四年增补重刊清乾隆七年刊道光朝刊本，台北：台湾"中研院"历史语言研究所傅斯年图书馆藏线装书），卷 10，页 10。乾隆年间，内务府办进皮张的商人有范清济、王铠、王起凤等。

149　蒙藏文化中心藏，《蒙古国国家档案局档案》，编号 021-019，页 0165—0204。

150　参见蒙藏文化中心藏，《蒙古国国家档案局档案》，编号 024-007，页 017—152；编号 003-004，页 31—43；编号 068-014，页 070—084。

151　今堀诚二：《清代のギルドマーチャントの一研究：内蒙古朝阳村の调查》，《成城大学经济研究：内田直作名誉教授古稀记念号》，号 55/56（1976 年 12 月），页 17—37。

152　蒙藏文化中心藏，《蒙古国国家档案局档案》，编号 019-001，页 001—004。该档案提及："库伦铺商由张家口贩货者止有五十三家，令将其铺伙计几人、每年进口几次，开写花名册三分。商民请领路引，每张路引以一万二千斤之货放行出口，唯有靳鹤、张伯玉、曹裕锦、任尚古等四人呈验路引，亦系库伦监督给发，但原册内并无此四人之名。……可添用该铺号图记，另注写清册一本以备查。"

153　陆世焱：《库伦商业报告书》，《中国银行业务会计通信录》，期 11，页 17—18。

154　参见蒙藏文化中心藏，《蒙古国国家档案局档案》，编号 021-019，页 0165—0204；编号 021-020，页 0205—0221。

155　中国第一历史档案馆藏，《满文月折档》，嘉庆四年九月二十五日蕴端多尔济奏折，转引自孟宪章主编：《中苏贸易史资料》（北京：中国对外经济贸易出版社，1991），页 151。

156　张正明：《晋商兴衰史》（太原：山西古籍出版社，2001），页 225。

157　蒙藏文化中心藏，《蒙古国国家档案局档案》，编号 071-011，页 0055—0062。

158　蒙藏文化中心藏，《蒙古国国家档案局档案》，编号 071-036，页 0163—0164。

159　陆世萩：《库伦商业报告书》，《中国银行业务会计通信录》，期 11，页 9—36。

160　方行：《清代前期农村的高利贷资本》，《清史研究》，1994 年第 3 期，页 11—26；彭凯翔、陈志武、袁为鹏：《近代中国农村借贷市场的机制——基于民间文书的研究》，《经济研究》，2008 年第 5 期，页 153。

161　吴坛撰，马建石、杨育棠主编：《大清律例通考校注》，卷 14，页 522。

162　《宫中档奏折·雍正朝》，编号 402005883，雍正十二年六月二十八日。

163　李之芳：《李文襄公别录》，收入《四库全书存目丛书·集部·别集类》（台南：庄严文化事业有限公司，据辽宁省图书馆藏清康熙刻本影印，1997），册 216，卷 6，页 42—43。

164　赵士麟：《武林草·附刻》（上海：上海书店据武林掌故丛编本影印，1994），页 33。

165　赵士麟：《武林草·附刻》，页 11。《杭州府志》载："赵士麟，康熙……二十三年以副都御史巡抚浙江，莅任初，念小民为营债所苦，酿成大狱，移咨将军掣缴票约，捐资代偿。"参见龚嘉儁修，李榕纂：《杭州府志》（台北：成文出版社，据民国十一年铅印本影印，1974），册 7，卷 121，页 2344。

166　赵尔巽等撰：《清史稿》，卷 521，页 14409—14410。

167　《军机处档折件》，编号 139112，光绪二十三年五月初四日朱批。

168　《军机处档折件》，编号 141495，光绪二十三年八月十八日。

169　《军机处档折件》，编号 159954，光绪三十年四月初十日。

170　蒙藏文化中心藏，《蒙古国家档案局档案》，编号 080-043，页 0149—0150。

171　蒙藏文化中心藏，《蒙古国家档案局档案》，编号 084-046，页 0119。

172　参见赖惠敏：《从杭州满城看清代的满汉关系》，《两岸发展史研究》，期 5（2008 年 6 月），页 37—89。

173　《军机处满文录副奏折》，编号 03-3679-032，页 2586—2587。

174　参见蒙藏文化中心藏，《蒙古国家档案局档案》，编号 015-001，页 0001—0025；编号 017-011，页 0029—0040；编号 020-001，页 0001—0028；编号 020-002，页 0029—0047。

175　蒙藏文化中心藏，《蒙古国家档案局档案》，编号 028-026，页 0117。

176　阿·马·波兹德涅耶夫著，刘汉明等译：《蒙古及蒙古人》，卷 1，页 436。

177　阿·马·波兹德涅耶夫著，刘汉明等译：《蒙古及蒙古人》，卷 2，页 343。

178　蒙藏文化中心藏，《蒙古国家档案局档案》，编号 079-019，页 0097—0101。

179　伊·米·迈斯基：《革命前夜的外蒙古经济》，收入内蒙古大学蒙古史研究室编印：《蒙古史研究参考资料》（呼和浩特：内蒙古大学，1975），辑 4，页 56。

180　张启雄：《外蒙主权归属交涉（1911—1916）》（台北：台湾"中研院"近代史研究所，1995）。

181　《喀尔喀法典》，收入内蒙古大学蒙古史研究室编印：《蒙古史研究参考资料》，新编辑 24，页 922。

182　吴坛撰，马建石、杨育棠主编：《大清律例通考校注》，卷 14，页 522。

183　陈箓：《止室笔记·驻扎库伦日记》，卷 2，页 244—245。

184　陆世萩：《库伦商业报告书》，《中国银行业务会计通信录》，期 11，页 9—36。

185　蒙藏文化中心藏，《蒙古国家档案局档案》，编号 069-029，页 0108—0132。

第九章

清代北方版画贸易网络

俄罗斯学者鲍·李福清（Riftin, Boris Lyvovich）在《中国木版年画集成·俄罗斯藏品卷》序文中说，俄罗斯藏有大量中国木版年画，约有 6000 幅，大概是中国之外全世界最多的，因 19 世纪三四十年代，俄罗斯通过恰克图贸易带来了中国的年画。[1] 阿·科尔萨克著《俄中商贸关系史述》一书，述及了中俄贸易的过程：中国著名的画作、版画、汉文和蒙古文的图书、博物馆的收藏品，有时还有珍珠、宝石及许多其他小物品，均归入杂品类。中国输出的商品还有草帽、折扇及各种妇女装饰用品、胭脂、书写用纸、画画用纸和彩色纸等。[2] 阿·科尔萨克统计了 1847—1851 年糖、药材、生活用品、丝绸布匹、手工业品、小物件六类商品的贸易额，每年平均约 304902 卢布，占恰克图贸易平均总额 6211768 卢布的 5%。其中画作、图书和小物品等，每年平均约 88063 卢布，占 1.4%，数量不大。其他都是茶叶贸易。[3]

米·约·斯拉德科夫斯基（M. I. Sladkovskii）著《俄国各民族与中国贸易经济关系史（1917 年以前）》一书中提到，恰克图输入的商品，包括各种草帽、手工艺制品、扇子、纸张、瓷器等，其总值并不是很大。[4] 因为数量太少，中国商号输出的项目中并没有记录这些物品。中国输出的货物主要分成八类商品：丝绸、布匹、绒线、细清茶、粗茶、草烟、糖果、瓷器，货物缴纳茶规银，按照重量计算，商人每请领部票一张携带 12000 斤货物，小商品装载于"杂货柜"，没有特别标明内容。[5]

从恰克图贸易可知，商人贩卖版画到俄罗斯。但是，首先，年画如何从生产地销售到恰克图？《中国木版年画集成·杨柳青卷》载："每岁冬至前后，贩画客商，四方云集。至腊月初，货色交齐，商旅车马才络绎散去。"《中国木版年画集成·朱仙镇卷》中提到，每年九月初九日为木版年画开始销售的时间。贩画订货的客商纷纷到来，小客户购买十几刀，用蓝印花土布包裹，上肩一背就匆匆赶路。外省大客商则车装、船载，十分气派。[6]究竟这些外省大客商是什么样的商人？其次，生产年画的作坊是否为小作坊？本章以杨柳青、朱仙镇画铺作坊为主，在台湾"中研院"近代史研究所商号资料库中有同样名称的商号，它们有一部分是中俄贸易的茶商，另一部分为重要的旅蒙商。所以本章拟讨论的第一个重点是商号经营的各种生活杂货用品，版画只是商贸项目之一。

本章讨论的第二个重点是这些商铺如何形成城市间的贸易网络。版画贸易从杨柳青、朱仙镇往北，经过北京、张家口、库伦、恰克图等城市，形成了一个贸易网络；另往蒙古贸易的商人，由北京、归化、乌里雅苏台，也可以到库伦、恰克图，亦形成一个贸易网。北京为百货云集的京城，商铺栉比鳞次，版画属季节性的商品。商铺还贩卖相关商品，种类繁多，分布于北京商业专区，如前门、隆福寺、得胜门外等区域。本章将利用台湾"中研院"近代史研究所商号资料库之李华编《明清以来北京工商会馆碑刻选编》中的碑刻资料：《北京城市指南》调查北京地区；北京之外有许檀编《清代河南、山东等省商人会馆碑刻资料选辑》；[7]今堀诚二《中国封建社会の机构—归绥における社会集团の実态调查—》调查呼和浩特地区。[8]通过这些材料，可进行区域间的贸易研究。[9]此外，阿·马·波兹德涅耶夫于 1892—1893 年到过蒙古地区，其重要著作《蒙古及蒙古人》关注各地版画制作与消费的情形。[10]

本章讨论的第三个重点是对朱仙镇的画店调查。都说朱仙镇画店成立于清末民初，既然 19 世纪初期就有年画买卖，为何年画店的出现时间偏晚？本章拟从碑刻材料来讨论年画店出现的时间，主要利用许檀编《清代河南、山东等省商人会馆碑刻资料选辑》。此碑刻材料包括开封、朱仙镇、周口、山东聊城、代州雁门关等地的碑刻，其中有许多画店商铺捐银的资料。[11] 值得注意的是，冯骥才讨论朱仙镇年画年产量达三四百万张，运销到山东、江苏、安徽、湖北、福建、甘肃、宁夏等地，几乎辐射大半个中国。[12] 但他的讨论没有包含山西、蒙古地区。然而，鲍·李福清的研究中却提到恰克图销售版画，可见这方面的研究值得再探讨。总之，本章拟利用碑刻材料，将年画店出现的时间往前推至乾隆年间。杨柳青镇、朱仙镇两地区域范围的年画，由旅蒙商传播到了蒙古以及俄罗斯等地。

一、版画的作坊

清代年画作坊分布于北方和南方，本章仅讨论杨柳青镇、朱仙镇两地。在冯骥才主编的《中国木版年画集成·杨柳青卷》中屡次提到杨柳青年画卖到蒙古地区。而《中国木版年画集成·俄罗斯卷》中所收录的版画上印有画店的名称，如图 9-1 右下角有"戴廉增"字样，表示为杨柳青戴廉增画店所制作。

再者，学者对这两地的画店有详细的调查，《中国木版年画集成·杨柳青卷》画店一节中论述画店设立的时间与代表作，并讨论杨柳青销售天津、北京、河北及蒙古、东北等地。朱仙镇位于交通要道上，乾隆三十三年（1768）朱仙镇《重修关帝庙碑记》碑文记载朱仙镇 14 个门神作坊捐款，可将《中国木版年画集成·朱仙镇卷》画店设立的时间推向更早之前。朱仙镇画店许多是外来商人经营，年画随着其他商品营销各地。

（一）杨柳青镇

杨柳青镇地处天津西部郊区，距市中心区约 22 公里，西与河北省霸州市接壤，南与静海区交界，北临北辰和武清两区，距北京约 125 公里，是南运河、

图 9-1　杨柳青年画《西湖风景》

子牙河、大清河三河流经交汇之处，各水系在这里交汇进海河，流入渤海，历
史上它曾是大运河的重要漕运枢纽码头和物资交流的集散地。[13]

　　交通运输业的发达，是杨柳青木版年画形成和发展的原因之一。据《杨
柳青镇志》记载：随着年画声誉的提高，销路扩大，每年秋季为销售旺期，渐
向五河（大清、子牙、南运、北运、蓟运诸河）口岸货船批发，运销河北广大
农村，并向北京、内蒙古及关东等地区扩散。不难看出，杨柳青水路运输的繁
荣确实给杨柳青木版年画的制作、销售带来了无限的生机。[14]

　　杨柳青年画历史悠久，王树村认为北京的灯谜有一则曰"北宗画传杨柳
青"，表明在群众认识中，杨柳青年画是继承宋代院画传统发展而来。史载：
金兵于靖康元年（1126）陷开封，翌年掠徽宗、钦宗北去。五月，康王即位于
南京（今河南商丘），改元建炎。当时，开封画院收藏的不少名画和画士多被
劫掠到北方。《靖康纪闻》载："金人索内夫人，倡优及童贯、蔡京、梁师成
等王用家声乐。虽已出宫、已从良者，亦要之。又索教坊伶人、百工伎艺，诸

图 9-2　杨柳青年画《抚婴图》

图 9-3　杨柳青年画《金玉满堂》

图 9-4　杨柳青年画《吸烟美人》

色待诏等，开封府奉命而已。"《靖康纪闻》的作者丁特立，其时正在汴京，所记来自"目击而亲闻"，堪称可信。由于北宋画院待诏、百工伎艺多被迫北迁，故杨柳青年画不仅画法多传院体，内容也有不少是元明以前的传统题材。[15] 乾隆年间齐健隆出版的《抚婴图》《金玉满堂》及嘉道年间的绘本《吸烟美人》等，就是院体人物画的经典作品（见图 9-2、图 9-3、图 9-4）。

清康雍乾盛世，北京百货云集，市况繁荣。《杨柳青年画总概》中提到，乾隆中期是杨柳青木版年画行业的极盛时期，"每岁冬至前后，贩画客商，四方云集。至腊月初，货色交齐，商旅车马才络绎散去"。此间，杨柳青木版年画开始打入北京，并独占京华年画市场。戴廉增、齐健隆、忠兴号、杨正记、增华斋、福成号、三义斋、振记、德记等十多家画店，竞相在崇文门外至正阳门一带开设门市，秋冬批售年画，春秋加工纱灯、扇面。年画或从杨柳青总店

图 9-5　杨柳青年画《腊月画棚》

运来，或在北京开作坊自印，销售覆盖北京、河北、内蒙古等地。每年腊月进入年画销售旺季，画商在庙会和繁华街市搭棚设市销售（见图 9-5）[16]。

　　杨柳青镇年画受到多元文化的深刻影响，消费者也呈多元化，既有皇家和贵族，又有城镇市民以及乡村农民等。杨柳青年画艺人们为满足不同的社会需求，分别制作出三个等级质量的年画：一是进贡给宫中贴用的"细活"；二是供给城乡富裕人家的"二细活"；三是为普通百姓过年准备的"粗活"。其中，最具特色的是精工制作的"细活"和"二细活"。这种"细活"必须依赖半印半绘的加工工序，使杨柳青年画更接近工笔重彩国画，形成了所谓"高古俊逸"的风格。[17] 例如戴廉增敬记画店所绘制的《新年多吉庆　合家乐安然》，即使用半印半绘工艺，画面构图饱满，是杨柳青年画中的精品（图 9-6）。

图 9-6　杨柳青年画《新年多吉庆　合家乐安然》

　　王树村的《中国年画史》认为，乾隆初期的年画作品在刻绘技艺方面模仿了西方铜版画之技法：人物衣着有明暗光泽，屋宇城楼有向阳背阴立体之感，仿佛排刀所刻，精妙绝伦，非明末版画艺术可比。[18] 西洋透视法来自明末意大利人利玛窦来华传教时带来的西洋画及西洋物品。到了康熙以后，著名的意大利传教士画家郎世宁（Giuseppe Castiglione）、法国画家王致诚（Jean Denis Attiret）、波希米亚画家艾启蒙（Jgnatius Sickeltart）和意大利画家安德义（Jean-Damascène Sallust）在清廷合称西洋四画家，他们在华形成的新体画风，对当时中国绘画颇有影响。[19] 这种画法在当时被民间画工所吸收，如苏州、北京等地画工绘制的"西湖景"皆采用了西方焦点透视法（见图 9-7）。杨柳青年画中更多受其影响，唯明暗阴影常用彩笔晕染，不用雕版来体现，别有意趣。[20] 杨柳青木版年画进入北京市场后，常被作为贡品。戴廉增曾为清宫特制门神画，另有上百种题材的年画，深受王府贵胄、衙门官员的喜爱。杨柳青年画因此盛极一时。

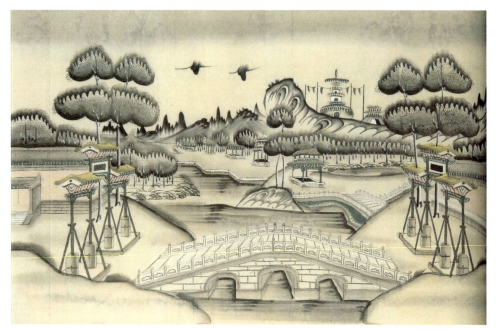

图 9-7　杨柳青年画《风景》

　　戴廉增为杨柳青著名的年画作坊，清乾隆后期，戴廉增画店在北京绒线胡同建立分店；清嘉庆年间，在东丰台设立分店；清光绪年间，在呼和浩特设立分号。戴廉增画店最兴盛时期，有家传从艺人员近百人，兼职雇工 200余人，聘请名画师专事创作画稿，常驻画店画师百人以上。戴氏画店每年约产年画 2000 件（每件年画 500 张），产品销售覆盖"三北"地区。戴廉增画店创作的年画曾被德国、法国、美国、奥地利等国家收藏，成为世界文化的宝贵遗产，是研究中国木版年画的珍贵资料。[21]《中国木版年画集成·俄罗斯藏品卷》中即收录了许多俄罗斯至今收藏的戴廉增年画。例如现藏于圣彼得堡国立艾尔米塔什博物馆的《业车图》，即是戴廉增画店半印半绘所制（见图 9-8）。

　　清乾隆年间，戴廉增开始自营画店，并开创雇工、请画师的制作形式，突破了家庭作坊模式，实行批量流水作业，使年画产量大增，出现销售高潮。除供应天津市场外，还行销北京、河北、内蒙古及东北三省等。[22]

图 9-8　杨柳青年画《业车图》

　　齐健隆画店是杨柳青另一家著名的年画店，于清嘉庆末年，析产成立"惠隆""健惠隆""健隆新记画店"，并先后在北京前门外、河北丰润县（今河北唐山丰润区）东丰台建分号，以后又在沈阳设分庄制作、销售年画，产品覆盖东三省及北京广大农村地区。[23]

　　义成永画店在南乡三十六村，距离杨柳青镇 9 公里。根据王坤研究，南乡土地盐碱易涝，农民穷困，戴廉增把印完墨线的画坯子发给南乡百姓着色描金，随后其他画坊也都仿效，形成南乡三十六村家家绘点染、户户善丹青的局面。据说，杨家于康熙年间由山东潍坊迁到津西赵家庄，杨宝庆率子杨永兴、杨永义经营义成永，并由杨永义在北京打磨厂东建义成永分号，起名为杨正记年画店。另外还在天津建义成永画店分号。后又在河北丰润县东丰台以及东北地区分别建立销售点，产品销往东北三省、内蒙古及张家口和北京广大农村地区。牧区绘制的"细活"也颇有特色，常是些带有牛、马、羊的神像（参见表9-1）。[24]

表 9-1　清代杨柳青的版画作坊 [25]

画店名称	建店时间	画店名称	建店时间
聚全兴画店	嘉庆	亨通号画店	同治
积德成老画店	道光	兴顺成画店	同治
永庆和画店	道光	魁义成画店	同治
万兴合画店	道光	万德公画店	光绪
万盛恒画店	道光	永成德画店	光绪
广盛泰画店	道光	存义永画店	光绪
通兴画店	道光	天德画店	光绪
利盛画店	道光	万兴画店	光绪
永裕和画店	咸丰	义盛昌画店	光绪
庆德厚画店	咸丰	瑞生画店	光绪
边福来老画店	咸丰	义和画店	光绪
南纸画店	咸丰	义兴合画店	光绪
泰盛画店	咸丰	兴（同）隆成画店	光绪
隆合画店	咸丰	义成裕画店	宣统
万泰号画庄	同治	隆昌画店	清末
大兴画店	同治	德庆恒画店	清末
积裕厚画店	同治	复茂画店	清末
和茂怡画店	同治	增利盛画店	清末

（二）朱仙镇

　　朱仙镇是清代中国四大镇之一，商业基础建立在转运贸易上。根据李长傅的研究，朱仙镇自从贾鲁河通航后，约自 17 世纪至 19 世纪进入兴盛期。贾鲁河纵贯南北，将镇一分为二。东镇南北行（向）的有车店街、杂货街、曲米街、油篓街；东西行（向）有仙人桥街、炮房街。西镇主要街道南北行（向）的有顺河街、西大街；东西行（向）的有估衣街、京货街、铜货（坊）街。根据邓亦兵的研究，朱仙镇于雍乾年间，镇中有绸缎、布、染、瓷器、木器、纸、绒货、粮、米、丝、蚕、京货、铅丹、缨帽十四行。商业店铺有烟、桐油、麻、梭布、铁货、靴鞋、绸缎、酒、门神、茶、毡帽、缨帽、皮、羊毛、豆腐干、煤炭等商铺约

32 类、620 余家。值得注意的是，这些商铺和北京铺子的性质有很多雷同之处，经营者以山西、陕西籍为主。山西、陕西商人资本雄厚，几乎垄断了河南市场。山西客商经营福建武夷山茶叶，资本达二三十万至百万，某些小手工业也是由商人出资创办的。[26] 三义成这样的茶商在朱仙镇创立了年画作坊。

许檀从河道变迁的角度讨论东镇和西镇兴衰，清前期东镇繁盛远过于西镇，清中叶后黄河屡屡决口，因东镇地势较低，商铺逐渐西迁，多集中在西大街、估衣街、京货街等处。[27] 这说明了为何民国年间版画作坊主要分布于西大街、估衣街。[28] 许檀还提到，烟草是朱仙镇商业经营中的一大宗商品，朱仙镇汇集的烟草是从山西输入的。山西平阳、汾州、潞安及保德州均产烟草，尤以平阳府曲沃县为最。

冯敏在《中国木版年画的地域特色及其比较研究》一文中提到，至今已有 1000 多年历史的中国木版年画兴盛于北宋都城开封，以后直接传播或影响到其他地区，历史的原因使开封朱仙镇木版年画成为中国木版年画的鼻祖。[29]《中国木版年画集成·朱仙镇卷》一书中也提道"朱仙镇木版年画起源于北宋时期的东京汴梁（今开封）"。朱仙镇木版年画多门神和故事画，全镇有年画店 300 余家，年产年画 3000000 余张，营销于全国各地。[30]

乾隆三十三年（1768），朱仙镇《重修关帝庙碑记》碑文记载了朱仙镇 14 个门神作坊捐银 100 两。这些作坊为当时外来客商开设的有隆盛号（捐 14.9 两）、崔义和（捐 14.4 两）、李同兴（捐 12.5 两）、李合盛（捐 12.1 两）、安玉盛（捐 7.6 两）、陈九如（捐 6.6 两）、阮永成（捐 6.5 两）、北义和（捐 6.3 两）、陈永庄（捐 5.9 两）、义盛号（捐 5.2 两）、和同升（捐 4 两）、武功号（捐 2 两）、南永庄（捐 1.1 两）、陈圣美（捐 0.9 两）。另有门神作坊众工匠捐款 60 两，估计应是本地人为主。[31] 郑海涛认为开封朱仙镇年画自宋代被称为"门神"，印制年画的作坊叫"门神店"，其题材主要是门神，此外还有灶王爷、牛马王、钟馗等。[32]

1755 年以后中俄恰克图贸易正式开展，此时年画的销售还未达到鼎盛时期。义和号属大板烟号，公捐银 200 两。[33] 万盛号为"众米字号"一员，各捐银 33 两。[34] 根据《中国木版年画集成·朱仙镇卷》中的"朱仙镇年画作坊调查情况表"，德盛昌、万和、三义成、泰永长、天兴德、德源长、德盛元、永盛祥、德盛昌都是重要的旅蒙商号（见表 9-2）。[35]

据朱仙镇老艺人回忆，清代、民国时期，镇内较大的年画商号多为山西、陕西、安徽、福建人所开。如德源长杨德山、祥瑞成屈子和、老振兴德的董岁臣都是祖籍山西的画商世家。德源长生意兴隆，门面多达六间，后作坊百余间，常年雇刻印工匠达一百四五十人。老艺人认为"天义德"为本地人开设，是镇内著名的门神商号，仅店铺和后作掌柜就聘雇三四人，艺工百余人。[36] 有的年画商号兼营红纸、杂货。清代规定商号必须在衙门登录图记，以为商业诉讼之证据。[37] 天义德商号分布极广，应不限于朱仙镇的作坊。天义德于嘉庆二十一年（1816）七月间，有元盛德商民郭振全向阿勒精阿商议合作天义德买卖，阿勒精阿依允了本银 2000 两合伙，账上写的是刘世瑞。天义德买卖共是 6 人入股，马贵成、谷玉通、范建勋 3 人各出银 500 两，依拉固克森胡图克图、元盛德、刘世瑞各出银 2000 两。[38] 天义德最初设于乌里雅苏台，是次于大盛魁的重要旅蒙商。天义德分店分布于北京、库伦、科布多、归化等地，经营各种杂货生意，设立版画店来印制门神，以印版齐全、刻版考究、色正味浓而著称，所产年画为镇内年画之上品[39]（见图 9-9、图 9-10、图 9-11）。

表 9-2　民国时期朱仙镇的版画作坊[40]

地　　址	商号名称	执事人
西大街	天义德	—
	老天成	李志亭
	二天成	李国保
	天盛德	张某
	德盛昌	高文成
	万和	刘福兴
	义和成	尹国瑞

续表

地　址	商号名称	执事人
西大街	马天兴	马天宝
	三义成	余金川
	敬胜永	张纯修
	晋源永	高宅贵
	老振兴德	董岁臣
	振兴德	刘子固
	松茂义	郑德
	泰永长	李家
	天兴德	
估衣街	二合	曹润德
	德源长	杨德山
	德隆泰	高德隆
	祥瑞成	屈子和
	玉盛隆	高宏乾
	德盛元	杨家
	庆元长	高家
	永盛祥	
	恒振和	
	万盛	
西门大街	万通	王锁子
	元兴	袁博
	万盛昌	
	福兴	
	盛昌	

　　朱仙镇的年画商号，每年九月起就开始应承订货，进入十一月以后，各年画商号更是张灯结彩，纷纷悬挂丹红纸装裱的招牌（艺人称"挂幌子"），以示开市大吉。这时大街小巷摆满门神货摊，来自各地即邻近乡村的画贩摩肩接踵，熙熙攘攘，热闹异常。[41]

清代皇权与地方治理

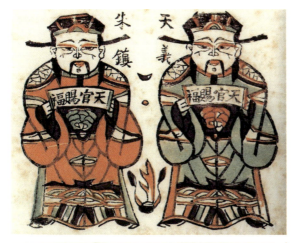

图 9-9
朱仙镇年画《天官赐福》

图 9-10
朱仙镇年画《披袍门神》

图 9-11
朱仙镇年画《马上鞭铜》

总之，杨柳青镇和朱仙镇所处的地理环境相似，两者皆因漕运发达而兴起。杨柳青镇位于南运河、子牙河、大清河沿岸，而朱仙镇位于贾鲁河沿岸，水路交通便利。两处版画的历史渊源都与北宋有关，至清朝杨柳青画工吸收了西洋的绘画技术而发展出透视法，画面中有空间、场面、层次等，呈现出立体化、写实化的倾向，因此，杨柳青年画成为民众争相抢购的对象。

二、北京的版画店铺

北京为皇室贵族、文武百官的聚集地，其消费奢侈品如锦绮罗缎、毛皮布匹、珐琅玉器、翡翠珊瑚等，为各地所仿效。商人将北京的奢侈品携至蒙古，所以在乾嘉时代就有往来蒙古、北京两地的商人。[42] 年画是九月才开市，北京店铺没有特别卖年画的铺子，通常和扇子店、墨盒店以及外馆店铺之类的杂货店结合。版画在北京的情况分述如下。

（一）贩卖日常商品的商铺

北京为百货聚集所在，店铺每年冬季约十二月贩卖印版画，夏天则卖折扇和其他杂货。根据1932年《北平市工商业概况》载："北平为有明建都之地，仿造折扇，必较他处为精。查平市折扇业，皆麇聚于打磨厂中，有戴廉增一家，开设最早，凡有二百余年。相传二百余年前，打磨厂有天益、聚顺、戴廉增三家，鲜鱼口南孝顺胡同有天成一家，皆制折扇者。彼时以天字号为著名，自前清庚子变乱，聚顺、天成同罹抢劫，天益又毁于火，惟戴廉增独存。惟戴廉增一家，年代最久、营业之范围较广，除自制之扇面各地营销外，并兼售苏杭所来之扇与各南纸店往来交易。而如素裱之对联，及各种书画与年画等类，亦为其副业。三益斋、福成斋批发与门市两项，亦颇与之颉颃。"[43]

在北京以卖折扇著称的店铺，贩卖书画与年画等为副业。就北京扇子的销路来说，以市内各小铺店与地摊及附近各乡城镇为多。而远地之来北京贩运者有绥远、张家口、热河，及山西、甘肃、河北、山东、河南等处客商。此类客商平时多住于崇外花市打磨厂之办货客店，各折扇铺及作坊即每日派人到各客店，与之接洽、联络以便推销。[44] 王树村的《中国年画史》中提到河北丰台、武强画工、刻匠带着画样，翻刻复印，赖以生存。戴廉增画店版上，曾刻有"翻刻此版，男盗女娼"字样。不过，画坊主要获利者始终是历史悠久、资金雄厚的大作坊。民间谚语有"当行比不了画作坊"之说。[45]

天津版画店在北京打磨厂的福成号、三义斋也是扇画店，均位于打磨厂路南。[46] 振记经营属于南纸店，在打磨厂中间。[47] 另一家振记在 1914 年《新北京指南》中记载为印刷行业，在廊房二条；[48] 至 1916 年《北京指南》，"振记"改称"石印局"，也在廊房二条。[49] 根据赖毓芝研究，中国传统书画以墨色为主，较少三维空间之物质性堆叠，因此石印技术可以轻易在二维平面上复制出毛笔柔软的笔触和粗细变化，其整体效果当然比传统木刻版画带有刀锋角度与坚硬感的线条更接近手绘原件。正因如此，石印复制品与中国书画原件的距离，比起其在欧洲脉络中与油画等色彩更复杂之艺术品的距离，不可相提并论。[50]

关于石印年画，冯骥才曾讨论过，上海最早使用石版印刷时在 1876 年，主要是天主教堂用来印制宣传品。天津最早使用舶来石印印刷的是英籍德国人德璀琳，他于 1886 年创办了英文报纸《中国时报》。天津人自办的第一份石印报纸是严复等人于 1897 年创办的《国闻报》，这也是中国人自办的第一份现代报刊。严复翻译的英国人赫胥黎著名的《天演论》就发表在《国闻报》上。在石印最初涉入年画时，只是石印墨线稿，在形式和内容上有的还仿制百姓熟悉的木版年画，相当于老年画的线版，余皆手绘填色。但转眼间，彩色的石印就把年画中的人工彩绘全部顶替了下去。

新兴的石印年画几年间就进了全盛时期。天津城中最早承印石印年画的为霖记，接着富华、华中、协成、德隆、鸿记、振记、金华、商益、源和、永兴等大大小小的印刷厂纷纷涌现出来。进入 20 世纪二三十年代，天津的石印年画形成了极大的阵势，其中以富华最具规模。这些印刷厂使用的是从日本与德国进口的印刷机。1937 年七七事变前，单是富华印刷的年画达 30000000 张。天津各印刷厂每年生产的年画总量达 70000000 张。这些年画近销华北，远的卖到西北、东北及内蒙古。[51]

鲜鱼口南孝顺胡同的天成亦制折扇，以天字号为著名。朱仙镇有老天成、二天成或许与此商号有关。其余之富润斋、玉华斋、恒华斋、德裕斋、聚源斋、长盛斋、富顺斋、福聚厚等，成立悉在近数十年中，且属作坊性质，无门面。由此推之，平市所制折扇，虽视苏杭为逊，其制法之流传当属久远。[52]

三义成如同戴廉增一样，在北京开掸扇铺。同时，该商号也是中俄贸易中著名的茶商。米·瓦·阿列克谢耶夫（Alekseev, Vasilii Mikhailovich）《1907年中国纪行》中记载，济南一家卖茶的店铺招牌写着："本号生意遍布全国，各省均有茶庄及分号。"[53] 三义成应属这类商铺。此外，三义成还开设糖果、干鲜果、草纸、挂货等商铺。[54] 俄罗斯西伯利亚及蒙古地区水果较少，为补充维生素和热量，恰克图贸易商人贩卖的八项物品即包括糖果、干果等。前门外在明末清初已有干鲜果铺，乾隆年刻本《宸垣识略》记，前门外大街东边市房后有里街曰肉市；曰布市；曰瓜子店。[55] 瓜子店就是果子市。德盛门内大街也有干鲜果子街，其出现的时间较晚。

最重要的是，三义成为北京的民信局，设于崇文门外打磨厂。[56] 根据李华研究，约在明末清初已开始大量设置民信局，从事民间邮寄、汇兑业务。乾隆年间，以"长江南北洋为中心"，"北洋如天津、京都"等处都有民信局的"伙东"。彭瀛添认为民信局本是汇钱庄或商号，在传递本身信件并兼带他人信件时逐渐演变而成。[57]

过去笔者研究高朴案时，发现三义号股东贾有库经营商铺，在归化城、阿克苏、乌鲁木齐之新城和旧城（巩宁、迪化城）四处都有店铺卖绸缎杂货。又伊犁地方有发货寓所一处，各有伙计经营。三义号杂货铺自乾隆十二年（1747）到乾隆四十三年（1778）的资产约65000两，店铺扩充四家和一个发货所，货驼134只、马2匹，其即亦步亦趋地跟着清朝统治新疆的脚步扩展商业。[58] 清代的商号通常在字号后加上"某"记，表示分店，故三义号与三义成记的关系仍值得进一步探讨。

义和成亦为北京著名的旅蒙商，在北京崇文门外瓜市大街开设五金行、崇文门外大街经营铁铺。[59] 崇文门外四条有棉线铺、针店，花市街有麻绳铺等，供应蒙古人日常所需的物品。[60] 天兴德在北京崇文门外四条贩卖棉线，[61] 崇文门外小市开设皮箱店，正阳门外东小市开设柜箱铺。[62]

以上所述的商铺，其店铺性质为贩卖属衣食之类的日常用品，并兼卖版画。下文则讨论较精致的店铺。

（二）墨盒、古玩等精品店铺

北京之墨盒、江西南昌之象眼竹细工及湖南之刺绣，为中国之三大名物。[63] 天义德在北京开设墨盒铺。在清朝科举时代，士子之来北京应试者，以墨盒为入场最重要之品，罔不购备。又翰苑词人，讲求文具之精雅，于墨盒一项，亦措意及之。一时风尚所趋，遂业此者，多方研求制造与雕刻之法式，成为今日特殊之艺术。北京墨盒之能驰声四远，不仅在外表上之美观，而在实际上之适用。其所以能适用者，以有制造之良法也。[64]

最早出现德顺成的北京碑刻资料是光绪十四年（1888）《重修临襄会馆碑》，德顺成施银 8 两。1914 年《新北京指南》载，德顺成于棋盘街经营呢革。徐珂编《实用北京指南》载，德顺成于打磨厂经营墨，[65] 又于崇文门外上四条经营镜子铺，花市开设山货铺。[66] 北京的前门外，是一个士商云集、铺卢林立的繁闹地区，东边的打磨厂是杨柳青年画行业和丰润扇子的"京庄"聚处；西边的廊房头条和琉璃厂甸，更是民间艺术的汇集之处，如宫灯、画扇、传真、字画、琉璃、丝绣、荷包以及盔头、花炮等，万美毕集。[67]

永和德商铺属于古玩、挂货类的商铺。挂货铺所卖的货物就是居家所用的日用品，杂类古董，以及古玩瓷器、铜铁铅锡、木器等，无所不有。钟表归钟表铺，首饰归首饰楼，估衣归估衣铺，珠宝玉器归红货铺，其他才归挂货铺。[68] 永和德位于东四牌楼南路西，荣兴号也在这附近，东四与西单皆京师极热闹之地。逛庙会为百姓日常生活中重要活动。[69] 隆福寺的庙会逢九、十两日，开庙之日，百货云集，凡珠玉、绫罗、衣服、饮食、古玩、字画以及寻常日用之物，甚至星卜、杂技之流，无所不有。[70]

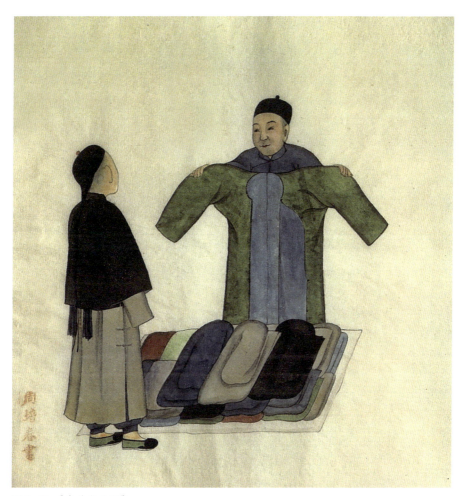

图 9-12 《卖估衣之图》

　　北京估衣铺属于旧货行的一种，旧货行包括当铺、挂货铺、古玩铺等。
估衣铺简言之，即当商满期衣物之出售所也（见图 9-12）。其所售之品，有
粗细皮货、新旧成衣及零星绸缎布匹等。民国初年，此业最为发达，东三省与
上海客商来平市采办者，不绝于途，中以贩运皮货为大宗，其时销售量颇巨。[71]
估衣行商会天义德，执事人高景芳，[72] 于清宣统元年（1909）成立京师古玩商
会，至民国十九年（1930），改组委员制，又定名为北平市古玩业同业公会。
各种古玩名目繁多，举其最大者，如唐代之前的各种铜炉、鼎、彝、盘、壶、

佛像等。又如唐代之后的各种瓷瓶、盘、碗、壶、罐及名人字画，与明末清初之各种雕漆器具或古砚、云石、紫石等。其余若新出土之石碣、陶器、石人、瓦像，奇形怪状，不一而足。[73]

德源长位于北京宣武门外大街中间，开设南纸店，贩卖笺纸。[74]南纸、笺纸、染坊，都跟印版画有关。[75]德源长还经营银号，《明清以来北京工商会馆碑刻选编》中记载，民国十七年（1928）北京成立银钱号公会，民国二十二年（1933）改组为银钱业同业公会。民国二十四年（1935），炉房公会并入本会，始易为钱业同业公会。其会员字号之一为德源长（参见表9-3）。[76]

表9-3 北京贩卖朱仙镇版画的商铺

所属商会	商号名称	地　点	执事人	资料源
古玩行商会	双盛永	打磨厂	马廷贵	孙健主编，刘娟等选编：《北京经济史资料：近代北京商业部分》，页728
古玩行商会	双盛	前门大街	张介臣	孙健主编，刘娟等选编：《北京经济史资料：近代北京商业部分》，页730
古玩行商会	永和德	灯市口	王致和	孙健主编，刘娟等选编：《北京经济史资料：近代北京商业部分》，页728
古玩	永和德	东四牌楼南路西		徐珂编：《实用北京指南》，第六编实业6·美术品，页34
挂货	永和德	东四牌楼南路西		徐珂编：《实用北京指南》，第六编实业12·日用品，页77
估衣行商会	永盛德	铺陈市	徐廷焕	孙健主编，刘娟等选编：《北京经济史资料：近代北京商业部分》，页709
墨盒	天义德	杨梅竹斜街		姚祝萱编：《北京便览》，收入《民国史料丛刊》（郑州：大象出版社，2009），册793，页189 徐珂编：《实用北京指南》，第六编实业5·教育品，页28
呢革	德顺成	棋盘街		撷华编辑社：《新北京指南》，第十一类营业（寅）工厂，页10-2

续表

所属商会	商号名称	地　点	执事人	资料源
墨盒	德顺成	打磨厂		徐珂编：《实用北京指南》，第六编实业 5·教育品，页 28
镜子铺	德顺成	崇文门外上四条		徐珂编：《实用北京指南》，第六编实业 11·装饰品，页 64
山货铺	德顺成	花市		徐珂编：《实用北京指南》，第六编实业 12·日用品，页码 78
汉口鞋帽店	德顺成	新安街		武汉书业公会：《汉口商号名录》（武汉：武汉书业公会，1920），页 87
古玩	荣兴号	东四牌楼南路西		徐珂编：《实用北京指南》，第六编实业 6·美术品，页 34

（三）蒙古贸易的杂货铺

清代蒙古王公到北京朝觐时（见图 9-13）居住外馆附近形成了著名市集。旅蒙商分布在北京城的特定区域，如德胜门外的牲畜店、毡屉铺、马鞍铺；德胜门内有果子市，糖坊、干鲜果行、烟铺等。茶叶铺分布在德胜门外路或丁字街附近。外馆经办的货物有砖茶、生烟、绸缎布匹、牛皮靴、毡帽、铁器、酒类、糖果糕点、干货等。这些商铺属于杂货铺性质，其中即包括了贩卖年画的作坊。民国八年（1919）《外馆杂货行商会》中还记载有 149 家商号。[77] 外馆杂货行中有十余家与朱仙镇的年画作坊名称一样的，这是很有趣的问题。

北京玉器街之三盛兴、恒盛兴，经营蒙藏等地的买卖，称为蒙藏庄。他们用松石、珊瑚和青玉等原料，磨制出蒙古、西藏人喜爱的头饰品、腰饰品和带饰品及各种鼻烟壶等器皿，向蒙古和西藏等地区出售。图 9-14 中蒙古妇女即以珊瑚松石串垂挂在耳旁。这些店铺除门市经营外，还派专人去蒙古、西藏、青海等地推销。以货易货，换取蒙古、西藏人的牛、羊、马及皮毛等土特产。[78] 徐珂编《实用北京指南》中载，三盛兴位于取灯胡同西头的店铺经营珠宝玉石；[79] 位于柳树井者则经营护肩毡屉铺。[80] 此外，德盛昌经营帽行[81]、靴庄。天兴德商号则在北京经营棉线、柜箱、皮箱、骡马车行、米面庄，[82] 该商号也在张家口、库伦有分号。

图 9-13 《蒙古人来京进贡》　　　　　　图 9-14 《蒙古妇女》

　　清代北京的工商业者，以山西人势力最为庞大，他们垄断钱庄、染坊、粮食、干果、杂货等重要行业，而且建立了北方的商贸网络。以下两节讨论北路和西路的贸易路线，依旧是山西人所建立的商贸路线。

三、北路的版画贸易路线

　　清代政府称从张家口到恰克图进行中俄贸易的商人为"北商"；从归化城携带茶叶售与新疆南台、喀什噶尔、安集延国贸易的商人为"西商"。 朱仙镇的版画作坊中有些是贩卖茶叶的商号，譬如三义成、义和成、万和成等，这些商号在张家口的碑刻材料中可以找到信息。另外，张家口的货物到库伦后有栈房暂时堆放货物，因此也出现在库伦的商号名册中。

（一）张家口
张家口是中国内地货物进入蒙古的重要集散地，此地风俗是于过年时家

图 9-15 《上关下财》

图 9-16 《观音财神》

家户户会在门扇上贴文神、武神作为门神。被当门神祭祀的有孔子、关帝、张仙、观世音菩萨、财神、灶神等，据说商民还会祭祀狐仙之类的。图 9-15 的年画中，上部为关羽，下部为增福财神，俗称"上关下财"，亦可谐音为"上官下财"。图 9-16 更是集三种神明于一幅，上部为观音坐莲台，中部是关羽，最下面则是增福财神。普通大门上贴红色春联，写着吉祥文字[83]（见图 9-17）。

　　《张家口布施碑》中记天兴德施钱 5000 文；[84]《丰镇布施碑》中记天兴德布施 5 两。[85] 三义成在 1835 年至 1845 年间，从事中俄茶叶贸易，总额为 304987 两，算是中等的茶商。[86]《张家口布施碑》中记载三义成施钱 30000 文；《河南彰德府武安县合帮新立碑记》中捐钱 2000 文。[87]

　　义和成在同治四年（1865），山东聊城《山陕众商会馆续拔厘金碑记序》

图 9-17 《春联门神》

中记载其捐银 1 两。同年，《河南彰德府武安县合帮新立碑记》捐钱 2400 文；[88]
《归化城布施碑》中记载义和成布施 500 文；《张家口布施碑》施钱 2500 文。[89]
德盛昌在同治四年（1865），《河南彰德府武安县合帮新立碑记》记载其捐钱
800 文。[90]万盛昌在同治四年，山东聊城《山陕众商会馆续拔厘金碑记序》记
载其捐银 8 钱。宣统元年（1909），雁门关《留芳百代碑》记载万盛昌施银 2 两。
永泰祥在《张家口布施碑》记载其施钱 6000 文。德隆泰在同治四年，山东聊城《山
陕众商会馆续拔厘金碑记序》记载其捐银 5.7 钱。[91]

（二）库伦地区

　　上述张家口商号在库伦皆有分店。咸丰五年（1855）义和成贺天兴盖合
厦 1 所、房 14 间、棚 2 间、门柜 2 间、大门 1 合。[92]宣统二年（1910），义

和成位于西库伦四甲，执事人吕智和，直隶万全县人，有伙计 4 名。[93]

万和成出现在库伦的时间很早，嘉庆十八年（1813）被编入库伦买卖城三甲，有伙计王珏、王曰弼、陈玉瑷、严国湖，属于大铺户。执事人严国瑚，于道光二十二年（1842）出现在西库伦。[94] 二甲长带领地字第伍号万和成执事人张万选，饶阳人，伙计 30 名。[95]

在库伦由北京人开的店铺里，有大量北京制作的蒙古人日常所用的生活物品，从宗教生活、公共生活的用品到富有的王爷的蒙古包中使用的器具。蒙古王公可在这里找到各种顶珠和其他表明自己官阶的饰物，除置办办公室用具，还可买到装饰房间的花瓶、灯、画、雕像及各种摆设。[96] 蒙古多数人不识字，故年画超越了文字的框架，表达出百姓的期待。譬如蒙古人见面礼先问候牲畜，而年画上的动物有镇宅除邪、保护一家平安的作用。例如《挂印封侯》，画面有一猴子在戳悬于松枝上的马蜂窝，取其封（蜂）侯（猴）吉祥谐音。《猛虎山林》则认为具有除妖辟邪的功能。[97]

1892 年，阿·马·波兹德涅耶夫到蒙古西库伦，对北京店铺外表装潢之精致印象深刻。他说："商号每一家大门上一定贴着对联，每到新年时换上一副新的，上面写着从古书上抄来的吉祥字句。更富有的人家的大门和门楼通常都是上漆的，大门上除了对联外，还有古装的汉人画像，和我们在茶壶上和中国花瓶上所见到的一样。汉人有时过分追求精致的装饰，他们大概体会不到透过玻璃的天然光线的可贵，因为他们从来不用玻璃。即使富裕的汉人真的把自己的窗户装上玻璃，他们也几乎从不让它白白空在那里，而一定要在上面贴上一张画，或者画上花鸟鱼虫及古代生活的场景。"[98] "北京铺子的内部总是隔成两个或三个屋子，打扫得很是整洁。正对着门的是柜台，柜台里面是一层一层的小货架，架子上整齐地摆满了各种小商品和精致的小摆设。货架的两旁堆着成匹的绸缎，两侧墙的货架上摆着较次的绸缎和棉布。店铺里空着的地方悬挂着成衣，有缎袍、汗褡子和各种短上衣。两边的耳房做账房，或做住房，尊贵的买主通常在这里歇坐，墙上总是挂一些画。"[99]

"富有的顾客受到更好的款待，被邀请到与店铺分开的第二个房间里去。

图 9-18 《蒙古"司法长"车臣汗那旺那林》   图 9-19 《蒙古妇女》

这里同样有炕，两三张凳子，桌子上放着秤、账本和算盘。除了这些铺底外，有时还放着几只柜子。这个房间是没有货物的，墙上挂着镜子、画和对联。呼勒和买卖城富裕的汉人店铺一般都是这样的。除了商号外，汉人开的客栈，墙上也都挂着字画，这就是各个房间千篇一律的布置。库伦买卖城每家客店都有三十间客房。"[100]

　　蒙古人的生活习惯受汉人影响。在蒙古包的门上有挂着对联。毡包有一扇用驼毛和马鬃密缝而成的毡门，从外面挂于毡包上，在毡包里面用两块钉有合页的小木板关住。[101] 有些蒙古包的门楣上雕有花纹，门格上糊着纸；蒙古包的两边门框也同样按照汉人的习惯贴着红纸对联。[102] 从《止室笔记》中的插图《蒙古"司法长"车臣汗那旺那林》《蒙古妇女》中，可以看到在蒙古包中留影之人身后也有整幅的图画，足以证明蒙古包内也挂着画（见图 9-18、图 9-19）[103]。

（三）恰克图

《恰克图圈城内铺户人名清册》记载了嘉庆二年（1797）七月十八日，刘学和邓成英皆在万和成记（铺内2人）内工作，该铺营业额每年不过一千二三百两。[104]《恰克图东升街人数栅外合栅人数花名册》中也记载嘉庆十八年（1813）七月，万和成记有柴薪合栅一所。其述万和成在张家口、库伦设商号，这商铺在归化、乌里雅苏台也是重要的年画商号。[105]

鲍·李福清《中国年画在俄罗斯》一文描述了作家叶费鲍夫斯基于19世纪40年代的随笔《圣彼得堡小贩》中的记载："在维亚兹尼科夫的驿站停留，驿站旅馆装饰桥面的画都是纯粹的中国画，都是商贩们从恰克图趸来的。"普希金小说《驿站长》中描述驿站的墙上贴着不是俄罗斯的版画，而是中国的。李福清认为画贩子们从恰克图中国人手中买到这些木版画，然后再卖到俄罗斯。又有一位汉学家索斯尼茨基于《中国画》中写道："我们在边境很少交换中国画，原因是俄罗斯的买家不多。"[106]阿列克谢耶夫也在《1907年中国纪行》中提及他走访了各地的年画店。[107]图9-20为阿列克谢耶夫1907年购于朱仙镇的万通老店所制作的门神，现藏于奥拉宁包姆市中国宫。图9-21则是

图9-20　朱仙镇版画《立刀门神》　　　　　　　图9-21　《麻姑》

1907—1909 年所购的《麻姑》，现藏于圣彼得堡艾尔米塔什博物馆。此幅杨柳青年画设色以墨色为主，反映了杨柳青年画对文人画的崇尚。

瓦西里·帕尔申（Vasilii Petravich Parshin）观察恰克图买卖的方式是以货换货。俄国商人付给中国商人各种毛皮、羔皮、呢绒、棉绒、上等山羊革、山羊皮、黑色和红色的多脂革、各类畜皮、麝香、马鹿角等；换回来的主要是各种茶叶及一部分中国丝织品，如缎子、绸子、山蚕绸、半丝织品等，也换回了一些瓷器及其他工艺品，但为数不多。[108] 所谓的工艺品应该包括版画，因他观察到恰克图买卖城的商号的墙上都挂着画。《外贝加尔边区纪行》记载，中国商铺的前厅安装中国式的壁炉，屋内靠桥四周宽大的板床应该是炕，上面垫着毡子，毡上再蒙一条毛毯。墙上挂着俄国的镜子，有时也挂一些小画。房门上头贴着彩纸横幅，上面用方块汉字题着店主的大名，特别显眼。[109]

匈牙利人李盖提·拉约什于 1928—1930 年到内蒙古地区考察，他描述在内蒙古度过新年时，整个喇嘛村里贴出许多中国神话人物的年画，住房里也贴上许多能保护墙壁的彩画纸。在中国妇孺皆知的英雄人物，如《三国演义》的故事，在半汉化的蒙古人那里也不陌生。他说："蒙古族体材的画不多见，清王朝时期，蒙古族年画也很时兴。现在已经大部分散失。我曾饶有兴趣地研究了一幅旧年画，描绘的是一个王爷的随从里的蒙古族人架鹰打猎的情形。他们都骑在马上。"[110] 图 9-22 绘官宦人家驾鹰牵犬外出打猎、满载而归的情景。在画中可见战利品中有梅花鹿，取意为"得禄（鹿）"回家。

总之，从张家口、库伦到恰克图的中俄贸易路线中，年画亦属于商品之一，在蒙古和张家口也都存在年画的遗迹。

四、西路的版画贸易路线

《蒙古纪行》一书中提到 1876 年乌里雅苏台的买卖城，有两家商号有货栈且在城外，两家商号指的应是大盛魁和天义德。城内有十家北京商号。城内

图 9-22 《得禄回家》

两条街上挤满了营业的商店和作坊,店门前总有一群群或步行或骑马的蒙古人。这些临街的铺面外,开在院子里的铺子也进行交易活动。乌城店铺卖有上等的茶具、绸缎、绘画等,以满足蒙古王公的嗜好和奢侈的生活。[111] 曾任乌里雅苏台参赞大臣的祥麟也提到乌城有北京人开的商铺,由北京到归化再到乌城即所谓的"西路"。以下介绍归化、乌里雅苏台的商业活动。

（一）归化

波兹德涅耶夫说在归化城店铺的中国货中可以看到瓷花瓶,但是没有见到有珐琅花瓶。此外是镜子、瓷花、玻璃画和将这种画嵌在黑木中的托盘。其中无论是装饰房间的画,还是绘在托盘上的画,有许多是极不雅观的。然而这些画都公然陈列着,过路人和买主一点也不因此感到害臊。[112] 归化城为中蒙贸易的西口,许多货物由此输往蒙古乌里雅苏台和科布多等地,木版画或玻璃画当是贩卖货物之一。值得注意的是,归化的油画行公立"吴真社"传说成立于雍正十年（1732）,乾隆五十一年（1786）油画行公立"吴真社"匾额。油画行为油漆业和裱画业的合称,民国二十二年（1933）有"吴真社公置义坟记",

值年正社长有张画局、刘画铺。[113] 今堀诚二考证归化的油画行属于山西大同帮，其学徒亦是大同出身。

　　波兹德涅耶夫于 1893 年到归化城，他说制作版画的有名商号天义德一年贸易额近 7000000 两，也有 900 峰骆驼运输货物。[114] 许檀在归化城的碑刻中找到天义德在咸丰七年（1857），《归化城布施碑》施钱 1500 文。[115] 同治七年（1868）至光绪二年（1876）捐款碑记载天义德施银 2 两。[116] 今堀诚二所辑录归化城的碑刻资料中，小东街关帝庙于道光十八年（1838）叩敬"丹精核濮"匾额，有醇厚社乡总天义德。道光二十八年（1848）叩敬"立德立功"匾额，有集锦社乡总、大盛魁、天义德。[117] 醇厚社的乡耆总领的简称乡总，为旅蒙杂货铺行的组织，杂货铺贩卖京货和百货。所谓京货指北京、天津、苏州、杭州所产的高级缎匹杂货；百货则指梭布、烟草、茶叶、果品、纸张、染料、海产、砂糖等。[118] 天义德属集锦社，集锦社为归化城商人组织的十二社之一。清末信恪的奏折提道："凡预领院票呈缴一切办公银两，均先由该社垫付。俟各商户领票时，再行扣还垫项。"集锦社商民持文赴理藩院呈领信票。[119] 此外，天义德亦属通事行，所谓通事行是专代蒙古人办理买卖，从中扣取佣金者。业此者均熟悉蒙古语言，蒙古行商之来归化者，以不谙本地商情之故，均投通事行安歇。所携之牲畜皮毛即托通行事为之代销，并代办购货报税装运等事，通事行则于卖买两方面各征佣金百分之三，伙食由蒙古客商自备。[120]

　　《归绥通志》记载，归化输至蒙古的砖茶值数千万元，占对蒙古输出品第一位。[121] 乾隆九年（1744）茶商纠首（发起人）建金龙庙，乾隆二十年（1755）组织青龙社。后因失去市场，金龙社不复存在。[122] 宣统三年（1911）重修挂匾额"为善是富"青龙社总甲首敬叩万和成等。[123] 另有公义茶社是归化青茶业者的组织，义和成在道光十一年（1831）、咸丰元年（1851）和同治二年（1863）系公义茶社的会员。[124]

　　归化三贤庙碑刻中，道光二十三年（1843）菊月谷旦三义成等德盛社献匾额"智勇同兄"。德盛社为肉铺的组织，匾额置于张飞神像前，说明祭祀以张飞为主神。[125] 天兴德出现于归化城的碑刻材料；道光三年（1823）小东街关帝庙碑刻为集锦社、醇厚社乡总；光绪六年（1880）为福虎社乡总。福虎社是磨面、碾面行的组织，天兴德于光绪年间担任会首。[126] 在乌里雅苏台亦有分庄，由碾面铺磨制驻防兵丁所需粮食。咸丰七年（1857）《归化城布施碑》载广和永、万顺昌、二合公各施银3000文。万和成、广和兴各施银1500文。[127]

嘉庆二年（1797）三月钱行公献"灵佑边民"匾额，正副总领万和永、万和成等。道光二十一年（1841）重修鲁班庙，庙外新建旗杆一对，会首有义和成、万和成等。万和成也是青龙社乡总，光绪二十二年（1842）敬叩"清云明乐"匾额。青龙社为碾米组织，福虎社为面行的组织，他们必须负担军需。根据同治四年告示，"青龙、福虎两社，向系充行认派需费较繁，惟指栏柜零星售卖米面藉以生理"。光绪三十四（1908）年，福虎社总领为万和成、程有容。[128]

（二）乌里雅苏台

乌里雅苏台有27家商铺轮流值班，提供军需。咸丰十年（1860）的碑刻上有这些商号名称：泰和店、义成店、大盛魁、天义德、富中魁、元盛和、三义成、恒盛鸿、万和成、双兴义、长泰德、永丰明、永源长、四合成、元兴魁、万兴义、玉盛魁、大森玉、王银、杨如梧、李应朝、四德盛、大盛公、永胜义、德盛福、京馃铺、义盛德共捐30两。以上的商铺中，天义德、三义成、万和成也是卖版画的店铺。

前述天义德成立于嘉庆二十一年（1816），并以乌里雅苏台为商号起源地。天义德和大盛魁是乌里雅苏台所谓的通事，支付衙门和提供驻班蒙古王公所需，并管理商人在乌城买卖的税收，档案记载："其他二十七家买卖平秤，以两店为准，交易以两店为凭。"[129] 图9-23即是以秤神为题材的年画。根据《旅蒙商大盛魁》的记载，天义德是在当时的外蒙古放高利贷的一家"印票庄"，是旅蒙商中有名的三大号之一。它比大盛魁晚几年成立，也有200多年的历史。

天义德放"印票"账的范围，只限
于三音诺颜汗部。它和大盛魁都是
在清朝嘉庆年间领得"龙票"的，
营业的性质与大盛魁相同，但规模
比大盛魁小，放"印票"账所得的
贷款也比大盛魁少。天义德在后期
也投资开设了几家小号，计有天元
德、谦元昌京羊庄、天和德茶庄、
天元成毡房；还有天亨德、天利德
外路庄等商号。当时的外蒙古宣布
"独立"后，为了避免损失，雅克
格圪森活佛即住在乌里雅苏台天义
德号内，以财东的身份，保护天义

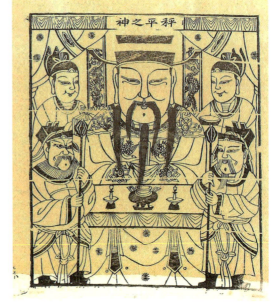

图 9-23 《秤平之神》

德的财产，并派人护送天义德的从业人员返回归化城总号。天义德由于有雅克
格圪森的保护，没有遭受什么损失。[130]

　　祥麟任乌里雅苏台参赞大臣时，将所见所闻以日记方式记录下来，光绪
十二年（1886）十二月十八日记载："饭后观郭什哈等糊纸灯贴春联。"[131]
光绪十五年（1889）十二月初六日的日记载："瑞荩臣诸友来署代写两署春联，
亥正便酌汤点而去。"光绪十六年（1890）二月十五日："文润斋赠绥点二匣、
腐乳二瓶、豆腐干一盘、葫芦条一束、靛烟一包、字画一幅一联、咸菜一盘、
山药一束。"[132]在乌里雅苏台的衙门，过年贴春联，并以字画为礼物，和内
地生活无异。

　　乌里雅苏台和库伦之间形成一个商业网络，是因汉人商人不选"最近"
的路往赛尔乌苏，而是选择运费较便宜的往库伦的路线，即有弹性的销售策略，
可在库伦选择要将商品运往恰克图或运往中国内地。价格的差异主要取决于货
物运到的期限。从乌里雅苏台到库伦的路线，拉脚钱每只载货的骆驼或牛车收
银 4—6 两，每个骆驼驮子和每辆牛车所载的货物均为 300 斤重；特地专程往

库伦拉货的价钱则是每只骆驼为银 7.5 两至 9 两，每辆牛车为银 6.5 两或 7 两。乌里雅苏台到恰克图多用牛车。从乌里雅苏台至恰克图，赶牛车需走 40 天至 50 天，每辆牛车的拉脚钱为银 6.5 两至 9 两。三音诺颜部及土谢图汗部的蒙古人到呼和浩特的运输工具只有骆驼，每只骆驼收银 7 两至 9 两。[133]

（三）科布多

乌里雅苏台到科布多，每只骆驼的拉脚钱为银 3 两 5 至 5 两，有两条路可走，一条为驿道，另一条略靠北一些。而至巴尔库勒，每只骆驼的拉脚钱为银 10 两；至古城为银 15 两。[134]

波兹德涅耶夫看到科布多衙门的接待室的四面墙上，除了对联，还挂着中国水彩画。[135] 在对科布多买卖城的外貌作进一步描绘时，波兹德涅耶夫表示："我们应该说，它的建筑物也和这些建筑物所用的材料一样，十分单调。临街的房屋都是用木料或土坯建成；而且一律都是用泥抹面的平房；只有一个窗户，连窗框算在内，其高度约为 2.5 俄尺，宽度为 1 俄丈，有的比这还要宽，分为四五十个小方格，上面贴着麻纸以透光。一些有钱人家在当中的四个小方格中镶着玻璃，不过这些玻璃在这里并没有起到应有的作用，因为汉人总是喜欢在玻璃上画上各种图画，以致它们几乎比纸还要暗。"[136]

科布多普宁寺的住房全都是按照中国的艺术风格布置的：墙上贴着图画，门窗上方的檐板上装饰着泥塑的花朵等。1872 年东干人作乱期间，这些房屋遭到了严重的破坏，从此再也未加修葺。如今它们都成了空棚，只是在墙上某些地方还残留着过去曾装饰过房间的图画。[137]

结　论

本章的研究发现，清代版画在北方形成了一个贸易网络，它有几个重要因素。

第一，杨柳青画店历史悠久，如戴廉增、齐健隆画店始于宋代，明代永乐年间开始兴盛。根据调查统计，建于清代的画店，计有嘉庆朝 1 家、道光朝 7 家、咸丰朝 6 家、同治朝 7 家、光绪朝 10 家、宣统朝 1 家，还有些建店时间不清楚的画店。

第二，不论是杨柳青或朱仙镇的版画都受到北宋以来宫廷绘画风格的影响。此外清朝西洋传教士带来的西方透视法也被民间画工所吸收，杨柳青年画更多受其影响，唯明暗阴影常用彩笔晕染而不用雕版来体现，别有意趣。戴廉增曾为清宫特制门神画以及上百种题材的年画。如此丰富的文化底蕴，成为外销画的内涵。

第三，杨柳青和朱仙镇都位于交通要道上。杨柳青靠近大运河，至京城交通便捷。朱仙镇本身就是一个商业重镇，有山西、陕西商人携着巨资经营各种南北货，版画为其中之一。考察朱仙镇的版画工坊可知，它们是清代大商铺投资经营的工坊，版画随着商品流转到北方各城市。北京是最繁华的城市，市廛铺户装饰金碧辉煌，令人目迷五色。铺户依照季节变化经营不同商品，春秋的掸子、夏天的扇子、冬天的版画。此外，版画存在于较为高级的商铺，如墨盒店、银号中。更随着民信局的商铺兴起，版画被运往北方的张家口、库伦、恰克图以及俄罗斯的城市。

第四，若干大商号所经营的画店，版画随着其他商品输往归化、科布多、乌里雅苏台、库伦，以满足清代驻军和蒙古人所需。从现存的年画可了解，一些年画的题材和蒙古人的习俗、信仰有关，譬如杨柳青戴廉增画店所制《五台山》，描绘佛教祖庭五台山的风光（见图 9-24），杨柳青边福来老画店的《关外蒙古抢羊斗胜》描绘蒙古民间游艺活动（见图 9-25）。版画商铺卖的货品多，营销范围广，其商业网络值得注意。

总之，关于明清版画的绘画内容或艺术风格已经有许多研究成果，本章仅针对版画生产的商号以及销售的路线进行讨论，将来若能找到更丰富材料，当可进行细致研究。

图 9-24 《五台山》

图 9-25 《关外蒙古抢羊斗胜》

注释

1　冯骥才主编：《中国木版年画集成·俄罗斯藏品卷》，页 8。

2　阿·科尔萨克著，米震波译：《俄中商贸关系史述》页 186—187。

3　阿·科尔萨克著，米震波译：《俄中商贸关系史述》，页 187。

4　米·约·斯拉德科夫斯基著，宿丰林译：《俄国各民族与中国贸易经济关系史（1917 年以前）》（北京：社会科学文献出版社，2008），页 233。

5　参见赖惠敏：《清政府对恰克图商人的管理（1755—1799）》，《内蒙古师范大学学报（哲学社会科学版）》，2012 年第 1 期，页 39—66。19 世纪中国输出的物品由布匹转为茶叶，布匹的数量有些纪录，但主要都是茶叶。参见赖惠敏：《山西常氏在恰克图的茶叶贸易》，《史学集刊》，2012 年第 6 期，页 33—47；《十九世纪晋商在恰克图的茶叶贸易》，收入陈熙远编：《覆案的历史：档案考掘与清史研究》，页 587—640；《清代北商的茶叶贸易》，《内蒙古师范大学学报（哲学社会科学版）》，2016 年第 1 期，页 57—74。

6　冯骥才主编：《中国木版年画集成·杨柳青卷》（北京：中华书局，2007），页 15；冯骥才主编：《中国木版年画集成·朱仙镇卷》（北京：中华书局，2006），页 24。

7　李华编：《明清以来北京工商会馆碑刻选编》；许檀编：《清代河南、山东等省商人会馆碑刻资料选辑》（天津：天津古籍出版社，2013）。

8　今堀诚二：《中国封建社会の机构—归绥（呼和浩特）における社会集団の实态调查—》（东京：日本学術振兴会，1955）。

9　台湾"中研院"近代史研究所数字资料库是由"中研院"数字典藏中心和近代史研究所资助，利用城市指南及工商指南建立的资料库，已完成张家口、北京、上海、汉口、苏州等地的商号。

10　阿·马·波兹德涅耶夫著，刘汉明等译：《蒙古及蒙古人》。

11　许檀编：《清代河南、山东等省商人会馆碑刻资料选辑》。

12　冯骥才主编：《中国木版年画集成·朱仙镇卷》，页 24；王树村：《中国年画史》（北京：北京工艺美术出版社，2002），页 136—137。

13　《杨柳青年画总概》，收入冯骥才主编：《中国木版年画集成·杨柳青卷》，页 12。

14　《杨柳青年画总概》，收入冯骥才主编：《中国木版年画集成·杨柳青卷》，页 13。

15　王树村：《民间年画六说》，《美术研究》，1986 年第 2 期，页 70—74、87—88。

16　《杨柳青年画总概》，收入冯骥才主编：《中国木版年画集成·杨柳青卷》，页 15。

17　冯敏：《中国木版年画的地域特色及其比较研究》，《郑州大学学报（哲学社会科学版）》，2005 年第 5 期，页 168—171。

18　王树村：《中国年画史》，页 120。

19　伯德莱（Beurdeley, Michel）著，耿升译：《清宫洋画家》（济南：山东画报出版社，2002），页 36。

20　王树村：《中国年画史》，页 121。

21　"画店与艺人"，收入冯骥才主编：《中国木版年画集成·杨柳青卷》，页 544—545。

22　"销售与研究"，收入冯骥才主编：《中国木版年画集成·杨柳青卷》，页 560。

24　"画店与艺人"，收入冯骥才主编：《中国木版年画集成·杨柳青卷》，页 545。

25　王坤：《义成永画店田野调查报告》（北京：中国戏剧出版社，2011），页 78—81、102。

25　冯骥才主编：《中国木版年画集成·杨柳青卷》，页 547。

26　邓亦兵：《清代的朱仙镇和周家口》，《中州学刊》，1988 年第 2 期，页 121—124。

27　许檀：《清代河南朱仙镇的商业——以山陕会馆碑刻资料为中心的考察》，《史学月刊》，2005 年第 6 期，页 93—100、128。

28　冯骥才主编：《中国木版年画集成·朱仙镇卷》，页 282—284。

29　冯敏：《中国木版年画的地域特色及其比较研究》，《郑州大学学报（哲学社会科学版）》，2005 年第 5 期，页 168—171。

30　冯骥才主编：《中国木版年画集成·朱仙镇卷》，页 15；冯骥才主编：《中国木版年画集成·朱仙镇卷》，页 278。

31　许檀编：《清代河南、山东等省商人会馆碑刻资料选辑》，页 26—27。

32　郑海涛：《开封朱仙镇年画与天津杨柳青年画比较研究》，《美术教育研究》，2013 年第 19 期，页 28—29、36。

33　许檀编：《清代河南、山东等省商人会馆碑刻资料选辑》，页 20。

34　许檀编：《清代河南、山东等省商人会馆碑刻资料选辑》，页 21。

35　冯骥才主编：《中国木版年画集成·朱仙镇卷》，页 283—284。

36　冯骥才主编：《中国木版年画集成·朱仙镇卷》，页 278—281。

37　巫仁恕：《士、商文化的冲突与调和——从广告字纸看清代消费社会与文化史之一面相》，《"中研院"近代史研究所集刊》，期 100（2018 年 6 月），页 1—45。

38　天义德铺伙范建勋口供称："刘世瑞的本银是元盛德的商民郭振全交与小的。后来郭振全回家之时，向小的说刘世瑞就是阿勒精阿的名字。"《军机处满文录副奏折》，编号 03-3872-048，页 0062—0093，道光二年四月初九日。有关天义德的研究参见赖惠敏：《清代乌里雅苏台的衙门与商号》，《内蒙古师范大学学报（哲学社会科学版）》，2017 年第 3 期，页 84—102。

39　冯骥才主编：《中国木版年画集成·朱仙镇卷》，页 278。

40　冯骥才主编：《中国木版年画集成·朱仙镇卷》（北京：中华书局，2006），页 282—284。

41　冯骥才主编：《中国木版年画集成·朱仙镇卷》，页 21。

42　参见赖惠敏：《清代北京的旅蒙商》，《中国边疆史地研究》，2016 年第 3 期，页 136—148。

43　池泽汇等编纂：《北平市工商业概况（一）》，收入张研等主编：《民国史料丛刊》（郑州：大象出版社，2009），册 571，页 271—274。

44　池泽汇等编纂：《北平市工商业概况（一）》，收入张研等主编：《民国史料丛刊》，册 571，页 274。

45　王树村：《中国年画史》，页 137。

46　徐珂编：《实用北京指南》（上海：商务印书馆，1920），第六编实业 6·美术品，页 35。

47　徐珂编：《实用北京指南》，第六编实业 5·教育品，页 295。

48　撷华编辑社：《新北京指南》（北京：撷华书局，1914），第十一类营业（寅）工厂，页 10-2。

49　中华图书馆编辑部：《北京指南》（上海：中华图书馆，1916），卷六实业寅工厂，页 6-1。

50　赖毓芝：《清末石印的兴起与上海日本画谱类书籍的流通：以《点石斋丛画》为中心》，《"中研院"近代史研究所集刊》，期 85（2014 年 9 月），页 57—127。

51　冯骥才：《天津年画史述略》，《民间文化论坛》，2009 年第 1 期，页 4—8。

52　池泽汇等编纂：《北平市工商业概况（一）》，收入《民国史料丛刊》，册 571，页 272。北京护国寺有云林斋、德丰斋、冰玉斋卖京装绢扇。云林斋墙上挂小画，尽都是花卉人物山水楼台，画好价高。李家瑞编：《北平风俗类征》（台北：台湾商务印书馆，1992），"市肆"，页 420—421。

53　米·瓦·阿列克谢耶夫著，阎国栋译：《1907 年中国纪行》（昆明：云南人民出版社，2001），页 57。

54　三义成在护国寺街开掸扇铺，徐珂编：《实用北京指南》，第六编实业 18·杂类，页 131。正阳门外东珠市口后营经营踹布局，徐珂编：《实用北京指南》，第六编实业 9·绸布，页 46。

瓷器口经营挂货铺，实业 12·日用品，页 77。阜成门外大街设草纸店，页 79。崇文门内大街路
东开设鲜果店，实业 14·饮食品，页码 109。

55　吴长元辑：《宸垣识略》（北京：北京古籍出版社，1983），卷 9，页 164。

56　撷华编辑社：《新北京指南》，第十一类营业（子）信局，页 8-2。

57　李华编：《明清以来北京工商会馆碑刻选编》，页 11。有关民信局研究有彭瀛添：《民信局：
中国的民间通讯事业》（台北：中国文化学院史学研究所博士论文，1980），页 179—180。

58　参见赖惠敏：《从高朴案看乾隆朝的内务府与商人》，《新史学》，卷 13 期 1（2002 年 3 月），
页 71—134。

59　徐珂编：《实用北京指南》，第六编实业 7·金属品，页 37、40。

60　徐珂编：《实用北京指南》，第六编实业 12·日用品，页 47、79、80。

61　徐珂编：《实用北京指南》，第六编实业 9·绸布，页 47。

62　徐珂编：《实用北京指南》，第六编实业 12·日用品，页 76。

63　中野江汉著，中野达编：《北京繁昌记》（东京：东方书店，1993），页 38。

64　池泽汇等编纂：《北平市工商业概况（一）》，收入《民国史料丛刊》，册 571，页 76。

65　撷华编辑社：《新北京指南》，第十一类营业（寅）工厂，页 10-2；徐珂编：《实用北京指南》，
第六编实业 5·教育品，页 28。

66　徐珂编：《实用北京指南》，第六编实业 11·装饰品，页 64；第六编实业 12·日用品，页
78。

67　王树村主编：《中国年画发展史》（天津：天津人民美术出版社，2005），页 120。

68　李家瑞编：《北平风俗类征》，"市肆"，页 432。

69　北京市档案馆编：《那桐日记（一八九〇—一九二五）》，页 12—13、33、57、88。

70　郑元容：《燕行日录》："往观隆福寺开市，寺在城内，即一大刹也。前后有五大殿，周廊
不知几千间。景泰帝所创建，而帝尝为僧住此寺，因登大位云。开市于寺内，如我东墙市，而形
形色色、奇奇怪怪之物，无不毕铺。以至有幻术铺子、瑶池景铺子、万货都会。寺门内，牛、马、
骡、驴、驼、象之属，来往不绝。"该书收入成均馆大学校大东文化研究院编：《燕行录选集》（肃
兰：成均馆大学校大东文化研究院，1962），卷下，页 913。

71　池泽汇等编纂：《北平市工商业概况（一）》，收入《民国史料丛刊》，册 571，页 219。

72　孙健主编，刘娟等选编：《北京经济史资料：近代北京商业部分》（北京：北京燕山出版社，
1990），页 712。

73　池泽汇等编纂：《北平市工商业概况（一）》，收入《民国史料丛刊》，册 571，页 19—
20。

74　徐珂编：《实用北京指南》，第六编实业 5·教育品，页 30。

75　池泽汇等编纂：《北平市工商业概况（二）》，收入《民国史料丛刊》，册 572，页 274。

76　李华编：《明清以来北京工商会馆碑刻选编》，页 189—191。

77　参见赖惠敏：《清代北京的旅蒙商》，《中国边疆史地研究》，2016 年第 3 期，页 136—
148。

78　王永斌：《北京的商业街和老字号》（北京：北京燕山出版社，1998），页 427。

79　徐珂编：《实用北京指南》，第六编实业 11·装饰品，页 61。

80　徐珂编：《实用北京指南》，第六编实业 18·杂类，页 132。

81　徐珂编：《实用北京指南》，第六编实业 10·衣着，页 54。

82　徐珂编：《实用北京指南》，第六编实业 9·绸布，页 47；第六编实业 12·日用品，页 76。

83　谷健次：《新生蒙古的首都：张家口风土记》，收入东北亚研究所编：《满蒙地理历史风俗
志丛书》（首尔：景仁文化社，1997），册 191，页 366。

84　许檀编：《清代河南、山东等省商人会馆碑刻资料选辑》，页 564。

85　许檀编：《清代河南、山东等省商人会馆碑刻资料选辑》，页 570。

86　参见赖惠敏：《清代北商的茶叶贸易》，《内蒙古师范大学学报（哲学社会科学版）》，2016 年第 1 期，页 57—74。

87　许檀编：《清代河南、山东等省商人会馆碑刻资料选辑》，页 433—434、436、562。

88　许檀编：《清代河南、山东等省商人会馆碑刻资料选辑》，页 342、431—432。

89　许檀编：《清代河南、山东等省商人会馆碑刻资料选辑》，页 535、564。

90　许檀编：《清代河南、山东等省商人会馆碑刻资料选辑》，页 433—434。

91　许檀编：《清代河南、山东等省商人会馆碑刻资料选辑》，页 342—343、545、563。

92　"东西库伦合厦房棚花名清册"，蒙藏文化中心藏，《蒙古国国家档案馆档案》，编号 052-004，页 0020—0136。

93　"东库伦众花名册"，蒙藏文化中心藏，《蒙古国国家档案馆档案》，编号 088-057，页 0059—0103。

94　"库伦十二甲铺户官地地租事；附件：库伦十二甲铺户名册"，蒙藏文化中心藏，《蒙古国国家档案馆档案》，编号 003-004，页 0031-0043。

95　"西库伦铺户花名总册"，蒙藏文化中心藏，《蒙古国国家档案馆档案》，编号 010-005，页 0093—0146。

96　阿·马·波兹德涅耶夫著，刘汉明等译：《蒙古及蒙古人》，卷 1，页 110—112。

97　冯骥才主编：《中国木版年画集成·杨家埠卷》（北京：中华书局，2005），页 200—201、208—209。

98　阿·马·波兹德涅耶夫著，刘汉明等译：《蒙古及蒙古人》，卷 1，页 132—134。

99　阿·马·波兹德涅耶夫著，刘汉明等译：《蒙古及蒙古人》，卷 1，页 111。

100　阿·马·波兹德涅耶夫著，刘汉明等译：《蒙古及蒙古人》，卷 1，页 135—137。

101　瓦西里·帕尔申：《外贝加尔边区纪行》（北京：商务印书馆，1976），页 28—29。

102　阿·马·波兹德涅耶夫著，刘汉明等译：《蒙古及蒙古人》，卷 1，页 6。

103　参见陈箓：《止室笔记》（台北：文海出版社，1968），插图。

104　"恰克图圈城内铺户人名清册"，蒙藏文化中心藏，《蒙古国国家档案馆档案》，编号 020-007，页 0076—0096。

105　"恰克图东升街人数栅外合栅人数花名册"，蒙藏文化中心藏，《蒙古国国家档案馆档案》，编号 024-008，页 0153—0172。

106　鲍·李福清著，阎国栋译：《中国木版年画在俄罗斯》，收入冯骥才主编：《中国木版年画集成·俄罗斯藏品卷》，页 444—445。

107　米·瓦·阿列克谢耶夫著，阎国栋译：《1907 年中国纪行》。

108　瓦西里·帕尔申：《外贝加尔边区纪行》，页 47。

109　瓦西里·帕尔申：《外贝加尔边区纪行》，页 52。

110　李盖提·拉约什著，刘思岳译：《黄色的神祇 黄色的人民》（北京：国家图书馆出版社，2015），页 257—258。

111　格·尼·波塔宁著，吴吉康等译：《蒙古纪行》（兰州：兰州大学出版社，2013），页 140。

112　阿·马·波兹德涅耶夫著，刘汉明等译：《蒙古及蒙古人》，卷 2，页 104。

113　今堀诚二：《中国封建社会の机构—归绥における社会集团の実态调查—》，页 336—337、748。

114　阿·马·波兹德涅耶夫著，刘汉明等译：《蒙古及蒙古人》，卷 2，页 98。

115　许檀编：《清代河南、山东等省商人会馆碑刻资料选辑》，页 531。

116　许檀编：《清代河南、山东等省商人会馆碑刻资料选辑》，页 537。

117　今堀诚二：《中国封建社会の机构—帰绥における社会集团の実態调查—》，页 207、717。

118　今堀诚二：《中国封建社会の机构—帰绥における社会集团の実態调查—》，页 207、717。

119　参见赖惠敏：《清代科布多的官商》，收入邢广程主编：《中国边疆学》（北京：中国社会科学出版社，2016），辑 6，页 23—51。

120　《归化城与蒙古新疆间之贸易状况》，《中外经济周刊》，号 149（1926 年 2 月），页 7—24。

121　《归绥通志》记载，输至蒙古的砖茶达数千万元，是对蒙古输出品首位。卷 108，食货 1，各县商业概况归绥县、茶叶。转引自今堀诚二：《中国封建社会の机构—帰绥における社会集团の実態调查—》，页 227、230。

122　今堀诚二：《中国封建社会の机构—帰绥における社会集团の実態调查—》，页 226。

123　今堀诚二：《中国封建社会の机构—帰绥における社会集团の実態调查—》，页 771、775、776。

124　今堀诚二：《中国封建社会の机构—帰绥における社会集团の実態调查—》，页 254、729、805。

125　今堀诚二：《中国封建社会の机构—帰绥における社会集团の実態调查—》，页 264、707。

126　今堀诚二：《中国封建社会の机构—帰绥における社会集团の実態调查—》，表 17 "面行福虎社の会首"，页 415—423、715、731。

127　许檀编：《清代河南、山东等省商人会馆碑刻资料选辑》，页 530—532。

128　今堀诚二：《中国封建社会の机构—帰绥における社会集团の実態调查—》，页 735、771、774、780、830。

129　参见赖惠敏：《清代乌里雅苏台的衙门与商号》，《内蒙古师范大学学报（哲学社会科学版）》，2017 年 3 期，页 84—102。

130　中国人民政治协商会议内蒙古自治区委员会文史资料研究委员会编：《旅蒙商大盛魁》（呼和浩特：内蒙古人民出版社，1984），页 83。天义德在当时的外蒙古的财产，除大部分转移到归化城和新疆外，余下的财产和铺底都出卖给俄商，将价款汇到莫斯科转汇归化城总号。于民国十五年、民国十六年间宣告歇业。

131　祥麟撰：《乌里雅苏台行程纪事不分卷》，册 4，页 174。

132　祥麟撰：《乌里雅苏台日记不分卷》，收入清写本史传记十七册一函，编号 MO-1631，史 450，页 4225、4335。

133　阿·马·波兹德涅耶夫著，刘汉明等译：《蒙古及蒙古人》，卷 1，页 283、296—297。

134　阿·马·波兹德涅耶夫著，刘汉明等译：《蒙古及蒙古人》，卷 1，页 297。

135　阿·马·波兹德涅耶夫著，刘汉明等译：《蒙古及蒙古人》，卷 1，页 332。

136　阿·马·波兹德涅耶夫著，刘汉明等译：《蒙古及蒙古人》，卷 1，页 339。

137　阿·马·波兹德涅耶夫著，刘汉明等译：《蒙古及蒙古人》，卷 1，页 361—362。

第十章

从杭州满城看清代的满汉关系

清初八旗除了驻防京师，为剿平南明残余军队的势力，亦偏重东南地区。杭州驻防始于顺治二年（1645），此地为京杭运河的起点，调遣饷糈重镇，至宣统三年（1911）辛亥革命，清朝军队在杭州驻防达 266 年。八旗驻防对杭州地区的社会经济发展影响是本章拟讨论的重点之一。

关于八旗的研究已有相当多的论著和论文，如马协弟、任桂淳、金启孮、定宜庄、刘小萌等研究八旗制度和兴衰问题的著作。[1] 近年来，讨论清朝统治的政策是西方学者讨论的一重要议题。如柯娇燕（Pamela Crossley）讨论乾隆皇帝努力建构满族的认同，特别研究了驻防杭州的金梁家族。欧立德（Mark C. Elliot）认为清代设立八旗驻防制度，从经济层面来看，国家每年的巨额税收，支付旗人的俸饷、口粮、赏赐以及豁免债务，还有投资计划和官缺的追加，以及城市建设的拨款，再多的支出也在所不惜。欧立德从政治上看到满人和汉人相互背离以及根深蒂固的互不信任，尽管满汉双方都把偏见和恐惧的心理隐藏起来，标榜"满汉一家"的口号。[2] 罗友枝认为，清朝统治者在个人情感上倾向保存爱新觉罗世系和征服精英。但是作为统治者，他们不会强行改变其子民之文化。他们是多民族的统治者，故保护其子民之文化。直至清末，大部分清朝统治者仍会多种语言：他们研习蒙古语、满文与汉语。[3] 康熙和乾隆皇帝几次下江南，临幸杭州满城，康熙亲自率皇子至武场阅兵，乾隆皇帝六次南巡，临幸满营教场，阅官兵骑射，对旗人保存满洲固有文化有极大影响。

以上学者讨论八旗驻防，较重视建置沿革以及族群认同问题，较少触及满汉的互动和驻防军队在该区域与城市的影响力。本章利用台北故宫博物院所藏《宫中档朱批奏折》《军机档录副》，台湾"中研院"历史语言研究所藏《明清档案》，近代史研究所购自一档馆的《宫中档朱批奏折》，由资料的统计结果，可了解清朝政府在富庶的江浙地区提供驻防旗人的优渥待遇，绝对超过以汉人为主的绿营军队。

此外，笔者在阅读清初浙江督抚文集时发现，杭州驻防旗人造成了地方的经济、社会资源的分配问题。这些文集到乾隆皇帝编修《四库全书》时，刻意被划为禁毁书目。通过近年来出版的《四库全书存目丛书》及各图书馆藏秘籍珍本，可了解清朝统治江南不仅发生"剃发令""奏销案""哭庙案"，还有汉人在旗人驻防城市所受到的压抑和不公平的待遇。清初以骑射征服全国，经过一百多年汉化的旗人已丧失骑射精神，乾隆皇帝重申"国语骑射"是满洲族的根本之道。然而，经过时间的变化，统治者是否能贯彻国语骑射的政令？本章以杭州驻防八旗为例，说明清代旗民的关系。

一、城中之城

（一）杭州满城

1. 杭州城内圈地

顺治二年（1645）清兵抵达杭州，在清泰门、望江门、候潮门一带驻防。顺治五年（1648）以江海重地不可无重兵驻防，于是圈民屋。顺治五年至顺治七年（1650），圈仁和县东西图、南北图，及右卫中所屯地共约1000亩，周围9里。顺治十六年（1659），续圈界墙外，钱塘县境南壁图、西壁坊地约400亩。[4] 根据《杭州府志》记载，汉军住在满营城内，满洲、蒙古四旗官兵居城外，在满城外居住的地点为演武场在钱塘门内，垣地 316 丈。乾隆二十八年（1763）汉军出旗后，满蒙的官兵始迁移至城内居住。

顺治七年（1650），巡抚萧启元以"八旗驻防固山额真所统旗兵与民杂处日久，颇有龃龉。巡抚萧启元谋度十余日始定城隅筑城，以俾兵民判然不相惊扰"。朱昌祚的奏折提出两个方案。第一方案是若建原来清兵驻防清泰门一带，筑城基衺长 2767 度（5 尺为 1 度），城身城垛高阔尺寸照省城式样，每度总计工料银 114.5 两，共该银 317080 余两，除拆用旧砖抵价 10847.7 两，实该银306230 余两。应拆民房 8000 余间，盐运司公署并织染局亦在应拆之内。第二方案是建满城于钱塘门与涌金门之间，北至井字楼、南至军将桥、西至城、东至大街。城墙高 1.9 丈、厚 1 度、长 805 度，五个城门各 6 尺。筑城砌界墙砖灰夫匠等项，每度该银 37.54 两，除应拆旧砖抵用新砖价银并拆工器具等，共该银 25135.36 两。[5] 为了节省开支，最后决定采取第二方案（见图 10-1）。

杭州满城内有将军署、协领署、佐领署、防卫署、骁骑校署及兵房 1000余间（见图 10-2），[6] 且没有包括浙江巡抚的官邸和皇帝南巡的行宫。[7] 满城内外的驻兵圈地情况，参见表 10-1。

表 10-1 杭州满城驻防圈地情况 [8]

年　代	县　治	坐　落	数量（亩）
顺治五年（1648）—顺治七年（1650）	仁和县	东西南北图及右营中所屯地	地 140 基地 520.4 荡 7 屯地 117
顺治五年—顺治七年	钱塘县	南北图西壁坊及前卫屯地	地 2.4 基地 220.6 屯地 27.2
顺治十六年（1659）	钱塘县	南壁、西壁坊	地 75.7 基地 325.7

2. 牧厂

杭州满营牧厂草地坐落于仁和、钱塘、萧山三县沿江一带。[9] 初设杭州驻防时，无宽展之处可以牧马，即在钱塘江一带除灶户刮土煎盐外，将有草者置

图 10-1
杭州省城图

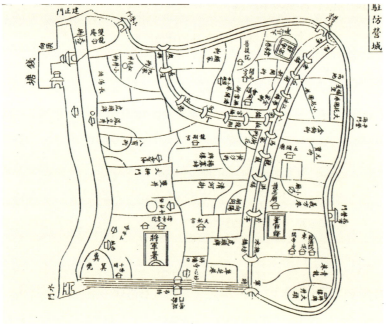

图 10-2
杭州驻防图

为放马之厂。至雍正年间，钱塘江的南岸淤涨，沙地甚广，坐落西兴场内。除牧马厂旧基之外，应报升科地 10000 余亩。[10]

　　由于钱塘江淤涨的关系，至乾隆年间牧厂的范围扩大，萧山、绍兴的昌、泰、丰、宁、盛、盈六围，地共 84454 亩。乾隆二十七年（1762），萧山南沙旗地分仁、忠二字，计熟地 12000 亩，恩赏给出旗的汉军。[11] 乾隆三十四年（1769），将宁、盛、盈三围 64000 余亩交地方官招佃征租归公外，其昌、泰、丰三围地共 20400 余亩留为满营牧马。乾隆四十七年（1782），酌留牧厂一半，其一半丈实地 9000 余亩，招民开垦。乾隆六十年（1795）年原发垦牧地，并涨覆新沙，共丈实地 128040 余亩，种植木棉，分别征租，共 223200 余串。作为杭州、乍浦孤寡人等养赡及差务川资、纸笔一切费用。[12] 杭州驻防旗人占有钱塘江边的淤沙地，从 10000 余亩增至 120000 亩，此地租金成为旗人各种名目的办公费、差旅费、养赡银两。杭州驻防旗人虽没有像京师分拨圈占地亩，却能坐享牧厂地租收入。

（二）驻防旗人

　　杭州是浙江省会，其战略地位较为重要，故驻防的营制官兵多达三四千人，由将军统领。在将军之下还有各等的武职官员，分别是都统（4 所衙门）—副都统—协领（满洲八旗协领、蒙古八旗协领共 9 所）—佐领（24 所）—防御（16 所）—骁骑校（36 所）—笔帖式（2 所）。杭州驻防每旗额兵 200 名，设佐领 4 员、防御 2 员、骁骑校 4 员以资管辖。[13] 康熙二十二年（1683）增设低级军职委署前锋校，每旗 1 名，管理前锋。康熙三十年（1691）增领催 160 名，其职务为协助佐领处理户籍、钱粮工作。任桂淳认为驻防的组织在清代有些变化，其一为佐领的旗兵数目减少，顺治元年（1644）为 563 个佐领，至雍正十三年（1735）约为 1155 个，但佐领的旗兵由二三百人减为 134 名；其二为添增新的官衔，如康熙十三年（1674）杭州将军之下，设副都统、协领、防御、骁骑校等。[14]

1. 杭州驻防将领的身份

杭州将军和副都统的身份，据张大昌《杭州八旗驻防营志略》所列的将军都统年表，可分几种类型。

第一，清初以爱新觉罗王公为主。清初任命杭州将军多为爱新觉罗氏，顺治朝和康熙朝有平南大将军多罗顺承郡王勒克德浑、征南大将军和硕端重亲王博洛、奉命大将军康亲王杰书、宁海将军和硕简亲王傅喇塔、多罗顺承郡王诺罗布。雍正皇帝即位后因皇位继承问题，革去亲兄弟和旁支宗室的爵位，同时撤除王公所属的佐领，避免王公拥有私人武力。[15] 爱新觉罗氏逐渐淡出武职，雍正朝没有爱新觉罗氏出任杭州将军，乾隆以后除了富椿有辅国公的爵位，其余皆是宗室莽古赉、永铎、积拉堪、奕湘、有凤等，并无爵秩，地位远逊于清初的亲王们。从宗室任职杭州将军的身份变化来看，雍正皇帝对宗室的压抑措施，影响颇为深远。

第二，清代的八大家。《啸亭杂录》记载："满洲氏族以瓜尔佳氏直义公之后，钮钴禄氏宏毅公之后，舒穆禄氏武勋王之后，纳兰氏金台吉之后，董鄂氏温顺公之后，辉发氏阿兰泰之后，乌喇氏卜占泰之后，伊尔根觉罗氏某之后，马佳氏文襄公之后，为八大家云。凡尚主选婚，以及赏赐功臣奴仆，皆以八族为最云。"[16] 八大家不但是皇室选婚的对象，亦为武将的重要人选。[17] 历任的杭州将军中，图赖、丹岱、安泰、善德、观喜为瓜尔佳氏；宜尔德、图喇为舒穆禄氏；喇哈达、郭丕、阿里衮、瑞昌为钮钴禄氏；宝琳为伊尔根觉罗氏。

瓜尔佳氏族在浙江最繁盛，据金梁《瓜圃丛刊叙录》载："杭州之瓜尔佳，先自京迁杭，继调乍浦，复归杭州，前后二百余年，传至今凡九世。今一门长幼已七十余人。"[18] 自顺治二年（1645）乌巴海调驻杭州，雍正七年（1729）查琅阿调驻乍浦，同治三年（1864）观成调归杭州，瓜尔佳氏在浙江前后有二百余年，成为望族，此与旗人世职制度有关。康熙二十五年（1686）上谕"驻防人员已得世职者，系官仍留原任。系领催甲兵，仍留彼处，遇有品级相当之缺及骁骑校缺出补用"[19]。柯娇燕研究杭州驻防瓜尔佳氏三代祖孙——观成、凤瑞、金梁的事迹，论述清朝由盛而衰的历史。这家族是典型的参与清初征战江南与三藩之乱，官兵获得军功，受封世职者多，留处杭州形成的大族。

第三，皇帝的包衣。清入关前将战俘充作奴仆，称为"包衣"（Booi），来自满洲、汉、朝鲜等民族。包衣的职责是征战和生产活动，皇帝所属包衣被编入上三旗。福格《听雨丛谈》所载："内务府三旗，分佐领、管领。其管领下人，是我朝发祥之初家臣；佐领下人，是当时所置兵弁。"[20] 内务府包衣在清初江南的征战中还扮演重要角色，授杭州将军、都统、副都统的人数有6人。其中最有名的是杭州将军年羹尧。达理善也是包衣，满洲正黄旗人，姓都木都鲁。顺治二年（1645）冬，"达理善随副都统珠玛喇和托等驻防杭州。先是明福王朱由菘就擒，其大学士马士英窜杭州，总兵方国安守严州。及大兵定杭州，马士英走依方国安，纠众来犯。达理善偕众击走之，又屡败之朱桥范村及余杭、临安、富阳"。[21]

2. 兵丁的人数

清朝八旗的武装配备，满洲和蒙古八旗以弓箭为主要武器，汉军则兼有火炮和鸟枪的配备。驻防杭州的兵丁最初编列以马甲和步甲为主。康熙十三年（1674）因耿精忠之役，兵数遽增，三藩之乱后，又减少兵额。康熙二十二年（1683）增设鸟枪骁骑、领催骁骑等，康熙年间驻防的军队主要由骁骑，也就是马甲组成的骁骑营。康熙三十八年（1699）皇帝南巡，见杭州满洲、汉军官兵，皆善骑射，满语熟练，皆将军查木扬训练所致。[22] 满族擅长骑射，弓矢利于坚守，康熙时候废除腰刀、藤牌的武器配备，增加鸟枪一项。鸟枪是装药、用火绳引发的热兵器，因它的机头像鸟，故称鸟枪，沿海地区深山密林多，鸟枪能冲锐折坚，最为便利。驻防八旗中，满洲和蒙古的鸟枪骁骑人数不及汉军，而汉军鸟枪骁骑与箭手马甲的比例相当，或许是满洲和蒙古八旗兵丁擅长使用弓箭之故。

约翰·巴洛《我看乾隆盛世》一书记载："与欧洲使用的火枪相比，中国的士兵喜欢笨拙的火绳枪。火绳枪射击时有极高的稳定性，也许是因为固定插在地面的铁杈上的缘故。中国缺乏制造火枪需要的优质钢铁，或者是他们的火药质量低劣。"[23] 清朝驻防旗人一直都使用落伍的火绳枪，也成为太平天国战争时整城的军队覆亡之因。

　　杭州驻防八旗以骑兵为主，步兵的人数从康熙到乾隆朝越来越少。然而，杭州多山，并不适合跑马，潮湿的地理环境也不适合养马，乾隆年间改操演枪炮火器为主。乾隆四十三年（1778）闽浙总督奏称，杭州驻防营伍情形，杭州驻防八旗官兵，除进京出差、看守门悬缺事故等项官外，计协领、佐领、防御、骁骑校等官 58 员。马步兵除守库城门堆卡外，现在 1151 名，"年力俱属壮健，操演阵式步伐枪炮整齐"。[24]

　　乾隆二十七年（1762）裁撤汉军旗，却增加满洲兵丁员额；乾隆四十年（1775），将军富椿奏请增添养育兵。至乾隆五十一年（1786）宝琳奏折提到挑取养育兵 200 名，每人给 1 两银，[25] 又挑选壮丁学习水师。杭州驻防兵丁，既在滨江沿海之地，亦当挑选壮丁，学习水师。八旗满洲、蒙古各佐领下壮丁，多寡不一。"请将八旗满洲现入丁册之闲散人等六百一十九名。按翼均齐。左翼每佐领下，应分二十四、二十五名。一旗共应七十五、七十六名。其蒙古八佐领下现入丁册之闲散人等八十五名。亦于左翼每佐领下，分十二、十三名。右翼每佐领下分九、十名。"[26] 由以上兵丁人数变化，可见驻防旗人的身份由汉满蒙旗人缩减为满蒙旗人。清人俗谚："不分满汉，但问旗民"，就驻防旗人来说，满蒙身份实占多数（参见表 10-2）。

表 10-2　杭州八旗驻防员额数量变化

时　间	兵　种	人　数	资料源
康熙十三年（1674）	满洲蒙古设骁骑	969	《清朝文献通考》，卷 186，页 6479-3
	步军	700	
	弓匠	24	
	铁匠	48	
	汉军骁骑	1031	
	步军	347	
	铁匠	37	
	满洲汉军共棉甲	764	

续表

时　间	兵　种	人　数	资料源
康熙十七年（1678）	满洲蒙古增骁骑	567	《清朝文献通考》，卷186，页6479-3
	汉军增骁骑	433	
康熙十八年（1679）	满洲匠役	24	《清朝文献通考》，卷186，页6479-3
康熙十九年（1680）	裁汉军步军97名，增满洲蒙古步军	50	《清朝文献通考》，卷186，页6479-3
康熙二十二年（1683）	设委前锋校	16	《清朝文献通考》，卷186，页6479-3
	前锋	184	
康熙二十三年（1684）	裁满洲蒙古步军	300	《清朝文献通考》，卷186，页6480-1 《清史稿》，卷130
	满洲蒙古汉军共	3200	
康熙三十年（1691）	满洲蒙古	1600	《清朝文献通考》，卷186，添增满洲防御8名、增满洲蒙古骁骑64名、增汉军骁骑136名 其中委前锋校16名、前锋184名。鸟枪领催16名、鸟枪骁骑184名、领催160名、骁骑1040名 其中鸟枪领催100名、鸟枪骁骑700名、领催100名、骁骑700名
	汉军	1600	
康熙三十一年（1692）	增汉军骁骑	12	《清朝文献通考》，卷186，页6480-1
乾隆二十七年（1762）	裁汉军兵	1903	包括马甲1600名、步甲250名、铁匠37名、炮甲16名。《清高宗纯皇帝实录》（九），卷677，页575-2
乾隆三十年（1765）	大粮兵额 小粮兵额		《清朝续文献通考》，卷208，页9567-1 领催176名、前锋200名、马甲1224名 匠役96名、步甲160名、养育兵128名
乾隆三十九年（1774）	改步军为养育兵	128	裁满洲步甲96名、蒙古32名改增同额养育兵。《杭州驻房营志略》，卷15，页14-2

3. 兵丁满汉成分

杭州驻防八旗，分为满洲、蒙古、汉军三种族群。在编造户口册时，满洲、蒙古的户口中包括了汉人奴仆，通过买卖和收养异姓养子，汉人百姓也被纳入旗人户口册中，成为旗人的一份子。根据《钦定八旗则例》规定：

> 八旗丁册，每三年编审一次，凡佐领下人丁身高满五尺，或未满五尺而已食钱粮之人，造入丁册。分别另户、开户、户下。于各名下开写三代履历。其户下人之祖父，或系契买，或系从盛京带来，或系带地投充，或系乾隆元年以前白契所买，俱于本名下注明。[27]

清代制订奖励军功的政策，随军征讨有功的奴仆，许其豁除奴籍，在原佐领独立开户，取得与正身旗人相同的地位。户下人也称旗下家人，属于奴仆身份。旗人抱养民人之子为嗣，或旗奴开户，及旗奴过继与另户为嗣，皆为另记档案人。在兵源短缺的时候，开户、户下人，都可以挑选当差，但康熙二十八年（1689）、康熙二十九年（1690）以后国家承平日久，加上滋生人口，对挑选资格加以限制，规定户下人等不准拣用。雍正五年（1727）间，对开户已达三代的人丁等，亦不准拣用。对于开户、及户下人的祖先随征得官，官员后裔，有册可据者，准与另户之人，一体拣用。[28] 杭州将军傅森于雍正十三年（1735）奏称，满洲蒙古八旗另户之人外，记于另档所养之子，分档之人及此等人之子孙，共 800 余人。汉军四旗另户之人外，记于另档所养之子，分档之人及此等人之子孙，共 900 余人。汉军四旗之已分档（开户）、未分档（户下人）等共计 290 余户，其祖先于征伐中效力，与另户一体用之。满洲家生子作后嗣，用至前锋、护军者多，俱系满洲人。[29]

乾隆年间，对父祖出征的认定标准更为严格，祖父俱系军前效力，得过赏银以及阵亡之人，准另行记档，其子孙俱准与另户一体拣用。出征无特别效力者，只准其本身与另户一体拣用（见表 10-3）[30]。

表 10-3　康雍乾三朝入册及不入册的开户与户下人[31]

时　间	入　册		不入册
康熙二十八年（1689）、康熙二十九年（1690）			户下人
雍正五年（1727）			三代开户人
雍正十一年（1733）	另户、开户，及户下人等。其祖先俱系归命随征，以功得官。		
雍正十三年（1735）	汉军四旗之已分档（开户），未分档（户下人）等共计290余户。其祖先于征伐中效力，与另户一体用之。满洲家生子作后嗣，用至前锋、护军者多，俱系满洲自己人。		
乾隆八年（1743）	祖父出兵行走之亲子孙壮丁王炎等6人，祖父俱系军前效力，得过赏银以及阵亡之人，准另行记档，其子孙俱准与另户一体擢用	领催王德龄等30人，其祖父虽经出兵，而实无格外效力，且有并未出兵之人，止准其本身与另户一体擢用。	伯叔兄弟相关者
			开户人家下之开户
			继子之继子

　　旗人蓄奴当差看起来像满城内的事务，却对杭州社会造成了很大的影响。第一，契买奴婢造成良民被诬为奴。第二，康熙十三年（1674）三藩之乱起，旗人掳获汉人为奴，或加以变卖。关于奴仆问题，将于满汉冲突一节讨论。

　　定宜庄认为自雍正朝始，清廷陆续在西北一带增设宁夏、绥远城、凉州等处驻防，需要大量饷银，裁减杭州、京口等地兵额以为西北增兵之用。[32] 因此杭州汉军的兵饷也移至西北地区。乾隆十六年（1751）谕杭州驻防兵丁，汉军兵丁止1600名，不必设两副都统，裁去一名。乾隆二十七年（1762），杭州额设汉军1900名，或拨归绿营，或令为民。额缺给与索伦、察哈尔余丁往驻伊犁。[33] 由此可知，乾隆二十七年设置伊犁将军，总理新疆军政事务，汉军的额缺，成为移驻守伊犁的索伦、察哈尔官兵的兵饷。

乾隆二十八年（1763），裁去汉军四旗。《柳营谣》："四旗裁去近千人，
万顷沙田泽沛春。此即盛时司马法，兵当无事本为民。"[34] 此处的四旗指汉军
旗。皇帝赐予萧山县的沙田 10000 亩。有些汉军出旗后，改在杭城中以卖字画
为生，如汉军黄履中裁汰后卖画为生，尤善画猫，当时人以"黄猫儿"相称，
有诗"一个猫儿一饼金"。王东冷裁汰后教棋卖字维生，诗曰"教棋卖画有王
郎"。李朝梓汉军人，乾隆间居潘阆巷，工画仕女。[35] 杭州的兵丁因征战移驻
各地（见表 10-4），武官则因世职的关系可以长期留处杭州，形成大族。或
许应该多研究清代世职的制度，才能了解清代上层社会的流动。

表 10-4　各年代移驻兵丁人数 [36]

时　间	地　点	人　数
顺治九年（1652）	杭州→福建	500 名
顺治十三年（1656）	杭州→福建	1879 名
顺治十五年（1658）	保定、德州→杭州	1000 名
顺治十五年	杭州→广州	200 名
康熙十三年（1674）	太原→杭州	300 名
康熙十九年（1680）	杭州→福州	副都统胡启元带汉军马甲 660 名、步甲 347 名
康熙十九年	福州→杭州	副都统吕云相带汉军马甲 660 名、步甲 300 名（其余补满州蒙古额 50 名）
康熙五十八年（1719）	杭州→云南	1000 名
康熙六十年（1721）	杭州→福建	2000 名（满洲兵 1000 名、汉军兵 1000 名）
雍正七年（1729）	杭州→乍浦	800 名水师左营（由江宁驻防为右营）
乾隆五十二年（1787）	杭州→台湾	1000 名

二、地方财政与驻防兵饷

清代国家的岁入主要来自地丁银。地方的兵饷由各省总督、巡抚上题本，
按照户部原颁册式，分旧管、新收、除用、实在，并注明动用钱粮款项数目，

分析造册奏报核销。督抚有责任监督八旗驻防的财政。此外，总督还监督军需品的购置，巡抚监督非军需品，即军粮、马料、食盐、大豆的供应。在北京的旗人有薪俸和旗地，驻防旗人则无地亩，官兵俸饷都以银粮支付，地丁银的军事费用开销除了官兵的俸饷，还有制造兵器、火药、修缮营房、武职养廉银、红白事件。

康熙初年，浙江每年所需满汉兵饷约 1000000 两银。[37] 而浙江地丁钱粮赋税总额为 2713657 两，兵费即占赋税的 36.9%。就杭州满营的俸饷银为 99866 两，俸米共白米 1293 石、糙米 105621 石。[38] 当时满城营官兵 3000 多人，支出约 200000 两。浙江绿营军队为 62500 人，支出约 800000 两。根据曾小萍（Madeleine Zelin）研究，清代驻防的军饷经费几乎都来自赋税的存留部分。浙江存留赋税为 732054 两，显然是不敷所需，雍正五年（1727）增加地方藩库存储银两 100000 两至 200000 两不等。乾隆四十一年（1776）浙江藩库分配到 300000 两银。[39] 尽管藩库增至百万两，而军费仍占大半，而地方行政衙门开销增多，则必须依赖火耗、规费以及各种名目的苛捐杂税，给地方财政造成问题（见表 10-5）。

表 10-5　嘉庆元年（1796）浙江兵饷 [40]

名　目	银（两）	本色米粮(石)	豆（石）	草（束）	备　注
杭州乍浦驻防满州蒙古官俸	11202.25				
杭州乍浦驻防满州蒙古兵饷	128258.5	155151.55			米每石折银 1.5 两
杭州乍浦官兵马匹折色豆			40253.97		折银 38641.28
杭州乍浦官兵马匹折色草				2415152	折银 21976.37
绿旗各营					
并织造衙门各官俸薪等银	37555.42				
织造衙门各官俸米		39			
绿营兵饷并堡夫工食银	556713.91				
绿营兵丁并织造衙门跟役匠役米		150671.06			

续表

名　目	银（两）	本色米粮（石）	豆（石）	草（束）	备　注
织造衙门马匹折色豆草	折银 213.24				
绿旗各营并各标镇协营马干银	41642.72				
杭州乍浦并各标镇协营兵丁赏恤	9049				

（一）官兵俸饷

官兵的俸饷，包括俸饷、岁米、马干草料、兵丁名粮。据《杭州八旗驻防营志略》记载，乾隆四十二年（1777）所订俸饷、岁米（见表 10-6）。八旗制度之壮丁有授地的制度，如北京八旗每名壮丁给地 5 晌，即每人 30 亩地。驻防八旗授田标准不一，如山海关、德州、西安等地授田五六十亩。浙江驻防官兵不给田，俸饷照经制支领。[41] 由于杭州驻防旗地不分拨地亩，给予将领"丁粮马干"，即支给将领的丁口和马匹俸饷。如将军每年俸饷银 180 两，家口 40 口，按大建（月）支米 2.5 斗、小建（月）2.4 斗各 6 个月，一年支米为 117.6 石，按照官价一石折银 1.5 两，共银 176.4 两。家口银是赡养费之一，并不是真正的家庭人口数。马干草料，冬春两季每月豆 9 斗、草 60 束（每束 7 斤），夏秋两季每月豆 6 斗、草 30 束。以杭州将军的马干 50 匹，一年马干折银约 297 两。[42] 将军的收入还包括武职养廉银，起于雍正五年（1727），但规制紊乱，未定额化，至乾隆三十三年（1768）议准统一，当时杭州将军的养廉银为 1600 两。乾隆四十二年将各省将军养廉银通查匀派，更定为 1500 两、副都统为 600 两。[43] 协领、佐领、防御等官则无养廉银。养廉银成为高层将领重要的收入之一。

表 10-6　杭州驻防八旗官兵俸饷[44]

官兵俸饷	年俸饷（两）	俸米（石）	家口（口）	马干（匹）	养廉银（两）
将军（正一品）	180	120	40	50	1500
副都统（从一品）	155	105	35	40	600
满洲、蒙古、汉军协领	130	81	30	30	
佐领（正四品）	105	50.4	20	20	
防御	80	32.4	15	15	

官兵俸饷	年俸饷（两）	俸米（石）	家口（口）	马干（匹）	养廉银（两）
骁骑校（正六品）、有品级笔帖式	60		12	12	30—50
无品级笔帖式			7	6	
委前锋校（正六品）	48	30	12	12	
前锋	36	30	7	6	
领催兵	36	30	7	6	
骁骑（马甲）	24	30	7	6	
步甲	12	6	2		
养育兵	12	6			
壮丁	12				
弓匠、铁匠	12	6—24	5	3	

兵丁在俸银、俸米之外，有类似将领的家口粮、马干两项赏赐。驻防之兵定例一人三马，到雍正七年（1729）减为每人养马一匹，却照领马干银，作为恩赏为养赡家口之资。到乾隆四十二年（1777），士兵不再单独养马，还可以领取马干银。春秋两季领一两三四分，夏秋两季领八钱三四分，加上兵的 2 两的饷银，每月支领银三四两。[45] 陈锋提到，八旗俸饷总额中呈现出一种怪异的现象，即家口、马匹所费占了很大的比重，这是亘古未有的。以西安的驻防八旗俸饷为例，官兵支银占 42%，家口和马匹支银占 58%。[46] 杭州驻防八旗官兵俸饷高，康熙年间旗人放债为城市的社会问题，详见后节所述。[47]

马匹的草料银，包括豆子和马草。杭州不产豆，商贩自外运来。康熙元年（1662）消耗豆 148194.84 石，加上运输费，每石折银为 1.73 两，共银 256969.85 两。草价每束折银 0.016 两，1779067 束用银 28465.07 两。杭州满城养马 12083 匹，共银达 283434.92 两。驻防将领和兵丁的马匹数不等（见表 10–7）。嘉庆元年（1796），养马数已经不到 1000 匹，其豆草的银两依然在 60000 两以上，每匹马的草料银反而增加了两三倍，草料银为官员中饱私囊创造了机会。

表 10-7　康熙至咸丰年间杭州驻防八旗马匹数量 [48]

时　间	官　兵	人　数	实际养马数（匹）	共　计
康熙元年（1662）	将军	1	20	20
康熙元年（1662）	副都统	4	15	60
	满洲、蒙古、汉军协领	13	12	156
	佐领	27	8	216
	防御	36	5	210
	骁骑校	52	4	208
	笔帖式	4	4	16
	领催兵	3641	3	10923
	弓匠、铁匠	137	2	274
	共计	12083		
康熙二十二年（1683）	共计	10227		
乾隆三十一年（1766）	存价	3634		
	实拴	1932		
	共计	5566		
乾隆三十四年（1769）	共计	4566		
道光初年	共计	623		
道光二十三年（1843）	共计	320		
咸丰年间	共计	192		

　　雍正年间，杭州将军觉罗富实施官养例马，减养一半，兵丁3匹者，养1匹；匠役2匹者，三人合养1匹。其空额每匹扣价银16两，存贮公库。乾隆六年（1741）规定每名兵丁拴马3匹，不但折色喂养草料银不敷，设有倒毙买补亦不免受累，定每名拴马1匹，剩余2匹俱折价扣存，以备买马之用。分限40个月，由伊等每月所领草料银内坐扣。[49] 表中养马分成存价和实拴，前者是指买马的银两存库，后者实拴才是真正马匹的数量。乾隆九年（1744）杭州将军萨尔哈岱奏现存银70000余两，请将此项动支银40000两，量为官兵俸饷。现存银30000

余两。由此可知，清初养马的经费被挪移为官兵俸饷之用。绿营马干草料定例，每匹马四季给银 1 两。[50]

康熙年间，俸米改为折色。赵士麟的《禁勒诈》提及，"浙江秋粮拨给本地旗营兵米，自应催解本色贮积仓廒，以备支给。地方官却以每石折征一两二三钱，无粒米上仓，以致于满汉官兵克期放饷，而各兵恣肆咆哮"。[51]

（二）红白事件赏恤银两

关于生息银两，有韦庆远对康熙、雍正、乾隆的生息银两的研究。[52] 张建辉认为，雍正朝营运生息是给各旗兵丁人等有喜丧等事的赏赐用费，而不是像康熙朝公库制及广善库那样，将帑银借给旗员和兵丁，令其定期定额归还本息。[53] 戴莹琮讨论盛清时期（1700—1800）的营运生息，对八旗和绿营生息银两的来源、数量、发放对象及用途有详细说明。[54] 本节仅讨论杭州驻防的生息的来源与用途。

雍正元年（1723），发内库银 900000 两交与诸王大臣、分派八旗及包衣三旗。令属下官员、营运生息。以备各旗护军校、骁骑校、前锋、护军、领催、马甲、步兵等、有喜丧之事。俾得永远沾恩。其应给银数、自 20 两至 4 两止。[55] 雍正七年（1729），江宁、杭州、西安、京口、荆州、广东、福建、宁夏等 9 处，每处赏银 20000 两；天津、河南、潼关、乍浦、成都共 5 处，每处赏银 10000 两。"俱着于布政司库内支给，交与该将军副都统等，公同存贮，营运生息。如该处驻防兵丁，家有吉凶之事，将息银酌量赏给。"[56] 由此可见，雍正元年，皇帝拨发内务府的帑银给北京八旗和内务府三旗。雍正七年，杭州等获得恩赏银两的驻防八旗，是由布政司库拨发银两，杭州驻防以 20000 两，营运生息。杭州将军阿里衮将 10000 两拨交盐驿道王钧选商营运，其利一分起息；留存杭州满营本银 10000 两，遴选殷实之商，在杭州满营开张典铺，亦以一分利息交公。[57] 雍正十三年（1735）杭州将军傅森奏"因满营地窄，营运不广，将典铺生息改由盐驿道选商营运，亦以一分输利"。雍正十一年（1733）杭州将军阿里衮奏称，杭州驻防有滋生恩赏银 20000 两，又将马草银扣存以备购马银 32000 余两。[58]

生息银两的用途为护军校以下兵丁赏银，一般兵丁婚事（红事）赏银 3 两，
丧事（白事）赏银 6 两。[59] 雍正七年（1729）至雍正十年（1732）共赏给兵丁
红白之费共 13437 两。[60] 在雍正年间，生息银两用于杭州满城开当铺，后该银
转交盐商生息（见表 10-8）。

表 10-8　乾隆二十九年（1764）发商生息[61]

名　目	本银（两）
杭州绍兴二所盐商支领满营本银	12547.29
嘉兴、松江二所盐商支领满营本银	27452.71

乾隆年间每年发给的恩赏银两在三四千两，嘉庆年间剩下 1000 余两。到
光绪年间红事赏银停放，白事赏银只有 2000 余两。[62] 乾隆年间发放的对象扩
及鳏寡孤独及家无钱粮人等，年在 10 岁以上者，每名月给钱 1000 文；9 岁以
下者，每名月给钱 600 文；步甲养育兵，每户月给钱 1000 文。[63] 因此光靠生
息银两是不够的，还得从牧厂地租内支给。

（三）牧地招租

乾隆四十五年（1780）将军王进泰垦牧田召租以济困乏，杭乍孤寡口粮
及远差贴费皆自二公始。王进泰奏准将牧地 20200 余亩内划出一半留为牧马，
其余一半丈实 9000 亩交仁和、钱塘、萧山三县召民开垦，征租养赡满营孤寡
并无钱粮之闲散，以及远差之川费等用。[64] 乾隆五十年（1785）杭州驻防官兵，
如遇进京买马等远差，于马厂地租内，每人给予盘费 30 串，一切近差，亦由
此项钱文酌量给予。嘉庆元年（1796），杭州满营牧厂草地坐落于仁和、钱塘、
萧山三县滨海沿江一带，历年坍涨不常，每年共征银 24000 余串，以为杭州、
乍浦两营孤寡人等养赡口粮及差兵盘费之用。[65]

（四）特殊恩赏

康熙南巡赏赐驻防兵丁一个月银饷，官员貂皮一张、兵丁人等银奖武牌

一面。乾隆皇帝则给予年满 70 岁的银两。乾隆五十五年（1790），恭逢皇上八旬万寿钦奉恩诏各省满洲汉军驻防兵丁年 70 岁、80 岁、90 岁以上者，查明赏给。杭州驻防年 70 岁以上旗人 25 名，每名应赏银 3 两；80 岁以上旗人 5 名，每名应赏银 5 两；二共银 100 两。又乍浦驻防年 70 岁以上旗人 6 名，每名应赏银 3 两；80 岁以上旗人 2 名，每名应赏银 5 两；二者共银 28 两。俱系动支司库乾隆五十五年地丁解送杭州将军乍浦副都统衙门，传集老人当堂按名散给祇领（见表 10-9）。[66]

表 10-9　恩赏银 [67]

时　　间	银（两）
乾隆二十九年（1764）	4532
乾隆五十六年（1791）	3162
乾隆六十年（1795）	4089

（五）办差银

杭州将军萨尔哈岱奏，请将公库存余银 4450 两，"给官兵借支等语，应如所请。官员除白事例准借俸，毋庸另给外。若红事、及远差、借给俸银四月。其保题官员，借给半年。兵丁、远差借给八两。近差每日按一钱借给。如有灾病紧急事件，借给不过三两。官按两季扣还。兵由饷银内一年扣还"。[68]

浙江省乍浦满营兵丁，一切近差，均给路费钱文。杭州满营，惟买料、牧马、演炮三款，议给路费。其余一切近差，俱照乍浦满营之例。赴苏州、乍浦等差，每名给钱二千四百文；镇江差给钱三千文；清江差给钱三千六百文；在牧厂地租钱内动支。若差止三五日者，不准支给。浙江省杭州满营一切近差，如赴王家营（淮安府清江县）等处采买料豆，每名给盘费钱九千文。马厂牧马，每名月给盘费钱二千四百文。演放炮位，每名月给盘费钱二千一百文，在马厂地租余剩充公银内动给。[69]

岩井茂树认为，中国专制国家财政的基本原则是采取"原额主义"，但是收支的定额化与社会经济发展不协调，结果中央财政的角色相对降低，地方进行财政分权。[70] 从定额化的观点来看，地方财政和驻防八旗的支出，发现汉军出旗后，兵丁员额减少，但地方支付杭州驻防的经费变动不大。再者，旗人养马的数目遽减，马干银两维持原额，甚至钱塘江边灶户煮盐草荡地与旗人牧厂相连，当江岸淤涨土地增多时，地方政府征到草荡地升科地才 10000 余亩，牧厂地则达 100000 多亩，充当旗人的养赡与差旅费用。比较地方财政和旗人俸饷的消长可发现，地方支付八旗驻防的经费除了地丁银，地方衙门代为收取牧厂租地银，盐政道发商生息。驻防八旗支出项目增加，除俸饷之外，有养廉银、丁粮马干银、红白事件赏银、孤寡养赡银、办差银等，此亦说明乾隆年间强化了满洲旗人的民族主体性。

三、旗民冲突

欧立德讨论八旗制度将旗人与汉人分开来，建立了满城的城墙、各种军事配置、建筑物，将旗人隔离在满城内，使其在经济上备受瞩目。满洲、蒙古旗人在社会上享有独特的权利和地位。从康熙年间浙江总督、巡抚和州县官在奏折和个人文集所提到旗民问题，显现出清廷赋予旗人在地方上的经济、社会权利和地位。譬如，满洲骑马的民族到农耕社会，侵占土地，马匹践踏禾稼。旗人仗恃财富放债，诬陷良民为奴。旗人奴仆与败德之青衿干预民事、把持衙门、占踞埠头、开桩局、盘放私债等。[71] 旗人被隔离在满城内，其权益却超过城墙，成为浙江省的社会经济问题。

（一）政治问题

杭州的驻防官兵掌管城门钥匙，杭州将军广科奏："杭州城门锁钥，可否仍旧归满营管理。得旨。浙江省城各门锁钥，着照旧制仍归满营收管。"[72] 旗兵掌管满城又称为"内城有五门，分别是延龄门为前锋，迎紫门为镶白旗，平海门为正白旗，拱辰门为正红旗，承乾门为正黄旗管辖。杭州城亦称外城，有十门：钱塘门为正黄旗，武林门为镶黄旗，艮山门为镶红旗，清泰门为正蓝旗，望江门为正白旗，候潮门为正蓝旗，凤山门为正红旗，清波门为镶白旗，涌金门为镶蓝旗，庆春门为汉军旗掌管，裁撤汉军后由八旗轮值"。

此外，杭州城内外险要之处分设十二处堆拨，每处有领催，甲兵 5 人值班巡察。堆拨或称堆子，是指汛兵驻防地，相当于现在的派出所。十二处堆拨为小北城、千步廊、东园城、红花城、报国寺、长荡头、羁候所、老人洞、望海楼、黄泥潭、清平山、云居山。又将军署前后设步军二堆。官巷口、孩儿巷口设两巡查所。[73]

旗兵掌管钥匙，百姓出入城门受其挟制，造成纠纷。李之芳在康熙十二年（1673）的《示禁门兵需索》云："今闻守门兵丁，不遵军纪，凡遇负贩食物，则敢私抽狼藉，无异抢夺。其有携带包裹，行人及妇女肩舆出入，往往勒索银钱，故意拦阻。至于迎婚出殡，吉凶大故，尤为奇货可居，刁掯苛索，无所不至。"[74] 李之芳的告示特别提到门兵勒索民人，被拿获将加重处分。但是到康熙二十三年（1684）赵士麟任浙江巡抚，仍重提此事。

康熙二十三年，巡抚赵士麟申饬守城官兵，称"闻有兵丁借端生事，凡遇肩挑步担之物恣行抽取负囊。乘舆之人勒索银钱，甚至妇女往来则逼其搴帷露面，徒步过门迎婚丧葬之家则多方阻掯，非赂以重赀断不轻易放过，倚禁门为攫货之薮，借盘诘为逞暴之图，卫民而反以害民"。[75] 杭州城墙周围 40 余里，地方广阔，城中商业发达，其中凤山、庆春、艮山三门靠跨山近河，奸巧棍徒每有包揽商税，于夜间将货物槌墙偷越的弊端。李卫议请于城墙上建营房，并派旗兵轮流巡逻。[76]

（二）经济问题

1. 高利贷

驻防旗人以钱贷与汉人，按月加利，坐收其息。如贷人 10 金，十月间已 20 金，更十月已 40 金。康熙二十一年（1682），居民闭户罢市。《圣祖仁皇帝实录》载："朕闻杭州驻防官兵、将地方民人商贾、甚加刻害。官兵驻防省会、原以镇守地方、使民生有益。乃反行刻害、是何理也。今任尔为副都统、尔须留心此事、严束官兵、以副朕简用。如仍前恣行，决不轻恕。闻镇江更甚。今尔往，将朕谕传与彼处将军、副都统知之。"[77]

关于营债的问题，浙江总督李之芳《严禁营债告示》载："凡欲民人借债，止有七折、八折，票约则勒写足数。又加每月每两行利三分。此外，又科索东道钱、保人钱种种名色。穷民借银到手实不及半数。迨至取偿不容少宽十日，或利息过月不还又勒展票，利上加利，不数月间赀产吸尽，祸及妻孥。"民人欠债，则登门毒殴吊营拷打，百般狼藉，不得不卖妻鬻子，甚至踢打伤中惨致殒身。[78] 对于旗营重利盘剥的问题，李之芳规定未清债负，只许照依本利清还。但民人并没有能力摊还，康熙二十三年（1684）赵士麟为浙江巡抚，说民人借债不过数千，本息增至银300000两之多。在吴农祥的"营无逋"说"此患四十年"，[79] 看来应自杭州设满营以来就有汉人借债问题。

巡抚赵士麟《抚浙条约》提及，"吴越民贫而俗侈，有借旗债而营生者；亦有借旗债而枉费者。康熙二十三年捐赔营债咨文，十余年来各旗官兵驻防地方，兵民交与初甚相安，不意自放债之后，旗丁见利心粗，恣意盘剥、占店折房、拥妻劫女，种种不堪酿成大狱。赵士麟之母自云南来，携带银10000两，代民还债"。[80] 杭州知府与满营章京取原券清算约银30000余两。每两让六还四，也就是还40%的意思。在赵吉士《寄园寄所寄》说本息300000两银，而原债券本金约30000两银，可见滋生利息还颇为可观。赵士麟解决杭州数十年的大害，军民建其生祠在孤山之麓。

有一案例系假借向旗人借债，殴打民众之事。康熙二十年（1681），"徐一新欲强奸寡妇柴氏，不从喊叫，有氏大伯徐景义殴打一新，以致怀恨。柴氏之子徐三先，因劫仁和县朱邓氏案内正法，伊妻蔡氏改嫁，徐一新遂勾连棍徒徐大福等，合谋设法捏称徐三夫妻房屋蹴借旗丁王五子银，并写假契谎言欠责，将寡妇柴氏锁吊横殴勒索以图诈财"。[81]

2. 把持运河

满兵定例，"每三年一送骨殖回京，届时则封民船守候，需索路费，必满其溪壑而始行。康熙末仁和令张坦熊改旧制，用盐驿所造红船，捐俸 120 金赆行，亲行弹压，兵相视无敢哗者"。[82]

3. 强丐或不予市价

清初旗兵强丐于市，"杭府王梁执以白将军。即军门痛惩之。旗兵有口粮，何至于丐，所谓强丐殆抢之别名耳。驻防旗丁多不戢，市物予薄直"。[83] 地方衙门采办什物、器皿、日用、蔬菜、米盐，皆用现银发买，若低于市价让商贩吃亏，即称"强丐""市虎"。康熙时魏原为钱塘令，时旗营令县署供食米、屠侩供肉、江埠供薪、渔户供鱼。魏原守杭州，豁浮粮，屏盗贼，戢旗兵，被誉为"魏青天"。[84] 康雍乾年间苏州经济蓬勃发展，每年由乍浦进口日本洋铜达百万斤以上，靠近乍浦的杭州城反而经济却远不如苏州，或许是该地驻防军队需索，让商人却步。

（三）社会问题

杭州满营的旗人成为地方上的新兴阶层，一些游手好闲之辈假威生扰，趋炎附势，造成社会问题。有旗人的家人与当地的无赖把持衙门、津关等；亦有旗兵骚扰百姓。

1. 圈占民宅

顺治十八年（1661）浙江总督题，来浙杭兵无房屋居住，以致于满城之外另觅民房，圈住民房 1452 间，被圈之民实苦失业。户部尚书王弘祚请旨，敕下督抚按酌量安顿。[85] 结果却是"旗兵圈地拆民房，业主早已他徙，而所科之税仍须由业主缴纳，至康熙时始免"。[86]

2. 恃强逞恶

李之芳提到，"旗营兵丁往往三五成群，打柴打草，遍往乡村。离城渐远，肆志横行，或索饮食，或诈银，或践山花，或夺茶笋。稍不遂意，生衅寻非，无所不为。甚至荒村僻径搜括抢夺，孤客难行，商贩裹足"。[87]至康熙末，"钱塘令芮复传因驻防营卒驰躏民田，便宜惩治，辄缚而鞭之"[88]。雍正六年（1728），总督李卫奏折提道："满营兵丁在春江北岸牧马，马匹践踏田麦，民众辱骂拨什库（领催），并用粪泼他的衣帽。杭州将军鄂密达震怒，要求李卫立时处死民众。李卫只处民众重枷发落，鄂密达认为李卫袒护民众，向皇帝上奏折。李卫上奏辩称，此非罪大恶极，若用非法监毙或翻枷致死，此与谋故杀人何异？"[89]可见满营兵丁跋扈的行为。

浙江总督李之芳《示禁兵棍抢夺》云，营兵于钱塘江边西兴渡口牧马，此乃商民贾贩往来孔道，每见孤客远商负贩货物，携拿行囊，往往结党成群，中途邀截，或搜夺行李，或抢剥衣帽，哗然四散。杭绍通衢大道，商民裹足难行。除经差官巡拿外，合行示禁。[90]赵士麟《禁夫船》提及："旗营之防兵走卒，辄思循岸踹船。"埠头船只为驿递之用，作为衙门奉差解饷、解火药。营兵擅索驿递，捉船装载私物。杭人营葬以北山为多，春秋祭扫出钱塘门则需经过旗营，往往受旗人之侮辱，妇女尤甚。[91]

3. 掳掠民人

康熙十三年（1674）攻灭耿藩军队，掳掠民人之子女甚多，成为奴婢。李之芳《行间日记》的《与和硕康亲王书》提及："王但禁其下，毋掳掠财物妇女，无所取即长驱入福州。"[92]三藩之乱，旗兵不时俘虏"纳粮当差"之民，并要求付赎金。如康熙十三年九月二十六日，旗兵自岭下朱转回金华府，经过金华县，抢去众家男妇子女100余口。民人姜阿二具控云，此男妇皆系金华县各都图人民。又据金华府知府李忱报称，10里内外妇女幼男亦被抢掠。李之芳请杭州将军康亲王杰书给还被难子女。旗兵掳获人民，奇货可居，要求付高额赎金。李之芳说："难民贫穷，募有微赀，安能尽如所索之数，且掠带子女岂有定价？"或有奸棍向官兵买妇女为娼，名曰贩捎。[93]杭州、绍兴等地棍徒倚仗营势，结党成群，随旗营贩买人口，发一笔战争财。

赵士麟《抚浙条约》载："略卖拐带近日最多，有等奸徒以娶妻买妾为名，将良家妇女贱价货去，即刻重价转卖远方，或旗下，或至流落烟花，所谓略卖也。"浙江光棍、媒婆骗妇女，将她们拐卖到旗人家庭当婢女。[94] 杭州为江南经济发达地区，拐徒略卖妇女的情形不少。

4. 斗殴案件

杭州旗丁与民众斗殴案件，在《内阁汉文黄册》"刑部各省犯人招册"中有若干案例，从这些案例中可了解旗民冲突。康熙二十年（1681），"陆云因伊主副都统吴申把兔鲁家所需食米，陆云等着夫头章美拨夫驮回，复令驮运余米至赵吉生家寄贮，因章美不允，辄肆拳脚交加，章美伤重登时殒命"。[95] "王美生系镶黄旗驻防杭州倭赖佐领下兵傅董福家人，剃头为业，逃出寓于民人郦日初饭店内。交伊等在店内饮酒醉，后日初向美生索楚饭钱，美生詈骂，日初忿怒夺取剃头家伙，美生辄取剃刀割伤日初咽喉，旋即毕命。"[96] 康熙六十一年（1722），"四十五与徐芳洲二人均系正白旗披甲偏图家人，四十五饮醉而归，芳洲亦从外至，因喝问徐芳洲不应，四十五误认是贼，拔所带小刀迟截芳洲两腿膝等处，致芳洲逾时殒命"。[97]

雍正三年（1725）二月二十一日，有仁和县土棍董御天在仓桥面铺赊欠遭殴打，二十三日，纠合旗人陈老八、胡老六、张老二、李老八、高老五、高老三等多人，拥至面铺罄打器皿，并连打倪四、许云先、王长善、徐云卿四家面铺，以致邻近 20 余家畏其凶势关闭店门。上奏折的官员为浙江按察使甘国奎，他与理事同知特晋德一起审理此案。在奏折中有提另一件事，余姚县典史程时中自杀案，起因是被罢黜的武生徐文中等向总督满保控告该员擅受民词，满保发该府查审，程时中愤而轻生。[98] 这件事没着落，至年底甘国奎以"承审盐枭张天宝及徐化英等打死县差朱进案，不行查审实情并贿纵缘由"，被革职。[99] 在雍正三年，甘国奎还上奏折，提到杭州将军安泰管事家人梁大伙同前任将军诺罗布家人董二从口上贩马到浙江，卖给旗兵，每匹 12 两至 20 两不等，马匹多属疲瘦，以致穷兵含怨。[100] 由旗民的斗殴案件，涉及满汉官员的微妙关系，因档案不齐全，这些案件都无疾而终，可以确定是甘国奎就此结束官僚生涯。

到乾隆时期依然发生"斗狠成风，呼朋引类"旗民的斗殴案件。乾隆十八年（1753），杭州驻防兵丁七达儿等、与民人翁岐周等，互殴一案。皇帝上谕："各省驻防旗民皆同城居住，从未有争忿互殴之事，惟杭州近年屡经犯案。旗民同为国家臣庶，各应安分守法，何致动辄相争。乃斗狠成风，呼朋引类，隐分党羽，袒护助殴，此所关于风俗人心者甚大。非重加惩儆，无由力挽颓风。七达儿等一案，该抚仅拟照常办理，不足示惩着，将在场争殴人犯，不论旗民，按名拘提，研讯确实，俱行发往吉林乌拉当苦差。"[101] 从乾隆皇帝的上谕可知杭州旗民互殴案件特别多，他将斗殴的旗民发遣吉林乌拉当差，暂时平息斗殴风气。不过，从清末民初《点石斋画报》中，还可以看到许多旗人跋扈的行径。

5. 奴婢与逃人问题

清兵入关之前，掳掠战俘和平民为奴婢，入关后法律允许奴婢买卖，致使旗人蓄仆风气鼎盛。[102] 依照法律，旗人收买民人，由地方官给予印契，出示晓谕。奴婢逃走，将容留者坐以窝逃之罪。范承谟《抚浙奏议》论"浙江逃人为害最大"。"奴仆或寻常掠买者亦有之，更有经土棍哄诱而自愿卖身旗下者，不堪旗人之虐则逃之。于是辗转追寻，邻里亲友大受其累。故当时杭州之患，惟营债与逃人二事为最急。旗人奴仆率皆无赖之徒，或因借债无偿，或系游手好闲，倚旗肆诈，或朝卖身而夕逃，或甫就获而又逃，其妄扳农商无辜之人。"[103] 为避免殃及无辜，总督赵廷臣奏请"凡旗人收买民人，宜令地方吏给印契，并晓谕诸邻，俾知此人已鬻身旗人，后或逃归，有容留者，乃可治罪。仁和令王庶善则禁绝之，不许民人鬻身入旗，不特有逃人之纠纷，并有因此而倚势鱼肉乡里者也"。[104]

逃人还涉及窝藏的窝主问题。"乡僻山民或雇逃人耕耘，或请而负贩，一经拿获即成窝主。更有地方光棍，欲诈某家，串通逃人先至其门，随率党羽蜂拥擒捉，指为窝逃，顷刻之间身家皆陷受害。"[105] "奴仆卖身逃走，乡村百姓无知，雇用逃人被逮获成为窝主，或被光棍牵连诬陷，身家不保。"

杭州驻防的奴婢是来自发遣的战俘和罪犯。如乾隆四十九年（1784）甘肃石峰堡回民之变，经阿桂、福康安奏请，将余贼子女 2600 余口发遣江宁、杭州、福州、广州等处，分赏驻防官兵外，并交江宁、杭州、福州、广州等处将军，赏给该省官员兵丁为奴。[106]

乾隆年间，各省驻防将军必须提报该年逃人数目，造册送刑部。根据《明清档案》记载，旗人必须在一定期限内呈递逃牌，将军责成杭州驻防的佐领、骁骑校、领催带领兵丁追拿，一年内未拿获即予以罚俸一个月处分。如杭州将军萨尔哈岱等疏，称乾隆二十三年（1758）正月一日起至十二月三十日止，此一年内逃走为奴遣犯 5 名、壮丁 6 名，俱于限内呈递逃牌。此内拿获遣犯 3 名自行投回，壮丁 2 名。又逃走家人并带逃家口共 61 名，再上年逃犯内拿获 2 名，自回 3 名，合将伊等逃走日期并旗分佐领姓名造册送部查核等因。具题前来查定例黑龙江等处发遣人犯逃走 1 名，伊主系无职人，鞭五十。一年内逃至 5 名者，该管各官罚俸一个月。"至旗下家奴逃走伊主不于限内呈递逃牌者，照在京之例议处。将脱逃为奴人犯保儿之主，委前锋校长格密雅哈即密哈之主领催额耶尔图均照例鞭五十。时逢热审其长格等鞭责之处照例宽免。其脱逃未获为奴遣犯保儿密雅哈，即密哈另户壮丁郭昆等应令该将军严缉务获解部。"[107]

杭州驻防杭州将军穆尔泰疏称乾隆三十五年（1770）由部发来为奴人犯关东潜逃，随派佐领岳格带同领催兵丁追拿未获，应照例题参，应将派出追拿逃人关东 1 名，未获之镶红旗满洲佐领岳格，照例罚俸一个月。[108]

近年来，学者提到族群认同的问题，由思想、族群意识层面进行论述。笔者观察清代的法律，除了《大清律例》外，针对不同族群，清朝有《理藩院则例》《蒙古律》《番律》《回律》等；针对不同阶层，有《钦定宗室觉罗律例》《钦定宗人府则例》《钦定王公处分则例》等。清代对汉人械斗采"光棍律"处斩刑，以维护社会秩序。特别是嘉庆朝，台湾械斗案件皆处斩立决，落实边疆统治的严刑峻法。[109]清朝以《大清律例》作为国家的法典，涉及满汉族群犯罪，审判的方式却不同。清代对集体犯罪处以"光棍律"的重大刑犯以汉人居多，但对旗人并无以"光棍律"惩处。本节讨论了八旗兵丁抢夺民物、三藩之乱劫掠妇女之事，以及杭州城的集体斗殴案件，本应判重刑以杜绝扰民，清朝廷却从轻处分，此亦说明清朝保障了旗人的司法特权。

四、旗人的日常生活

杭州旗人每日都要学习射箭，还要学习汉语和满语，"国语骑射"被认为是满洲之根本、旗人之要务。杭州驻防满兵，在康熙的时候渐染汉俗，多不束带、靸履而行。皇帝上谕："既为满洲，则当遵满洲职业、勤于骑射"。[110] 100 年后，乾隆五十一年（1786），台湾爆发林爽文起义。乾隆皇帝对于派往台湾之杭州、乍浦满兵，打仗不甚奋勇，深感痛恨。[111] 他认为满人沾染汉人习气，好逸恶劳。清朝皇帝成天将"满汉不分"挂在嘴边，为何又积极教化满人保持"国语骑射"，抗拒汉化？欧立德认为，满洲族人保持了自身的民族主体性。例如八旗驻防兵丁到 18 世纪中叶，还以北京为满洲族人的"老家"，在外死亡的旗人骨灰都得运回北京安葬。为了了解旗人的城市的生活，笔者查找档案，研究杭州满城的旗人在语言、婚丧风俗、服装和宗教信仰各方面是如何维持满洲民族的认同的。

（一）骑射精神

清朝皇帝标榜"国语骑射"精神，鼓励各种马术训练。杭州将军傅森奏，"雍正十三年，杭州马甲的训练，骑马小跑，操练设靶布阵，俟初具规模，再管操练快马骑射，步兵操练连环射。另教习满洲布阵，除操练飞身上马、纵跳、摔跤、闲散者藤牌、舞军器等项外，步行分别四班，早去进餐，晚餐时分回宿地，来回走七八十里不等"。[112] 旗人虽"弓马技勇，均属优长"，然江南地区水路交通不适合跑马。乾隆年间，军队武备从腰刀、牌刀改为鸟枪，还有每年编列红衣炮的制作经费，可看出乾隆时代满城在武器上的变更和在训练技术上的进步。

1. 操练鸟枪

八旗鸟枪兵训练科目多，有骑射的"一马三枪"，步射的打排枪、放连环枪，合操时还操演九进十连环。连环枪的阵势按奇数偶数分头甲、二甲。由于鸟枪装药需要时间，打一枪装一次药，头甲放枪，二甲装药准备，二甲放枪，头甲装药准备，装药需退后一步，鸣放枪需前进一步，故统称"进步连环枪"。九进十连环的阵势演练为三人一组，背靠背站立，一人鸣放时出列前进一步，二人装药做好准备，轮流鸣放鸟枪，每人放三枪，合为九枪，为一进，鸣锣止放。然后再击鼓，挥红旗，鸣放九枪如前。这种打法进行九次射击，枪炮鸣放连发无间断，称为"九进十连环"。[113]

2. 红衣炮

清军在《满文老档》称为"乌真超哈"，意为"重兵"，即使用火器的军队。清军攻略中原时，红夷炮成为战场上常见的火器。张大昌《杭州八旗驻防营志略》"定浙志功"叙述清军用红夷炮对付南明军队，攻破嘉兴、金华府等城。将士汉军孙德盛、董廷伯、郭名望、祖世祥、徐大贵、柯永华，满洲喀齐兰、顾纳岱，蒙古叟塞等，以红衣炮克敌建功，如喀齐兰取舟山，获红衣炮140位，封拜他喇布勒哈番。徐大贵、柯永华斩伪总兵胡自庆，获战舰24艘红衣炮160余位，封一等阿达哈哈番。[114]顺治十三年（1656），浙江巡抚陈应泰铸造一批船用的红夷炮以进攻舟山，铁炮67门、铜炮260门。康熙十四年（1675）至康熙六十年（1721）有明文记载的各种火炮近千门之多。南怀仁设计制造的新铸的700多门炮，这些炮中有相当多是属于小型的野战炮，以便在西南或东南地区的崎岖地形中长途跋涉。南怀仁铸造的各型炮在康熙年间均曾立下战功，巩固了清朝的江山。根据《杭州府志》载："向存三号红衣炮八位，雍正四年奉文铸造子母炮四十八位。"[115]《明清档案》载乾隆年间铸造子母炮178位。"杭州八旗兵丁于九月临霜降之后，杭将军、杭乍两都统带领满兵往古荡，对秦亭山凹演炮操枪。其地有官厅，外平台设帐篷帷幄看试演。"[116]"霜降前一日，迎旗将左右中前卫所各营兵，编为队伍，次第相承。戈铤矛戟弓矢剑盾藤牌狼笑鸟铳火炮之类扬于道上，以肃军容。男妇老幼于两傍环聚而观。次日五鼓当事于旗纛庙祭旗，炮声震动动摇山岳。"[117]

学者认为雍正、乾隆时期的火炮制作量很大，只是对已经破旧残损的炮位进行大规模的更换，这时期的火炮，在制造技术、威力等方面不超过康熙朝的水平。黄一农认为明清之际中国的火器在世界上堪称数一数二，在康熙之后就没有大规模制作火器，以致于中国武器越来越落后。[118] 约翰·巴洛在《我看乾隆盛世》记载："汤若望、南怀仁曾费了极大努力教中国人铸造火炮的技术，他们却至今也没有长进。我注意到，北京一个城门附近丢弃着几尊形状丑陋、比例失调的火炮。他们跟那些广东边境的同类，以及杭州府那几尊 12 磅，各自有木棚遮盖的火炮，就是在这个国家所能见到的所有的大炮了。"不仅火炮的比例失调，中国人也没像欧洲人使用火药颗粒工艺，用的是粗劣的粉末，常常结块。硝本身不纯，又听任它暴露在空气中吸收潮气，因此不适合使用。[119] 中国火药的配方为硝石 50 磅、硫黄 25 磅、木炭 25 磅，乾嘉年间火炮的支出参见表 10-10。

杭州满城于春秋两季均演练红衣炮，源自南怀仁所铸的火炮与乾隆年间另铸的子母炮。[120] 顺治、康熙年间平定江南战役时，汉军扮演了重要角色，到乾隆年间汉军出旗，由满洲和蒙古旗人来演练红衣炮。同时，民间的武装配备亦不如满蒙兵丁，山东巡抚国泰曾奏请当地民壮操练兵器以火器取代鸟枪，乾隆认为地方武装不能持用火器，各省训练纯熟火器者多人，则不可不预防其弊。乾隆皇帝刻意安排汉人的武力设备不及满洲、蒙古旗人。但是，到太平天国时，长期被隔离的旗人完全丧失战斗力，成为孤军。

（二）婚姻

乾隆二年（1737）上谕："内务府佐领下丁等内二十八岁以上之男女，倘有定亲而无力聘娶者，或家贫并未商定结亲者，每人赏银七两。"[121] 壮丁是皇帝私有庄园的主要劳动人力，因此皇帝必须解决他们的婚姻问题，以使壮丁能安定于庄园中耕种。旗人家庭一般有红事赏银，结婚的机会大。但是，杭

表 10-10 制作火炮材料的银两

时间	火绳 数量（丈）	火绳 每百斤价银（两）	炭桶 每百斤价银（两）	炭桶 总价银（两）	炭桶 当年共计银（两）	硝 数量	硝 银（两）	硝 备注	铅 数量	铅 银（两）	当年共计银（两）	资料源
乾隆十四年（1749）	8000	30	75.7	258.38		48858 斤又 15 两	98.03	《明清档案》，0459 则记载价银 98.53 两	1560 斤又 15 两	54.6	258.4	《明清档案》，登录号：045935
乾隆三十年（1765）	8000	30	工料银 74.6			4788 斤又 3 两	96.26		1553 斤又 14 两	54.4	387.2	《明清档案》，登录号：045027
乾隆四十九年（1784）			1.18	490.65	1741	31494 斤又 9 两	999.8	以百斤计 3.17 两			1741	《明清档案》，登录号：027633
乾隆五十年（1785）			1.18	490.65	1730.99	31494 斤又 9 两	999.01	以百斤计 3.17 两			1730.99	《明清档案》，登录号：054927
乾隆五十三年（1788）			1.18	472.35	1741	30319 斤又 11 两	961.75	以百斤计 3.17 两（每火药百斤配用净硝 76 斤）			1741	《明清档案》，登录号：068889
嘉庆十二年（1807）						3343 斤又 8 两			1560 斤又 15 两		217.62	《明清档案》，登录号：041109

州、乍浦满营婚嫁论财相沿成俗，往往有髫年许字，却因男家无力纳采，婚嫁失时。自将军宝琳到任后，查明各旗婚姻已定，因索财而不能迎娶者数百家，俱经勒限官为完配，其有孤儿寡妇茕独无依者，据实查明按月给与养赡。

杭州旗人婚礼与汉俗不同，"礼必行于昏夜，女婿必亲迎，喜舆至门，先发响箭以报喜。新妇降舆，跨马鞍而过，随入行礼，除傧相外，不得一人见。入房，夫妇坐床，皆盘膝，有所谓送亲太太接亲太太者，进合欢酒，以金羽箭受新婿，使去妇首红巾，然后理装，再出庙见，此通礼也"。[122] 这些婚俗与北京相同。《啸亭杂录》记载："新妇既至，新婿用弓矢对舆射之。"[123] 喜轿抬至男家后，雕鞍放在轿前，预备新娘迈过，表示步步平安。跟着新郎向轿帘放箭三支，名为除煞。满洲旗人的新娘抱宝瓶，内装金银米（黄米、白米），金银如意上盖红绸，系着五色丝线。蒙古旗人的新娘抱持柴一束。[124] 新娘过马鞍，以及满族合卺礼有萨满跳神祝颂为满族习俗，是汉族所没有的（见图 10-3、图 10-4、图 10-5）。

清末，满汉通婚，数见不鲜。金梁叙述他家族是瓜尔佳氏，母亲钱太夫人，曾祖母邵太夫人，"及伯母王氏，皆汉族。金梁的兄弟十人，而嫂氏汉姓者，得其七，其余亲友，多娶汉女，衣饰服用，语言习惯，皆与汉同，无复可辨，唯有调自荆州、青州等旗者，尚守旧俗，亦极少数也。"[125]

（三）生子与教养

旗人生子，三朝洗儿，称为"洗三"，在老舍《正红旗下》有详细描述。金梁《瓜圃述异》亦载："先以冷水灌顶，由来已久，其在塞外，冬则浴雪，夏则浴沙，至今犹然，故满蒙体干，皆较雄壮，有武士之风。又旗俗育男，多精制小弓矢，悬户以示庆，盖不失悬弧古意焉。"[126]

小孩周岁有抓周习俗，陈笔墨玩物，任小儿手取，以观其志；旗俗则多列小弓小矢，及帽饰金字，如忠孝节义等，为抓周之用。[127] 满人怕出痘，小孩出痘时要举行跳神活动，娘家亲戚来道贺，这也是汉人家庭所没有的。例如

图 10-3
《迎亲》

图 10-4
《上轿》

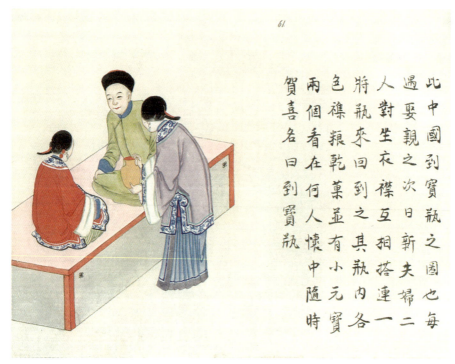

图 10-5 《抱宝瓶》

　　"富受因儿子出痘酬神，舅子大住儿同他叔叔常德并常德儿子观音保、母舅玉成都到家烧香贺喜[128]（图 10-6）。

　　旗营的教育文武兼备。据《瓜圃述异》载："旗俗幼学，文武并重，日入书馆，识字读书，夜入弓厂，学射习骑，稍长则兼课满文，必诵圣谕广训。而塾师讲解，尤尚实行，如入则孝，出则弟，孝当竭力，忠则尽命，皆各有绘图，张之塾壁。事父母必尽职，对尊长必致敬，见者或讥旗俗务虚文，讲排场，而不知修身习礼，实蒙养之基，失而求诸野，其在斯乎。"[129] 夏仁虎描述旗人礼节之繁复，譬如在大宴会中，客有后到者巡行各座，遇尊长则双膝着地曰"跪安"。弟向兄请安，兄以双手扶之曰"接安"。平行则各屈一膝。[130] 在外头重视礼节，家里的礼数更多，晚辈早晚向父母请安，年节磕头，生活上要表现出"安闲彬雅"种种礼节，所谓"礼多人不怪"正符合旗人的风俗。

此中國抓週之圖大凡人
家初生小兒一歲為之一
週京師富貴之家於小兒
週京師富貴之家於小兒
一週期將預物器皿文方
戲具以及銀錢食物無一
不俗擺於桌上令嬰兒見
之以驗後來之賢愚否抓

图 10-6 《抓周》

（四）丧葬

旗人每三年一次将驻防人员骨灰运归北京。[131] 乾隆二十五年（1760）浙
江巡抚的奏折称"杭州驻防兵茔地现有改捐义地派拨"，择地而葬。同治初葬
旗人遗骨于双井头，谓之"忠义坟"，而涌金门外别有忠义坟，则为汉满合冢。[132]
《瓜圃述异》载："旗俗丧葬，亦不尽同，亲丧则子剪辫，夫丧则妻断发，皆
纳棺中，布冠而不麻冕，亦不执杖。葬必择地，而其初皆行火葬，盖驻防本不
为久计，故各以布囊贮骨，待归故土，久而重迁，始葬近地，然仍有沿旧习者，
设火场于钱塘门外，特已少见耳。"[133] 旗人葬在杭州，因此市民有"城墙上
看鞑二奶奶上坟"一说。[134] 鞑二奶奶为旗人妇女，她们头梳双抓髻（俗称"两
把头"），穿耳悬铛至三四环，鬓插金叶花，白头婆娑亦然，衣绮罗、涂粉、

图 10-7 《扫墓》

簪花，[135] 打扮与汉人妇女迥异，旗妇上坟便成为杭州一景（见图 10-7）。

红白会是旗人家庭为婚丧大事积蓄用款的互助会。红事会每会称为"一筒"，每筒会有二三十人以上，入会的皆为未婚者。每月从旗人饷银中扣存银钱，有一两者或铜钱几吊者，称"会资"，每月凑银二三十两，会员结婚时可以提出会银一份。白带子会的性质和红事会相同，是替家中老年人预备丧礼费用，一旦年老者病故即可动用会款，减少子弟的负担。《瓜圃述异》载："旗俗庆吊，礼物不必尽备，而人必躬至，事必尽力，并官设红白会，集资互助之，杭营八旗三十二佐领，每佐领率五十户，月有饷银，按名各存小数，遇有婚丧，则照章公送，以济其急。"[136]（见图 10-8）

图 10-8　《诵经》

（五）日常生活

约翰·巴洛描述杭州城情景："街上的男性看起来身份和修养并不比北京街上的差。杭州的道路用宽石板铺垫，异常干净整洁。每个商店都展示出不同厂家的丝绸、染色的棉布和南京棉布。他们还展示各式各样的英国绒面呢，但主要是蓝色和红色，用以做冬季的袍子、椅罩和地毯。同时还有一些皮毛货。"[137] 与北京风尘飞扬的景象比起来，杭州街道干净整齐。[138] 杭州的旗人也仿效北方旗人穿着毛皮服饰，衣袍和居家设备使用英国进口的毛织品。[139]

金梁《瓜圃述异》记载许多杭州的旗人风俗，"首重祭祖。旗俗敬天法祖，故最重祀先，每春秋二、八月，必集同族行礼，名曰祭祖，设供以白肉及饽饽为主，亲友趋贺，分食馂余，食必尽器，例不称谢，此则较异者也"。[140]
"此吃白肉的习俗与北京旗人无异。上元设灯彩于花市门，于嘉禄桥放烟火皆
极盛。"[141]《杭州府志》载，"近俗城中人家门贴门神者绝少，唯满洲营及
乡镇犹有之"。[142]

　　节庆习俗方面，清明前后，赛马湖堤，有善骑者，不分旗汉皆来会，而
锦标常属旗人。端午调雄黄酒，涂小儿面，作怪状，游行市街，见者失笑。重
阳登高，不饮酒而放鹰。放鹰是满洲族习俗，满人先世以渔猎为业，出猎必携
鹰犬，鹰置于人臂称"架鹰"。鹰鹘属猛禽，捕捉后严加调驯，称为"熬鹰"，
三更半夜架老鹰不让它睡觉，熬它的野性。根据玩鹰行家的经验，驯服一架鹰
至少有 3 人，一个负责前半夜，一个负责后半夜，一个白天班，大约 10 天，
鹰的野性退了。[143]北京旗人喜调鹰放鸽，秋冬之际出猎和斗蟋蟀，杭城旗人
亦然。三多有"闸斗秋开蟋蟀场""落花枯草调鹰地，暖日清风放鸽天""出
猎归来兴不慵"的诗句。[144]

　　旗人在冬至有祭天习俗，"其初家各立竿，后乃尽废，仅东向遥叩。祭
竿习俗源自满洲族旧俗，竿长约 1 丈，祭竿用白顶针饽饽。除夕祀神，并悬祖
像。满人祭祀影堂，与汉人祭祀祖宗牌位的习俗不同。而蒙古旧俗，殁不绘像，
则意专奉佛，然久在杭者，亦供祖像如满人矣"。[145]

　　满城的士兵尤其喜欢看戏。富椿于乾隆四十年（1775）任将军，以"体
恤兵情，宠赉遍及，而多惠典"，被旗人建祠祭祀。[146]然而，乾隆皇帝却认
为他纵容官兵。乾隆四十四年（1779）上谕："富椿调补杭州将军以来，不惟
不能教训兵丁，伊反自求逸乐，每日听戏，有名其戏为将军班者。是伊不惟不
能办事，亦不能谨守，深负朕恩。富椿着革退将军。"[147]将军爱看戏，在将
军署旁的梅青书院就有戏台一处，杭州有四大班，曰"鸿福""恒盛""三元""四
喜"。每年五月十三日关帝戏后均须散班，名曰"歇伏"。旗下营梅青院戏台
名"失魂台"，盖惯捉破绽者,如剪发卖发赵五娘戴金戒指之类,定要罚戏一本。[148]
又有清音班来自姑苏，共有一二十班，吹弹歌唱各出戏文昆腔居多，亦会唱徽

图 10-9 《戏台》

调、敲打各种十番、闹龙舟等。[149] 爱看戏的将军死后，被旗人设将军祠来供奉，可说明旗人生活融入了江南的城市文化中（见图10-9）。

（六）信仰

1. 奉祀历代的武将

清代历朝皇帝极力提倡关帝信仰，关羽效忠的精神是帝王教化将士的榜样。杭州满城中共有5座关帝庙：五显关帝庙旧祀五路财神，立营后改祀关帝；鞔鼓关帝庙为吐鲁番办事大臣佛智建；洪福桥关帝庙又称小关帝庙；东城关帝庙在施水坊桥东；北城关帝庙在丁家桥北，石湖桥东。[150]

杭州满城内还祭祀汉代的武将霍光，称霍使君庙。咸丰十一年（1861）毁，光绪初重建。[151] 庙在长生桥，每岁元宵灯火极盛。"显忠庙里灯如海，显忠庙外人如山。元宵萧鼓喧阗处，一架烟花散玉环"。[152] 杭州的元帅庙会，五月十八日诞辰，八将文武判打灰堆脸系旗下人所扮。[153] 杭州驻防旗人信仰忠贞，在鸦片战争和太平天国之役表露无遗，尤其咸丰十一年太平军攻破满城，满营兵丁、妇孺在梅青院前纵火自焚，殉难人数达 8000 余人，以报"国家豢养"之恩。

2. 妇女信仰

传统社会认为"不孝有三，无后为大"。在北京有许多寺庙供奉送子观音，杭州驻防的妇女则至大悲庵求子嗣，该寺祀道德真君、神州元君，为旗人祈嗣之所，[154] 以四月十八日为神诞。

真静庵是康熙六年（1667）间建造，尼僧智澄系满洲正红旗人，因丈夫出征阵亡，智澄遁入空门，由族叔王世英、王世杰捐资建庵。[155]

3. 驻防兵丁的家乡信仰

由于杭州时有兵丁移驻，在满城内有天妃宫，闽人最崇信天妃，乾隆五十二年（1787）营兵出征台湾凯旋渡海，遇飓风，蒙神而安，归营捐建。[156] 还有"临水夫人庙或称毓麟宫，向为闽人所崇奉，福州防兵来杭，始创建也"。[157]

喇嘛寺为康熙四十八年（1709）喇嘛明住噶卜处，发往杭州看守居于此。[158] 满族人和蒙古人信仰藏传佛教，在杭州满城中的喇嘛寺庙，可能有喇嘛诵经活动。像北京的雍和宫和嵩祝寺等的喇嘛兼经营满族的丧葬佛事，唪经以三天为一棚经。僧人以"钟"为单位，旗人大户之家念两棚经，僧人最多为十三钟（僧人十三名）。[159] 乾隆皇帝笃信藏传佛教，以致北京、杭州、承德、西安都有藏传佛寺，可见皇帝的信仰对城市的影响颇大。

结　论

康熙南巡时，他本人和皇子在阅兵时表演了娴熟的马上射箭功夫，乾隆到杭州城推托手臂受伤，并没有展现骑马射箭的功夫，这不只是皇帝个人的能力问题，也说明"国语骑射"的政策有执行上的困难。就杭州的地理环境来说，养马并不容易，兵丁的训练逐渐由骑射转为演炮。顺治、康熙年间平定江南战役时，汉军炮兵营伍和红衣大炮扮演重要角色，到乾隆年间汉军出旗，由满洲和蒙古旗人来演练红衣炮来控制重要火器，意味着皇帝恢复满洲本位主义。但是乾隆皇帝又不像康熙时代有传教士铸造新的火炮，唯有一再翻修旧的炮口和官兵例行操演，难怪马嘎尔尼等人到中国来，看出中国十分落伍的武力设备。

杭州满城是在汉人原有的城市上圈地建设，拆除杭州城内的民房外，也占城外地亩，百姓迁离居住地还得负担房屋税。旗人与汉人的冲突有马匹践踏农地、诬陷汉人为逃奴、三藩之乱时掳掠汉人变卖或逼迫为奴、旗人放高利贷等，这些事迹在《清实录》语焉不详。汉人官僚对于旗兵行径的描述到乾隆编修《四库全书》时，四库馆臣删得太严，好书落选而入存目者太多。例如李之芳被收入《四库全书》的《文襄奏疏》里完全看不到满汉冲突，在新近出版的《四库全书存目丛书》的《李文襄公奏议》才出现旗人不法行为。同样的，李之芳的《行间日记》、赵士麟《武林草》透露的满汉问题，亦为查禁的对象，将满洲本位主义表露无遗。

以财政定额化的观点来看驻防八旗的支出，汉军出旗后兵丁员额应减少，但地方支付的费用变动不大。其理由是除了满洲和蒙古的正额兵丁，添增了养育兵、食饷闲散。再者，旗人养马的数目遽减，马干银两维持原额。甚至钱塘江边灶户煮盐草荡地与旗人牧厂相连，当江岸淤涨土地增多时，地方政府征到草荡地升科地才 10000 余亩，满城牧厂地则达 100000 多亩，且充当旗人的养赡与差旅费用。比较地方财政和旗人俸饷的消长可发现，地方支付八旗驻防的经费除了地丁银，地方衙门代为收取牧厂租地银，盐政道发商生息。驻防八旗支出项目增加，养廉银、丁粮马干银、红白事件赏银、孤寡养赡银、办差银。清朝为了八旗生计问题而让汉军出旗，却恩养旗人的项目益广，以实质利益来保障旗人。

关于驻防旗人对杭州城的社会影响，本章讨论八旗兵丁放高利贷、抢夺民物、三藩之乱劫掠妇女之事，以及杭州城的集体斗殴案件，如果按照《大清律例》的律文，应处"光棍律"。但实际上旗人犯罪，并没有严加惩处，反而是地方官自己出资来替百姓还债。可见清初为了维护社会秩序，对集体犯罪处以"光棍律"的重大刑罚是针对汉人而来，而刻意保障旗人的司法特权。

在江南驻防的旗人生活优渥，只认北京为故乡，其生活习俗和玩乐并未脱离故乡的风尚，如听戏、养鸟、斗蟋蟀等。婚丧习俗方面，从金梁、三多等人的文集还可以看到维持满洲族人的旧俗。由于杭州驻防旗人来自全国各地，在驻防区域内，有满洲族人信仰的关帝庙、蒙古人信仰的藏传佛寺、福建人信仰的妈祖、临水夫人，还有妇女祈求生子的大悲庵，可看出当时杭州城市信仰多元化。

不过，杭州满城临近西湖，旗人登山涉水、吟诗作文，不乏以诗文传世者。至嘉庆初年设满人科举，中进士7人，举人47人。旗人在嘉庆年间以后逐渐沾染汉习，满汉互婚关系融洽，此与清初满汉对立的情况迥然不同。

注释

1 马协弟：《浅论清代驻防八旗》，《社会科学战线》，1986 年第 3 期，页 192—196；马协弟：《八旗制度下的满族》，《满族研究》，1987 年第 2 期，页 28—34；马协弟：《广州满族访问记》，《满族研究》，1988 年第 2 期，页 36—41；任桂淳：《清代八旗驻防兴衰史》（北京：生活·读书·新知三联书店，1993）；任桂淳：《清代八旗驻防财政的考察》，收入北京市社会科学院满学研究所编：《满学研究》（长春：吉林文史出版社，1992），辑 1，页 104—117；金启孮：《北京郊区的满族》（呼和浩特：内蒙古大学出版社，1989）；定宜庄：《清代八旗驻防研究》（沈阳：辽宁民族出版社，2002）；定宜庄：《清代北部边疆八旗驻防概述》，《中国边疆史地研究》，1991 年第 2 期，页 20—28；刘小萌：《八旗子弟》（福州：福建人民出版社，1996）；刘小萌：《关于清代"新满洲"的几个问题》，《满族研究》，1987 年第 3 期，页 26—32；刘小萌：《关于清代北京旗人谱书：概说与研究》，《文献季刊》，2006 年第 2 期，页 31—48。

2 Pamela Crossley, *Orphan Warriors: Three Manchu Generations and the End of the Qing World* （Princeton, N.J.: Princeton University Press, 1990）; *A Translucent Mirror*（Berkeley: University of Califorina Press,1999）; Mark C. Elliott, *The Manchu Way: The Eight Banners and Ethnic Identity in Late Imperial China*（Stanford, Calif.: Stanford University Press, 2001）.

3 Evelyn S. Rawski, *The Last Emperors: A Social History of Qing Imperial Institutions*（Berkeley: University of California Press,1998）, pp. 17-55.

4 龚嘉儁修，李楁纂：《杭州府志》，册 3，卷 41，页 932。满洲蒙古四旗官兵居城外，有官兵衙署 40 所，兵丁官房 344 间。徐映璞：《杭州驻防旗营考》，收入《杭州史地丛书》（杭州：杭州图书馆，1985），辑 2，册 12，页 8—9。

5 朱昌祚：《抚浙疏草》，转引自张大昌：《杭州八旗驻防营志略》（台北：文海出版社，1971），卷 15，页 481—482。

6 同治十三年杭州驻防后半营善后工程，需建大仓一所、炮营官厅一所、火药局一所、马圈七所、小箭道三所、堆拨四所、步营堆拨一所、官房四所、协领署三所、佐领署十一所、防卫署七所、骁骑校署十四所，兵房 1600 间估计共需供料钱 238985 串。《军机处档折件》，登录号 114871，同治十三年四月二十一日。

7 任桂淳：《清代八旗驻防兴衰史》，页 19。作者提到杭州行宫和浙江巡抚的官邸位于杭州的满城，是错误看法。

8 龚嘉儁修，李楁纂：《杭州府志》，册 3，卷 41，页 932。

9 《宫中档嘉庆朝奏折》，登录号 404001344，辑 3，页 35。

10 中国第一历史档案馆编：《雍正朝汉文朱批奏折汇编》（南京：江苏古籍出版社，1989—1991），册 12，页 397—399。

11 《军机处档折件》，登录号 177714，"宣统元年三月十五日。咸丰十一年粤匪乱后，此项汉军户口伤亡殆尽，于是附近居民遂私相顶种。同治十一年经将军连城清查汉军绝户之地计 3090 亩。"

12 盛元：《营防小志》，转引自张大昌：《杭州八旗驻防营志略》（台北：文海出版社，1971），卷 16，页 534—536。120000 亩的牧厂中，有一半为垦种地 64000 余亩，每亩征租二三百文，每年共征钱 19300 余串，草地共 63000 余亩，每亩征租 60 文，共征钱 3800 余串。

13 《军机处档折件》，登录号 118390，同治十三年十二月十四日。杭州将军继承的世职（顺治朝多罗顺承郡王勒克德浑—康熙朝子 诺罗布［宗室］）（咸丰朝倭什讷—子 光绪朝希元［蒙古正黄旗］）。

14 任桂淳：《清代八旗驻防兴衰史》，页 52—53。

15 参见赖惠敏：《天潢贵胄：清皇族的阶层结构与经济生活》（台北：台湾"中研院"近代史研究所专刊 81，1997），页 74—99。清代王公缘事革退共 279 人，雍正时期有 49 人。

16　昭梿：《啸亭杂录》，页 316。

17　关于钮祜禄氏家族与皇室结亲与武功，参见赖惠敏：《社会地位与人口成长的关系——以清代两个满洲家族为例》，《"中研院"近代史研究所集刊》，期 21（1992 年 6 月），页 53—84。

18　金梁：《瓜圃丛刊叙录》，收入国家图书馆藏，《古籍题跋丛刊》（北京：北京图书馆出版社，2002），册 26，页 75。

19　盛元：《营防小志》，转引自张大昌：《杭州八旗驻防营志略》，卷 16，页 449。

20　福格：《听雨丛谈》（北京：中华书局，1997），卷 1，页 4。

21　佚名辑；全国公共图书馆古籍文献编委会汇编，《清内府八旗列传档案稿》（上），中国公共图书馆古籍文献珍本汇刊·史部（北京市：全国图书馆文献缩微复制中心，2001），页 263—270。

22　《清圣祖仁皇帝实录》，卷 192，页 1040-2，康熙三十八年三月。

23　约翰·巴洛著，李国庆、欧阳少春译：《我看乾隆盛世》，页 299。

24　《军机处档折件》，登录号 021636，乾隆四十三年十一月二十五日。

25　《清高宗纯皇帝实录》，卷 1271，页 1133-1。"杭州满洲驻防兵丁。生齿日繁。艰于生理。请将现在库内存贮银二万两。交盐道令其生息。每月所得利银。于贫乏成丁之闲散内、挑取二百名。每人给与银一两。令其行走当差。遇有挑选甲缺者。再另行挑人充补等语。滋生利息一项。原不成事体。但念杭州驻防满洲兵丁。生龄日繁。既艰于生理。又不得不代为筹划。宝琳所奏、交盐道银二万两。着不必交与盐道。琅玕系兼管盐务之人。即以此项银两。交琅玕、会同宝琳妥协办理。"

26　《清世宗宪皇帝实录》，卷 62，页 954-1，雍正五年十月；《清高宗纯皇帝实录》，卷 609，页 843-2、844-1。

27　《钦定八旗则例》，收入杨一凡、田涛主编，江兴国等点校：《中国珍稀法律典籍续编》（哈尔滨：黑龙江人民出版社，2002），册 6，卷 3，页 41。

28　《清世宗宪皇帝实录》，卷 137，页 750-2，雍正十一年十一月。

29　《雍正朝满文朱批奏折全译》，页 2399。

30　《清高宗纯皇帝实录》，卷 190，页 451-2。"乾隆八年闰四月上。今杭州照另户一体任用人等。系由部查出另记。非自行检举。准与另户一体升用者可比。若因其效力军前。本身既与另户一体任用。子孙亦得另记档案。殊属不合。但此内曾经出兵打仗。着有劳绩。及弓马娴熟之人。亦宜酌量鼓舞。请将开档人丁内。祖父本身。得有军功者。交部另记。嫡派子孙。作为另户一体任用。择才具优长。堪任职官者。照例带领引见。若出兵并无劳绩。及未曾出兵之人。止将本身作为另户。一体任用。其伯叔兄弟之子孙。概不许入。得旨。这所议好。依议。"

31　《清世宗宪皇帝实录》，卷 137，页 750-2，雍正十一年十一月；《雍正朝满文朱批奏折全译》，页 2399；《明清史料》，编号 054009。

32　定宜庄：《乾隆朝驻防汉军出旗浅议》，《清史研究通讯》，1990 年第 3 期，页 11—17。

33　《清高宗纯皇帝实录》，卷 384，页 48-2；卷 677，页 575-1~575-2。

34　三多：《柳营谣》，收入徐一士：《一士类稿》（台北：文海出版社，1966），页 215。

35　三多：《柳营谣》，收入徐一士：《一士类稿》，页 215—224。

36　张大昌：《杭州八旗驻防营志略》，卷 15；《清圣祖仁皇帝实录》，卷 293；《清高宗纯皇帝实录》，卷 1283；《清穆宗毅皇帝实录》，卷 366；《清德宗景皇帝实录》，卷 161；《军机处档折件》，编号 114711，同治十三年四月十一日。

37　范承谟：《抚浙奏议》，收入刘可书编：《范忠贞集》（台北：台湾商务印书馆，景印文渊阁四库全书，1983），卷 2，页 20。浙江省乾隆三十六年驻防满洲蒙古官兵并绿旗官兵俸饷米折马匹料草等项估需银 901093 两，《明清档案》，登录号 029879-001。

38　《钦定古今图书集会》，转引自张大昌：《杭州八旗驻防营志略》，卷 16，页 509。

39　曾小萍著，董建中译：《州县官的银两——十八世纪中国合理化财政改革》（北京：中国人民大学出版社，2005），页29、162。

40　《明清档案》，登录号003546，嘉庆二年十月十七日。

41　陈锋：《清代军费研究》，页29。

42　马干草料后来改为折银，春秋二季每个月一两三四分，夏秋二季每个月只有八钱三四分。张大昌：《杭州八旗驻防营志略》，卷15，页497。

43　陈锋：《清代军费研究》，页43—44。张大昌引《皇朝文献通考》曰副都统养廉银500两，或许有误。参见《杭州八旗驻防营志略》，卷16，页501。

44　《皇朝文献通考》；张大昌：《杭州八旗驻防营志略》，卷15；陈锋：《清代军费研究》，页37。

45　张大昌：《杭州八旗驻防营志略》，卷15，页497。

46　陈锋：《清代军费研究》，页47。

47　昆冈等奉敕纂修：《大清会典事例（光绪朝）》，卷715，页14348。顺治四年给杭州将军亲丁名粮100分，即"随甲银"，但实施武职养廉银后，即取消随甲银。乾隆元年覆准，满洲副都统、原有随甲三名，蒙古汉军副都统、原有随甲二名，前锋护军骁骑各参领、原有随甲一名，今各酌增一名。前锋护军骁骑各副参领前锋侍、原有随甲一名，今各酌增半名。以上各官所得随甲，每名月给银三两，米一石。至八旗佐领，并内务府三旗佐领，于本佐领额兵数内，各赏给随甲一名。以为养赡之资。

48　张大昌：《杭州八旗驻防营志略》，卷15。

49　《清高宗纯皇帝实录》，卷157，页1251-1，乾隆六年十二月下；（三），卷216，页781-2，乾隆九年五月上。

50　陈锋：《清代军费研究》，页111。

51　赵士麟：《禁勒诈》，收入《武林草附刻》（上海：上海书局，景印光绪八年清和武林丁氏刊印，1994），页31。

52　韦庆远：《康熙时期对"生息银两"制度的初创和运用》，《中国社会经济史研究》，1986年第3期，页60—69；《雍正时期对"生息银两"制度的整顿和政策演变》，《中国社会经济史研究》，1987年第3期，页30—44；《乾隆时期对"生息银两"制度的衰败和"收撤"》，《中国社会经济史研究》，1988年第3期，页8—17。

53　张建辉：《关于清代生息银两制的兴起问题——清代生息银两制度考论之一》，《中国社会经济史研究》，1995年第1期，页76—82；《关于康熙对生息银两制的初步推广及其在八旗军队中的运用》，《清史研究》，1998年第3期，页23—29；《关于雍正对生息银两制的整顿及其在全国军队的推广——清代生息银两制度考论之三》，《清史研究》，2004年第1期，页84—93。该论文认为康熙时代驻防批拨的生息银两数额是很有限的，康熙五十六年以后对生息银两制度实行了收缩政策。此举两淮盐商借内帑银，皇帝朱批"界帑一事万万行不得，再不要说了"，似乎将商人借内帑和八旗营运生息混为一谈。

54　Dai Yingcong, Yingyun Shengxi: Military Entrepreneurship in the High Qing Period,1700-1800, *Late Imperial China*, 26:2（December, 2005），pp. 1-67.

55　《清世宗宪皇帝实录》，卷6，页138-2，雍正元年四月。

56　《清世宗宪皇帝实录》，卷79，页38-2，雍正七年三月。

57　《雍正朝满文朱批全译》，页2341。

58　《雍正朝满文朱批全译》，页2341、2234—2235。典铺取息，1两以内取息2分、1两以外取息1.5分，10两以上取息1分。参见中国第一历史档案馆编：《雍正朝汉文朱批奏折汇编》（南京：江苏古籍出版社，1989—1991），册17，页243—245。

59　昆冈等奉敕纂修：《大清会典事例（光绪朝）》，卷256，页8514。

60　《雍正朝满文朱批全译》，页 2341。

61　《明清档案》，登录号 064869。

62　嘉庆四年分应给赏项银两 10000 两，遵于嘉庆四年官兵俸饷册内附拨内除杭州满营赏过银 1040 两，乍浦满营赏过银 1153 两。《明清档案》，登录号 039929-001。光绪二十七年正月至十二月，赏给杭州驻防兵丁白事银 273 两，请在地丁项下拨给。《军机处档折件》，登录号 149667，光绪二十八年八月二十一日。

63　昆冈等奉敕纂修：《大清会典事例（光绪朝）》，卷 256，页 8517。

64　张大昌：《杭州八旗驻防营志略》，卷 16，页 536。

65　《官中档嘉庆朝奏折》，登录号 404001344，辑 3，页 35。

66　《明清档案》，登录号 068944-001。

67　《明清档案》，登录号 064869、030430、109229。

68　《清高宗纯皇帝实录》，卷 488，页 118-2，乾隆二十年五月上。

69　昆冈等奉敕纂修：《大清会典事例（光绪朝）》，卷 257，页 3-1。

70　岩井茂树：《清代国家财政における中央と地方——酌拔制度を中心にして——》，《东洋史研究》，卷 42 号 2（1983 年 9 月），页 126—154。

71　赵士麟：《武林草附刻》，页 13。

72　世续等奉敕纂修：《清德宗景皇帝实录》，卷 102，页 518-1，光绪五年十月下。

73　徐映璞：《杭州驻防旗营考》，辑 2，册 12，页 37—38。

74　李之芳：《李文襄公别录》，《四库全书存目丛书》，卷 5，页 3。

75　赵士麟：《武林草附刻》，页 21。

76　《雍正朝汉文朱批奏折汇编》，册 17，页 245—246。

77　《圣祖仁皇帝实录》（北京：中华书局，1987），卷 104，页 49-1。康熙二十一年九月。

78　李之芳：《李文襄公别录》，册 66，卷 6，页 42—43。

79　赵士麟：《武林草附刻》，页 33。

80　赵士麟：《武林草附刻》，页 11。《杭州府志》载："赵士麟康熙二十三年以副都御史巡抚浙江，莅任初，念小民为营债所苦，酿成大狱，移咨将军掣缴票约，捐资代偿。"参见龚嘉儁修，李格纂：《杭州府志》，册 7，卷 121，页 2344。

81　《内阁汉文黄册》（北京：中国第一历史档案馆发行微卷，1984），卷 39，册 2420，"刑部各省犯人招册"。

82　《杭州兵祸》，收入《杭州史地丛书》，辑 2，册 14，页 65—66。

83　《杭州兵祸》，收入《杭州史地丛书》，辑 2，册 14，页 62、65。

84　陈康祺：《郎潜纪闻·二笔》（北京：中华书局，1984），卷 4，页 389。

85　故宫博物院明清档案部编：《清代档案史料丛编》（北京：中华书局，1979），辑 4，页 139—140。

86　《杭州兵祸》，收入《杭州史地丛书》，辑 2，册 14，页 65—66。

87　李之芳：《行间日记》（北京：中华全国图书馆文件缩微复制中心影印天津图书馆孤本秘籍丛书，1999），不分卷，页 300。

88　赵尔巽等撰：《清史稿》，卷 477，页 13005。

89　《雍正朝汉文朱批奏折汇编》，册 4，雍正三年五月初九日。

90　李之芳：《李文襄公别录》，卷 5，页 8。

91　《杭州兵祸》，收入《杭州史地丛书》，辑 2，册 14，页 65—66。

92　李之芳：《李文襄公别录》，卷 1，页 4；李之芳：《咨会将军禁旗兵携带难民妇女》《咨覆将军再谕旗兵给还难民子女》，卷 2，页 48—50；李之芳：《橄温处道严禁掠贩难民子女》，卷 3，页 27。

93　李之芳：《李文襄公别录》，卷1，页4；李之芳：《咨会将军禁旗兵携带难民妇女》《咨覆将军再谕旗兵给还难民子女》，卷2，页48—50；李之芳：《檄温处道严禁掠贩难民子女》，卷3，页27。

94　赵士麟：《武林草附刻》，页13。

95　《内阁汉文黄册》（北京：中国第一历史档案馆发行微卷，1987），卷39，册2420，"刑部各省犯人招册"。

96　《内阁汉文黄册》，卷39，册2432，"刑部秋审犯人招册"。

97　《内阁汉文黄册》，卷40，册2440，"刑部浙江司康熙末年重囚招册"。

98　《雍正朝汉文朱批奏折汇编》，册4，雍正三年三月初三日，页585—586。

99　《明清档案》，登录号015906-001。。

100　《雍正朝汉文朱批奏折汇编》，册4，雍正三年三月初三日，页585。

101　嗣后该处旗民互殴之案。无分曲直。俱着照此办理。并将此明切传谕。务令人人共晓。庶伊等知所畏惧。永息争端。各安本业。亦挽回风俗之一道也。《清高宗纯皇帝实录》，卷453，页902-2，乾隆十八年十二月下。

102　参见韦庆远、吴奇衍、鲁素：《清代奴仆制度》（北京：中国人民大学出版社，1982）。

103　范承谟：《抚浙奏议》，收入刘可书编：《范忠贞集》，册360，卷2，页1—4。

104　《杭州兵祸》，收入《杭州史地丛书》，辑2，册14，页64—65。

105　范承谟：《抚浙奏议》，收入刘可书编，《范忠贞集》，卷2，页1—4。

106　《清高宗纯皇帝实录》，卷1211，页246-2，乾隆四十九年七月。

107　《明清档案》，登录号055527-001。

108　《明清档案》，登录号028567-001。

109　这些案件有：周山窑乡民周誉听纠械斗枪伤蔡宽毙命。并折毁陈良等房屋。实属同恶相济，应如闽浙总督玉德所奏，周誉依台湾械斗杀人照光棍例拟斩立决。《明清档案》，登录号157727-001，嘉庆九年十二月二十二日。此法亦推至福建地区械斗，如福建漳州府龙溪县施文质等，与林茂捕鱼争角起衅林茂族人林大宁，并施文质各纠族众持械互斗致毙五命。审实查台湾定例械斗杀人均照光棍例拟斩立决。施文质等均依例拟斩立决。《明清档案》，登录号181338-001，嘉庆十年闰六月七日。

110　《清圣祖仁皇帝实录》，卷112，页149-2，康熙二十二年十月。

111　《清高宗纯皇帝实录》，卷1307，页597-2，乾隆五十三年六月下。

112　《雍正朝满文朱批全译》，页2356。

113　李凤琪、唐玉民、李葵编著：《青州旗城》（济南：山东文艺出版社，1999），页76。

114　昆冈等奉敕纂修：《大清会典事例（光绪朝）》，卷142，页6955。"世爵其等有八。曰公。曰侯。曰伯。曰精奇尼哈番，视一品，曰阿思哈尼哈番，视二品。曰阿达哈哈番，视三品。曰拜他喇布勒哈番，视四品。曰坨沙喇哈番，视五品。自公至阿达哈哈番，又各有三等。乾隆元年奏定。精奇尼哈番以下世爵。清文并改用汉文。一二三等精奇尼哈番为一二三等子。一二三等阿思哈尼哈番为一二三等男。一二三等阿达哈哈番为一二三等轻车都尉。拜他喇布勒哈番为骑都尉。坨沙喇哈番为云骑尉。"

115　龚嘉儁修，李榕纂：《杭州府志》，卷41，页932。

116　不着撰人：《杭俗怡情碎锦》（台北：成文出版社，1983），页13—14。

117　龚嘉儁修，李榕纂：《杭州府志》，卷77，页1543。

118　胡建中：《清代火炮》，《故宫博物院院刊》，1986年第2期，页49—57；《清代火炮（续）》，《故宫博物院院刊》，1986年第4期，页87—94；黄一农：《红夷大炮与皇太极创立的八旗汉军》，《历史研究》，2004年第4期，页74—105。红衣将军重九千斤，吃药八十斤，吃铁子五十斤，所谓铁子铳，参见李启朝撰：《燕行日记》，收入林基中、夫马进编：《燕行录全集日本所藏编》

（肃兰：东国大学校韩国文学研究所，2001），卷 2，页 439。

119　约翰·巴洛著，李国庆、欧阳少春译：《我看乾隆盛世》，页 216、218。

120　《明清档案》，登录号 151482-001。

121　辽宁省档案馆编译：《盛京内务府粮庄档案汇编》（沈阳：沈阳书社，1993），页 417—425、439—440；456—463。

122　金梁：《瓜圃述异》，收入《笔记小说大观》（台北：新兴书局，1984），编 40，册 10，页 442。

123　昭梿：《啸亭杂录》，页 281。

124　金受申：《老北京的生活》（北京：北京出版社，1989），页 91。

125　金梁：《瓜圃述异》，收入《笔记小说大观》，编 40，册 10，页 446。旗人娶汉女子的情况，以在明清档案中有一案例："白达色系正红旗满洲有舒佐领下另户兵丁，白达色前妻物故，遗有幼小一子一女。于乾隆十五年正月内续娶醮妇刘氏，带有前夫所生一女。白达色生计艰难，刘氏心多不足性复泼悍，时常吵闹。刘氏偏爱己女，而于前妻所生子女绝不关念，时加凌虐。白达色亦常与角口，至九月初五日夜白达色自外归家，见子女睡熟，刘氏不将衣被为之盖好。白达色言斥其非，刘氏不服遂相诟骂，白达色气忿走出外屋，刘氏在房骂，至四更并辱及父母。白达色忍耐不过，正将火煤吹着吃烟亮光照见鸟枪，取装枪子吓称再骂放枪打死，讵刘氏仍无畏惧，反携灯火出骂。白达色益增其怒，遽即点枪放出中伤刘氏左乳旁，枪子从背肋左第七根骨下透出，立时毙命。讯据该犯供认不讳，将白达色拟绞监候。"参见《明清档案》，登录号 045068-001。

126　金梁：《瓜圃述异》，收入《笔记小说大观》，编 40，册 10，页 441。

127　金梁：《瓜圃述异》，收入《笔记小说大观》，编 40，册 10，页 441。

128　中国第一历史档案馆藏，《内务府来文·刑罚类》，第 2145 包，乾隆四十六年四月二十二日。

129　金梁：《瓜圃述异》，收入《笔记小说大观》，编 40，册 10，页 441—442。

130　夏仁虎：《旧京琐记》（北京：北京古籍出版社，1986），页 78。

131　《明清档案》，登录号 052009-001。"杭州将军萨尔哈岱等疏称遣犯乌三泰，系宁古塔正白旗明德佐领下另户蒙古，因与东城民周大等开窑卖人案内获罪，发往杭州披甲当差。今乌三泰病故，据伊子阿什泰呈恳携骸回籍等情。查阿什泰系乌三泰来杭继娶之妻所生之子，今本犯乌三泰病故，伊子阿什泰呈请携骸回籍。但系例应金遣之犯，应照例声明情由应否准其回籍之处，伏乞睿鉴交部议覆施行。查与本犯身故携骸回籍之例相符，应照例查奏，倘蒙圣恩准其携骸回籍，臣部行文该将军给与阿什泰执照令其携骸回旗。"

132　徐映璞：《杭州驻防旗营考》，页 43。

133　金梁：《瓜圃述异》，收入《笔记小说大观》，编 40，册 10，页 443。

134　范祖述：《杭俗遗风》（台北：成文出版社，1983），页 28。

135　徐长辅：《蓟山纪程》，收入《燕行录选集》（上）（韩国成均馆大学大东文化研究院，1960—1962），卷 5，页 811—812。

136　金梁：《瓜圃述异》，收入《笔记小说大观》，编 40，册 10，页 443。

137　约翰·巴洛著，李国庆、欧阳少春译：《我看乾隆盛世》，页 392—393。

138　邱仲麟：《风尘、街壤与气味：明清北京的生活环境与士人的帝都印象》，《清华学报》，卷 34 期 1（2004 年 6 月），页 181—225。

139　参见赖惠敏：《清乾隆朝内务府皮货买卖与京城时尚》，《故宫学术季刊》，卷 21 期 1，页 101—134；《北京的洋货与旗人日常生活（1736—1795）》，发表于"从城市看中国的现代性"国际学术研讨会（2007 年 6 月），页 1—23。

140　金梁：《瓜圃述异》，收入《笔记小说大观》，编 40，册 10，页 443—444。

141　金梁：《瓜圃述异》，收入《笔记小说大观》，编 40，册 10，页 444。

142　龚嘉俊修，李格纂：《杭州府志》，卷 77，页 1546。

143 海洪涛：《漫话玩鹰》，收入中国人民政治协商会议北京市委员会文史资料研究委员会编：《北京往事谈》（北京：北京出版社，1988），页360—372。

144 三多：《柳营谣》，收入徐一士：《一士类稿》（台北：文海出版社，1966），页225—226。

145 金梁：《瓜圃述异》，收入《笔记小说大观》，编40，册10，页444。

146 张大昌：《杭州八旗驻防营志略》，卷19，页630。

147 《清高宗纯皇帝实录》，卷1095，页685-2，乾隆四十四年十一月下。

148 范祖述：《杭俗遗风》（台北：成文出版社，1983），页64。

149 范祖述：《杭俗遗风》，页64—65。

150   徐映璞：《杭州驻防旗营考》，页27。

151 徐映璞：《杭州驻防旗营考》，页28。

152 三多：《柳营谣》，收入徐一士：《一士类稿》，页219。

153 范祖述：《杭俗遗风》，页32。

154 徐映璞：《杭州驻防旗营考》，页29。

155 张大昌：《杭州八旗驻防营志略》，卷19，页767—768。

156 张大昌：《杭州八旗驻防营志略》，卷22，页790。

157 徐映璞：《杭州驻防旗营考》，页28。康熙五十一年上谕："闻鄂尔多斯六旗阿木岛及桑额斯巴等处，行劣之喇嘛甚多，欺诱蒙古，侵占产业。该王台吉等供养伊等，行邪左道，不念下人穷苦。差大臣二员往查，将此等喇嘛缉拿至京，发给江南杭州等处驻防兵为奴。"参见妙舟法师编：《蒙藏佛教史》（台北：文海出版社近代中国史料丛刊3编45辑，1988），篇6，页26。

158 张大昌：《杭州八旗驻防营志略》，卷22，页789。

159 爱新觉罗瀛生：《老北京与满族》（北京：学苑出版社，2005），页97。

结　语

　　内务府在乾嘉时期，收入超达银 1 亿两，内务府的包衣秉承上意，从盐政、税关衙门大量获取财富。不论是内务府的档案或者皇帝朱批谕旨都核对出一致的数字，可以说盛清官员的奏折档呈现着具体和翔实的数字。首先，本书利用各种统计数字，对相关问题做了分析、探讨。其次，史家称嘉庆皇帝在对外政策采取保守态度，他以内务府银库收入挹注户部、京城修缮、治理河道、战争军需、东三省兵饷等，裨益国家财政。乾隆皇帝耗费了 80000000 两成做器物、兴建寺庙等，嘉庆皇帝撙节花销，禁止宫廷过度奢侈。其节俭作风也可从档案看出来，乾隆时养心殿造办处等成做器物无数，已出版的《清宫内务府造办处档案总汇》共 55 册，自第 7 册到第 55 册都是乾隆朝的，这仅是部分档案而已。至于嘉庆朝《养心殿造办处各作成做活计清档》所载皇帝交办的活计不多，且故宫博物院典藏嘉庆朝器物较简朴。学界讨论嘉庆"咸与维新"，虽改革朝政成效有限，但至少皇帝自己有心来维新。

　　清代财政制度对国家财政分配有"起运"和"存留"两部分，康熙五十年（1711）谕令"滋生人丁永不加赋"成为田赋定额制后，地方财政的开支不足。雍正实施"耗羡归公"提升了地方官员的养廉银等，仍未能提供充裕的经费，因此有非正式的"礼规""馈赠""陋规""摊捐""摊款"银等方式来筹措地方经费。[1] 地方财源中，较少学者对于商人收入提出讨论。18 世纪对外贸易和国内商业的繁荣，无疑是财政增长的机会，M. C. Wright 却认为清初繁重的商税从康熙时代开始呈现减轻的趋势。[2] 本书认为商税对地方财政具有重要贡献。以茶叶来说，雍正、乾隆年间范毓馪协助朝廷运米到喀尔喀蒙古，利润可能不高，然携带布匹、烟、茶等项，此皆属军需用品得以免税；回程则购买喀尔喀蒙古产的骡、马、毯裘，捆载雾集。盖一往复间，所入不赀。[3] 清朝把茶叶作为统治蒙古、青海、西藏、新疆的工具，赏赐之外的贸易数量大，在蒙古、新疆的落地税、各种规费也都来自茶叶。

茶税挹注地方财政如甘肃省的地丁银 280000 两、茶引税达 140000 两以上。另外，四川茶务每年额行边、土、腹引 130345 张，额征课税、羡截等项共银 115215 两。[4] 雍正年间实施耗羡归公，四川设置盐茶道盐税和茶税两者都有羡余。雍正五年（1727），巡抚宪德查出羡余银 55000 余两。雍正六年（1728），查出羡余银 80000 余两。"随课税纳公"，在雍正九年（1731）成为定例羡余制度。[5] 四川总督每年奏报四川盐茶耗羡各项银两管收除在数目，数量达 200000 余两。如乾隆十四年（1749）旧存银 323732.39 两、新收银 285432.73 两、开除银 271316.85 两、实存银 337848.27 两。[6] 如此看来，四川的茶税和羡余银应在 200000 两以上。清末实施茶厘制度，嘉庆十六年（1811）以后浙江额销茶引增至 210000 道，茶税 21000 两，茶厘达银 70000 两。其他地方也都大幅成长，如福建茶税旺盛之年以光绪十二年（1886）为最，该年征银 930000 余两。[7] 如果清朝不是沿袭宋明茶马贸易制度，而将茶单独课税，税收应在百万两以上。

民初，政府为了解地方税收，调查归化、张家口、多伦诺尔、赤峰四处的税额，其中经过该四处（包括该四处消费）的茶叶如表 11-1 所示。这时期归化 250000 元、张家口最旺时期达 130000 余元、多伦诺尔 20000 元、赤峰 40000 元。[8] 税收增长与茶叶营销蒙古、新疆有关，并说明清朝长期以来借助贸易来维系边疆统治。

表 11-1　归化、张家口、多伦诺尔、赤峰四处营销茶叶数量 [9]

	归化	张家口	多伦诺尔	赤峰
砖茶	30500 箱		4724 箱	
细茶	54600 斤		39500 斤	154393 斤
串茶			37210 串	
砖茶（过境）	36000 箱			
大砖茶（过境）		2907 箱		
中砖茶（过境）		18705 箱		
青茶（过境）		15264 箱		
盒茶（过境）		25027 串		
粗茶				22810 箱

　　本书亦探讨盛清对边疆宗教治理的成效。杨奇霖认为雍正皇帝支持二世哲布尊丹巴的宗教影响力，试图消解西藏达赖喇嘛的绝对权威，欲在喀尔喀蒙古树立一个足以与之相抗衡且为清帝国所掌控的宗教领袖。[10] 但是，阅读《七世达赖喇嘛传》可发现除了哲布尊丹巴呼图克图以外的呼毕勒罕（转世活佛），蒙古地区的转世活佛仍由达赖喇嘛认证。乾隆十五年（1750），向赤钦顿珠嘉措之转世授"额尔德尼达赖呼图克图"的名号。[11] 乾隆十九年（1754），委任杰拉活佛为丹群科寺堪布，授予"额尔德尼班智达呼图克图"名号，赐印章、堪布器具。[12] 乾隆二十年（1755），喀木木雅日库上师返回，赐给佛像财物，应请授给"喀尔德尼呼图克图"名号。[13] 世俗的王公亦有来自达赖喇嘛赐给名号，如乾隆四年为青海洪台吉之子赐给名号、印章。[14]

　　况且，蒙古牧民公众或私人皆奉献马、牛、酥油等大量布施，捐献银两不计其数。康熙五十七年（1718），哲布尊丹巴对嘛喇深有敬心，从喀尔喀送来信札及大批礼物。喀尔喀王多杰拉旦和玛嘎达达里达格两人、青海湖的额尔德尼博硕图等诸首领以大信仰心布施大批财物。[15] 雍正七年（1729），为超荐北方阐明圣教大圣哲布尊丹巴，喀尔喀蒙古亲王等派诺们汗罗桑旺钦班巴等八位首领为喀尔喀总代表，连同皇帝使者加果齐一员进藏，于布达拉宫喇嘛金座前献上白银 20000 余两。祈愿化身早日降生，并撰文赐赠。[16] 乾隆六年（1741），为喀尔喀哲布尊丹巴的库拉大喇嘛曲结桑丹嘉措来做荐亡法事的谢达囊素返回赐物送别，授"达尔罕"名号诏书。[17] 向杂（咱）雅班智达之侍从活佛格佩古吉授"额尔德尼呼图克图"的名号。[18] 杂（咱）雅班智达呼图克图为喀尔喀新建扎仓祈赐寺额、主供佛像及常诵经卷等，喇嘛授名"噶丹群佩林"，指示常诵吉祥畏怖金刚仪轨经及胜乐或密集任一种、常诵无量寿和药师佛议轨经，依止贡曲拉摩为护法，并赐响铜佛陀像为主供佛像。[19]

乾隆皇帝并未阻挠蒙古人到西藏熬茶，且在二世哲布尊丹巴呼图克图圆寂后，皇帝规定其呼毕勒罕必须在西藏转世，形成"达赖喇嘛、班禅额尔德尼、哲布尊丹巴呼图克图三大呼毕勒罕，俱出于一家一族"。[20] 喀尔喀蒙古王公、喇嘛至西藏迎接转世活佛。自二世至七世哲布尊丹巴呼图克图的呼毕勒罕，消耗巨额财富。此外，历代格根修缮寺院、造佛像、刻印经书、捐输等，所费不赀。蒙古王公和喇嘛将各种支出摊派在蒙古人身上，他们生计困难应与清朝政策有关。

注释

1　岩井茂树著，付勇译：《中国近代财政史研究》（北京：社会科学文献出版社，2011），页
13—14。岩井茂树提到山西省自乾嘉以来摊款达十一二万两银，页 47—48。

2　Mary Clabaugh Wright, *The Last Stand of Chinese Conservatism: the T'ung-chih Restoration, 1862—
1874* (Stanford, California : Stanford University Press, 1957) , p.169.

3　左承业等纂修，施彦士补订：《万全县志》（台北：台湾"中研院"历史语言研究所傅斯年图
书馆藏，清道光十四年增补重刊清乾隆七年刊道光朝刊本），卷 10，页 11—12。有关范毓馪北运
军粮，参见赖惠敏：《清前期范毓馪北运军粮研究》，《明代研究》，期 41（2023 年 12 月），
页 117—163。

4　《宫中朱批奏折·财政类》，档案编号 0560-016，咸丰七年十二月二十八日。

5　《盐羡截说明书》，收入陈锋主编，《晚清财政说明书》，卷 4，《四川全省财政说明书》，
页 783。

6　《清代官中档奏折及军机处档折件》，档案编号 006251，乾隆十四年六月十三日。

7　王美英：《清末民初茶税的征收》，《中国经济与社会史评论》，2017 年卷（2018 年 12 月），
页 74—97。

8　《北洋政府外交部商务档》，档案编号 03-17-002-03-004，民国三年九月。

9　台湾"中研院"近代史研究所档案馆藏，《北洋政府外交部商务档》，档案编号 03-17-002-
03-004，民国三年九月。

10　杨奇霖：《清朝与喀尔喀蒙古的政教互动（1723—1733）——以二世哲布尊丹巴灵童选定及
其迁居多伦诺尔为中心》，《"中研院"历史语言所集刊》，第九十三本第四分，页 879—926。

11　章嘉·若贝多杰著，浦文成译：《七世达赖喇嘛传》（北京：中国藏学出版社，2006），页
282。

12　章嘉·若贝多杰著，浦文成译：《七世达赖喇嘛传》，页 326。

13　章嘉·若贝多杰著，浦文成译：《七世达赖喇嘛传》，页 357—358。

14　章嘉·若贝多杰著，浦文成译：《七世达赖喇嘛传》，页 190。

15　喀尔喀蒙古黄教之首一世罗桑丹贝坚赞，系阿苏特多尔济汗之子，1649 年，由四世班禅认定
为呼去蒙古传教的觉囊派第四代喇嘛多罗那他的转世，从此出现喀尔喀蒙的哲布尊丹巴转世系统，
与内蒙古章嘉和西藏的达赖、班禅，并称为当时的黄教"四圣"。章嘉·若贝多杰著，浦文成译：
《七世达赖喇嘛传》，页 36。

16　章嘉·若贝多杰著，浦文成译：《七世达赖喇嘛传》，页 100。

17　章嘉·若贝多杰著，浦文成译：《七世达赖喇嘛传》，页 209。

18　章嘉·若贝多杰著，浦文成译：《七世达赖喇嘛传》，页 226。

19　章嘉·若贝多杰著，浦文成译：《七世达赖喇嘛传》，页 189。

20　中国第一历史档案馆编：《乾隆朝满文寄信档译编》，册 24，页 425—426。

图版出处

第一章 寡人好货——乾隆帝与姑苏繁华

图 1-1 铜胎镀金画珐琅修妆匣，台北故宫博物院藏，图版取自器物典藏资料检索系统：https://digitalarchive.npm.gov.tw/Antique/Content?uid=274&Dept=U（检索日期：2024 年 1 月 1 日）。

图 1-2 白玉尊，台北故宫博物院藏，图版取自故宫 OPEN DATA 专区：https://theme.npm.edu.tw/opendata/DigitImageSets.aspx?sNo=04020854（检索日期 :2024 年 1 月 1 日）。

图 1-3 玉簋形炉，台北故宫博物院藏，图版取自器物典藏资料检索系统：https://digitalarchive.npm.gov.tw/Antique/Content?uid=52980&Dept=U（检索日期 :2023 年 12 月 29 日）。

图 1-4 雕玉香囊，台北故宫博物院藏，图版取自器物典藏资料检索系统：https://digitalarchive.npm.gov.tw/Antique/Content?uid=60031&Dept=U（检索日期 :2023 年 12 月 29 日）。

图 1-5 金刚杵，台北故宫博物院藏，图版取自器物典藏资料检索系统：https://digitalarchive.npm.gov.tw/Antique/Content?uid=1858&Dept=U（检索日期 :2023 年 12 月 29 日）。

第二章 苏州的东洋货与市民生活（1736—1795）

图 2-1 中国船输出日本铜数量图，参见永积洋子编：《唐船输出入品数量一览：1637—1833 年》，页 257—298。刘序枫：《清代的乍浦港与中日贸易》，收入《中国海洋发展史论文集》，辑 5，页 187—244。

图 2-2 中国船输出日本干海参数量图，参见永积洋子编：《唐船输出入品数量一览：1637—1833 年》，页 254—328。

图 2-3 中国船输出日本干鲍鱼数量图，参见永积洋子编：《唐船输出入品数量一览：1637—1833 年》，页 254—328。

图 2-4 中国船输出日本鱼翅数量图，参见永积洋子编：《唐船输出入品数量一览：1637—1833

年》，页254—328。

图2-5　中国船输出日本海带数量图，参见永积洋子编：《唐船输出入品数量一览：1637—1833年》，页254—328。

图2-6　错金银兽面纹角，明代晚期，台北故宫博物院藏，收入李玉珉主编：《古色：十六至十八世纪艺术的仿古风》（台北：台北故宫博物院，2003），页144。

图2-7　错金银双羊尊，明末清初，台北故宫博物院藏，收入李玉珉主编：《古色：十六至十八世纪艺术的仿古风》，页146。

图2-8　兽面纹铜炉，清代，台北故宫博物院藏，收入李玉珉主编：《古色：十六至十八世纪艺术的仿古风》，页57。

图2-9　清椿梅莳绘方形小盒，台北故宫博物院藏，收入陈慧霞：《清宫莳绘：院藏日本漆器特展》，页32。

图2-10　金漆嵌螺钿长方提匣，故宫博物院藏，收入故宫博物院编：《故宫藏日本章物展览图录》，页150。

图2-11　清围棋，台北故宫博物院藏，收入台北故宫博物院编：《台北故宫博物院文房聚英》（京都：同朋舍，1993），页172。

图2-12　仿日本庙宇的钟壳，故宫博物院藏，收入刘潞主编：《清宫西洋仪器》，收入《故宫博物院藏文物珍品全集》（香港：香港商务印书馆，1998），卷58，页235。

图2-13　翠云馆描金隔扇，故宫博物院藏，收入故宫博物院古建筑管理部编：《故宫建筑内檐装修》，页133。

图2-14　建福宫描金隔扇，故宫博物院藏，收入故宫博物院古建筑管理部编：《故宫建筑内檐装修》，页135。

第三章　后妃的荷包——温惠皇贵太妃及其太监们的营生

图3-1　金提炉，收入徐启宪主编：《宫廷珍宝》（香港：香港商务印书馆，2004），页11。

图3-2　金盆，收入徐启宪主编：《宫廷珍宝》，页12。

图3-3　皇贵妃冬朝冠，台北故宫博物院藏，图版取自器物典藏资料检索系统：https://digitalarchive.npm.gov.tw/Antique/Content?uid=63768&Dept=U（检索日期：2022年4月8日）。

图3-4　金嵌东珠珊瑚领约，台北故宫博物院藏，图版取自器物典藏资料检索系统：https://digitalarchive.npm.gov.tw/Antique/Content?uid=66904&Dept=U（检索日期：2022年4月8日）。

图3-5　珊瑚朝珠，台北故宫博物院藏，图版取自器物典藏资料检索系统：https://digitalarchive.npm.gov.tw/Antique/Content?uid=66904&Dept=U（检索日期：2022年4月8日）。

图3-6　和敬固伦公主府位置，收入徐苹芳编：《明清北京城图》（北京：地图出版社，1986）。

图3-7　正阳门外街道图，收入徐苹芳编：《明清北京城图》。

第五章　崇实黜奢——论嘉庆朝内务府财政

图 5-1　《嘉庆帝朝服像》轴，收入赵宏主编，故宫博物院编：《清史图典·嘉庆朝》（北京：紫禁城出版社，2002），页 2。

图 5-2　嘉庆元年（1796）至嘉庆二十年（1815）内务府银库银两的收支图，参见《内务府广储司银库月折档》。

图 5-3　嘉庆朝关税盈余等交内务府数量图，参见《宫中朱批奏折·财政类》《清代宫中档奏折及军机处档折件》《清宫内务府奏销档》等。

图 5-4　嘉庆年间长芦、两淮盐政衙门交给内务府的银两图，参见《宫中朱批奏折·财政类》《清代宫中档奏折及军机处档折件》《清宫内务府奏销档》等。

图 5-5　青花御制诗茶壶，台北故宫博物院藏，图版取自器物典藏资料检索系统：https://digitalarchive.npm.gov.tw/Antique/Content?uid=28659&Dept=U（检索日期 :2023 年 12 月 29 日）。

图 5-6　翠玉碗，台北故宫博物院藏，图版取自器物典藏资料检索系统：https://digitalarchive.npm.gov.tw/Antique/Content?uid=50910&Dept=U（检索日期 :2023 年 12 月 29 日）。

图 5-7　铜胎画珐琅西洋人物鼻烟壶，台北故宫博物院藏，图版取自器物典藏资料检索系统：https://digitalarchive.npm.gov.tw/Antique/Content?uid=1655&Dept=U（检索日期 :2023 年 12 月 29 日）。

图 5-8　洋彩御制诗文海棠式绿地茶盘，台北故宫博物院藏，图版取自故宫 OPEN DATA 专区：https://theme.npm.edu.tw/opendata/DigitImageSets.aspx?sNo=04015349&Key=%E6%B5%B7%E6%A3%A0%E5%BC%8F%E7%B6%A0%E5%9C%B0%E8%8C%B6%E7%9B%A4&pageNo=1（检索日期 :2024 年 1 月 1 日）。

第六章　喜啦茶——清代浙江黄茶的朝贡与商贸

图 6-1　雍正朝至光绪朝黄茶内务府领取数量变化图，收入大连市图书馆文献研究室、辽宁社会科学院历史研究所编：《清代内阁大库散佚档案选编：奖惩·宫廷用度·外藩进贡》；《内务府题本》。

图 6-2　乾隆年间浙江解交内务府的茶果余粮统计图，参见《乾隆朝内务府银库进项月折档》。

图 6-3　郎世宁，《乾隆皇帝围猎聚餐图轴》，故宫博物院藏，图版取自聂崇正主编：《清代宫廷绘画》（香港：香港商务印书馆，1996），页 164。

图 6-4　清，金嵌宝石多穆壶，台北故宫博物院藏，图版取自器物典藏资料检索系统：https://digitalarchive.npm.gov.tw/Antique/Content?uid=3027&Dept=U（检索日期：2024 年 1 月 2 日）。

图 6-5　清，银奶茶碗，台北故宫博物院藏，图版取自器物典藏资料检索系统：https://digitalarchive.npm.gov.tw/Antique/Content?uid=54931&Dept=U（检索日期：2024 年 1 月 2 日）。

图 6-6　清，乾隆时期，掐丝珐琅奶茶罐，台北故宫博物院藏，图版取自器物典藏资料检索系统：https://digitalarchive.npm.gov.tw/Antique/Content?uid=54930&Dept=U（检索日期：2024 年 1 月 2 日）。

图 6-7　清，乾隆时期，掐丝珐琅奶茶罐，台北故宫博物院藏，图版取自器物典藏资料检索系统：https://digitalarchive.npm.gov.tw/Antique/Content?uid=54930&Dept=U（检索日期：2024 年 1 月 2 日）。

第八章　清代库伦商卓特巴衙门与商号

图 8-1　库伦的买卖城、东市圈、西市圈与哲布尊丹巴库伦一带地图，参见库伦恰克图一带形势图，台北故宫博物院藏，《军机处档折件》，编号 104546。

图 8-2　1913 年库伦的全景图，图片取自 http://zh.wikipedia.org/wiki/%E4%B8%9C%E5%BA%93%E4%BC%A6，由蒙古画家珠格德尔（Jugder）绘制。（2013 年 10 月 3 日检索）

图 8-3　哲布尊丹巴喇嘛、沙毕纳尔家口与户数图，参见《军机处满文录副奏折》，编号 03-2559-033，页 1064—1066；编号 03-2700-006，页 1345—1357；编号 03-2817-033，乾隆四十五年二月十六日，页 0228—0230；编号 03-2947-044，页 0213—0215；编号 03-3220-007，页 2502—2505；编号 03-3402-041，页 2290—2292；编号 03-3487-013，页 1420—1422；编号 03-3575-011，页 1619—1621；编号 03-3663-035，页 1387—1390；编号 03-3712-027，页 2415—2417；编号 03-3779-010，页 0641—0643；编号 03-3825-028，页 0995—0997；编号 03-3888-021，页 2678—2680；张永儒：《移动到定居：“库伦”发展过程之研究——17 世纪到 20 世纪的宗教、政治、经济变迁》，页 47—49。

图 8-4　哲布尊丹巴个人的牲畜图，参见《军机处满文录副奏折》，编号 03-2559-033，页 1064—1066；编号 03-2700-006，页 1345—1357；编号 03-2817-033，乾隆四十五年二月十六日，页 0228—0230；编号 03-2947-044，页 0213—0215；编号 03-3220-007，页 2502—2505；编号 03-3402-041，页 2290—2292；编号 03-3487-013，页 1420—1422；编号 03-3575-011，页 1619—1621；编号 03-3663-035，页 1387—1390；编号 03-3712-027，页 2415—2417；编号 03-3779-010，页 0641—0643；编号 03-3825-028，页 0995—0997；编号 03-3888-021，页 2678—2680；张永儒：《移动到定居：“库伦”发展过程之研究——17 世纪到 20 世纪的宗教、政治、经济变迁》，页 47—49。

图 8-5　17 个鄂托克的牲畜图，参见《军机处满文录副奏折》，编号 03-2559-033，页 1064—1066；编号 03-2700-006，页 1345—1357；编号 03-2817-033，乾隆四十五年二月十六日，页 0228—0230；编号 03-2947-044，页 0213—0215；编号 03-3220-007，页 2502—2505；编号 03-3402-041，页 2290—2292；编号 03-3487-013，页 1420—1422；编号 03-3575-011，页 1619—1621；编号 03-3663-035，页 1387—1390；编号 03-3712-027，页 2415—2417；编号 03-3779-010，页 0641—0643；编号 03-3825-028，页 0995—0997；编号 03-3888-021，页 2678—2680；张永儒：《移动到定居：“库伦”发展过程之研究——17 世纪到 20 世纪的宗教、政治、经济变迁》，页 47—49。

图 8-6　庆宁寺（笔者拍摄）

图 8-7　一世格根金身（笔者拍摄）

图 8-8　额尔德尼召（笔者拍摄）

第九章　清代北方版画贸易网络

图 9-1　杨柳青年画《西湖风景》，见冯骥才主编：《中国木版年画集成·俄罗斯藏品卷》（北京：中华书局，2009），页 259。

图 9-2　杨柳青年画《抚婴图》，见冯骥才主编：《中国木版年画集成·杨柳青卷》（北京：中华书局，2007），页 68—69。

图 9-3　杨柳青年画《金玉满堂》，见冯骥才主编：《中国木版年画集成·杨柳青卷》，页 66—67。

图 9-4　杨柳青年画《吸烟美人》，见冯骥才主编：《中国木版年画集成·杨柳青卷》，页 97。

图 9-5　杨柳青年画《腊月画棚》，见内田道夫图说，青木正儿图编：《北京风俗图谱》（东京：平凡社，1986），页 44。

图 9-6　杨柳青年画《新年多吉庆 合家乐安然》，见冯骥才主编：《中国木版年画集成·俄罗斯藏品卷》，页 265。

图 9-7　杨柳青年画《风景》，见冯骥才主编：《中国木版年画集成·俄罗斯藏品卷》，页 260—261。

图 9-8　杨柳青年画《业车图》，见王树村、李福清、刘玉山编选：《苏联藏中国民间年画珍品集》（北京：人民美术出版社，1990），页 185。

图 9-9　朱仙镇年画《天官赐福》，见冯骥才主编：《中国木版年画集成·朱仙镇卷》，页 86。

图 9-10　朱仙镇年画《披袍门神》，见冯骥才主编：《中国木版年画集成·朱仙镇卷》，页 60—61。

图 9-11　朱仙镇年画《马上鞭铜》，见冯骥才主编：《中国木版年画集成·朱仙镇卷》，页 43。

图 9-12　《卖估衣之图》，见《清末画家周培春北京风俗画册——俄罗斯圣彼得堡大学东方系图书馆珍稀藏品》，页 147。

图 9-13　《蒙古人来京进贡》，见 Popova, Irina Fedorovna, intro., trans., and comm. *Pictures of Folk Life (Fengsuhua) in Qing Beijing*（St. Petersburg: Slaviya, 2009），p. 225.

图 9-14　《蒙古妇女》，见 Popova, Irina Fedorovna, intro., trans., and comm. *Pictures of Folk Life*（*Fengsuhua*）*in Qing Beijin*, p. 226.

图 9-15　《上关下财》，见冯骥才主编：《中国木版年画集成·朱仙镇卷》，页 122。

图 9-16　《观音财神》，见冯骥才主编：《中国木版年画集成·朱仙镇卷》，页 126。

图 9-17　《春联门神》，见内田道夫图说，青木正儿图编：《北京风俗图谱》，页 10。

图 9-18　《蒙古"司法长"车臣汗那旺那林》，见陈箓：《止室笔记》（台北：文海出版社，1968），插图。

图 9-19　《蒙古妇女》，见陈箓：《止室笔记》，插图。

图 9-20　朱仙镇年画《立刀门神》，见冯骥才主编：《中国木版年画集成·俄罗斯藏品卷》，页 379。

图 9-21　《麻姑》，见冯骥才主编：《中国木版年画集成·俄罗斯藏品卷》，页 222。

图 9-22　《得禄回家》，见冯骥才主编：《中国木版年画集成·俄罗斯藏品卷》，页 242—243。

图 9-23　《秤平之神》，见《国家宗教史博物馆馆藏中国年画》，页 62。

图 9-24　《五台山》，见冯骥才主编：《中国木版年画集成·俄罗斯藏品卷》，页 258。

图 9-25　《关外蒙古抢羊斗胜》，见冯骥才主编：《中国木版年画集成·俄罗斯藏品卷》，页 286。

第十章　从杭州满城看清代的满汉关系

图 10-1　杭州省城图，见亚新地学社编：《大中华京省道宪详图》（武昌：亚心地学社，1915），第十图。

图 10-2　杭州驻防图，见龚嘉儁修，李楁纂：《杭州府志》，卷 1，页 14。

图 10-3　《迎亲》，见内田道夫图说，青木正儿图编：《北京风俗图谱》，页 32。

图 10-4　《上轿》，见内田道夫图说，青木正儿图编：《北京风俗图谱》，页 50。

图 10-5　《抱宝瓶》，见 Popova, Irina Fedorovna, intro., trans., and comm. *Pictures of Folk Life（Fengsuhua）in Qing Beijing*, p. 186.

图 10-6　《抓周》，见 Popova, Irina Fedorovna, intro., trans., and comm. *Pictures of Folk Life（Fengsuhua）in Qing Beijing*, p. 162.

图 10-7　《扫墓》，见内田道夫图说，青木正儿图编：《北京风俗图谱》，页 22。

图 10-8　《诵经》，见内田道夫图说，青木正儿图编：《北京风俗图谱》，页 63。

图 10-9　《戏台》，见内田道夫图说，青木正儿图编：《北京风俗图谱》，页 184。

后　记

　　回顾自己的研究经历,硕士班探讨赋役制度,到博士班改做家族史,因指导教授刘翠溶院士说,明清赋税制度已有黄仁宇先生、王业健先生出版专书,再做没有突破性。做了家族史的博士论文后,刘老师又说依循她研究方式,很难走出新的局面。1988 年笔者到台湾"中研院"近代史研究所工作,是时陈永发教授担任郭廷以图书馆主任,购买了许多一档馆发行的缩微档案,如《内阁会试提名录》《内阁进士登科录》《玉牒》《内务府各司人丁家谱》等。其中,清代户口册的档案有点像汉人的族谱,笔者撰写了数篇关于满族的文章。

　　1993 年开始到一档馆找资料,其中内务府现存的档案便有 2000000 件之多。除了土地债务方面档案,笔者也大量阅读了内务府养心殿造办处档案,此资料蕴藏皇家各种作坊资料,所以笔者关注了器物制作与流行。康熙朝铸造铜钱,需到日本长崎购买洋铜,海运回到苏州,因而让苏州有 2000 多家铜业商号,成为重要的手工业中心,而船队至日本采买时也会运些丝绸、药材等货物到日本贩卖。其后因云南发现铜矿产,从日本购买的洋铜数量减少,船只转而自日本携回海带、鲍鱼等海产。李孝悌曾主持主题计划"明清的城市文化与生活",于 2007 年 11 月 10 日在京都大学参加"中日近世城市生活"国际研讨会。与会学者平田昌司谈及二战时日本兵的家书写着"中国偏远的山区村落藏有日本的铜器，不知其由来"。研究苏州城市文化、探索清代中日交流，或许有些意义吧！

身为少数民族满人的背景，清政府不以帝国主义态度掠夺边疆、异族资源，而是使用多元统治策略。清朝陆路的贸易建立在朝贡为名、贸易为实的基础上，尤以茶叶的流通最为明显。茶叶成为边疆地区的地方税收来源之一，乃至清末的茶厘为重要税收，这是未来还可以继续研究的课题。笔者阅读边疆满文档案有困难，满文档案大多数是台湾"中研院"历史语言研究所王健美女士协助转写、翻译的。因写杭州驻防，曾向定宜庄教授请益，她很慷慨地分享了资料和研究经验。学生许富翔写了"清代南京的驻防八旗"硕士论文，黄品欣写了"清中期的驻防旗人家族：以西安正红旗满洲哈达瓜尔佳氏的家族经营为中心"，他们在近史所担任助理期间，帮了许多忙，谨此致谢。

本书的出版是来自徐凯凯先生的敦促，笔者整理了过去二十多年的研究，本来拟定书名"清代皇权与地方治理"，徐先生认为需要主标题，因而加上"盛世滋生"，探讨清朝滋生的土地、物产，以及资源分配，连贯各章节。另，感谢王中奇、黄品欣下载台北故宫博物院藏品的图版及检索信息等。本书各章曾刊登于不同期刊，体例和格式多有不一，墜如敏女士进行了仔细的校对和统一，谨此致谢。尚祈请学界方家与读者不吝指教。